权威·前沿·原创

皮书系列为

“十二五”“十三五”国家重点图书出版规划项目

智库成果出版与传播平台

中国社会科学院创新工程学术出版资助项目

2020年世界经济形势分析与预测

WORLD ECONOMY ANALYSIS AND FORECAST (2020)

中国社会科学院世界经济与政治研究所
主　编 / 张宇燕
副主编 / 孙　杰　姚枝仲

社会科学文献出版社
SOCIAL SCIENCES ACADEMIC PRESS (CHINA)

图书在版编目(CIP)数据

2020年世界经济形势分析与预测 / 张宇燕主编. --
北京：社会科学文献出版社, 2020.1
（世界经济黄皮书）
ISBN 978-7-5201-5842-8

Ⅰ. ①2… Ⅱ. ①张… Ⅲ. ①世界经济形势－经济分析－2019 ②世界经济形势－经济预测－2020 Ⅳ. ①F113.4

中国版本图书馆CIP数据核字（2019）第276467号

世界经济黄皮书
2020年世界经济形势分析与预测

主　　编 / 张宇燕
副 主 编 / 孙　杰　姚枝仲

出 版 人 / 谢寿光
责任编辑 / 吴　敏　柯　宓

出　　版 / 社会科学文献出版社 · 皮书出版分社（010）59367127
地址：北京市北三环中路甲29号院华龙大厦　邮编：100029
网址：www.ssap.com.cn
发　　行 / 市场营销中心（010）59367081　59367083
印　　装 / 天津千鹤文化传播有限公司

规　　格 / 开　本：787mm × 1092mm　1/16
印　张：25.5　字　数：381千字
版　　次 / 2020年1月第1版　2020年1月第1次印刷
书　　号 / ISBN 978-7-5201-5842-8
定　　价 / 128.00元

本书如有印装质量问题，请与读者服务中心（010-59367028）联系

世界经济黄皮书编委会

主要编撰者简介

张宇燕 中国社会科学院世界经济与政治研究所所长、研究员，中国社会科学院学部委员。中国世界经济学会会长，新兴经济体研究会会长。曾先后就读于北京大学和中国社会科学院研究生院。主要研究领域为国际政治经济学、制度经济学等。著有《经济发展与制度选择》(1992年)、《国际经济政治学》(2008年)、《美国行为的根源》(2015年)、《中国和平发展道路》(2017年)等。

孙　杰 中国社会科学院世界经济与政治研究所研究员，中国世界经济学会常务理事。主要研究领域为国际金融、公司融资和货币经济学。著有《汇率与国际收支》(1999)和《资本结构、治理结构和代理成本：理论、经验和启示》(2006)、《合作与不对称合作：理解国际经济与国际关系》(2016)等。

姚枝仲 经济学博士，研究员，中国社会科学院世界经济与政治研究所副所长，中国世界经济学会副会长，新兴经济体研究会副会长兼秘书长，中国社会科学院研究生院教授、博士生导师。主要研究领域为宏观经济学和国际经济学。

摘 要

2019 年世界经济增速比上一年明显下降，大多数国家出现了经济增速回落和通货膨胀率下降，但全球失业率仍然保持在低位。世界经济还表现出国际贸易负增长、国际直接投资活动持续低迷、全球债务水平再次提高等特征。

未来世界经济发展在很大程度上受以下几个因素的影响，包括：美国经济是否陷入衰退，利率下限环境中货币宽松政策的效果，贸易摩擦的演变和国际经济规则的调整趋势。此外，金融市场动荡、地缘政治冲突以及部分国家国内政治冲突还可能会给世界经济带来不稳定风险。

预计 2020 年世界经济按 PPP 计算的增长率约为 2.9%，按市场汇率计算的增长率约为 2.6%，均比 2019 年下降 0.1 个百分点。预计 2020 年世界经济进一步下行的主要理由是：美、日、欧等主要发达经济体在 2020 年仍有经济下行趋势，货币宽松政策难以有效刺激经济回升；中国经济可能趋于稳定，但是增速有进一步放缓的迹象；其他经济体受这些主要经济体增速放缓影响，难以实现增速强劲回升。

关键词：世界经济　国际贸易　国际投资　国际金融

目 录

Ⅰ 总 论

Ⅱ 国别与地区篇

Ⅲ 专题篇

Ⅳ 热点篇

Ⅴ 世界经济统计与预测

皮书数据库阅读**使用指南**

总　论

Overview

Y.1
2019~2020年世界经济形势分析与展望

姚枝仲*

摘　要：2019年世界经济增速比上一年明显下降，大多数国家出现了经济增速回落和通货膨胀率下降，但全球失业率仍然保持在低位。世界经济还表现出国际贸易负增长、国际直接投资活动持续低迷、全球债务水平再次提高等特征。未来世界经济发展在很大程度上受以下几个因素的影响，包括：美国经济是否陷入衰退，利率下限环境中货币宽松政策的效果，贸易摩擦的演变和国际经济规则的调整趋势。此外，金融市场动荡、地缘政治冲突以及部分国家

* 姚枝仲，中国社会科学院世界经济与政治研究所研究员、副所长，主要研究领域为宏观经济学和国际经济学。

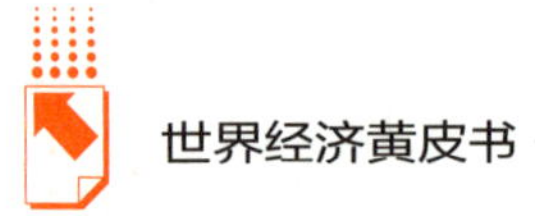

国内政治冲突还可能会给世界经济带来不稳定风险。预计 2020 年按 PPP 计算的世界 GDP 增长率约为 2.9%。

关键词：世界经济　国际贸易　国际投资　国际金融

一　概述

2019 年世界 GDP 增长率按购买力平价（PPP）计算约为 3.0%、按市场汇率计算约为 2.6%，[①] 增速比上一年明显下降。2018 年世界 GDP 增长率从 2017 年的 3.8% 略微下降到了 3.6%，2019 年世界 GDP 增长率继续保持下降趋势，且下降幅度明显扩大。

在上年度报告中，我们预计 2019 年世界 GDP 按 PPP 计算的增长率为 3.5%，低于 2018 年的增长率。国际货币基金组织 2018 年 10 月在预估世界 GDP 当年增长 3.7% 的情况下，预计 2019 年世界 GDP 增长率将维持在 3.7% 的水平。世界银行等其他国际组织也大都预计 2019 年世界 GDP 增长率会与 2018 年持平或者略有上升。我们是少有的在当时预计 2019 年世界 GDP 增长率会下降的机构。国际货币基金组织很快就调整了其对 2019 年世界 GDP 增长率的估计。2019 年 1 月，国际货币基金组织在预估 2018 年世界 GDP 增长率为 3.7% 的情况下，将 2019 年世界 GDP 增长率预测下调至 3.5%，并在 2019 年 4 月、7 月和 10 月将 2019 年世界 GDP 增长率预测分别下调至 3.3%、3.2% 和 3.0%。从 2019 年前三个季度的情况来看，世界主要经济体均出现了 GDP 增速回落的现象，世界经济增速总体上也出现了回落态势。我们在上年度报告中对世界经济下行风险的提示是非常准确的。

另外，在上年度报告中，我们预测 2019 年“全年原油平均价格将处于 65 美元 / 桶以下”。从目前情况来看，我们对 2019 年原油价格的预测大体上是正确的。2019 年英国布伦特原油和美国西德克萨斯州原油（WTI）月度平

---

① 如无特别说明，本文引用的年度 GDP 数据来自国际货币基金组织，其中 2019 年全年的数据为预测数，其他数据均来自 Wind。数据发布截止日期为 2019 年 11 月 20 日。

均价格曾在 4 月分别上涨至 71.2 美元 / 桶和 63.9 美元 / 桶，此后有所回落。截至 2019 年 10 月，布伦特原油现货平均价格回落至 59.4 美元 / 桶，西德州原油现货价格回落至 54.0 美元 / 桶。2019 年 1 月至 10 月，布伦特、迪拜和西德州三地原油平均价格为 61.3 美元 / 桶。

二　世界经济总体形势

（一）经济增速明显下降

2019 年世界经济增速大幅下降，主要经济体的经济增速均出现回落。国际货币基金组织预测数据显示，2019 年世界 GDP 增长率比 2018 下降 0.6 个百分点。其中，发达经济体 2019 年 GDP 增速为 1.7%，比 2018 年下降 0.6 个百分点；新兴市场与发展中经济体 GDP 增速为 3.9%，也比 2018 年下降 0.6 个百分点。①

在主要发达经济体中，除日本外，其他经济体均出现增速明显回落现象。2019 年美国 GDP 增长 2.4%，比 2018 年增速回落 0.5 个百分点。欧元区 GDP 增长 1.2%，比 2018 年增速下降 0.7 个百分点，其中，德国增速下降 1 个百分点，法国增速下降 0.5 个百分点，意大利增速下降 0.9 个百分点。英国和加拿大的 GDP 增长率比 2018 年分别下降 0.2 个和 0.4 个百分点。日本经济仍处于低迷之中，2019 年 GDP 增长 0.9%，但比 2018 年略微回升 0.1 个百分点。

新兴市场与发展中经济体 2019 年也出现了经济增速普遍下降。亚洲新兴经济体虽然保持了世界最高的增长率，2019 年 GDP 增长 5.9%，但增速比上年下降 0.5 个百分点。中国 GDP 增长率从 2018 年的 6.6% 下降到 2019 年的 6.1% 左右，印度 GDP 增长率从 6.8% 下降到 6.1%，印度尼西亚、马来西亚、菲律宾、新加坡和泰国东盟五国的整体 GDP 增长率从 5.2% 下降到 4.8%。新兴与发展中欧洲地区经济增速在 2019 年继续大幅度下降，GDP 增长率从 2018 年的 3.1% 下降至 2019 年的 1.8%。其中，土耳其经济继续恶化，GDP 增长率从

① 如无特别说明，世界 GDP 增长率和各地区 GDP 增长率均为按 PPP 计算的数据。

2018 年的 2.8% 下降至 2019 年的 0.2%；俄罗斯经济也明显下行，GDP 增长率从 2018 年的 2.3% 下降至 2019 年的 1.1%。拉美和加勒比地区多个国家出现经济动荡，该地区整体 GDP 增长率从 2018 年的 1.0% 下降到 2019 年的 0.2%。其中，阿根廷再次爆发金融危机，GDP 增长率从 2018 年的 -2.5% 进一步下降到 -3.1%；委内瑞拉政局动荡导致经济衰退程度进一步加重，GDP 增长率从 2018 年的 -18.0% 下降至 -35.0%。巴西和墨西哥经济也出现了下滑，GDP 增长率分别从 2018 年的 1.1% 和 2.0% 下降到 2019 年的 0.9% 和 0.4%。中东北非地区由于地缘政治冲突和油价下行，GDP 增长率从 2018 年的 1.9% 下降到 2019 年的 0.9%。其中，沙特 GDP 增长率从 2018 年的 2.4% 下降到 2019 年的 0.2%。伊朗经济形势进一步恶化，GDP 增长率从 2018 年的 -4.8% 下降至 2019 年的 -9.5%。撒哈拉以南非洲地区经济相对稳定，2019 年 GDP 增长 3.2%，与 2018 年持平。

（二）失业率仍处低位

尽管世界经济增速明显下降，但是除少数经济形势严重恶化的新兴市场国家之外，全球总体上仍处于失业率相对较低的时期，主要经济体并没有出现大规模失业或者失业率明显上升的现象。

美国失业率处于历史低位。2019 年 9 月美国失业率为 3.5%，相比 2018 年 9 月，下降了 0.2 个百分点，为 20 世纪 70 年代以来最低点。美国失业人数进一步减少。2019 年 9 月美国失业人数为 546.5 万，相比 2018 年 9 月减少了 30.6 万。与此同时，美国就业人数进一步增加。2018 年 9 月美国就业人数为 1.585 亿，相比 2018 年 9 月增加了 23 万。美国劳动力市场的积极变化也体现在工资变化上。美国私营企业全部员工平均时薪从 2018 年 9 月的 27.30 美元提高到 2019 年 9 月的 28.12 美元，平均周薪从 941.85 美元提高到 967.33 美元，涨幅分别为 3.0% 和 2.7%。美国劳动力市场的积极变化还体现在劳动参与率的变化上。金融危机以前，美国的劳动参与率保持在 66% 左右的水平，此后逐步下降，2014 年 4 月以后，下降到 63% 以下，此后基本上在 62.7%~62.9% 波动。2019 年以来，劳动参与率有上升迹象，到 2019 年 9 月已上升到 63.2%，比 2018 年 9 月提高 0.5 个百分点。

美国以外的主要发达经济体失业率也处于较低的水平。欧洲的劳动力市场仍处在持续改善过程之中。欧盟整体失业率已经从 2018 年 9 月的 6.7% 下降到 2019 年 9 月的 6.3%，欧元区失业率从 2018 年 9 月的 8.0% 下降到 2019 年 9 月的 7.5%。日本是发达经济体中失业率最低的国家，2018 年 5 月，季调后的失业率下降到 2.2%，创 21 世纪以来最低值，此后至 2019 年 9 月，失业率一直稳定在 2.2%~2.5%。加拿大劳动力市场继续改善，失业率从 2018 年 9 月的 5.8% 下降至 2019 年 9 月的 5.5%。澳大利亚劳动力市场稍有恶化，失业率于 2019 年 2 月降到国际金融危机以来的最低点 5.0%，此后有所回升，2019 年 9 月上升至 5.3%。

不同新兴经济体的劳动力市场表现仍然存在一些差异。中国城镇调查失业率 2019 年 1~9 月稳定在 5.1%~5.3%。俄罗斯的失业率从 2018 年 9 月的 4.5% 下降到 2019 年 9 月的 4.3%。阿根廷的失业率则从 2018 年 6 月的 9.6% 上升到 2019 年 6 月的 10.6%。南非失业率从 2018 年 9 月的 27.5% 进一步上升到 2019 年 9 月的 29.1%。土耳其失业率持续上升，从 2018 年 9 月的 11.4% 上升到 2019 年 9 月的 14.2%。

（三）通货膨胀率有所下降

全球主要经济体通货膨胀率均有所下降。通货膨胀率和 GDP 增速同时下降，表明全球总需求增速下降。

美国季调后的消费价格指数（CPI）同比增长率从 2018 年 7 月 2.9% 的近期高点，逐步下降至 2019 年 10 月的 1.8%。美国季调后的核心 CPI 相对稳定，同比增长率从 2018 年 7 月的 2.3% 的近期高点，回落到 2019 年 3 月的 2.0%，此后略有回升，至 2019 年 10 月，保持在 2.3% 的水平。美联储用于设定通货膨胀目标的个人消费支出（PCE）价格指数，从 2018 年 7 月同比增长 2.5% 的近期高点，逐步下降至 2019 年 9 月的 1.3%，核心 PCE 价格指数同比增长率从 2018 年 7 月的 2.1% 下降到 2019 年 9 月的 1.7%。

欧洲总体通胀水平有所下降，但核心通胀率相对稳定。欧盟的消费价格调和指数（HICP）2019年10月同比增长率为1.1%，比上年同期下降1.1个百分点。欧元区的消费价格调和指数（HICP)2019年10月同比增长率为0.7%，比上年同期下降1.4个百分点。扣除能源和季节性食品因素的核心HICP没有表现出同样的趋势。欧盟核心HICP月度同比增长率在2018年10月至2019年10月，稳定在1.1%~1.3%，同期欧元区核心HICP月度同比增长率稳定在0.8%~1.3%。

日本通胀率再次下降，有陷入通货紧缩的风险。日本物价徘徊在通货紧缩边缘，CPI同比增长率曾在2017~2018年有所回升，2018年10月达到1.4%，此后开始回落，2019年9月仅为0.2%，陷入通货紧缩的风险较高。

主要新兴市场国家的通货膨胀率有所下降，只有个别国家存在严重通胀。俄罗斯CPI同比增长率从2018年9月的3.4%上升到2019年3月的5.3%，此后开始回落，2019年9月回落至3.8%；巴西CPI同比增长率从2018年9月的4.0%下降到2019年9月的3.0%；印度CPI同比增长率从2018年9月的5.6%上升到2019年5月的8.7%，此后回落至2019年9月的7.0%；南非CPI同比增长率从2018年9月的4.8%下降到2019年9月的4.1%；中国由于猪肉价格过快上涨，CPI同比增长率从2018年9月的2.5%上升到2019年9月的3.0%，但扣除食品因素之后的CPI同比增长率从2.4%下降到了1.0%；土耳其CPI同比增长率从2018年9月的24.5%快速下降到2019年9月的9.3%。新兴市场中，阿根廷受货币危机和金融危机影响，通货膨胀较为严重，CPI同比增长率从2018年9月的40.5%进一步提高到2019年9月的50.5%。

（四）国际贸易负增长

2019年全球国际贸易出现负增长。[①]2019年第一季度和第二季度，世界货物出口额同比增长率分别为-2.4%和-3.2%。比上年同期分别下降16.9个和16.4个百分点。排除价格因素后的实际世界货物出口总量同比增长率分别

① 本文关于国际贸易的数据均来自WTO。

为 0.5% 和 -0.1%，比上年同期分别下降 3.4 个和 3.6 个百分点。

处于贸易摩擦中的中国和美国，贸易增速均大幅度下降。2019 年第一季度和第二季度，中国货物出口额增长率分别为 1.3% 和 -1.0%，比上年同期均下降 12.4 个百分点；美国货物出口额增长率分别为 1.4% 和 -3.1%，比上年同期分别下降 6.8 个和 14.7 个百分点。中美两国的货物出口额均在 2019 年第二季度开始出现负增长。

除中美以外，世界主要地区和主要经济体均出现贸易萎缩现象，萎缩程度甚至超过中美两国。2019 年第一季度和第二季度，亚洲货物出口总额同比增长率分别为 -1.3% 和 -2.7%，比上年同期增速分别下降 12.5 个和 12.9 个百分点。其中，日本货物出口额萎缩较为明显，2019 年第一季度和第二季度，货物出口总额同比增长率分别为 -5.5% 和 -6.6%，比上年同期增速分别下降 15.6 个和 16.0 个百分点。2019 年第一季度和第二季度欧盟货物出口总额同比增长率分别为 -4.0% 和 -3.8%，比上年同期增速分别下降 23 个和 18 个百分点。其中，德国货物出口额 2019 年第一季度和第二季度同比增长率分别为 -5.5% 和 -7.1%，比上年同期增速分别下降 24.2 个和 20.9 个百分点。中南美洲货物出口总额在 2019 年第一季度和第二季度的同比增长率分别为 -4.7% 和 8.0%，比上年同期分别下降 15.4 个和 13.0 个百分点。

中美两国的贸易摩擦以及美国与其他国家的贸易摩擦是全球贸易萎缩的重要因素，世界经济整体下行对全球贸易萎缩造成了重要影响。

（五）国际直接投资持续低迷

2018 年全球外国直接投资（FDI）流入额为 1.3 万亿美元，比上年下降了 13%。[①]FDI 流入额下降主要是由发达经济体吸引的外国直接投资大幅下降引起的。2018 年发达经济体 FDI 流入额仅为 5569 亿美元，相比上年下降了 27%。流入发展中经济体的外国直接投资略有上升。2018 年发展中经济体 FDI 流入额约为 7060 亿美元，相比上年增长了 2%。发展中经济体 FDI 流入额占全球比重

① 本文关于国际直接投资的数据均来自 UNCTAD。

再一次超过一半，达到 54%。

2018 年流入美国的 FDI 下降到 2518 亿美元，比 2017 年下降 9.2%，但美国仍然是世界第一大外国直接投资目的国。欧盟的 FDI 流入额为 2776 亿美元，比上年下降了 18.5%。其中，英国的 FDI 流入额从 2017 年的 1012 亿美元大幅下降到 2018 年的 645 亿美元，下降幅度高达 36%。日本吸引的外国直接投资也从 2017 年吸引了 104 亿美元下降到 2018 年的 98.6 亿美元。

亚洲发展中经济体吸引的 FDI 流入额从 2017 年的 4927 亿美元上升到 2018 年 5117 亿美元。其中，中国从 1341 亿美元上升到 1390 亿美元，继续保持第二大吸引外国直接投资国家的地位；印度从 399 亿美元上升到 423 亿美元。非洲地区吸引的 FDI 流入额从 2017 年的 414 亿美元上升到 2018 年的 459 亿美元。拉美和加勒比海地区吸引的 FDI 流入额则从 2017 年的 1554 亿美元下降到 2018 年的 1467 亿美元。

转型经济体整体的 FDI 流入额出现了较大幅度的下降，2018 年吸引的 FDI 流入额为 342 亿美元，相比 2017 年下降了 28%。其中，俄罗斯的 FDI 流入额从 260 亿美元下降到 133 亿美元。

发达经济体总体的 FDI 流出额也出现了下降，2018 年 FDI 流出总额为 5584 万亿美元，比上年锐减 40%。发达经济体 FDI 流出额减少主要是由美国引起的。美国 2017 年末出台的减税法，引起大量美国对外直接投资的留存利润回流，美国 FDI 流出额从 2017 年的 3004 亿美元减少到 2018 年的 -635 亿美元。欧盟 FDI 流出额下降幅度有限，2018 年对外直接投资 3904 亿美元，比上年下降 5%。日本 FDI 流出额继续保持一定的增长，2018 年对外直接投资比上年增长 6%，达到 1604 亿美元。发展中经济体对外直接投资从 2017 年的 4617 亿美元下降到 2018 年的 4176 亿美元，下降幅度约为 10%。其中，亚洲发展中经济体对外直接投资从 2017 年的 4119 亿美元下降到 2018 年的 4015 亿美元，下降幅度约为 2.5%。

2018 年全球各经济体共出台 112 项投资政策，其中 65 项涉及投资自由化或促进措施，31 项施加了新的投资限制性或监管措施，另外 16 项为中性政策。投资自由化或促进措施的占比为 58%，比上年下降 26 个百分点，且显

著低于21世纪初期90%以上的比例。投资限制性或监管措施占比明显上升，在2018年达到28%。另外，2018年至少有15笔外资并购交易在东道国政府的反对声中被迫终止，其中有6笔是来自中国大陆的投资。全球投资政策中表现出投资限制加强的特点。

2018年国际投资协定（IIAs）谈判取得一定进展。2018年全球共签订40个国际投资协定，其中30个为双边投资协定（BITs），10个为其他协定。同时，2018年至少有24个国际投资协定生效。

2019年上半年全球外国直接投资额为6400亿美元，比2018年同期增长24%。但去除非常规交易和美国税改引起资本回流的影响，全球外国直接投资仅增长4%。预计2019年全球外国直接投资只有小幅增长，投资活动仍处于低迷之中。有一定增幅的原因在于美国资本回流影响减弱，其投资活动会有一定的恢复。低迷的原因在于世界经济整体走弱，贸易争端持续不断，美国和欧盟相继出台限制外资的审查规定。

（六）全球债务水平再次上升

2019年全球政府债务水平再次攀升。发达经济体政府总债务/GDP从2018年的103.0%上升至2019年的104.1%，政府净债务/GDP从2018年的74.8%上升至2019年的75.8%。新兴市场与中等收入经济体政府总债务/GDP从2018年的50.8%上升到2019年的53.8%。低收入发展中国家的政府总债务/GDP从2018年的44.8%上升到2019年的45.0%。

美国政府总债务/GDP继续提升，2018年为104.3%，2019年约为106.2%。日本政府债务状况继续恶化，政府总债务/GDP从2018年的237.1%上升到2019年的237.7%。欧元区政府总债务/GDP于2014年达到最高点92.1%，此后一直回落，2019年回落至83.9%。欧元区大部分国家的政府债务水平有所回落，债务负担较重的希腊，政府总债务/GDP也从2018年的184.9%下降到2019年的176.6%。但仍有个别重债国的政府债务状况没有明显好转。意大利政府债务/GDP从2018年的132.2%上升到2019年的133.2%，法国从2018年的98.4%上升到2019年的99.3%。

新兴市场与中等收入经济体中政府总债务/GDP超过60%国际警戒线且比例继续上升的有安哥拉（95.0%）、阿根廷（93.3%）、巴西（91.6%）、印度（69.0%）、摩洛哥（65.3%）、巴基斯坦（76.7%）和乌拉圭（64.1%）等。[①] 低收入国家政府总债务/GDP超过60%且继续上升的国家包括加纳（63.8%）、肯尼亚（61.6%）、莫桑比克（108.8%）、塞内加尔（63.3%）和赞比亚（91.6%）等。[②] 这12个国家的政府债务水平都快速上升，隐藏的债务风险比较大。

各国居民和企业债务在2018年有所下降，但2019年再次回升。根据国际清算银行的估计，从2017年底至2018年底，全球居民和非金融企业部门的债务总额/GDP从158.4%下降到151%，2019年第一季度又回升到154%。发达经济体居民和非金融企业部门的债务总额/GDP从2017年的168.4%下降到2018年的161.1%，2019年第一季度回升到161.5%。新兴市场经济体居民和非金融企业部门的债务总额/GDP从2017年的142.3%下降到2018年的134.9%，2019年第一季度回升到142.2%。全球债务总水平的攀升，尤其是新兴市场经济体的债务攀升，是全球经济稳定的重要风险因素。

（七）金融市场形成货币宽松潮

2019年国际金融市场主要呈现两大特征：一是全球货币政策重回宽松，各国利率再次下行；二是主要新兴经济体货币出现不同程度的贬值。

2019年8月1日，美联储将联邦基金利率降低25个基点，并使隔夜拆借利率目标下调至2%~2.25%的区间，自2015年12月至2018年12月的加息周期自此结束，并开始新一轮降息周期。此后，美联储于2019年9月19日和10月31日再次分别降低25个基点的联邦基金利率。三次降息后，美国隔夜拆借利率目标已下调至1.5%~1.75%的区间。

美国此举伴随新一轮全球货币政策宽松潮。欧洲中央银行在负利率的环境中进一步降息和重启量化宽松。欧央行于2019年9月18日将作为基准利

---

① 括号中的数据为各国的政府总债务/GDP，下同。

② 以上政府债务与财政赤字数据均引自IMF，*Fiscal Monitor*, October 2018。

率之一的央行存款便利利率从 -0.4% 下调至 -0.5%，并从 11 月 1 日起以每月 200 亿欧元的规模重新启动资产购买计划，持续至开始加息为止。日本央行继续维持负利率和量化宽松政策。澳大利亚央行在 2019 年也进行了三次降息，银行间隔夜货币市场目标利率从 1.5% 降到 0.75%。中国、印度、俄罗斯、巴西和南非等主要新兴市场经济体也在 2019 年纷纷下调官方利率。全球已形成货币宽松态势。

美联储降息并没有导致美元表现出贬值趋势，全球货币宽松使美元指数在 2019 年反而有一定的升值。2019 年 10 月相对于 2018 年 10 月，名义美元指数升值 1.7%，实际美元指数升值 1.4%。各国货币对美元的汇率变动表现不一。总体来说，发达经济体的货币相对稳定，新兴经济体货币贬值居多。从 2019 年初到 11 月 15 日，欧元兑美元汇率贬值 3.6%，英镑升值 1.1%，日元升值 0.8%，发达经济体货币升值、贬值幅度均不大。新兴经济体中，阿根廷比索贬值 35.4%，土耳其里拉贬值 8.6%，巴西雷亚尔贬值 7.5%，印度卢比贬值 2.8%，南非兰特贬值 2.2%。人民币兑美元虽然相对于年初只贬值 1.9%，但年中有较大的波动幅度，最大贬值幅度达 6.3%。俄罗斯卢布是新兴市场中少有的表现出升值态势的货币，从 2019 年初到 11 月 15 日升值 8.3%。

（八）大宗商品价格涨跌不一

国际大宗商品价格从 2018 年 10 月到 2019 年 9 月总体上出现了一定的下跌，以美元计价的全球大宗商品综合价格指数下跌 13.1%。但不同类别商品价格涨跌不一。燃料价格和农业原料价格下跌，而食物价格和矿物与金属类商品价格上涨。2018 年 10 月到 2019 年 9 月，全球燃料价格指数下跌 23.7%，农业原料价格指数下跌 5.4%；食物价格指数上涨 4.1%，矿物与金属类商品价格指数上涨 17.5%，其中贵金属价格指数上涨 25.9%，矿物与非贵金属价格指数上涨 8.9%。

2019 年的原油价格相对于 2018 年总体上处于下降趋势。原油现货价格曾于 2018 年 10 月初达到 85 美元 / 桶左右的高点，此后于 2018 年 12 月回落至 50 美元 / 桶左右，2019 年初有所回升，至 2019 年 5 月 16 日前后，达到全年价格高峰，其中布伦特原油现货价格达到 74.7 美元 / 桶，迪拜原油现货价格达到 72.5 美元 / 桶，美国西德克萨斯轻质原油现货价格达到 63.1 美元 / 桶。此后原油价格呈下降趋势，至 2019 年 11 月 15 日，布伦特、迪拜和西德州原油现货价格分别下降至 63.2 美元 / 桶、62.1 美元 / 桶和 57.2 美元 / 桶。①

三　影响世界经济的几个关键问题

（一）美国经济是否陷入衰退

美国经济已经出现总需求下降的明显趋势。美国 GDP 增长率和通货膨胀率同时下降，这是总需求增速下降的典型特征。美国 GDP 季度同比增长率已从 2018 年第二季度 3.2% 的高点逐步下降到 2019 年第三季度的 2.0%。其间，2018 年第三季度和第四季度连续下降，2019 年第一季度有轻微回升，2019 年第二季度和第三季度再次显著下降。用 GDP 平减指数表示的通货膨胀率连续 5 个季度下降，从 2018 年第二季度同比增长 2.7% 下降到 2019 年第三季度的 1.7%。

世界经济下行和贸易摩擦引起的外需下降，是导致美国总需求下降的外部冲击。世界经济整体增速下行是美国外需增速下降的主要因素。各经济体与美国的贸易摩擦进一步恶化了美国的外需环境。美国商品出口总额同比增长率从 2018 年 5 月 13.9% 的高点不断下降，并从 2019 年 4 月以来出现连续负增长。外需下降不仅直接降低美国的总需求，而且通过减少企业收入和居民收入，降低企业投资和居民消费，间接降低美国总需求。美国国内名义投资总额增速从 2018 年第三季度的 7.9% 逐季下降到 2019 年第三季度的 2.4%，投资增速下降表明美国经济活力在衰减。

另外，美国制造业已经表现出衰退迹象。美联储的数据显示，美国制造业产出指数、产能利用率和新增订单数均已经开始下降。美国制造业产出指数已从 2018 年 12 月 2.6% 的高点开始回落，至 2019 年 10 月为 -1.5%，同期

① 大宗商品月度平均价格数据来自 UNCTAD，日频数据来自 Wind。

产能利用率从 77.8% 下降到 75.2%。美国制造业新增订单数月度同比增长率在 2018 年 8 月达到 8.5% 的近期高点，此后快速下降，2019 年 5 月开始负增长，至 2019 年 9 月为 -3.2%。美国制造业前景可能进一步恶化。

2020 年美国经济走势对世界经济会有重大影响。如果美国经济继续下行，甚至陷入衰退，则世界经济增速仍将继续下滑；如果美国经济企稳，失业率没有上升，经济没有陷入衰退，则世界经济有可能保持相对稳定。

美国经济中仍然具有支撑经济企稳的因素，主要包括：劳动力市场运行良好，失业率处于历史低位，工资稳步上升，有助于支撑美国居民收入和消费稳定增长；美联储已经连续三次降息，未来仍然有一定降息空间，宽松货币政策有助于防止美国经济进一步下滑；2020 年是总统选举年，特朗普会采取各种措施支持经济增长，防止经济下滑影响其总统选举。

美国经济中也有导致经济进一步下滑甚至出现衰退的因素和信号，主要包括：美国利率已经处于非常低的水平，进一步降息对经济的刺激作用有限，量化宽松的作用也会弱化；贸易冲突升级和股市泡沫破裂的风险仍然存在；美国国债收益率倒挂预示经济将陷入衰退。

按照美联储的研究，从 1973 年以来，美国历史上出现了五次 10 年期国债收益率季度平均值小于 3 月期国债收益率季度平均值的现象，即国债收益率倒挂现象。这五次国债收益率倒挂现象出现之后均伴随着一次经济衰退，因而国债收益率倒挂被认为是预示经济衰退的强烈信号。2018 年以来，美国 10 年期国债收益率与 3 月期国债收益率的利差不断缩小。2019 年 3 月 22 日，美国 10 年期国债收益率与 3 月期国债收益率出现近期以来的首次倒挂，并从 5 月 23 日开始出现持续且不断扩大的倒挂现象。按照季度平均值计算，美国 10 年期和 3 月期国债在 2019 年第二季度开始出现收益率倒挂，第三季度倒挂利差将进一步扩大，预示经济衰退的信号已经非常明显。

（二）利率下限环境中货币政策的效果

这一轮经济下行与过去相比，一个重要的差别就是主要发达经济体已经处于利率下限或者利率下限附近，货币政策刺激空间有限。美国金融危机以来，美联储迅速将联邦基金利率目标从5.0%~5.25%降至0~0.25%，此后一直维持这一利率目标至2015年。从2015年12月开始至2018年12月，美联储3年时间内9次加息，将联邦基金利率目标提高至2.25%~2.50%。当联邦基金利率还远没有达到危机以前的水平时，美国经济已经出现下行，美联储开始降息。连续三次降息后，联邦基金目标利率降至1.5%~1.75%，离利率下限已经不远。即使降到-1.0%以内的负利率，降息空间也有限。英格兰银行在2017年和2018年两年内仅将政策利率从0.25%提高0.75%，现在又面临降息压力。而欧央行、日本央行分别是从2014年和2016年开始进入负政策利率环境，在还没有退出负利率和宽松货币政策的情况下，又需要实行新一轮宽松政策了。

发达经济体面临在利率下限环境下刺激经济的挑战。各国央行已经摸索出一些新的货币政策工具以应对这种局面，如前瞻指引、量化宽松以及收益率曲线控制等。前瞻指引主要用于稳定预期、防止经济非理性恶化，刺激经济更需要依靠量化宽松和收益率曲线控制等手段。正如在上一年报告中所指出的，量化宽松政策产生效果的一个重要机制是通过降低长期利率来刺激消费和投资。当前美国、英国和日本的10年期国债收益率分别为1.84%、0.76%和-0.07%，欧元区10年期公债收益率为-0.29%，[①] 长期利率也基本上处于利率下限附近。量化宽松政策的进一步刺激作用比较有限。收益率控制是直接将长期利率目标控制在较低水平，在长期利率已经处于下限或者离下限不远的情况下，这一工具可能也难以产生明显有效的刺激作用。2008年国际金融危机以来出现的这些非常规货币政策工具，本来是为了在利率下限环境下继续刺激经济复苏，然而，由于过去对这些工具的长期使用，这些工具发挥作用的空间已经显著缩小，其刺激经济的效果存在较大局限性。

另外，进一步维持零利率或者负利率还会通过金融机构的资产配置给经济稳定带来不利后果。低利率旨在降低居民和企业的融资成本，刺激消费和投资，但是过低利率甚至负利率也会降低金融机构无风险或者低风险资产的

① 收益率为2019年11月15日的数据，来源于Wind。

收益，降低其对低风险居民和企业的资金支持意愿，不利于刺激消费和投资。过低利率甚至负利率还会导致金融机构加大对高风险资产的配置比例，从而提高风险资产价格，加大风险资产价格泡沫，加剧整个金融系统的脆弱性。

不过，低利率和负利率可以降低政府债务负担，提高财政刺激经济的能力。然而，发达经济体政府债务水平均较高，普遍面临降低债务水平的压力，欧盟内部和美、日等国议会对扩大财政支出仍有较强的约束，发达经济体财政刺激的局限性仍然较大。

（三）贸易摩擦的演变

美国挑起的经贸摩擦已经对世界经济造成了显著负面影响，其未来演变将是影响世界经济形势的重要因素之一。

美国已经对来自中国的2500亿美元商品加征25%的关税，对来自中国的另外3000亿美元商品加征15%的关税。中国也对来自美国的1100亿美元商品加征5%~25%的关税，对另外750亿美元商品加征5%~10%的关税。中美双方正在努力达成贸易协议以取消加征关税。中美双方达成协议的可能性较大，但也可能出现反复和干扰。目前来看，2020年有可能出现以下几种场景：一是顺利达成完全取消所有加征关税的协议；二是在第一阶段达成取消部分加征关税协议以后，后续进展艰难，最终协议拖延不决，并出现再次增加关税的风险；三是谈判不顺利，双方加征关税的行为再次升级。第一种场景有助于世界经济稳定，后两种场景均会继续对世界经济造成负面影响，且第三种场景会产生比较严重的负面影响。

美国对中国挑起的经贸摩擦还有向科技、金融领域蔓延的迹象。目前在科技和金融领域已经表现出一些局部摩擦，如果摩擦升级，中美两国经济和世界经济均会受到负面冲击。科技领域的摩擦升级，可能导致中美两国企业重构价值链和技术发展路径，由此也会带来全球价值链和研发格局的变化。金融领域的摩擦升级，将导致中美双方降低资金往来和货币交易规模，并影响中美两国的跨国货物、服务、人员、信息等的交易和交流，由此也会给世界经济稳定和金融稳定带来负面影响。

美国与其他国家或在其他领域也有贸易摩擦。2019 年 10 月美国在 WTO 中发起的与空客公司有关的反补贴争端中获胜，WTO 裁定美国可以对来自欧盟的 75 亿美元商品加征关税。美国计划对来自法国、德国、西班牙和英国的民用航空器、农产品和其他产品加征关税。其中对民用航空器加征 10% 的关税，对农产品和其他产品加征 25% 的关税。美国还可能挑起汽车贸易摩擦。美商务部已经完成汽车进口的 232 调查，美国政府随时可能对价值 3000 多亿美元的进口汽车及汽车零部件加征关税，此举可能引发欧、日等经济体的大规模贸易报复，并严重影响国际贸易和世界经济稳定。

（四）国际经济规则的调整

美、欧、日贸易部长多次发表联合声明，就国际经济规则的调整表达共同立场。联合声明称，三方正寻找方法来识别非市场导向政策和实践，并寻求针对非市场导向政策和实践的限制性措施；三方决定发起关于补贴规则的谈判，拟针对国有银行贷款、隐含政府担保、债转股、政府控制的投资基金、导致过剩产能的补贴以及资源能源多重定价等设定标准；三方就 WTO 改革表明共同立场。其中包括修改发展中国家身份的认定标准，改变发展中国家的差别和特殊待遇，在修改发展中国家认定标准方面，美国白宫更是于 2019 年 7 月 26 日单方面发表备忘录，宣称如果 WTO 没有在相应期限内进行改革，美国将自行宣布哪些国家是发展中国家、哪些国家不是发展中国家；三方还将就数字安全和数字贸易规则、知识产权规则等发起高标准协议谈判等。

美、欧、日拟议中的国际经济新规则，将对发展中经济体和新兴经济体的国内经济政策造成重要约束，降低或者取消发展中经济体和新兴经济体在多边贸易体系中的特殊与差别待遇，并影响其在双边或者区域贸易投资协议中的待遇，同时，还将约束发展中经济体和新兴经济体在数字经济和科学技术发展过程中的获益能力。这些新规则的推行，可能引起发达经济体与发展中经济体和新兴经济体之间的激烈冲突和重大利益调整，并可能危及世界经济稳定。

四 2019 年世界经济展望

2019 年 10 月国际货币基金组织预测，2020 年按 PPP 计算的世界 GDP 增长率为 3.4%，比 2019 年提高 0.4 个百分点。也就是说，国际货币基金组织预计 2020 年世界经济将有所回升。其中，发达经济体 GDP 整体增长 1.7%，与 2019 年持平。美国 GDP 增长 2.1%，日本增长 0.5%，比 2019 年分别下降 0.3 个和 0.4 个百分点。欧元区 GDP 增长 1.4%，其他发达经济体 GDP 增长 2.0%，比 2019 年分别回升 0.2 个和 0.4 个百分点。新兴市场与发展中经济体 GDP 整体增长 4.6%，比 2019 年回升 0.7 个百分点。中国 GDP 增长 5.8%，比 2019 年下降 0.3 个百分点。印度 GDP 增长 7.0%，俄罗斯 GDP 增长 1.9%，巴西 GDP 增长 2.0%，南非 GDP 增长 1.1%，比 2019 年均有明显回升。国际货币基金组织还预测，按市场汇率计算，2020 年世界 GDP 增长率为 2.7%，比 2019 年提高 0.2 个百分点。其他国际组织也预测 2020 年世界经济增速至少不会比 2019 年更低。世界银行预测 2020 年按 PPP 计算的世界 GDP 增长率为 3.5%，比 2019 年提高 0.2 个百分点；按市场汇率计算的世界 GDP 增长率为 2.7%，比 2019 年提高 0.1 个百分点。经合组织预测 2020 年按 PPP 计算的世界 GDP 增长率为 2.9%，与 2019 年持平。

预计 2020 年世界经济按 PPP 计算的增长率约为 2.9%，按市场汇率计算的增长率约为 2.6%，均比 2019 年下降 0.1 个百分点。预计 2020 年世界经济进一步下行的主要理由是：美、日、欧等主要发达经济体在 2020 年仍有经济下行趋势，货币宽松政策难以有效刺激经济回升；中国经济可能趋于稳定，但是增速有进一步放缓的迹象；其他经济体受这些主要经济体增速放缓影响，难以实现增速强劲回升。此外，贸易摩擦、国际经济规则调整、金融市场动荡、地缘政治冲突以及部分国家国内政治冲突还可能会给世界经济带来更大程度的不稳定。

国别与地区篇

Country/Region Study

Y.2
美国经济：增长渐露疲态

孙　杰*

摘　要：2019年各项经济基本面指标的持续改善并没有使美联储保持乐观，关注到增长背后的一些不利迹象和潜在的不利影响，美联储于2019年8月开始了预防性降息。与此同时，税改对财政收支的影响逐渐明显，财政赤字和政府债务问题成为关注的重点，白宫与国会之间的争执也变得更加明显。公司部门运营也出现了疲态。贸易保护政策并没有改善贸易收支，相反造成了一系列的不确定性。预计2019年美国经济增长将出现比较明显的放缓，并延续到

* 孙杰，中国社会科学院世界经济与政治研究所研究员，主要研究领域为国际金融、美国经济。

2020 年。

关键词：美国经济　平均通货膨胀目标制　降息

2018 年美国按照现价计算的 GDP 突破了 20 万亿美元，实际经济增长率达到 2.9%，比 2017 年提高 0.8 个百分点，更比 2016 年提高 1.3 个百分点，强劲增长势头明显。这种情况符合我们在 2018 年做出的判断，且正好落在我们预测区间的中点。① 从当前的形势看，我们依然坚持美国经济增长将在 2019 年放缓的判断，并且进一步预计在 2020 年经济增长还会有小幅放缓，并逐渐回归到潜在增长率水平。

一　经济增长呈现下行趋势

从季度年化同比实际经济增长率来看，从 2018 年第 3 季度到 2019 年第 2 季度，美国经济保持了较高速度的稳定增长，分别为 3.1%、2.5%、2.7% 和 2.3%，从经过季节调整后的季度年化环比实际增长率来看，则分别为 2.9%、1.1%、3.1% 和 2.1%。由此不难发现，美国经济呈现在波动中下行，逐渐向长期潜在增长水平回归的态势。

（一）季度增长背后的隐忧

2018 年下半年，美国环比经济增长出现下降。失业率在 3.7%~3.9% 波动，达到美联储认定的均值；核心 PCE 从略高于 2% 的门槛降到略低于这个水平，大体处于通货膨胀 2% 的对称目标区间内。在这种情况下，美联储在 2018 年 9 月和 12 月分别进行了第 8 次和第 9 次加息，保持了较快的加息节奏。

从经济增长的季度数据看，2018 年第 3 季度，环比增长率从上个季度的

---

① 事实上，2018 年 6 月 28 日美国经济分析局发布的数据中，2017 年的实际经济增长率更高，达 2.3%，但是到 8 月，这个数据下调到 2.2%。

3.5% 下降到 2.9%。[①] 其中，受到关税政策的影响，净出口对增长贡献的变动最大，从拉动 0.67 个百分点变成拖累 2.05 个百分点，净幅度变化达到拖累 2.72 个百分点。单单这个因素就几乎可以把本季度经济增长压成零。不难理解的是，在关税政策变化预期下进口对经济增长的影响从上个季度拖累 0.04 个百分点变成拖累 1.27 个百分点。同期，出口受到的净影响实际更大，对经济增长的贡献从拉动 0.71 个百分点变成拖累 0.78 个百分点。不过，作为支撑经济增长最主要的因素，个人消费支出的拉动作用只是略有下降，政府消费和投资对增长的拉动也变化不大。因此，能够将本季度经济增长维持在一定水平上的主要贡献因素就是私人国内投资，从上个季度拖累 0.30 个百分点变成拉动 2.27 个百分点。不过投资的构成却主要是由存货造成的。显然，这个因素很难具有可持续性，是一种典型的周期性波动。而仅仅是因为这种周期波动到顶点的巧合，抵消了净出口对经济增长的大部分拖累，才使得 2018 年第 3 季度美国经济增长不至于下滑得太难看。

2018 年第 4 季度，私人国内投资不出意外地出现了下降，主要原因就是存货增长放缓，对经济增长的拉动从 2.14 个百分点下降到 0.07 个百分点，私人国内投资的整体拉动也从 2.27 个百分点大幅度下降到 0.53 个百分点。并且屋漏偏逢连阴雨，政府消费和投资对经济增长的贡献也从拉动 0.36 个百分点变成拖累 0.07 个百分点。最值得注意的是，作为美国经济内生增长最主要动力的个人消费支出对经济增长的贡献也从 2.34 个百分点急剧下降到 0.97 个百分点。所有这些因素结合到一起，使得这个季度美国经济环比增长只有 1.1%，[②] 创下了过去 3 年来的新低。

2019 年上半年，劳动力市场继续改善，失业率甚至一度低至 3.6%，创下了最近 50 年以来的新低，稳定的劳动参与率进一步佐证了劳动力市场的实质性好转，并且核心 PCE 并没有出现上升的趋势。在这种情况下，美联储停止

① 美国经济研究局 2019 年 7 月 26 日将 2018 年第 2 季度高达 4.2% 的环比增长速度大幅度下调到 3.5%。其实，初值高估不仅是美国，也是不少国际机构预测的常见现象，而系统性的高估恐怕也难以用技术因素来解释。

② 美国经济研究局 2019 年 7 月 26 日公布的调整值从此前的 2.2% 大幅调降到 1.1%。

了加息并不断释放出越来越明确的降息信号。

2019 年第 1 季度，美国经济环比增长呈现一定的反弹，恢复到 3.1%。其中，私人国内投资、净出口、政府消费和投资对经济增长的拉动都有一定幅度的增长，但是投资的拉动作用依然主要体现在周期性波动比较明显的存货投资上。而在这次反弹的背后，更值得担心的是个人消费支出对经济增长的拉动创下 5 年多以来的新低，只有 0.78 个百分点。虽然投资、净出口和政府支出的贡献有所上升，使得环比增长出现了反弹，但是可能正是考虑到个人消费支出对经济增长的重要性，美联储在连续 5 个季度的连续加息以后终于停止了脚步。

2019 年第 2 季度美国经济环比增长率下降到 2.1%，同比年化增长率也下降到 2.3%，与 2018 年同期一度亮眼的数据形成了鲜明对照。① 受到全球经济和贸易形势紧张状况的影响，投资与净出口对经济增长的贡献出现了明显的下降。唯一可以略松一口气的是个人消费支出在经过连续两个季度的下降以后出现了反弹，对经济增长的贡献达到了 2.85 个百分点。但是，从美联储释放出的一系列信息看，其对经济增长的前景并没有因此变得乐观。

表 1　总需求中各部分对 GDP 增长率的贡献

单位：%，个百分点

季度	2018 年第 1 季度	2018 年第 2 季度	2018 年第 3 季度	2018 年第 4 季度	2019 年第 1 季度	2019 年第 2 季度
GDP 增长率	2.5	3.5	2.9	1.1	3.1	2.10
个人消费支出	1.15	2.7	2.34	0.97	0.78	2.85
货物	0.27	1.13	0.75	0.33	0.32	1.67
耐用品	0.16	0.56	0.25	0.09	0.02	0.86
非耐用品	0.11	0.57	0.5	0.24	0.3	0.81

① 我们知道，受到天气影响，美国经济在第 1 季度一般表现是全年最差的，因而从常用的环比指标看，第 2 季度的增长常常是最好的。因此，2019 年第 2 季度 2.1% 的环比增长速度即使不是近年来最低，但也相当不乐观了。相比之下，2018 年第 2 季度环比增速高达 4.2%（一年以后才诡异地调降到 3.5%），2014 年第 2 季度环比增速更高达 5.5%。但是第 2 季度的环比增长大幅度低于第 1 季度则不多见。

续表

季度	2018年第1季度	2018年第2季度	2018年第3季度	2018年第4季度	2019年第1季度	2019年第2季度
服务	0.88	1.57	1.59	0.65	0.46	1.17
私人国内投资	1.07	-0.3	2.27	0.53	1.09	-1.00
固定投资	0.94	0.89	0.13	0.46	0.56	-0.14
非住宅	1.15	1.04	0.29	0.64	0.6	-0.08
住宅	-0.21	-0.15	-0.16	-0.18	-0.04	-0.06
存货变化	0.13	-1.2	2.14	0.07	0.53	-0.86
净出口	0	0.67	-2.05	-0.35	0.73	-0.65
出口	0.1	0.71	-0.78	0.18	0.49	-0.63
进口	-0.1	-0.04	-1.27	-0.53	0.23	-0.01
政府消费和投资	0.33	0.44	0.36	-0.07	0.5	0.85
联邦政府	0.18	0.25	0.19	0.07	0.14	0.51
国防	0.02	0.28	0.11	0.2	0.29	0.11
非国防	0.16	-0.03	0.07	-0.12	-0.15	0.40
州和地方政府	0.15	0.19	0.17	-0.14	0.36	0.35

资料来源：美国经济研究局，经过季节调整的年化环比季度数据，2019年7月26日公布的数据。

（二）对当前美国经济走势的判断

在2019年度的世界经济黄皮书中我们已经指出，美国经济增长可能即将达到顶点。从2018年下半年的情况，特别是从环比数据看，美国经济增长的确已出现了明显的放缓。从美联储发布的经济预测看，2019年的增长率将从上年的2.9%大幅下降到2.1%，2020年将缓慢下降到2.0%，2021年为1.8%。应该说，美国经济增长在2018年达到顶点的判断已经得到了证实，但是没有出现2018年美国一些机构预计将出现衰退的情况①。

从经济基本面指标来看，美国经济的形势应该说已经达到了顶点。失业

① 2018年8月，美国大企业联合会曾经预测美国将于2018年底进入衰退，参见The Conference Board, Global & US Economic Update + US-China Trade War, *Selected Slides for CASS Delegation*, August 2018, By Brian Schaitkin & Ethan Cramer-Flood。

率在 2019 年 5 月一度下降到 3.6%，再次创下过去 50 年以来的新低。与此同时，劳动参与率大体保持稳定，失业平均持续时间和失业持续时间中位数也停止了持续下降的趋势，职位空缺数超过登记失业人数的水平也达到了 160 万之多。劳动力市场的紧张状况并没有显著改变工作时间，仅对工资水平产生微弱的推升作用，但是还不足以引起通货膨胀。进入 2019 年以来，核心 PCE 甚至出现了微弱的下降，5 年期的通货膨胀预期则在 1.5%~1.8% 区间波动。

按照常规的分析框架，2019 年第 1 季度，作为美国经济增长最主要支柱的个人消费支出对经济增长的贡献再次出现了出乎寻常的下降显然值得警惕。消费者信心指数出现了比较明显的波动，而采购经理人指数也出现了比较明显的下降趋势，2019 年 9 月为 47.8，跌破了荣枯线。

进入 2019 年以来，美国国债收益率出现了持续的倒挂。尽管同期美联储停止了加息进程，但是短期国债收益率依然高于长期国债收益率。具体来说，5 年期的国债收益率一直处于最低，2 年期国债收益率次之，而 1 年期的国债收益率则高于它们，仅次于 10 年期的国债收益率，并且这种倒挂的息差有逐渐拉大的趋势。还有一个异常的信号，就是黄金和美元同时出现上升，而这种情况只在 20 世纪 80 年代初、2007~2008 年出现过，预示着市场的避险需求强烈。

这些现象都显示出美国经济增长已经接近了顶点，同时出现了一些反转的迹象。

美国联邦公开市场委员会成员在 2019 年 6 月给出的长期经济增长中值为 1.9%，对 2019 年的预测值是 2.1%，不仅较 2018 年的增长率出现明显的下滑，而且较 2018 年 12 月给出的预测值又调低了 0.2 个百分点，显示出其对 2019 年经济增长的预期更加悲观。①IMF 在 2019 年 4 月对 2019 年美国经济增长预测是 2.3%，2020 年则是 1.9%；到 7 月又大幅度分别调低至 1.9% 和 1.7%。世界银行在 2019 年 6 月对 2019 年美国经济增长的预测虽然略显乐观一些，为 2.5%，但是对 2020 年则更悲观一点，为 1.7%。尽管如此，还是显示出这两

① 不过在 2019 年秋季的 SEP 中又做了微微的上调，修正到 2.2%。

大国际机构在大方向上的共识。我们认为，2019 年美国的经济增长率可能处于 2.1%~2.3% 的区间内，2020 年还将延续下降的走势。

二　美联储稳步降息的政策沟通

在 2018 年的世界经济黄皮书中，我们判断美国经济进入了加速冲顶的阶段。尽管 2019 年第 1 季度美国环比经济增速依然高达 3.1%，但是美联储的货币政策沟通出现了明显转向，从加速提息变成持续释放降息和停止缩表的信号。这也间接印证了我们对美国经济走势的判断。美联储是如何看待美国经济和全球经济的影响，在货币政策决策中关注经济指标与方法又出现了什么样的变换，特朗普给美联储施加的压力以及对中央银行独立性的担心是不是空穴来风①等都是我们在分析美联储货币政策决策和走向时值得关注的问题。

（一）美联储对经济形势的判断和影响决策的因素

从 2015 年底第一次加息以来，美国基础货币就进入了负增长，2017 年一度反弹，但是 2018 年连续的加息后又再次进入负增长，进入 2019 年则一直维持在低位。M1 和 M2 的增长速度虽然为正，但是也持续走低，表现出实体经济乏力的特征。与此同时，商业银行在美联储的超额准备金则持续下降，已经回落到 QE2 的水平，显示出在基础货币进入负增长以后商业银行开始通过减少超额准备金来满足流动性需求。②而从缩表的实际进程来看，到 2019 年 8 月，美联储持有的国债和抵押贷款支持债券（MBS）则仅仅勉强减持了相当 QE3 扩张强度的一半。

① Bianchi、Kung 和 Kind 指出，特朗普每发表一次要求降息的推特都会造成市场预期联邦基金利率向下波动 10 个基点，并且在统计上是显著的。这表明市场相信美联储将屈服于总统的政治压力，从而成为对中央银行独立性的明显威胁。

② 商业银行开始通过减少超额准备金来满足流动性需求说明市场流动性随着加息和缩表出现了紧张状况。由此我们也不难理解在 2019 年 8 月底，美联储针对国债一级交易商流动性短缺造成市场利率上升而重启正回购的行为。

2019 年 1 月 30 日的议息会公告就去掉了此前“进一步循序渐进加息”（further gradual increase in the target range for the federal fund rate）的表述，表明美联储将对进一步的利率调整保持耐心，而且得到了所有票委的一致同意，从而释放出停止加息的信号。2 月 20 日公布的会议纪要更显示，与会者认为当前的联邦基金利率已经接近中性利率的下端，进一步表明加息空间已经不大。而鲍威尔在 2 月 26 日对国会的货币政策听证会上则表示，为了有效地控制政策利率，美联储保留充足的储备金是必要的，而对储备的积极管理是不必要的。因此美联储将重新评估结束缩表的恰当时间和方式，并准备根据美国经济和金融市场的情况调整美联储资产负债表正常化的任何细节。

3 月的议息会基本沿袭了 1 月议息会决议的口吻，但是出现了几个变化：一是同期发布的 SEP 下调了经济增长预测，从 2018 年 12 月的 2.3% 降低到 2.1%；二是在美联储公开市场委员会的 17 个委员中，预测在 2019 年降息一次的委员从 2 人增加到 7 人，而预测在 2019 年将加息两次的委员则从 11 人大幅度减少到 2 人。

5 月的议息会公告的措辞虽然没有太大的变化，但是指出家庭开支和企业投资增速放慢。不过与以往不同的是，这次的议息会公告后面附了一个有关货币政策执行的决议，主要是将存款准备金利率（IOER）从 2.4% 下调到 2.35%，从而更靠近联邦基金利率走廊的中线。鲍威尔在随后的记者问答中主动提到，这只是货币政策执行工具的一个技术性小调整，不反映货币政策倾向立场的任何变化，因为随着缩表进行的债券拍卖，实际联邦基金利率持续走高。在 2018 年当实际联邦基金利率接近利率走廊上沿时，美联储就曾经两次下调 IOER 各 5 个基点。因此这次将 IOER 下调 15 个基点同样是为了使实际联邦基金利率更接近利率走廊的中线。可能是为了回应特朗普在一天前公开呼吁美联储降息的压力，鲍威尔特别谈到通货膨胀水平的下降可能是受到短期因素（transitory factors）的影响，因此依然处于长期对称通货膨胀的目标内，并且还强调国际风险有所缓解（risk have moderated some what）。因此，鲍威尔的这次谈话与以往对货币政策四平八稳的解释略有不同，鸽中带鹰。

6 月的议息会决议强调通货膨胀前景不确定性增加，因而删除了后面“耐心”这一措辞，改成“鉴于这些不确定因素和缓和的通胀压力，委员会将密切关注新近的信息对经济前景的影响，并将采取适当措施维持扩张”。虽然在文字表述上进行了这些比较明显的信号调整，但在表决中还是出现了异议，9票赞成维持利率水平不变，鸽派票委詹姆斯·布拉德主张降息25个基点。反对的原因就是通货膨胀和通货膨胀预期持续过低，受到全球经济影响美国经济前景存在风险，因此有必要加以预防（provide some insurance against unexpected development that could slow U.S. economic growth）。另外，在同期发布的SEP中，7位委员预计在2019年降息两次，而预计加息一次的委员只剩下了1位。

显然，2019年以后美联储联邦基金利率尽管一直保持稳定，但从议息会公告的措辞、美联储官员的讲话、投票情况以及SEP的点阵图来看，都不断释放越来越强烈的降息信号。并且这种明显的转变还是鹰派票委在2019年比2018年进一步强化的情况下发生的。结果，7月的议息会顺理成章地做出了降息的决定。然而，这次经过充分沟通的降息却因特朗普不断给美联储施加压力而变得更加复杂。

其实在降息前，国债收益率已经明显下行，给出的市场预期非常明确，因此很难说是美联储降息是因为受到了特朗普的压力不得已而为之，议息会公告和鲍威尔在记者会上也都不厌其烦地反复说明美联储做出降息决定的原因。但即使如此，降息以后4位美联储前主席还是联名发出了警告，坚持美联储的决策不应该受到短期政治因素的影响。

事实上，这次10年来的首次降息也的确显得有些不同寻常。公告和鲍威尔都强调，美国经济形势不错证明美联储的货币政策是合适的，[①] 但是考虑到包括欧盟和中国在内的国际经济增长放缓、贸易政策的不确定性，所以才进行了保障性降息。[②] 美联储7月议息会纪要显示，讨论中贸易政策、贸易争端、贸易不确定性和贸易风险等问题被提及32次之多，显示美联储对贸易政策前

① 事实上，鲍威尔在记者会上强调，利率水平处于自然利率区间的下限（Our interest rate target was at the low end of estimates of neutral）。

② 鲍威尔的原话是：intended to insure against downside risks from weak global growth and trade policy uncertainty, to help offset the effects these factors are currently having on the economy。

所未有的极大关注。以国际经济环境不利为名进行降息在美联储的历史上少之又少，而进行保障性降息更不多见。① 相对于衰退期的降息而言，保障性降息累计次数和幅度一般都比较小。应该看到，美国经济也已经受到了一些不利的影响，比如2019年第2季度经济环比增长2.1%，远低于第1季度的水平，显示贸易摩擦已对美国出口和企业投资产生不利影响，并在一定程度上拖累美国经济增长。这种情况也说明特朗普政府财政刺激政策的效果基本消失殆尽，美国经济增速将逐渐回到2%左右的潜在水平上。另外，劳动力市场结构性紧缺也制约了进一步的经济增长，6月制造业PMI为51.7，虽仍在荣枯线以上，但为2016年11月以来的最低值，下滑趋势明显。通货膨胀在2018年到达2%之后持续下跌至1.6%，且市场对于未来通胀预期仍较悲观。从这个意义上说，保障性降息至少是迫在眉睫了。

在这次议息会上不仅符合市场预期地调低了联邦基金利率的目标水平，并且有点出人意料的是宣布将于8月1日起结束缩表，比原定的9月末提早了2个月，超出了市场预期，说明了美联储急迫的宽松心情。

有意思的是，这次议息会决议有两位官员对降息投了反对票。这不仅是鲍威尔于2018年2月出任美联储主席以来，首次有两位决策者反对政策决议，也是在首次降息时有两位反对者，这种表决使得这次降息更具有争议性。这说明尽管有了将近半年的货币政策沟通，政策转向还是存在不少争议的，毕竟美联储货币政策的收放一般会体现出非常明显的周期趋势，很少在短期内频繁改变方向从而给经济带来混乱。

鲍威尔在记者会上还是出言谨慎。他强调这次降息属于周期中的调整，并不代表一段时间降息的开始。② 但是他又语焉不详地回答了记者关于是否还

---

① 历史上美联储采取预防式降息共有2次，分别在1995年和1998年。1995年是因为紧密的加息频率使高通胀得到遏制，但是经济增长也受到加息的影响。所以，美联储在半年内3次降息之后重回加息轨道。而1998年那一次则是受到亚洲金融危机的冲击在3个月内连续3次降息，之后再回加息轨道。

② 鲍威尔在记者会上的原话是：The FOMC has cut rates in the middle of a cycle, I'm contrasting it there with the beginning-for example, the beginning of a lengthy cutting cycle. We're thinking of it as essentially in the nature of a midcycle adjustment to policy。

会降息的提问。[①] 这在越来越强调货币政策沟通的时代还是令人想起格林斯潘的名言：如果你认为我说得足够清楚了，那你就一定误解了我的意思（If I seem unduly clear to you, you must have misunderstood what I said）。

结果，美联储在9月再次降息，而在此后的记者问答中鲍威尔还暗示了新一轮QE的可能性。结合美联储因为针对国债一级交易商流动性短缺造成市场利率上升而重启正回购，以及10月初又进行了规模更大的回购，似乎说明此前加息和缩表的力度和节奏可能的确大了和快了一些，因此在降息的同时还下调了IOER，以便抑制市场利率上升的压力，并使之维持在利率走廊的中部。[②] 但是9月议息会的表决和SEP点阵图显示，美联储内部也出现了前所未有的分歧，10名票委中竟然有3名持有不同看法，这或许意味着未来政策的不确定性。但是，10月8日鲍威尔在全美商业经济协会年会的讲话明确表态扩表时辰已到（that time is now upon us），间接承认银行准备金不足。尽管他强调从准备金管理角度出发的买债扩表不应与金融危机时期的QE量化宽松政策相混淆，然而市场还是由此断定美联储对未来降息保持开放态度。

2019年9月，PMI出现了明显下降，仅为47.8。虽然同期公布的经济增长数据略好于预期，但是美联储在10月31日的议息会上再度降息。相比2018年每个季度加息一次的节奏，2019年8月、9月、10月连续3个月的降息节奏的确有点超乎寻常。但是值得注意的是，公告中删除了“采取适当行动维持扩张”的措辞，改成“在评估联邦基金利率目标区间的适宜路径时，委员会将继续监控未来信息对经济前景的影响”。因此，尽管还不能排除12月再次降息的可能，但是考虑到经济已经得到提振，风险也有所缓和，所以可以预期本轮降息周期已经接近尾声。并且降息后特朗普也没有和以前一样第一时间在推特上加以评论。

---

① 鲍威尔的委婉回答是：I wouldn’t just look at the 25 basis point cut as the right question。

② 最近一年多以来，美联储一直试图通过调整IOER和ON RRP，以便抑制市场利率向利率走廊上限接近的趋势。现在看来，这种情况似乎也意味着此前加息和缩表的力度和节奏可能真的大了和快了一些才造成市场流动性问题。

（二）美联储的关注点和货币政策规则的变化

货币政策规则是最近几年美联储货币政策报告和官员讲话强调的一个重点。2019 年 6 月 4~5 日美联储在芝加哥举行会议，内容因涉及美联储现有的货币政策策略和工具能否有效履行其使命、能否足以实现并维持双重目标，以及有关政策沟通是否需要进行改善等而显得格外重要。按照鲍威尔的说法，这次会议是美联储首次就这些问题进行的公开评估，以帮助美联储了解专家以及不同背景和利益诉求者的观点。因此，这次会议也被称作“美联储在聆听”（Fed Listens）。[①]

鲍威尔在主题讲演中表示，尽管美联储不能预测贸易谈判和相关进展，但是会密切关注这些对美国经济前景的影响。他强调指出，在强劲的劳动力市场和接近对称 2% 通胀目标的背景下，美联储将一如既往地采取适当的行动来维系经济扩张。显然，不论是无心还是有意，这都与美联储在货币政策报告中明示出来的货币政策三大目标有所不同。

鲍威尔讲演重点是如何在低利率环境下维持货币政策的有效性。他回顾了 1999 年美联储主办的以“低通胀环境下的货币政策”为题的研讨会，讨论低通胀带来的新挑战，特别是如果利率下降到有效下限（ELB）时，中央银行可以采用哪些非常规政策工具。那时，美国经济扩张已经持续了八年，低通胀和低失业率造成的菲利普斯曲线的扁平化与当前类似，不同之处则在于那时的联邦基金利率为 5.2%。这意味着触及 ELB 之前还可以进行 20 次每次 25 个基点的降息操作，而当前利率水平逼近 ELB 已经成为不容忽视的货币政策挑战。2012 年，美联储将 2% 通货膨胀率作为官方的公开目标。然而在国际金融危机以后，核心 PCE 一直低于 2%，并且人们普遍认为，中性利率在过去几十年里一直在下降。这就意味着名义政策利率也将不断下降。而当政策利率触及 ELB 时，美联储采用了未经检验的新工具来实现政策目标，功效、成本和风险相比传统的政策工具不仅更难理解，而且是未知的。在这种情况

① 在会议开始前，Wessel 就断言，这次评估不会考虑改变美联储的法定目标，也不会考虑改变 2% 的通胀目标。事后的情况也大致如此。

下，美联储是应该延续现有的货币政策策略，还是应该改变单纯通胀目标的策略？更进一步讲，现有的货币政策工具是否足以实现和维持最大限度的就业和价格稳定，是否应该扩充政策工具包？这些涉及美联储货币政策框架和货币政策沟通的改进。鲍威尔最后强调，目前的政策框架运作良好，美联储还没有就货币政策的调整做出任何决定。

对于美联储是否应该使用新的策略来应对 ELB 的问题，鲍威尔认为可以通过给出刺激计划的可信承诺来刺激消费和投资。在危机之后，政策制定者探讨了这种策略，但全球主要央行都没有选择采取这样的政策，因为这会使家庭和企业冒险在经济衰退期间增加支出。对于美联储政策工具包是否充分的问题，他认为虽然对采用前瞻指引和大规模购买长期证券政策的有效性还有不同看法，但这些措施在降低失业率的同时稳定了通胀预期，总体结果是有利的，只是还不应将其视为传统利率工具的完美替代品，需要进行评估。鲍威尔强调，或许现在应该舍弃危机时期的非常规政策工具（即实现货币政策的正常化）。①对于改善货币政策沟通的问题，他承认政策透明度会对家庭和企业预期产生影响，在政策有效性方面发挥着核心作用。但是他指出在透明度是否会带来有效的沟通问题上也存在不同看法。在这个意义上，货币政策规则比政策沟通更重要，因为最重要的政策信息应该是央行会如何应对意外情况，而不是在没有意外情况下采取的行动。当存在高度不确定性时，点阵图的中位预测最好是被当作最小的不可能发生的情况（the least unlikely outcome）。

西北大学、哈佛大学和约翰·霍普金斯大学三位教授提交的《美联储的当前货币政策框架：回顾与评估》一文指出，依据 1978 年的汉弗莱－霍金斯法案，美联储自行定夺实现充分就业和价格稳定法定职责的具体手段，而数十年来，设置联邦基金利率一直是美联储政策的核心。但是当前的货币政策框架还增加了新要素，以影响长期利率、预期利率和对美联储政策的预期。一是通过 FOMC 会议声明、经济预测摘要（Summary of Economic Projections, SEP）以及美联储官员发言等相关措施进行的前瞻指引（forward guidance）。

① 这实际暗示了美联储为维持较多资产而提前结束缩表的政策。

二是大规模直接购买资产（LSAP），以便影响长期资产的价格并传递未来美联储政策信号。当设置联邦基金利率水平的传统政策（level policy）受到零利率下限（ZLB）制约时，这些影响利率期限结构斜率的斜率政策（slope policies）就显得非常重要了。他们发现：①新的斜率政策工具包在支持复苏方面发挥了重要作用。②导致危机后缓慢复苏的趋势诱因早在经济衰退前就已显现，包括婴儿潮世代退休导致劳动力增长放缓、女性工作人数达到阈值以及新经济以后出现的生产力增长放缓等基本面因素，加上后来的债务和财政拖累，实际都超出了货币政策的作用范围。即便后来货币政策促进了劳动力市场复苏与 GDP 温和提速，人口结构和其他基本面因素的制约也使 GDP 增长低于过去 40 年中的几次扩张。③尽管斜率政策有效，但是零利率下限仍严重制约了货币政策空间。④政策的微小调整也只会对实现的结果造成微小的变化。⑤在联邦基金利率接近零利率下限时就及早实施利率期限结构扁平化的激进斜率政策对复苏是最有效的。⑥反事实研究表明，如果危机时的利率、通胀和通胀目标比当时提高 1 个百分点，更早地使用斜率政策，可以比现实早 7 个季度将失业率降至自然失业率水平以下。

总体来看，提交会议的论文和讨论基本上认同美联储当前的货币政策框架、策略和工具，只是提出了一些改进建议，如在既定的 FOMC 公告模板下进一步简化声明和 SEP、提高透明度、将姓名与点阵图结合起来、进一步明确反应函数、突出对不确定性和风险的说明等。

除了这些研究和评估，还有一个值得关注的问题就是平均通货膨胀目标制（average inflation targeting）[①]，或者鲍威尔所说的 2% 的对称通货膨胀目标背后所蕴含的意义。在通货膨胀一直不振的情况下，Wessel 认为美联储已经排除了将通胀目标从 2% 提高到 3% 或 4% 的可能性，[②] 因此名义政策利率水平必然不断下降。这样在通胀目标不变的情况下，美联储就只

---

① 平均通货膨胀目标制其实不是一个新概念，Marianne Nessén，and David Vestin，“Average Inflation Targeting, Journal of Money”，*Credit and Banking*, 2005 (5) 就是一篇较早的文献。

② David Wessel，“What is ‘Average Inflation Targeting’？”，https://www.brookings.edu/blog/up-front/2019/05/30/what-is-average-inflation-targeting/.

能考虑改变规则，而平均通胀目标制就是一个选择。它将使美联储既考虑未来，也考虑过去。这样，就可以允许通胀在一段时间内超过2%的目标水平，以补偿通胀水平低于2%的时期，而不再是“既往不咎”(Bygones would no longer be bygones)。在平均通胀目标制下，美联储追求的是若干年内通货膨胀的平均水平，或者正如美联储中间派理事Brainard所说，[①]它的目标是在整个商业周期内实现2%的通胀平均水平。反过来，这就意味着美联储将在一段时间内使名义政策利率保持在较低水平。而这可能正是鲍威尔在2018年提出2%的对称通胀目标的真正目的，也是市场普遍形成美联储降息预期的依据。

三　财政收支面临挑战

特朗普上台以后，尽管努力兑现其竞选目标，大力压缩财政开支，但是由于此前留给他的节支空间已经非常有限，而他一系列大刀阔斧的行动却使得财政开支大幅度上升，结果使得特朗普执政以后美国的财政赤字压力不断上升。进入2019年以后，税改对财政收入的负面影响开始显现，而建边境墙等方面的开支却急剧上升。预计2019财年，美国财政赤字占GDP的比重将达到5.1%，而在奥巴马执政的最后一个完整的财年中，[②]财政赤字占GDP的比重仅为2.4%。

(一) 2019财年的美国财政状况加速恶化

在2018年2月特朗普政府提交国会的2019财年的预算案中，财政收

① Lael Brainard, “The Disconnect between Inflation and Employment in the New Normal”, Speech at “Certain Uncertainty: Tax Policy in Unsettled Times” National Tax Association 49th Annual Spring Symposium, Washington, D.C., May 16, 2019.

② 特朗普是2017年1月20日开始执政的。他上台以后立即提出了强化执法和增加军费的预算修正案，因此截至2017年9月30日的2016财年的财政决算已经受到了特朗普执政的影响。所以，完全由奥巴马政府控制的财年是从2015年10月1日至2016年9月30日的2015财年。

入 3.34 万亿美元，财政支出 4.41 万亿美元。但是在 2019 年 7 月 21 日提交给众院的中期评估报告中，虽然财政收入预计上升到 3.472 万亿美元，但是财政支出上升到 4.473 万亿美元。而白宫预算管理办公室网站公布的预测赤字更高达 1.09 万亿美元，相当于 GDP 的 5.1%，明显高于 2018 年 3.8% 的水平。有意思的是，中期评估报告却回避了相比最初预算更严峻的财政赤字问题，相反却刻意强调 7 月的赤字预测数据比 3 月的预测降低 910 亿美元。中期报告认为，这主要是根据新的报税和实际征收情况调高了财政收入，并且压缩了法定支出和净利息开支的结果。报告坚信，税改促成的经济增长将带来足够的税收以抵消减税的效应。报告还指出，超过万亿美元的财政赤字只有通过限制支出和将政府维持在合适的规模才可能得到抑制。在 2020 财年中，在为边境安全、国防、老兵和儿童医护以及基础设施重建等核心项目增加资金的同时，通过前所未有的政府开支缩减，财政赤字将下降到相当于 GDP 4.7% 的水平。

从 2019 财年财政收入的具体项目看，与 2018 财年相比，占总财政收入将近一半的个人所得税在失业率不断下降和工资水平微弱上涨的情况下，总额仅仅从 16836 亿美元上升到 16984 亿美元，企业所得税总额如期出现了一定程度的上升，从 2047 亿美元增长到 2162 亿美元，增长率大约为 5.6%，大体与社保税收入的增长率（5.8%）相当，略高于财政总收入的增长率（3.1%），因此可以说 2019 财年企业所得税的增长主要是由经济增长带来的，但是其增长速度超出财政总收入增长速度的部分可以看成是减税带来的税收增长效应。事实上，企业所得税占财政总收入的比重也从 6.1% 上升到 6.3%，但是与减税之前 9%~10% 的占比还相差甚远。按照 OMB 的预测，到 2024 财年，企业所得税占财政总收入的比重才可以恢复到 8.8%，大体恢复到减税前的水平。从企业所得税占 GDP 的比重看，情况也类似，2019 财年为 1%，到 2024 财年才恢复到 1.5%，与 2017 财年的水平相当。从这个趋势上看，如果不发生新的问题，美国财政收入可能在 2019 财年就已经开始从低点爬升的过程。另外，按照 OMB 的预测，2019 财年也是美国关税收入达到最高的一年，为695亿美元，比2018财年的413亿美元提高了将近70%。[①]

从财政支出方面看，2019财年的国防开支增幅达到8.5%，总额达到6846亿美元。人力资源开支作为美国财政支出中的最重要科目，占总财政支出的比重达到70%，这个科目下的变化几乎决定了美国财政开支的主要趋势。具体来说，2019财年美国财政总开支增长了4201亿美元，其中人力资源开支一项就增加2779亿美元，占增加的开支的比重达到66%。2019财年人力资源方面的开支增幅达到9.6%，而且在几乎所有的项目[②]上都呈现比较明显的增长，其中用于教育、培训、就业和社会服务方面的支出增长最明显，从2018财年的955亿美元提高到1425亿美元，增幅达到49.2%（预计此后几年将逐渐下降）。

但是我们应该看到的是，2019财年美国的财政总支出增加10.2%。相比这个增速，人力资源开支在所有财政开支科目中虽然占比最高，但只增长了9.6%，低于总支出的增长；国防开支作为所有财政开支科目中占比第二高的科目也只增长了8.5%，同样低于总支出的增长。值得注意的是，利息支出虽然在美国财政支出中占比仅居第三位，但是在2019财年中总额达到3935亿美元，相比2018年增长685亿美元，而且最重要的是增幅达到21%，远远超过美国2019年财政总支出的增长速度。在这个意义上，国债的利息支出成为推动美国财政总支出增长的最主要因素。显而易见的是，美联储的连续加息对此影响巨大，且美联储加息节奏越快，美国财政中用于利息的支出就越高。事实上，对应2016、2017和2018财年利息支出的增长速度分别为7.6%、9.4%和23.8%。而在美联储刚刚开始加息的2015财年，尽管美国国债存量不断创下新高，但是用于支付利息的财政支出下降2.5%。这也就难怪特朗普总是在美联储议息会议前会沉不住气地发推特呼吁降息。

---

① 但是关税的提高不利于美国经济增长。

② 美国财政支出中的人力资源开支主要包括以下子项目：教育、培训、就业和社会服务，健康，医疗保险，收入保障，社会保障以及老兵健康保险和服务。其中社保占比最大，健康、医疗保险和收入保障次之，教育、培训、就业和社会服务始终占比最小。

（二）白宫与国会对待财政问题的争议

应该说，白宫与国会之间就预算问题发生争执本身就是美国政治体制必然出现的问题。在近年来两党极化的背景下，特朗普执政更使得这个问题甚至呈现社会分裂迹象，特别是特朗普我行我素、莽撞专权的执政风格，加之在中期选举中共和党失去了对众议院的控制以后，不断加剧且日益显性化的两党之争借预算问题展开博弈，最终造成迄今为止美国历史上持续时间最长的政府停摆。

2018 年 12 月 22 日，因美国总统特朗普和国会民主党议员未能就再拨款 50 亿美元用于修建边境墙的问题达成共识，包括司法部、国土安全部、国务院、财政部、商务部和内政部在内的 9 个内阁级联邦机构关门，38 万名联邦工作人员被强制无薪休假，42 万名人员尽管继续上班，但这期间无法拿到薪水。最后，美国参众两院分别通过了一份拨款草案。参议院通过的拨款草案不包含修建美墨边境墙50亿美元的拨款，但特朗普明确表示不会签署该法案。而众议院通过的拨款草案同意拨款 57 亿美元用于美墨边境安全，但参议院民主党人明确反对该草案。结果政府暂时重开三周，国会将继续就预算进行协商，才结束了长达 35 天的政府停摆。①

2019 年 3 月，特朗普照例给国会提交了 2020 财年的预算草案。在文件中，除了把美国经济的好转全部当作他的政绩之外，包括减税、简化行政条例、减少华盛顿浪费性支出、释放美国能源生产潜力、系统性修订不利的贸易协定、将美国工人的需要放在绝对第一的地位等内容。和他上台以后的财政预算案一样，他习惯于增加一个副标题，2020 财年的副标题就是“恪守承诺、纳税人优

---

① 修建边境墙是特朗普对选民最重要的一项竞选承诺，为了能够在中期选举中继续获得支持并连任，特朗普甚至可以不惜一切代价。由于美国国会拒绝向特朗普的修墙方案拨款，特朗普政府直接从国防部经费中抽出了 25 亿美元，并美其名曰“保护美国南部边界”，这样使用军事款项变得十分合理。2019 年 5 月，加州联邦法院下达临时禁令，阻止特朗普在未经过国会的批准下，直接使用国防经费来修建边境墙。特朗普只好上诉最高法院，而最高法院经过 5 票赞成、4 票反对的表决，于 7 月 26 日裁决推翻了州立法院下达的临时禁令，并允许特朗普政府继续动用国防资金用于修墙。但是由于建墙也涉及亚利桑那州和新墨西哥州，特朗普政府的修墙计划在理论上还可能存在波折。

先”。主标题则是“一个让美国更好的财政预算”。对于年度预算，他强调政府职能部门削减5%的开支，然后说明了财政支出的优先方向：建边境墙、增加军费、保护老兵的健康保险、美国学生和工人的教育与培训投资、儿童癌症和艾滋病、类鸦片流行病（Opioid Epidemic）以及劳动家庭的保障计划。在总统执行办公室发布的2020年预算提要中特别指出，在2018和2019财年中，国会在坚持2011年预算控制法案的前提下，连续实施（enacted）了三项措施（deals）来提高自主性开支的上限，以便保证财政开支的需要。

不过有意思的是，国会并没有因此松口。在CBO于2019年5月发表的2019~2029年预算展望的更新版中给出的2019年财政赤字是8960亿美元，相当于GDP的4.2%，远远低于白宫公布的预测数据。当然，更大的问题是对未来的展望。按照OMB的预测，财政赤字占GDP的比例在2019年达到5.1%的峰值以后逐年下降，到2029年竟然只占0.6%。相反，在CBO的预测中，在未来10年中，年度财政赤字占GDP的比例始终不会低于4%。两者的差异是非常明显的。从财政收支的数据看，造成这种差异的主要原因是白宫对未来财政收入的乐观估计。而这又主要源于对美国经济增长和税收政策预测的差异，因为在过去50年间，社保税收入一直是相对稳定的，而包括消费税在内的其他税收在财政收入中的比重是不断下降的。

CBO在2019~2029年预算展望的更新版中预测，未来10年间，法定开支将以每年5.5%的速度增长，占GDP的比重从12.8%上升到14.9%，上升了16%，而在此前的10年间，则从9.9%上升到12.9%，上升了20%。显然，2011年的预算控制法案还是发挥了一定的作用。自主支出则一直保持与通货膨胀同步的2%增长率，因此2029年与2020年相比，占GDP的比例将从5.8%下降到5.0%，而在过去50年中，自主支出占GDP的比例一直没有低于6%，平均是8.4%。具体到防务开支占GDP的比例，2019年是3.1%，而过去50年的平均值是4.6%，非防务开支的占比则分别是3.1%和3.8%。

既然法定开支和自主开支都得到了约束，美国财政状况越来越恶化的主要因素就是净利息支出。2019年美国财政支出中利息支出3820亿美元，相当于GDP的1.9%。但是到2029年就会增加到9210亿美元，占GDP的比例为3%，比过去50

年间的平均值高 1 个百分点。其中利率水平的变化是最重要的影响因素。

这意味着美国国会对美国预算和债务问题的关注已经从过去老龄社会的财政压力、公共支出对私人投资的挤出效应和应对危机的财政空间等常规因素转移到因利息上升而逐步显现且变得愈发严重的利息压力上来了。

早在 2018 年 12 月，国会就组织 140 名专家对未来财政状况及对策进行了看上去更加细致、可信的研究，发布了以减少财政赤字为专题的报告。报告的框架结构简单直接，就是减少开支和扩大收入。为了改善财政收入，他们提出了 40 项选项，而在压缩法定开支方面提出了 38 项选项，在压缩自主开支方面也提出了 34 项政策选项，并且详细分析了每一个政策选项的效果，而所有这一切都是为了降低美国的债务水平。

显然，增收或减支的幅度取决于目标债务水平。报告最终指出，要在 2048 年把债务就降到相当于 78% 的 GDP 水平上，那么从 2019 年开始每年就应该保持削减相当于 1.9% 的 GDP 的债务，也就是相当于 2019 年要削减 4000 亿美元。而如果要降到过去 50 年的平均债务负担水平，即到 2048 年的债务仅相当于 41% 的 GDP，那么从 2019 年开始就要每年削减相当于 3.0% 的 GDP 的债务。总之，要使联邦预算处于长期可持续的轨道，就必须进行重大的政策改变，使财政收入比目前大幅度增长，或者使财政支出大幅度下降。这显然是一个非常艰巨的任务。对于这样一个几乎不可能实现的任务，报告最后提出的问题是：能够接受的联邦债务总额是多少，从而多大力度的消减赤字是必要的？减赤的速度能够有多快？联邦政府恰当的规模是多大，并如何配置联邦资源？如何改变政策才能最大程度地强化短期和长期经济增长的前景？增税或减支造成的负担最终将由谁来承担？

从报告给出的选择看，可能已经不是如何降低债务，而是要探讨能够承受的债务负担究竟有多大的问题了。

四 公司部门形势未出现预期好转

从 2018 年开始，特朗普在贸易问题上不断以美国优先的旗号强化保护主义措施，税改的预期效果也应该有所体现，加之就业情况创下了最近 50 年来的最高纪录，都预示着公司部门形势向好。但实际上从 2018 年下半年到 2019 年上半年，却依然不温不火，甚至有所下滑。

（一）公司部门的运营环境

分析公司部门的运营情况首先要分析运营环境的变化，因为只有剔除了运营环境的影响，才能真实反映公司自身运营情况的变化。运营环境又可以细分为融资条件、劳动力市场条件以及宏观经济条件三类。

从 2015 年底美联储加息以后，以穆迪 Aaa 和 Baa 为代表的两类企业债收益率并没有随之上涨，而是在正常的波动中保持稳定，两者之间的利差也没有明显变化。商业银行 48 个月新车贷款利率和 24 个月个人贷款利率虽然在加息以后出现了上涨，但是上涨明显乏力。前者从 4.09% 上升到 5.5%，后者则从 9.45% 上升到 10.63%，分别上涨了 1.41 个和 1.18 个百分点，远低于联邦基金利率的上涨幅度，可以说加息并没有给企业融资环境和个人消费信贷条件带来明显的影响。从道琼斯、标准普尔和纳斯达克三大股指的表现来看，虽然波动较大，特别是在 2018 年底出现了明显下行，但是随后又迅速反弹，因此总体维持在相对稳定的水平上，依然有利于企业在股票市场上进行融资。

就实际融资情况看，全美商业银行的工商贷款、个人消费贷款以及不动产抵押贷款在加息后的增长速度都出现了不同程度的下降，其中工商贷款下降最明显，但是受到税改的刺激，2018 年初再次呈现明显的反弹。然而从 2019 年 3 月开始，在市场普遍预期美联储即将减息的情况下却再次出现了明显的下降，显示企业对未来预期可能转向悲观。另外两项个人信贷的增速在经过加息的冲击而出现短暂的下降以后，从 2017 年中开始，也就是加息加速以后，却一直保持大体稳定或有所反弹。按照美联储的统计，2019 年上半年所有美国企业新证券发行（包括新融资和再融资）与 2018 年上半年相比大体持平，而与 2018 年下半年相比则呈现增长。

从美国的商业景气调查数据看，消费者信心指数虽然在 2019 年已经攀升到仅次于 2000 年新经济时代的高水平上，但出现了比较明显的波动，而制造

业采购经理人指数从 2018 年底就呈现下降趋势，目前已经跌破了荣枯线，服务业采购经理人指数尽管表现好一些，但是也呈现下降趋势。

从公司运营环境看，真正形成制约的可能是劳动供给。2014 年劳动参与率下降到 62.5% 左右以后，失业率继续下降。尽管不同族群之间失业率还很不均衡，[①] 但是整体的就业状况已经达到了 50 年来的最好水平。由于劳动供给紧张，当 2019 年 4 月失业率达到 3.6% 的低点时，岗位空缺数已经超过失业人数 155 万之多，比一年前几乎翻了一倍。在这种情况下，私人非农企业全部员工的平均时薪从将近 27 美元上升到将近 28 美元，增长速度超过通货膨胀一倍以上。考虑到金融危机以后美国劳动生产率缓慢增长的情况，那么实际工资增长的大部分还是可以被劳动生产率的增长所抵消，因此对公司部门的运营环境影响并不显著。

（二）公司部门的盈利状况和经营前景由升转降

经存货计价和资本消耗调整的企业利润总额从 2016 年初开始一直维持了 8 个季度稳定以后，从 2017 年底开始缓慢爬升并维持了 4 个季度，但是从 2019 年第 1 季度开始又出现了明显下降，又回到了 2016 年初的水平。比较尴尬的是，在美国的外国企业利润大体保持平稳，因而下降主要是由占比大约为 75% 的国内企业利润下降造成的。而分行业看，国内企业利润下降又主要是由非金融业 [②] 造成的，金融业利润在此期间甚至出现了微弱的上升。

从 2018 年 7 月开始，制造业出货量、未完成订单和新增订单的同比增长速度同步开始下降，而在国际金融危机以后这种情况是第一次出现。在 2010 年中和 2014 年中两次出货量和新增订单增速同步下降的时候，未完成订单却在上升，抵消了前两个指标下降带来的不利冲击。从 2018 年底开始，全部工

① 例如，黑人或非洲裔美国人的失业率依然比白人失业率高 1 倍，在 2019 年 4 月整体失业率仅为 3.6% 的时候依然高达 6.7%，而西班牙裔或拉丁美洲裔美国人失业率也比白人高 1 个百分点，在 2019 年 4 月也有 4.2%，同期，白人的失业率仅为 3.1%。而上述两个少数族群在美国人口中占比超过了 30%。

② 非金融业主要包括公用事业、制造业、批发贸易、零售贸易、运输和仓储、信息业以及其他，制造业在其中占 1/4 以上的份额。

业部门的产能利用率结束了2017年初以来的上升趋势而出现下降，此前在能源产出增长刺激下一直攀升的采掘业产能利用率也停止了上升。

2018年税改以后，国内私人商业投资并没有维持太久的稳定，就于2018年底掉头向下，只是政府国内投资还勉强维持升势。而从美国房地产市场的情况看，不论是新屋销售还是新屋开工，除去正常的波动外，并没有走出2013年危机反弹以后持续呈现的下降趋势。

总之，从2018年底开始的制造业利润下降同时伴随着出货量和订单同比增速、产能利用率、投资和房地产市场同步下降的情况看，所有数据都印证了一个不乐观的微观经济前景。贸易保护主义和税改并没有真正使公司部门形势向好。

五 外部经济部门的形势和政策变化

2018年世界经济增长放缓，美国的国际收支也难以独善其身。与此同时，特朗普政府在对外经济政策方面的保护主义愈加明显，挑起了一系列贸易争端，但贸易收支并没有因此而改善，只是对国际收支结构产生了明显的影响。

（一）贸易收支的变化

伴随着全球经济增长的放缓，美国出口增速逐渐下行，月度同比增长率从2018年7月的7.18%稳定下降到2019年6月的-2.21%，同期商品出口增速下降最明显，从9.14%下降到-3.54%，服务出口增速虽然也出现了下降，但是幅度略小，从3.42%下降到0.54%，显示出服务出口作为美国国际贸易竞争力强项的特征。在进口方面，美国经济相对强劲，尽管受到保护主义政策的影响也出现了下降，但尚未进入负增长，月度同比增长率从2018年7月的9.32%稳定下降到2019年6月的1.18%，同期商品进口增速下降最明显，从10.68%下降到0.31%。然而在这种大环境下，美国同期服务进口增速却从3.53%上升到5.14%，并且2019年上半年与2018年上半年相比，服务进口增长了5.35%。因此整个经常项目的差额变化也不大。

从2019年初开始直到降息以前，由于美联储采取了耐心观察的态度，美

元的有效汇率大体保持稳定，美国贸易收支的变化就主要反映了市场需求和政策影响。

（二）贸易争端和保护主义对美国贸易收支的影响

贸易保护主义最终会损害世界经济增长早已成为共识。一个国家的贸易差额最终是由产业结构、国内需求和净出口弹性对比决定的，通过挑起贸易争端而不是着手国内调整肯定不是有效的解决办法。因此，主要是针对货物贸易的贸易保护主义政策并没有从根本上改善美国的进出口状况。至少从目前的形势看，贸易转移效应比较明显。

2019 年上半年与 2018 年上半年相比，尽管贸易争端愈演愈烈，但是按照美国经济分析局的数据，美国货物进口的总金额不仅没有下降，反而上升 87.94 亿美元，增长了 0.7%，达到 1.27 万亿美元，与此同时，货物出口却从 8378 亿美元下降到 8344 亿美元，下降了 0.4%，导致贸易赤字进一步扩大。

从美国商务部普查局发布的分国别货物进口额的数据看，2019 年上半年，美国从前十大货物进口来源国①进口货物总额达到 8521 亿美元，占货物总进口的 69%。与 2018 年同期相比，从前十大货物进口来源国的进口总额只增加了 6.6 亿美元，变化非常小，但是各国的变化大得多。例如美国从中国的进口减少了 309.51 亿美元，从加拿大进口减少了 18.12 亿美元，而这减少的额度基本被美国从其他国家的进口所代替。

美国与前十大货物贸易出口目的地国的情况也类似。美国对中国的出口减少幅度最大，达到了 121.06 亿美元，对加拿大出口减少了 42.47 亿美元，对墨西哥出口减少了 22.01 亿美元，与此同时对其他国家出口的增长却不足以弥补对上述国家出口的下降，因此造成 2019 年上半年美国货物出口的下降和贸易赤字的上升。

① 2019 年上半年与 2018 年上半年相比，美国的前十大货物进口来源国略有变化，按照进口量排列，2018 年上半年分别为中国、墨西哥、加拿大、日本、德国、韩国、英国、爱尔兰、意大利和印度，总进口量为 8578.81 亿美元，2019 年上半年则分别是中国、墨西哥、加拿大、日本、德国、韩国、英国、越南、爱尔兰和法国，总进口量为 8521.19 亿美元。其中，越南一举上升了 4 个位次，出口量从 228.11 亿美元上升到 304.41 亿美元，印度下降了 1 个位次。

表 2 美国前十大贸易伙伴国的排序、进出口额与贸易余额及变化

单位：亿美元

项目	中国	墨西哥	加拿大	日本	德国	韩国	英国	越南	爱尔兰	法国	总计
进口金额	2190.44	1796.12	1581.42	728.86	622.67	391.95	309.97	304.41	298.67	296.65	8521.19
变化额	-309.51	106.33	-18.12	27.121	0.57	37.88	16.75	76.29	17.39	39.83	6.60
项目	加拿大	墨西哥	中国	日本	英国	德国	韩国	荷兰	巴西	法国	总计
出口金额	1485.54	1292.74	519.99	368.43	341.[illegible]8	303.76	282.82	260.88	207.92	194.32	5257.61
变化额	-42.47	-22.01	-121.06	9.24	0.58	9.44	11.97	24.04	17.75	10.17	-102.34
项目	中国	墨西哥	日本	德国	爱尔兰	越南	意大利	马来西亚	瑞士	印度	总计
贸易余额	-1670.44	-503.38	-360.42	-318.91	-254.39	-253.42	-162.03	-122.54	-119.95	-111.25	-3876.77
变化额	188.44	-128.34	-17.88	10.01	-30.11	-71.46	-9.75	6.91	-28.64	-4.60	-85.43

注：进口金额、出口金额和贸易余额均为 2019 年上半年的货物贸易数据，变化额为 2019 年上半年对 2018 年上半年的数据。对于贸易额而言，负值为减少，正值为增加。对于贸易余额而言，正值为逆差减少，负值为逆差增加。

资料来源：Wind 数据库，美国商务部普查局。

由美国自身的产业结构、国内需求和净出口弹性等决定的货物贸易进出口的基本因素在短时间内没有发生变化，所以从表 2 中可以清楚地看出，美国与中国双边贸易的变化基本上被美国与其他贸易伙伴的相反变化所抵消。因此特朗普政府在 2018~2019 年主要针对中国采取的贸易保护主义措施并没有改善美国总体的贸易收支状况。相反，伴随着违背了市场规律和市场选择的贸易转移，带来的一定是美国进口价格的上升和整体福利水平的下降。因此，特朗普政府贸易政策的走向及其影响才成为美联储密切关注的重点和货币政策决策的依据。

六　结论和展望

美国经济各项基本面指标的持续改善并没有使美联储盲目乐观，而是关注到了增长背后一些不利的蛛丝马迹和潜在的不利影响，因而在持续加息 7 个月以后采取了预防性降息。2019 年的财政收支可能也进入税改以来的低点，财政赤字和政府债务问题又成为国会关注的重点，白宫与国会之间在财政支出问题上的争执也变得明显。在这种情况下，公司部门的微观运营也出现了疲态。贸易保护政策并没有给贸易收支带来立竿见影的成效，相反可能造成了一系列潜在的问题。因此，2019 年的经济形势不容乐观，美国经济增长处于减速阶段。预计 2019 年的美国经济增长将出现比较明显的放缓，并延续到 2020 年。

参考文献

[1] Board of Governors of the Federal Reserve System, *Monetary Policy Report to the Congress*, July 5, 2019.

[2] Congressional Budget Office, *Updated Budget Projections: 2019-2029*, May 2019.

[3] Congressional Budget Office, *Options for Reducting the Deficit: 2019-2029*,

December 2018.

[4] Office of Management and Budget, *A Budget for a Better America: Promises Kept, Taxpayers First, Budget of the U.S. Government, Fiscal Year 2020.*

[5] Office of Management and Budget, *Overview, 2020 Budget Fact Sheet.*

[6] Office of Management and Budget, *Mid-Session Review: Budget of the U.S. Government, Fiscal Year 2020.*

[7] Board of Governors of the Federal Reserve System, *Federal Reserve Issues FOMC statement*, January 30, 2019, March 20, 2019, May 1, 2019, June 19, 2019, July 31, 2019.

[8] Powell, Jerome H., "Semiannual Monetary Policy Report to the Congress", Before the Committee on Financial Services, U.S. House of Representatives, Washington, D.C., February 26, 2019.

[9] Powell, Jerome H., "Transcript of Chair Powell's Press Conference", May 1, 2019.

[10] Powell, Jerome H., "Opening Remarks", at "Conference on Monetary Policy Strategy, Tools, and Communications Practices" Sponsored by the Federal Reserve Bank of Chicago, Chicago, Illinois, June 4, 2019.

[11] Powell, Jerome H., "Data-Dependent Monetary Policy in an Evolving Economy", at "Trucks and Terabytes: Integrating the 'Old' and 'New' Economies". 61st Annual Meeting of the National Association for Business Economics in Denver, Colorado, October 8, 2019.

[12] Board of Governors of the Federal Reserve System, "Transcript of Chair Powell's Press Conference", July 31, 2019.

[13] Board of Governors of the Federal Reserve System, *Economic Projections of Federal Reserve Board Members and Federal Reserve Bank Presidents under Their Individual Assessments of Projected Appropriate Monetary Policy*, March 2019.

[14] Board of Governors of the Federal Reserve System, *Economic Projections of Federal Reserve Board Members and Federal Reserve Bank Presidents under Their Individual Assessments of Projected Appropriate Monetary Policy*, June 2019.

[15] David Wessel, “What is ‘Average Inflation Targeting’?”, https://www.brookings.edu/blog/up-front/2019/05/30/what-is-average-inflation-targeting/.

[16] Frabcesco Bianchi, Howard Kung and Thilo Kind, “Threats to Central Bank Independence: High-Frefuencey Identification with Twitter”, NBER Working Paper No. 26308, September 2019.

[17] Janice C. Eberly, James H. Stock and Jonathan H. Wright, “The Federal Reserve’s Current Framework for Monetary Policy: A Review and Assessment”, Prepared for the Conference on Monetary Policy Strategy, Tools, and Communication Practices, June 4-5, 2019, Federal Reserve Bank of Chicago.

Y.3
欧洲经济：下行风险持续增加

东艳　陆婷*

摘　要：2018年第三季度以来，欧洲经济增长乏力，经济下行风险持续增加。全球经济增速放缓、贸易摩擦加剧、英国脱欧悬而不决、地缘政治风险上升等因素影响了欧洲经济的稳定发展，对欧洲的贸易和企业投资产生了冲击，特别是引发了制造业的低迷。作为应对，欧元区的货币政策重返宽松，欧盟主要经济体的财政政策也逐步转向积极，欧盟积极通过推进双边、区域和多边贸易谈判，维护和重塑全球贸易体系。展望2020年，在全球贸易环境和地缘政治风险未能修复的情况下，欧洲经济的弱增长态势恐难得到根本性扭转。

关键词：欧洲经济　政策不确定性　贸易摩擦

2018年下半年以来，受贸易保护主义加剧、英国脱欧悬而不决、全球需求超预期放缓、地缘政治风险上升等因素的影响，欧洲国家出口形势普遍低迷，制造业需求持续下降，企业投资动能不足，欧洲经济增长明显减速，下行风险逐步加大。2018年全年，欧盟和欧元区GDP实际增长率分别为2.0%和1.9%，二者均较2017年下降了0.5个百分点。2019年前两个季度，欧盟

* 东艳，中国社会科学院世界经济与政治研究所研究员，主要研究领域为国际贸易；陆婷，中国社会科学院世界经济与政治研究所副研究员，主要研究领域为国际金融、国际资本市场。

经济加速下行，GDP 实际同比增长率分别进一步降至 1.6% 和 1.2%，远低于 2018 年同期指标（分别为 2.3% 和 2.4%）；欧元区 GDP 实际同比增长率也大幅下滑，分别由 2018 年同期的 2.3% 和 2.4% 下跌至 1.1% 和 1.0%。这大体符合我们在 2019 年度世界经济黄皮书报告中做出的“欧洲经济将继续温和复苏，但增长率显著放缓”的判断。

一 宏观经济增长趋势

（一）经济增长乏力，下行风险持续

从 2018 年第三季度到 2019 年第二季度，欧洲国家经济发展形势普遍低迷，经济增长减速明显。欧盟（含英国，下同）四个季度 GDP 实际同比增长率分别为 1.9%、1.5%、1.6% 和 1.2%，经季节调整后的年化环比季度实际增长率分别为 1.4%、1.4%、2.0% 和 0.7%，总体呈波动下行的走势。欧元区增长降温的态势较欧盟更为显著，四个季度的 GDP 实际同比增长率分别为 1.7%、1.4%、1.1% 和 1.0%，经季节调整后的年化环比季度实际增长率分别为 0.8%、1.2%、1.7% 和 0.8%。

从支出法分解来看，在就业市场持续改善的大背景下，欧盟和欧元区的私人消费支出具有韧性，为区域内经济增长提供了稳定的支撑。政府消费支出表现平稳，对欧盟和欧元区四个季度环比经济增长率的平均贡献度保持在 0.7 个百分点左右。固定资本投资在 2018 年末增长强劲，欧盟和欧元区经季节调整后的实际环比增长率分别为 1.2% 和 1.5%，但进入 2019 年，随着欧洲内外经济不确定性上升，企业信心下跌，固定资本投资增速快速下滑，其对经济增长的拉动作用也迅速减弱。受全球贸易局势紧张、外部需求回落的影响，净出口对于欧洲经济增长的拉动作用始终有限，并一度成为拖累欧洲经济增长的主要原因。

分季度来看，2018 年第三季度欧洲经济增长明显回落，欧盟和欧元区季调后的 GDP 年化实际环比增长率分别较前一季度小幅下滑了 0.4 个和 0.7 个百分点。净出口表现恶化是该季度欧洲经济减速的主要动因。季调后欧盟货

表 1　欧盟和欧元区实际 GDP 增长率及各组成部分的贡献

单位：%，个百分点

项目	2018 年第一季度	2018 年第二度	2018 年第三季度	2018 年第四度	2019 年第一季度	2019 年第二季度
欧盟（28 国，含英国）						
同比增长率	2.3	2.4	1.9	1.5	1.6	1.2
季调后年化环比增长率	1.4	1.8	1.4	1.4	2.0	0.7
季调后环比增长率	0.4	0.4	0.3	0.4	0.5	0.2
最终消费	0.31	0.21	0.19	0.33	0.33	0.24
家庭与 NPISH 消费	0.28	0.15	0.14	0.24	0.25	0.17
政府消费	0.03	0.05	0.05	0.10	0.09	0.07
总资本形成	0.28	0.39	0.28	−0.07	0.43	−0.57
固定资本形成	0.06	0.30	0.09	0.24	0.11	0.08
存货变动	0.22	0.09	0.19	−0.31	0.31	−0.65
净出口	−0.24	−0.16	−0.13	0.09	−0.26	0.50
出口	−0.18	0.41	0.17	0.60	0.43	−0.12
进口	−0.06	−0.57	−0.30	−0.51	−0.69	0.62
欧元区（19 国）						
同比增长率	2.3	2.4	1.7	1.4	1.1	1.0
季调后年化环比增长率	1.3	1.5	0.8	1.2	1.7	0.8
季调后环比增长率	0.3	0.4	0.2	0.3	0.4	0.2
最终消费	0.27	0.13	0.13	0.28	0.29	0.18
家庭与 NPISH 消费	0.25	0.06	0.10	0.21	0.22	0.11
政府消费	0.03	0.07	0.03	0.08	0.08	0.07
总资本形成	0.24	0.33	0.29	−0.01	−0.15	0.11
固定资本形成	0.05	0.35	0.11	0.31	0.04	0.12
存货变动	0.19	−0.03	0.18	−0.33	−0.19	0.00
净出口	−0.20	−0.08	−0.21	0.04	0.28	−0.09
出口	−0.24	0.52	0.19	0.47	0.46	0.01
进口	0.04	−0.60	−0.40	−0.43	−0.18	−0.10

注：表中数据均基于以不变价格计算的实际值。GDP 同环比增长率的单位为“%”，其他各单项为对 GDP 增长的环比贡献，单位为“个百分点”。NPISH（Non-Profit Institutions Serving Households）为家庭服务的非营利性机构。

资料来源：Eurostat。

物贸易差额的季度均值约为 -23 亿欧元（约 -25 亿美元），较前一季度的 -3.3 亿欧元（约 -3.6 亿美元）大幅恶化，欧元区货物贸易盈余的季度均值也由 189 亿欧元（约 208 亿美元）收窄至 136 亿欧元（约 150 亿美元）。相比之下，季内居民消费支出和固定资本投资表现较为平稳，虽较前一季度有所下滑，但总体仍呈温和增长态势，季调后的欧盟和欧元区居民消费支出实际环比增长率分别为 0.3% 和 0.2%，略低于前一季度的 0.4% 和 0.4%。固定资本投资方面，随着美欧贸易争端在 2018 年 7 月末的暂时缓和，欧盟和欧元区内企业对经济前景的信心尚属稳定，欧盟固定资本投资实际同比增长 3.1%，季调后环比增长 0.4%，欧元区固定资本投资实际同比增长 3.2%，季调后环比增长 0.5%，均为区域内经济保持温和复苏提供了支撑。

2018 年第四季度，欧洲经济延续了前一季度的弱势表现，欧元区更触及 2014 年第二季度以来的最低实际同比增速。最终消费支出取代资本形成总额成为拉动经济增长的主力，其对 GDP 环比增长贡献度分别为 0.33 个百分点（欧盟）和 0.28 个百分点（欧元区）。不过，欧盟和欧元区消费者信心指数在季内逐月下滑，并于 12 月触及两年内的低点，这反映出私人消费动能的弱化和消费者对未来经济状况的负面预期。本季度固定资本投资表现强劲，欧盟和欧元区固定资本投资实际环比增长率分别为 1.2% 和 1.7%，显著高于前一季度 0.4% 和 0.5% 的水平，对经济增长的贡献度也分别达到 0.24 个和 0.31 个百分点。然而，存货投资的回落抵消了固定资本投资增长对经济的贡献，导致资本形成总额对经济增长的贡献整体为负。货物和服务贸易净出口表现在该季度有所好转，扭转了连续三个季度拖累经济增长的颓势。然而，英国脱欧进程的混乱以及德国经济的放缓使得 Sentix 投资者信心指数在 12 月大幅跳水，自 2014 年底以来首次跌至负值，显示出市场对欧洲经济不确定性和脆弱性的担忧。

2019 年第一季度，欧洲经济小幅回升，欧盟和欧元区季调后年化实际环比增长率分别较前一季度提升 0.6 个和 0.5 个百分点。对于欧盟而言，拉动经济增长的因素主要是私人消费和存货变动，二者对经济增长的贡献分别为 0.25 个和 0.31 个百分点，而对欧元区而言，拉动经济增长的因素主要是私人消费和净出口，二者对经济增长的贡献分别为 0.22 个和 0.28 个百分点。尽管环比小幅回升，欧洲经济动能整体依旧偏弱，实际同比增速远低于 2018 年同期，制造业在核心国尤其是德国的拖累下表现低迷，欧元区制造业 PMI 自 2 月起保持在 50 荣枯线以下，对经济构成下行压力。

2019 年第二季度，欧洲经济再度回落，欧盟和欧元区季调后年化实际环比增长率分别为 0.7% 和 0.8%，较前一季度大幅下滑了 1.3 个和 0.9 个百分点。私人消费表现疲弱，季调后欧盟和欧元区家庭消费支出环比增速分别为 0.3% 和 0.2%，分别较前一季度下滑了 0.1 个和 0.2 个百分点。考虑到家庭收入指数并未在该季度恶化，私人消费支出下滑主要源于悲观情绪的加剧。制造业依旧是拖累经济增长的重灾区，制造业产能利用率下降到 2017 年第二季度以来的低位，萎缩势头不改。进出口环比增速双双下滑，季调后欧盟进口环比增速为 -1.41%，出口环比增速为 -0.26%，分别低于前一季度的 1.57% 和 0.92%；欧元区进口环比增速为 0.23%，出口环比增速为 0.02%，分别低于前一季度的 0.38% 和 0.95%，表明欧洲内外需求同步减弱。企业固定资本投资表现尚可，对经济增长形成正向支撑，但欧盟存货投资大幅收缩，对经济增长贡献显著为负，抵消了固定资本投资带来的正向效应。

（二）劳动力市场持续改善

欧洲国家劳动力市场状况持续改善，欧盟与欧元区失业率稳步下降，屡次创下 2008 年危机以来的新低。从图 1 所显示的月度失业率数据来看，欧盟和欧元区的失业率分别从 2018 年 8 月的 6.7% 和 8.0% 下降到 2019 年 7 月的 6.3% 和 7.5%，欧盟和欧元区的青年（25 岁以下）失业率也持续下降，分别从 2018 年 8 月的 15.1% 和 16.8% 下降到 2019 年 7 月的 14.3% 和 15.6%。值得注意的是，尽管维持下行趋势，但与上年同期（2017 年 8 月至 2018 年 7 月）欧盟和欧元区失业率分别下降 0.7 个和 0.9 个百分点的幅度相比，2018 年第三季度至 2019 年第二季度内欧洲失业率下降幅度明显有所放缓，显示出劳动力市场改善的空间已日渐收窄。

分国别看，2019 年 7 月，捷克（2.1%）和德国（3.0%）失业率为欧盟成员国内最低，希腊（17.2%[①]）、西班牙（13.9%）、意大利（9.9%）、法国（8.5%）的失业率则处于较高水平。与上年同期相比，除卢森堡（从5.6%上升至5.7%）、立陶宛（从6.1%上升至6.4%）和瑞典（从6.3%上升至6.8%）外，其余25个欧盟成员国的失业率均有所下降，其中降幅最大的是希腊，从2018年5月的19.4%下降至2019年5月的17.2%，下降了2.2个百分点，其次是克罗地亚由8.4%下降至7.1%、塞浦路斯由8.3%降至7.0%，均下降1.3个百分点。

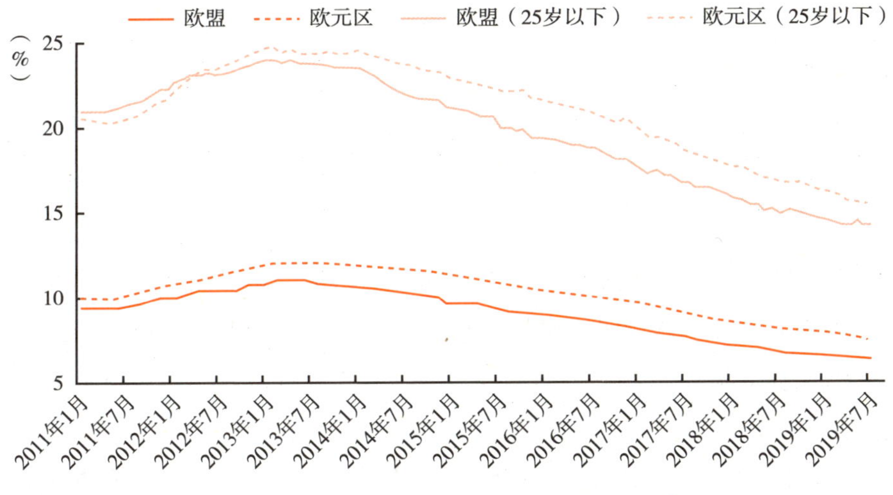

图1　欧盟和欧元区失业率

资料来源：Eurostat。

（三）物价水平震荡下行

欧盟的消费价格调和指数（HICP）在2018年10月触顶后总体呈震荡下行趋势。2019年前7个月，欧盟HICP月度平均增长率为1.6%。欧元区HICP月度平均增长率为1.36%。从分项来看，能源价格上涨是推动此前欧洲HICP上行的主要动力。然而，随着美国库存净增长、全球经济走

① 2019年5月数据。

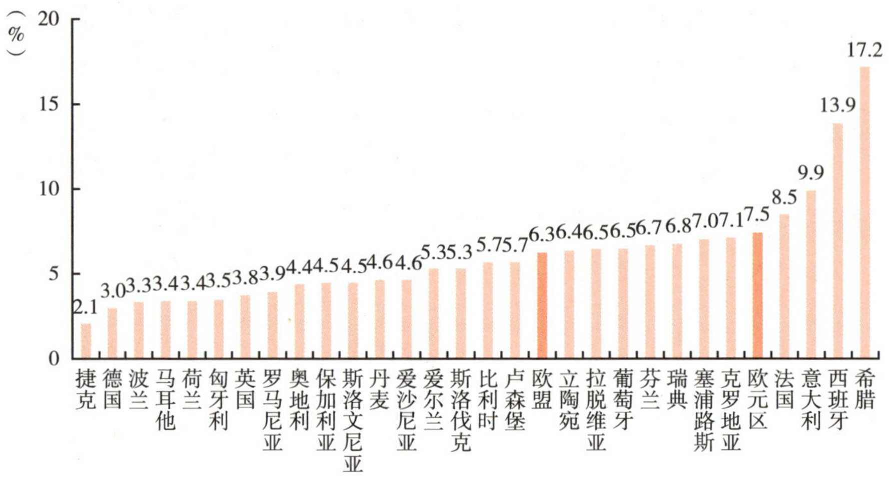

图 2　欧洲国家 2019 年 7 月失业率

注：英国、希腊为 2019 年 5 月数据；匈牙利、爱沙尼亚为 2019 年 6 月数据。

资料来源：Eurostat。

势转弱和非 OPEC 原油供给上升，全球油价有所承压，能源类产品通胀同比增速放缓，对整体通胀水平的支撑力度减弱。非能源工业产品通胀同比增速也有所下降，较 2018 年同期值下滑了 0.7 个百分点，对整体通胀构成拖累。

欧盟和欧元区剔除能源和非加工食品的核心 HICP 在 2019 年前 7 个月的平均增长率分别为 1.23% 和 1.0%，几乎与上年同期相同，显示较为稳定的态势。始终在低位徘徊的核心 HICP 以及不断加大的经济下行风险，使得欧洲央行不得不于 2019 年 9 月再次降息，并重启资产购买计划，以强化宽松力度。

（四）欧洲国家经济走势差异化发展

2018 年第三季度至 2019 年第二季度，欧洲出现了核心国经济减速显著、边缘国经济稳中有进的现象。德国、法国、英国和意大利四个季度的平均年化环比增长率则均在 1.5% 以下，而匈牙利、罗马尼亚、保加利亚、立陶宛、爱沙尼亚等国四个季度的平均年化环比增长率均在 3% 以上，而造成这种差

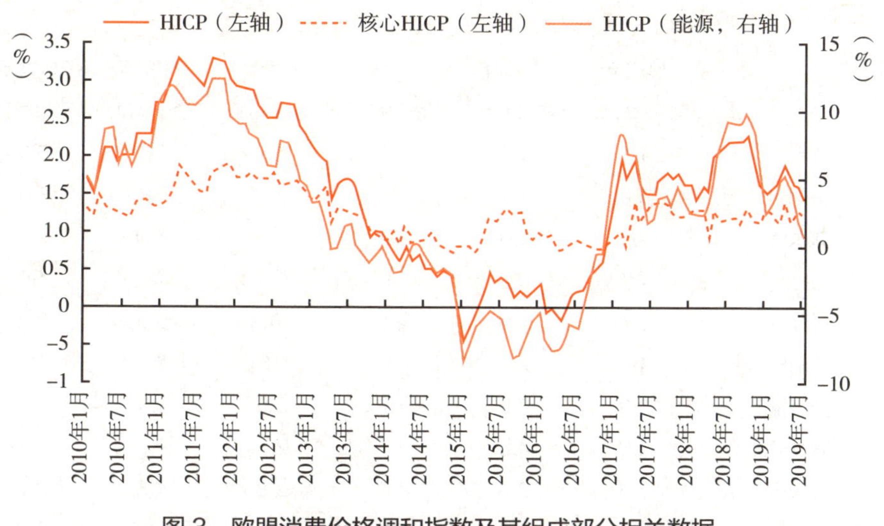

图3　欧盟消费价格调和指数及其组成部分相关数据

注：数据为当月同比增长率，期限为 2010 年 1 月至 2019 年 7 月。

资料来源：Eurostat 。

异化发展的原因在于，受外部需求冲击和内部政治风险影响最大的主要是核心国，原本对其经济增长构成有力支撑的制造业和出口在冲击下表现萎靡，导致经济增长动能迅速减弱，而边缘国家所受影响则相对较小，经济表现平稳。

表2　欧洲各国（地区）实际 GDP 年化季度环比增长率

单位：%

国家和地区	2018 年第一季度	2018 年第二季度	2018 年第三季度	2018 年第四季度	2019 年第一季度	2019 年第二季度
德国	0.5	1.6	-0.4	0.8	1.5	-0.3
法国	0.9	0.9	1.2	1.8	1.2	1.3
意大利	0.8	0.1	-0.5	-0.3	0.5	0.1
西班牙	2.5	2.4	2.2	2.2	2.7	1.9
荷兰	2.6	2.6	1.0	2.2	1.9	2.1

续表

国家和地区	2018 年第一季度	2018 年第二季度	2018 年第三季度	2018 年第四季度	2019 年第一季度	2019 年第二季度
比利时	1.1	1.3	1.1	1.5	1.4	0.9
奥地利	3.7	1.5	0.9	2.5	1.8	1.0
爱尔兰	-0.4	6.0	8.2	1.3	10.1	—
芬兰	1.7	0.7	0.5	0.2	2.1	1.9
希腊	2.4	0.0	4.1	-0.3	0.6	3.4
葡萄牙	1.9	2.4	1.0	1.6	2.2	2.2
卢森堡	2.0	0.8	1.7	2.6	1.3	—
斯洛文尼亚	0.5	4.3	4.7	2.5	2.5	0.7
立陶宛	3.6	3.8	1.7	5.8	4.8	3.2
拉脱维亚	8.0	4.2	5.5	3.6	-0.5	3.0
塞浦路斯	4.7	3.5	3.0	3.9	2.6	3.1
爱沙尼亚	5.0	4.9	5.1	4.9	3.6	1.8
马耳他	8.5	9.0	12.0	1.3	-2.5	—
斯洛伐克	—	—	—	—	—	—
欧元区 19 国	1.3	1.5	0.8	1.2	1.7	0.8
英国	0.2	1.6	2.8	0.9	2.0	-0.8
波兰	5.6	5.2	5.9	1.7	5.9	3.2
瑞典	3.6	2.0	-0.6	4.5	2.1	-0.3
丹麦	3.4	1.7	1.9	3.2	0.9	3.2
捷克	2.4	2.6	2.3	3.6	2.4	2.6
罗马尼亚	1.3	5.5	5.2	3.9	5.1	4.2
匈牙利	4.9	4.6	5.9	4.4	5.9	4.5
克罗地亚	1.6	5.7	2.4	0.8	6.1	0.8
保加利亚	3.5	3.3	2.8	3.1	4.9	3.3
欧盟 28 国	1.4	1.8	1.4	1.4	2.0	0.7
瑞士	4.1	3.3	-1.2	-0.3	1.6	1.1
冰岛	1.4	6.5	-4.1	8.5	-9.1	16.0
挪威	1.4	1.3	2.2	1.6	-0.1	1.0

注：“—”表示无法获取。

资料来源：Eurostat。

德国经济增长速度明显放缓和，实际 GDP 年化季度环比增长率在 2018 年第三季度和 2019 年第二季度均出现了负增长，技术性衰退（technical recession）的可能性显著增加。德国经济对出口依赖性较强，动荡的全球经贸环境对德国经济的影响显著。根据 WTO 的数据，2018 年第三季度至 2019 年第二季度，德国出口出现 3.24% 的负增长，进口增长速度也仅为 0.06%。制造业持续低迷，并向经济的其他行业扩展，德国的采购经理人指数自 2019 年 1 月以来一直低于 50，9 月更进一步下滑至 41.4，为 2009 年以来的新低点。德国政府采取了平衡预算的财政政策，不希望通过过度的公共支出来刺激经济。预计未来德国经济将继续走弱，但尚不会演变为经济危机。

法国经济处于低增长区间，2018 年第三季度至 2019 年第二季度，实际 GDP 年化季度环比增长率分别为 1.2%、1.8% 、1.2% 和 1.3%，经济表现优于欧洲其他主要经济体。法国通过降低企业税和废除大部分房产税、减免社会保险金、完善劳动力市场等举措，在改善民生、提升经济竞争力方面取得了部分进展，法国居民消费逐步回升，企业的盈利保持在较高水平。但是受外部经济形势及国内黄马甲抗议等影响，法国政府推迟了减少公共债务的计划。法国与美国就征收数字服务税等方面的争端给法国外部经济环境带来了一定的不确定性。

意大利经济处于低迷状态，2018 年第三季度至第四季度出现了连续两个季度的负增长，2019 年前两个季度有所回调。全球经济增长速度放缓带来冲击以及欧洲内部经济增长乏力是影响意大利经济表现的重要因素。

西班牙经济增速平稳，2018 年第三季度至 2019 年第二季度实际 GDP 年化季度环比增长率平均值近 2.3%，居民消费是拉动经济增长的重要因素，外部经济环境对西班牙对外贸易的影响可控，削减财政赤字和降低政府债务负担率是西班牙面临的重要问题。

英国经济在经历了 2018 年第三季度至 2019 年第一季度的低速增长后，2019 年第二季度出现负增长。脱欧进程悬而不决影响了英国经济的增长趋势，未来英国与欧盟贸易政策的不确定性使英国商业投资增速放缓，全球经济疲软影响了制造业出口和生产，服务业也受到影响，英国能否“无协议脱欧”是欧洲经济发展面临的重要风险。

二　货币与金融状况

（一）货币政策重返宽松

2018 年下半年，受欧元区通胀表现平稳的推动，欧央行在维持主要再融资操作、边际贷款便利和存款便利三大基准利率不变的同时，稳步推进其渐进削减量宽刺激计划。在将每月 300 亿欧元的购债规模持续到 9 月底后，欧央行于 10~12 月将月度购债规模削减一半至 150 亿欧元，并在 12 月底结束购债。然而，随着经济增长动能的减弱，欧央行在议息会议上数次下调经济增长预期，同时反复强调会维持有利的流动性条件和货币宽松的充足程度以应对经济下行风险。

进入 2019 年，欧元区经济表现不及预期，通胀迅速回落，促使欧央行进一步延后加息时点，并于 9 月开启新一轮定向长期再融资操作（TLTRO-III），以防止债务大国意大利和一些南欧国家在欧央行退出大规模购债及经济下行压力加大的情况下面临融资断崖风险。9 月，随着经济增长和通胀表现的进一步恶化，欧央行再度开启新一轮宽松周期，将利率走廊下限的存款便利利率下调 10 个基点至 -0.5%，并宣布从 11 月 1 日起以每月 200 亿欧元的规模重新启动资产购买计划，持续至开始加息为止。与此同时，欧央行还进一步下调了 TLTRO-III 的利率，并修改利率前瞻指引以暗示低利率环境的长期持续。可以说，在 9 月的议息会议上，欧央行动用了大部分政策工具以确保未来一段时间内货币环境的宽松。然而，该举措在欧央行内部引发争议和分化。10 月 10 日公布的会议纪要显示，欧央行内超过 1/3 的决策者，包括德国和法国的央行行长，均反对购买新债券，他们认为重启 QE 主要为债务国财政提供资金，模糊了货币政策和财政政策的边界，而无法刺激实体经济。不过，虽然在重启 QE 上存在分歧，但考虑到经济增长乏力及通胀预期保持低迷，大部分委员都支持降息 20 个基点或 10 个基点，以保持货币环境的宽松。鉴于欧洲经济增长和通胀表现短期内难以修复，预计直至 2020 年上半年，欧央行仍会继续坚持宽松货币政策，并有可能加快宽松步伐。

（二）货币供给保持增长

欧元区货币供应量（M3）在欧央行量化宽松政策影响下保持增长，2018 年第三、第四季度增速较低，增速分别为 3.6% 和 4.3%，2019 年增速则有所提升，第一、第二季度增速为 4.8% 和 4.5%。从各分支项目看，M3 增长主要动力来自流动性较高的 M1，尤其是隔夜存款。2018 年第三季度至 2019 年第二季度，M1 增速分别为 7.0%、6.8%、7.7% 和 7.2%，均较上年同期有所下降。尽管如此，目前 M1 的增长水平仍然显示欧元区不太可能在近期内陷入衰退。

2018 年第三季度至 2019 年第二季度，受益于银行贷款利率处于历史低位，欧元区非金融企业信贷增长表现稳健，同比增长率分别为 3.2%、2.9%、2.5% 和 3.3%，均高于上年同期增速。家庭信贷增长表现也同样平稳，与上年同期值相差无几。这表明，尽管随着经济下行风险扩大，欧元区银行业在 2019 年第二季度小幅收紧了放贷标准，宽松的货币政策对私人部门贷款支持力度仍然较大，整体仍然能够支撑欧元区经济增长。

表 3　欧元区货币与信贷的同比增长率

单位：%

项目	2018 年*	2018 年第三季度	2018 年第四季度	2019 年第一季度	2019 年第二季度
欧元区货币供给总量					
M1	6.8	7.0	6.8	7.7	7.2
其中：流通中现金	4.6	4.2	4.6	5.7	4.8
隔夜存款	7.2	7.5	7.2	8.0	7.7
M2-M1（其他短期存款）	−0.9	−1.9	−0.9	0.03	0.01
其中：2 年期以下定期存款	−5.8	−8.0	−5.8	−4.9	−5.8
通知期在 3 个月以下的可赎回存款	1.6	1.5	1.6	2.6	3.0
M2	4.4	4.2	4.4	5.4	5.1
M3-M2（可交易有价证券）	1.9	−7.1	1.9	−4.6	−3.8
M3	4.3	3.6	4.3	4.8	4.5

续表

项目	2018年*	2018年第三季度	2018年第四季度	2019年第一季度	2019年第二季度
欧元区信贷规模					
对政府部门信贷	2.0	3.1	2.0	1.8	-0.2
对私人部门信贷	2.8	3.0	2.8	2.8	3.0
其中：对非金融企业信贷	2.9	3.2	2.9	2.5	3.3
对家庭信贷	3.0	3.1	3.0	3.1	3.2

注："*" 表示2018年全年的货币供给与信贷余额数据取年末值，因此也是2018年第四季度的数据。表中数据为年增长率，经过季度调整。

资料来源：European Central Bank, *Economic Bulletin*, Issue 6/2019。

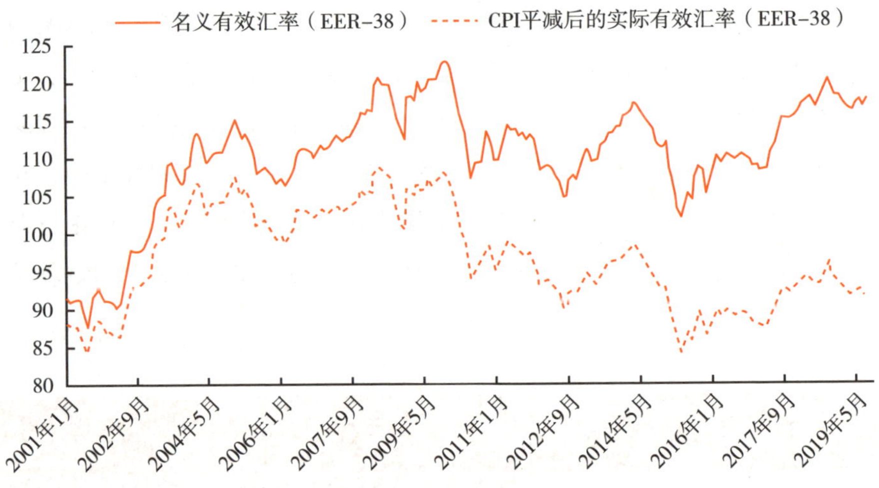

图4　欧元名义有效汇率（EER-38）

注：月度平均数据，1999年第一季度为100。

资料来源：ECB。

（三）欧元汇率在区间内小幅震荡

2018年第三季度至2019年第二季度，欧元汇率整体呈小幅震荡的走势。欧元对38个最主要贸易伙伴货币的名义有效汇率（EER-38）指数在2018年9月达到120.4，为该时间段内的最高位，较7月上升了1.6%，随后震荡下行，2019年8月名义有效汇率指数下降到117.5，与2018年7月的118.2仅相差0.7

个点，表明在全球经济放缓、国际流动性环境宽松等多重因素的共同作用下，欧元整体走势平稳。

从双边汇率来看，2018 年第三季度至 2019 年第二季度，欧元对美元累计下跌 2.5%，反映出面对全球贸易摩擦，欧洲经济相较美国经济更加脆弱的状况。欧元对英镑在 2019 年 3 月英国硬脱欧风险达到顶峰时跌至 1 欧元兑 0.85 英镑的低位，随后逐步回升，四个季度累计升值 1.1%。就亚洲主要货币而言，欧元对人民币累计升值 0.8%，对日元累计贬值 4.8%。

未来一段时间，欧央行量化宽松货币政策的实施，以及短期内难以消弭的经济下行风险将推动欧元走弱，但如果美联储降息节奏加快也会在一定程度上给欧元带来升值压力，值得予以关注。

三　财政状况

（一）财政放松的空间正在打开

受经济温和复苏的推动，欧盟和欧元区国家的财政状况在 2018 年继续好转。2017 年欧盟和欧元区的财政赤字率均为 1.0%，2018 年则分别下降至 0.6% 和 0.5%，比上年分别下降了 0.4 个和 0.5 个百分点。就欧盟主要国家而言，意大利的财政赤字率由 2017 年的 2.4% 下降到 2018 年的 2.1%，法国的财政赤字率由 2.8% 下降到 2.5%，英国的财政赤字率由 1.9% 下降到 1.5%，葡萄牙和西班牙的财政赤字率分别由 3% 和 3.1% 下降到 0.5% 和 2.5%，均呈现不同程度的改善。

然而，进入 2019 年，在全球增长放缓、贸易摩擦持续的负面影响下，欧洲经济下行压力逐渐增大。考虑到货币刺激措施已接近极限，欧盟开始认识到适度财政刺激的必要性，准备在 2019 年底重新审视其严格的财政规定。部分欧盟成员国更先一步从此前较为保守的财政紧缩政策中放缓脚步，欧元区三大主要经济体德国、法国及意大利均计划在 2019 年实施至少相当于国民收入 0.4% 的财政刺激。法国总统马克龙取消了增加燃油税的计划，同时加大对贫困人口养老金的扶持力度，导致法国财政赤字由 2018 年 12 月的 150.7 亿欧元骤增至 2019 年 6 月末的 203.3 亿欧元，使得赤字率在 2019 年第二季度末达到 3.4%，突破了欧盟 3% 的上限要求。坚持零负债政策的德国也实施了针对电动车的税收优惠，并考虑将企业税从现在 30%~33% 的水平削减至 25%。

从广义政府债务负担与 GDP 之比的指标来看，欧洲国家政府的债务负担小幅下降，但仍处于较高的水平。2018 年欧盟和欧元区的政府部门杠杆率分别为 80.1% 和 85.1%，比上年分别下降了 1.7 个和 2.0 个百分点。希腊、意大利、葡萄牙和比利时等国政府部门杠杆率依旧处于很高的水平，分别为 181.1%、132.2%、121.5% 和 102.0%。

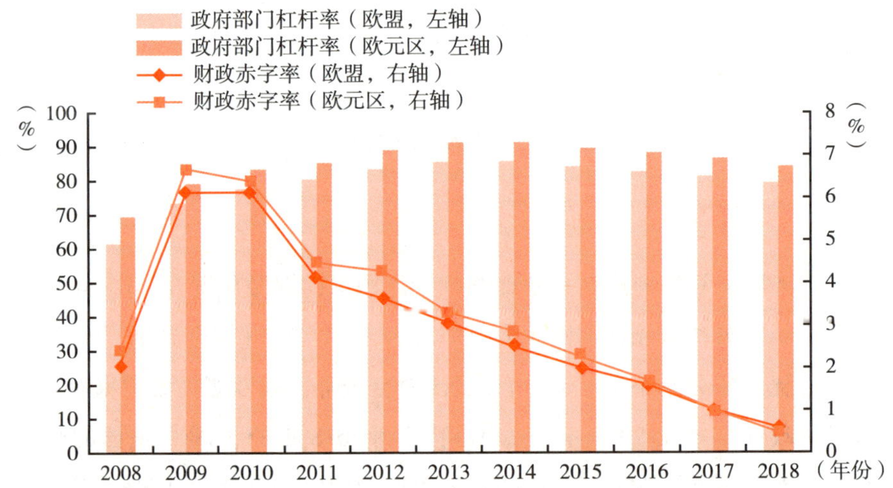

图 5　2008~2018 年欧盟及欧元区财政赤字率与政府部门杠杆率情况

资料来源：根据 Eurostat 相关数据整理。

（二）财政一体化改革艰难前行

在经历一年多的讨价还价后，欧元区财政部长会议于 2019 年 6 月 14 日就设立欧元区统一预算机制的框架达成一致意见，决定建立“促进竞争力和趋同性预算工具”（BICC），作为支援欧元区改革项目的公共基金。BICC 资金规模为 170 亿欧元，将由 19 个欧元区国家分 7 年注入，仅可被用于预先获得欧盟批准的结构改革和投资项目，且需符合欧盟预算规则。BICC 还将被用于缩小欧元区成员国的生活水平差距，协调各国的经济政策，并为国家研发和培训等项目投资提供资金，以增强各国的竞争力。

尽管 BICC 的预算规模比 2017 年法国总统马克龙提出设立“欧元区统一预算”时所设想的要小得多，且附带严格限制条件，但该框架的达成至少让人看到了欧元区财政一体化改革的希望，有助于欧元区的稳定和团结。不过，BICC 的注资细节，如资金来自欧盟总预算支出还是由有能力的成员国额外投入等问题仍有待商榷，未来其作为欧盟财政改革的初步成果，在解决成员国之间竞争力失衡方面能发挥多大作用尚属未知之数，而欧元区能否实现既定目标在 2025 年建成统一财政联盟也依旧充满悬念。

四　对外贸易状况

（一）欧洲贸易呈现明显低迷态势

根据世界贸易组织的相关数据，[①]2018 年第三季度至 2019 年第二季度，欧盟对外货物贸易出口额为 22710.79 亿美元，进口额为 23126.52 亿美元，同比增速分别为 0.31% 和 2.77%，与 2017 年和 2018 年的数据相比，欧盟在报告期贸易形势出现明显的低迷。2017 年和 2018 年，欧盟对外货物贸易出口额的增速分别为 9.97% 和 8.79%，进口额的增速分别为 10.94% 和 11.46%。在报告期内，欧盟的区内贸易出现负增长，同比增速为 -1.11%，明显低于 2017 年的 9.80% 和 2018 年的 9.82% 的增速。

欧盟主要的货物出口目的地为美国、中国、瑞士、俄罗斯和土耳其，占欧盟对外货物出口额的比重分别为 20.50%、10.63%、8.02%、4.32% 和 3.93%。欧盟货物贸易主要的进口来源地为中国、美国、俄罗斯、瑞士、土耳其，占欧盟对外货物进口额的比重分别为 20.50%、10.63%、8.02%、4.32% 和 3.93%[②]。中美贸易、欧美贸易摩擦带来的关税增加，以及不确定性对欧盟对外贸易产生了冲击，而与此同时，欧盟是全球贸易中重要的力量，欧洲经济的低迷影

① 根据 https://data.wto.org/ 相关数据计算得出。

② 根据 https://data.wto.org/ 相关数据计算得出。

响了进口增长，这是引发全球贸易低迷的因素之一。在欧洲内部，英国脱欧对区内的贸易也产生了一定的影响。

（二）欧洲贸易发展面临内外挑战

欧盟在全球贸易发展及贸易体系和贸易规则构建中具有重要的地位。在全球贸易保护主义显著加强、贸易形势不确定性增强、多边贸易体系面临冲击的背景下，欧盟继续支持构建开放的世界经济体系，通过加强与其他经济体的自由贸易协定谈判，力求加强构建以规则为基础的贸易治理结构。同时，欧洲的贸易格局面临内外挑战。对内来看，英国脱欧带来诸多不确定性。对外来看，美欧贸易曲折多变，关税报复与谈判是当前全球贸易摩擦中重要的组成部分。

美欧贸易摩擦对欧洲经济稳定产生了一定的冲击。欧盟和美国分别为对方的第一大贸易伙伴，双方构建了全面深度融合的经贸联系，欧美通过推动双边贸易投资自由化，加强管制协调、引领国际经贸规则，从而促进双边合作，并巩固其在全球贸易体系中的主导地位。根据 UNComtrade 数据库的统计数据，2018 年欧盟对美国的货物出口额为 4727.82 亿美元，占欧盟对外货物出口额的 20.50%。欧盟自美国的货物进口额为 3135.41 亿美元，占欧盟对外货物进口额的 13.43%，欧盟对美国的货物贸易顺差为 1592.41 亿美元。而根据美国经济分析局的数据，美国对欧盟的货物贸易逆差为 1703 亿美元，如果减去美国对欧盟的服务贸易顺差，美国对欧盟的贸易逆差总额约为 1150 亿美元。在这种情况下，美欧之间的贸易争端严重打击了欧洲的对外出口贸易，并进而干扰欧洲内部的价值链，造成欧洲制造业整体的疲软。以德国为例，作为欧洲经济复苏的引擎，德国经济一直对出口贸易具有较高的依赖度。欧债危机以来，货物出口占德国 GDP 平均比重为 38%，出口货物以汽车、机械制造、电子电气和化工制药等难以用内需替代的重工机械类产品为主，因此一旦出口贸易遭受负面冲击，德国制造业也将同步萎缩，从投资和出口两方面给德国经济带来下行压力。尤其是此次美欧贸易摩擦中所涉及的汽车行业，不仅是德国的王牌产业，也是价值链布局范围非常广泛的产业，美欧贸易摩擦对汽车行业的影响拖累欧洲经济整体下滑。

特朗普上任后，在美国优先的理念支撑下，四处出击，美国在贸易领域也对欧盟发难，期望调整双边贸易失衡，获取更大的经济利益。欧盟和美国的贸易摩擦给双边合作带来阴影。2018 年 6 月，美国对欧盟的钢铝产品关税豁免失效，美国对来自欧盟的钢铝产品分别加征 25% 和 10% 的关税，欧盟则采取了相应的加税反击政策。2018 年 7 月 25 日，美欧达成了和解协议，双方同意消减关税壁垒，并初步达成开启“零关税、零壁垒、零补贴”谈判的共识，但是此后，“三零”谈判并未取得实质性进展。法国等不赞成进行农业领域的相关贸易谈判，并不希望现在开启与美国的大型贸易协定谈判。2019 年，美欧汽车对等关税、空客与波音关于补贴的摩擦、美国启动对法国数字服务税的 301 调查等问题进一步使欧美贸易摩擦持续加剧。这是欧洲经济不确定性的重要来源。

欧盟通过区域、双边和多边一体化来应对既有多边机制爆发危机的风险。2018 年下半年，欧盟继续通过加速与贸易伙伴进行新的自由贸易协定谈判，以及现有自由贸易协定的升级谈判，巩固与贸易伙伴的关系，促进构建适应贸易发展新模式的贸易规则体系。2018 年 7 月，欧盟与日本签订经济合作伙伴关系协定。该协定经欧洲议会批准后，于 2019 年 2 月开始实施。2018 年 10 月，欧盟与新加坡签订自由贸易协定。同时，欧盟与越南、澳大利亚、新西兰正在商讨进行自由贸易协定谈判，与墨西哥进行 FTA 的升级谈判。此外，在 WTO 改革领域，欧洲提出多项改革方案，力求发挥引领作用。

五　2020 年欧洲经济展望

贸易保护主义加剧、全球增长速度下滑、英国脱欧形势不明以及地缘政治风险持续是近期欧洲经济增速显著下滑的主要原因。以德国为首的欧盟核心国所受冲击最为明显，制造业和净出口表现萎靡，对经济增长构成拖累。不过，在劳动力市场持续改善的推动下，欧洲私人消费支出增长仍保有较强的韧性，成为支撑经济增长的重要动力。

展望 2020 年，欧洲经济弱增长的态势恐难得到根本性扭转。首先，在逆全球化周期下，全球贸易环境已难重返蜜月期，即便贸易冲突在局部区域不时会有所缓和，贸易保护主义也很难彻底被压制。欧盟作为重要的出口经济体，自身经济结构难以在短期内得到调整，经济增长对出口的依赖仍将持续，进而使得欧洲经济在全球贸易环境无法得到修复的情况下，继续承受外需疲弱所带来的下行风险。其次，欧洲产业竞争力的相对下滑影响欧洲经济中长期发展。如果欧洲不采取有力的追赶措施，在新一轮产业革命中继续落后于美国和中国，欧洲经济将面临严峻形势。再次，欧洲各国民粹思潮兴起、主流政党困境重重所带来的政治局势动荡、政策不确定性走高亦非短期内能够解决的问题，其背后有着极深的社会和制度根源，未来一年时间里，伴随它而生的不确定性仍将影响欧洲企业投资信心和居民消费信心，抑制投资和消费支出，给欧洲经济造成负面影响。最后，目前欧洲就业市场进一步改善的空间逐步收窄，居民可支配收入已有所增长，然而，私人消费支出对经济增长贡献度却没有获得大幅提升，表明制约消费支出增长的主要原因已不再是个人收入不足，而是消费者对经济前景信心匮乏。因此，只要不确定性和悲观情绪依旧持续，居民消费能够给欧洲经济增长提供支撑的力度就仍将十分有限。

不过，欧洲经济前景也并非完全一片灰暗。近期欧洲央行宽松货币政策的推出，虽然不能从根本上挽救欧洲经济，但在很大程度上可以避免其在短期内陷入衰退。与此同时，越来越多的决策者开始意识到财政刺激的必要性，未来随着欧盟成员国财政政策灵活性的增加，以及在中美贸易摩擦缓和下新兴市场和发展中经济体经济的逐步企稳，欧洲经济在 2020 年的表现有望较 2019 年下半年有所回升，预计 2020 年欧盟和欧元区经济增长率分别处于 1.1%~1.4% 和 1.0%~1.3% 的区间。

参考文献

[1] 东艳:《欧洲经济：内生动力减弱，外部风险增加》，载张宇燕主编《2019 年

世界经济形势分析与预测》，社会科学文献出版社，2019。

[2] European Central Bank, *Economic Bulletin*, Issue 6/2019.

[3] European Commission, *European Economic Forecast*, Summer 2019, Luxembourg: July 2019.

[4] IMF, *World Economic Outlook*, Update, Washington , July 2019.

[5] IMF, *World Economic Outlook*, Washington , October 2019.

[6] World Bank, *Global Economic Prospects: Heighted Tensions, Subdued Investment*, Washington, June 2019.

[7] World Bank, *Global Monthly*,Washington, September 2019.

Y.4
日本经济：战后最长扩张周期如履薄冰

周学智*

摘　要：2018 年至 2019 年上半年，日本经济缓慢增长。截至 2019 年 1 月，日本经济扩张周期已经持续了 74 个月，刷新了战后最长时间纪录。但同时日本经济增长也显现疲态。2018 年下半年和 2019 年上半年日本经济同比实际增速均出现明显下滑。消费疲软、投资增长动力不足以及外部经济形势恶化都是导致日本经济增速下滑的原因。2019 年和 2020 年，日本经济将主要面临消费税提升和外部经济风险两大短期不利因素。长期不利因素诸如人口老龄化和政府债务问题等也很难得到根本改变。2020 年 7 月开幕的东京奥运会则会对日本经济产生短期正面影响。预计日本经济仍将在 2019~2020 年保持缓慢增长，实际 GDP 增速将维持在 0.7% 左右，但很难回到 2017 年的状态，扩张周期可能会最终确认结束。

关键词：经济扩张　内外需　投资　消费税

2018 年日本经济继续复苏。以日元计值的名义 GDP 和企业收益金额均创历史新高，有效求人倍率达到 44 年间的高位，失业率创 25 年新低。[①] 截至 2019 年 1 月，日本此轮经济扩张周期已经持续 74 个月，刷新了二战后的最长时间纪录。

---

* 周学智，中国社会科学院世界经济与政治研究所助理研究员，主要研究领域为国际投资、国际资本流动。

① 『第百九十八回国会における茂木内閣府特命担当大臣（経済財政政策）の経済演説』2019 年 1 月 28 日。

在《2019年世界经济形势分析与预测》中，我们预测日本2018年实际GDP增长率将回落到1%左右，这与事实上2018年日本0.8%的实际GDP增长率基本吻合。日本经济仍在复苏，但同时也面临一系列不利因素。2019年10月1日消费税率由之前的8%提高至10%，根据2014年的经验，负面冲击将不可避免。此外，人口老龄化、劳动人口不足、政府债务问题等长期困扰日本经济社会的因素仍将存在。日本外部形势也难让人乐观。全球贸易环境恶化、中国经济下行压力犹存、中美贸易摩擦前途不明、日韩贸易冲突以及国际金融市场风险上升都给日本经济的继续复苏带来不确定性。同时，日本经济面对的有利条件是：2019年上半年日本经济开局良好，与2014年相比本次消费税的提升力度较小，大众更有心理准备和应对经验；2020年7月东京奥运会开幕。综合判断，日本实际GDP增速在2019~2020年仍将维持在0.7%~0.8%。

一　2018年至2019年上半年日本经济复苏力度减弱

2018年日本实际经济增长率为0.8%，这是日本实际GDP连续第4年正增长。若以2012年11月作为日本经济的谷底，到2019年1月本轮复苏已经历74个月，超过第14经济循环周期（2002年2月到2008年2月）的73个月，成为二战后日本经历时间最长的经济上升周期。不过相较于2017年完成的1.9%的成绩，日本实际GDP增速在2018年出现了十分明显的回落。其中，私人部门消费、私人住宅投资、净出口增速放缓甚至负增长都是导致日本经济增速回落的原因，但私人企业设备投资以及政府消费对实际GDP增长的贡献大于2017年。

具体而言，日本经济在2018年第三季度增速放缓最为明显，甚至出现环比萎缩，这主要是由在西日本地区出现的极端恶劣天气所致。西日本地区雨灾、21号台风等导致该地区的商业、运输业、制造业连续瘫痪，这对日本的消费、投资和出口都造成了巨大的负面影响。此外，关东地区在2018年1月发生了2014年以来最严重的雪灾，也对消费产生了不利影响。2018年日本私人住宅投资也较2017年有所下降，主要是房屋贷款转贷问题增多、空室率提升，以及东京都地区更加难以获得土地所导致的，同时也反映出目前日本大部分地区出现房屋供给过剩情况。公共投资方面，除受天气原因影响之外，2017年公共投资增长较快后的回落也是日本公共投资在2018年同比下降的重要原因。外需不振、出口减少是导致日本经济在2018年下半年出现明显增速放缓的又一个因素，随着全球经济、贸易风险加剧，这一情况将在2019年全年延续。相比之下，私人企业设备投资在2018年日本经济复苏中发挥了重要支撑作用。相对充裕的流动性为私人企业设备投资提供了良好的资金支持。在当前日本人口老龄化、劳动力不足长期存在的背景下，以合理、省力为重要目标的设备投资仍有一定增长空间。①

进入2019年，日本实际GDP继续增长，第一、第二季度同比增长率分别为1%和1.2%。上半年尤其是第二季度，日本私人部门消费显著回暖，这主要得益于日本改元和大型连休。私人住宅投资停止萎缩，但也并未出现明显的增长。私人企业设备投资依旧是日本经济增长的重要动力之一。随着东京奥运会的临近，公共投资增速也停止进一步下滑。不过，国际贸易形势较2018年进一步恶化，日本的进出口都出现同比萎缩，其中出口萎缩更加明显。

表1　日本经济实际同比增长率

单位：%

项目	2018年第一季度	2018年第二季度	2018年第三季度	2018年第四季度	2019年第一季度	2019年第二季度
GDP	1.3	1.5	0.1	0.3	1.0	1.2
私人部门消费	0.2	0.1	0.6	0.5	0.7	1.0
私人住宅投资	-5.6	-9.0	-6.6	-2.3	0.7	2.9
私人企业设备投资	4.0	6.6	1.1	3.9	2.8	2.4
政府消费	0.5	0.7	0.7	1.3	0.9	1.9
公共投资	-0.6	-3.2	-3.7	-5.7	-3.0	-0.2
出口	5.2	5.9	1.7	1.1	-2.2	-2.9
进口	3.6	2.9	2.8	4.1	-1.3	-0.4

注：数据为季节调整实际同比增长率。

资料来源：日本内阁府。

① 伊藤忠経済研究所『日本経済情報』2018年12月号。

综上所述，日本在 2018 年克服了自然灾害和下半年外部贸易环境恶化的不利影响，继续保持经济复苏态势。但从消费、投资和进出口数据看，复苏的力度已经较 2017 年有明显减弱。2019 年上半年，日本经济复苏力度有所恢复，但仍不及先前。并且在 2019 年下半年，日本经济短暂回暖后将继续面对压力。根据日本内阁府发布的景气动向指数（CI），具有一定预测性质的先行系列指数已经出现了明显的下降态势；代表目前经济现状的一致系列指数也出现了一定程度的下降。当然，最终确认日本经济景气周期是否结束还需要根据移动平均、标准差等指标进行最终等待确认。但以目前情形推断，日本此轮经济景气周期将大概率在 2019 年下半年或 2020 年上半年结束。[①]

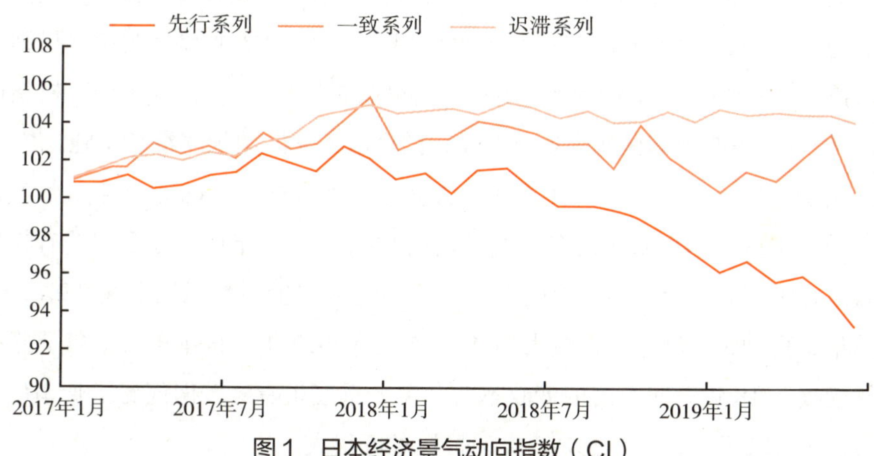

图 1　日本经济景气动向指数（CI）

资料来源：日本内阁府。

① CI（Composite Index）是判断、预测和事后确认日本经济状况的重要参考。CI 包含先行系列、一致系列和迟滞系列，分别从供给—需求角度、生产调整角度和生产能力角度对日本经济状况做出显示。其中先行系列根据最终需求库存、消费者态度、日经商品指数等 11 个指标计算得出；一致系列根据工业生产指数、耐久消费品出货量、有效求人倍率等 9 个指标计算得出；迟滞系列根据第三产业活动指数、家庭消费支出、消费者物价指数等 9 个指标计算得出。

二　货币金融状况

（一）扩张货币政策维持不变

此次日本经济复苏的重要政策背景是“安倍经济学”，其中宽松的货币政策是安倍经济学旧“三支箭”中的一支。从2013年第一季度到2019年中，日本的宽松货币政策已经实施了6年有余。日本银行在2019年6月20日的政策会议上决定，当前大规模金融宽松政策将继续实施。短期利率方面，金融机构在日本中央银行的存款利息为-0.1%。长期利率方面，10年期国债利率仍维持在0%左右，日本央行将根据经济和物价水平情况对国债利率进行调整。在资产买入计划方面，日本央行决定每年将国债保有量增加约80兆日元，交易型开放式指数基金（ETF）保有量每年增加6兆日元，日本不动产投资信托（J-REIT）保有量每年增加900亿日元。商业票据和企业债存量则分别保持在2.2兆日元和3.2兆日元不变。同时维持2%通胀目标不变。概括而言，“带有长短期利率操作的量化、质化的金融扩张”政策将继续实施。[①]

通货膨胀率达到2%是日本央行的重要政策目标。不过这一目标在2018年仍未能实现。根据日本总务省统计局的数据，2018年日本综合消费者物价指数较2017年上升1.0%，除去生鲜食品的消费物价指数同比上涨0.9%，这一结果距离2%的目标存在较大距离。进入到2019年，日本第一季度通胀率仍然延续2018年第四季度的疲软态势，第二季度虽有好转但同比增长率仍然维持在1%以下，2019年达成2%的目标难度很大。

（二）流动性充裕，金融市场大体稳定

在货币金融政策延续扩张的背景下，日本国内流动性较好，日本金融市场在2018年和2019年上半年保持了平稳态势。

2018年以及2019年上半年，日本国内流动性依然充裕。2018年中和

---

①　日本银行『当面の金融政策運営について』2019年6月20日。

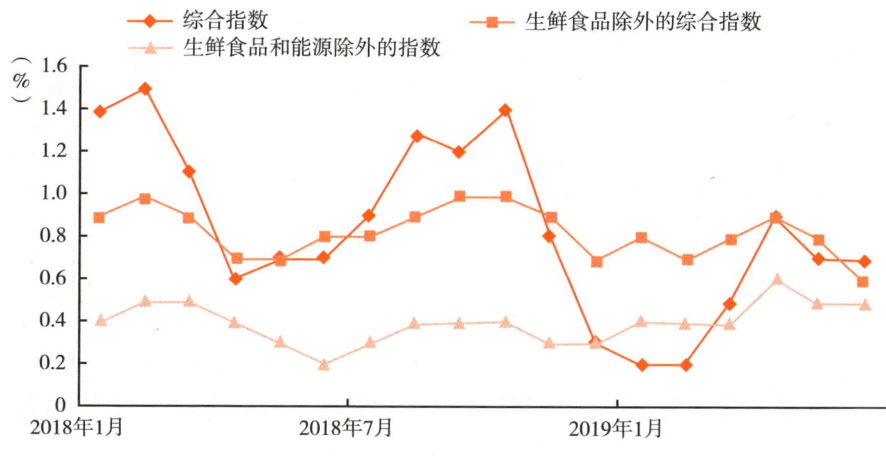

图 2　日本物价指数同比上涨情况

资料来源：日本总务省统计局。

2019 年中的货币流通量较 2017 年 6 月分别增加了 4.0% 和 6.8%。[①] 债市方面，日本短期企业债的周发行量不断增加。虽然发债单数从 2017 年第 1 周到 2019 年 8 月第 2 周仅微增了 16 件，但发行总额则从 15 兆日元 / 周增加到 21.9 兆日元 / 周。不过，在流动性充足的同时也存在资金利用效率欠佳的问题——大量流动性囤积在金融机构。截至 2019 年 5 月，日本各金融机构的存款准备金总额高达 347 兆日元，法定存款准备金则仅为 10.3 兆日元。[②] 在大量超额存款准备金存入日本央行的同时，金融机构也需向日本央行付出利息，这就削弱了日本央行货币政策的效力。

在充裕的流行性支持下，日本金融市场在 2018 年和 2019 年上半年大体保持平稳。日经 225 指数在 2018 年 5 月最后一个交易日收于 22201.82，2019 年 5 月最后一个交易日收于 20601.19，下跌了 7.2%。美元兑日元汇率在 2018 年 5 月最后一个交易日收于 108.77，2019 年 5 月最后一个交易日收于 108.30，跌幅为 0.4%。股市和汇市大体稳定。2018 年日本股市和汇市波动的诱因主要来自国外。例如，2018 年 3 月中美贸易摩擦浮出水面，美联储在 2018 年 3 月、

① 资料来源于日本银行。
② 资料来源于日本银行。

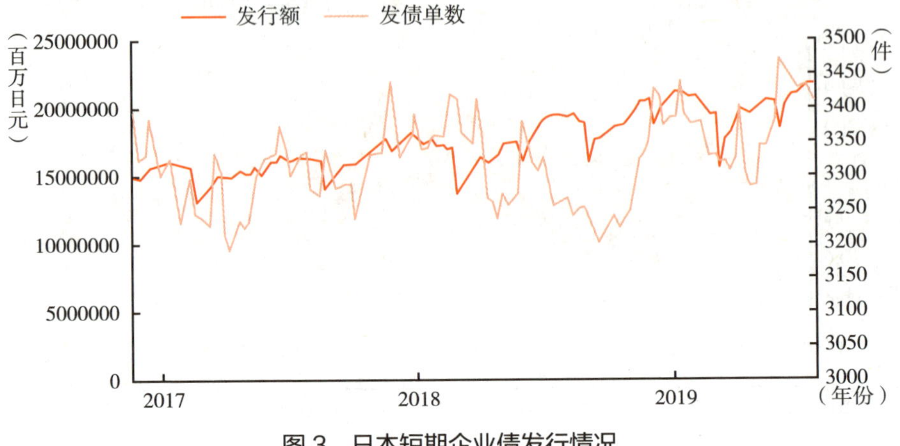

图 3　日本短期企业债发行情况

注：根据周次数据制成。

资料来源：日本证券保管机构：短期公司债余额（周次）。

6 月、9 月和 12 月四次加息，投资者在 2018 年末对美国经济减速的担忧等，都对日本股市造成了负面影响。特朗普针对中国发表的言论也是造成日本股市波动的重要原因之一。2018 年美国经济以及日本国内企业业绩向好则对日本股市产生正面积极影响。

三　财政状况

（一）财政政策围绕民生和提高生产率展开

安倍政府在旧“三支箭”的基础上提出了新“三支箭”政策。如果说旧“三支箭”主要与经济直接相关，那么新“三支箭”则更多地涉及社会保障，并以社会保障促进生产效率的提高。[①] 日本现阶段的财政政策也是围绕新“三支箭”展开。在社会保障方面，财政计划提到提高针对老人和病人的护理人员的工资待遇，增强对劳动者权益的保障，针对各年龄段的社会保障体系进行改革等。日本政府也提出了一些既可以增强社会保障也可以提高社会劳动

① 旧“三支箭”：大胆的金融政策、机动的财政政策、唤起民间投资的成长战略。新“三支箭”：孕育希望的强大经济、编织梦想的育儿支援网、安心的社会保障。

生产率的“一石二鸟”的措施，例如高等教育无偿化。此外，提高行政效率、加大对中小企业的扶助力度、增加对地方的扶助等都是《经济财政运营和改革基本方针》中提到的重点。[①]

日本政府对以上领域的重视也可从财政预算构成看出。无论是2018年还是2019年，日本政府财政预算都以民生保障为重点。社会保障相关费用在2018年和2019年日本政府预算中所占比重最高，并且明显上升。

此外，近两年日本政府对国债的依赖程度不断降低。从财政收入的方面看，日本在最近两年越来越侧重于通过税收而非发行公债来筹措资金。公债占财政收入的比重从2017年的35.3%下降到2019年的32.1%。同时，财政支出中用于偿还债务和利息的“国债支出费用”占比也从2017年的24.1%下降到2019年的23.6%。2019年10月消费税提升后，预计此势头在未来仍将持续。

表2　日本财政收入、支出预算构成

单位：%

项目	2017年	2018年	2019年
财政收入预算			
税收	59.2	60.5	62.9
其他收入	5.5	5.1	5.1
公债	35.3	34.5	32.1
合计	100.0	100.0	100.0
财政支出预算			
社会保障相关费	33.3	33.8	34.2
文教及科学振兴	5.5	5.5	5.4
国债支出费用	24.1	23.8	23.6
恩赐费用	0.3	0.3	0.2
地方转移支付	16.0	15.9	16.1
防卫相关费用	5.3	5.3	5.2

① 日本内阁府『経済財政運営と改革の基本方針（概要）』2018年度、2019年度。

续表

项目	2017年	2018年	2019年
公共事业相关费	6.1	6.1	6.1
经济合作费	0.5	0.5	0.5
中小企业对策费	0.2	0.2	0.2
能源对策费	1.0	0.9	0.9
食品供给费	1.0	1.0	1.0
其他	6.3	6.3	6.1
预备费用	0.4	0.4	0.5
合计	100	100	100

资料来源：根据日本财务省发布的数据计算。

（二）政府债务问题未有缓解

尽管日本在财政收入和财政支出的结构方面进行了一定调整，但从收入与支出的数量缺口来看，日本政府部门长期面临的负债问题仍未得到明显缓和。

2018年度[①]日本政府财政支出101.4兆日元，收入68.8兆日元，公债发行32.7兆日元。日本政府部门发债金额较之前几年有明显的下降，但政府债务累积额仍在增加。2018年度日本中央及地方政府长期债务余额增加28兆日元，达到1105兆日元，与GDP之比达到200%。不考虑债务偿还费用，新增的28兆日元政府债务中有21.6兆日元是由社会保障相关费用增加引起的。政府收入的增加仅仅使日本政府债务余额减少了约3兆日元。[②]由此可见，当前日本政府债务存量继续上升主要是由社会保障支出所致。近年来社会保障相关费用成为拉动政府债务增长的绝对主力，充分体现了安倍政府当前的执政风格。

① 2018年4月1日至2019年3月31日，其余年度同理，下同。

② 日本财务省『日本の財政関係資料』2019年6月。

表 3　导致日本普通国债余额增加的因素

单位：兆日元

项目		2017 年	2018 年	2019 年（预计）
国债存量增加额*		21.0	28.0	17.0
支出因素	社会保障相关费	21.0	21.6	22.6
	地方转移支付	1.0	1.1	0.7
	其他支出（债务偿还费用除外）	-1.0	-1.0	-1.6
	公共事业相关费	1.0	0.6	0
收入因素**	税收减少	-0.1	-0.9	-3.0
	其他收入减少	-3.1	-2.0	-3.1

注："*"表示收入和支出并不是政府债务余额变动的全部因素，此处仅为参考。"**"表示收入减少导致债务增加，数值为正；收入增加会导致债务存量减少，数值为负。

资料来源：根据日本财务省『日本の財政関係資料』（2019 年 6 月）计算。

日本政府提出要在 2025 年实现全国和地方财政收支盈余，但同时也提出一系列改善社会保障的计划。根据表 3 的数据来看，当前缓解日本政府债务问题的直接切入点应是降低社会保障支出和增加政府收入。对于后者，日本政府可以通过在 2019 年 10 月提高消费税来实现。但根据 2014 年提税后的效果看，政府收入增加对国债余额减少的贡献十分有限。从表 3 的数据也可看出，日本政府收入增加对政府债务余额减少的影响远远小于社会保障支出增加对债务余额增加的影响。若日本政府想在 2025 年实现收支平衡，就要在压缩社会保障支出上下功夫，这又与安倍政府提出的一系列措施相悖。2019 年将是检验日本政府能否在接下来几年妥善处理政府债务问题的关键一年。

四　企业投资与就业

（一）私人企业设备投资同比增速放缓

2018 年和 2019 年上半年，日本私人部门消费、出口以及政府消费、公共投资的各季度同比增速均有波动。但私人企业设备投资的季度同比增速始终表现较好，2018年初至2019年上半年的季度平均同比增速高达3.47%。2018年日本私人企业设备投资实际增速3.9%，贡献了日本经济0.8%实际增长率中的0.6个百分点。

进入2019年上半年，日本私人企业设备投资同比增速依然不低，但较2018年上半年出现了明显的放缓。这也可从日本企业的设备订单情况反映出来。从投资主体的角度看，制造业企业的设备订单金额同比增速从2018年下半年开始就出现了明显的下滑，甚至萎缩。[①] 日本非制造业私人企业设备订单金额的同比增幅则大体稳定。这种鲜明的对比反映出日本私人企业设备投资的深层次动力和问题所在。

根据日本政策投资银行的调查，日本制造业企业和非制造业企业对风险的关注点呈现不同特征，制造业企业更加关注外部经济风险。在给出的9个风险点中，日本制造业企业对美国经济、中国经济、美国外贸政策、英国脱欧、资源价格动向和汇率更加关注。而非制造业企业则对消费税的提升、东京奥运会闭幕后的负面冲击、资产价格下跌更加关注。[②] 所以，2019年和2020年世界经济环境的不确定性对日本企业的投资尤其是制造业企业的投资将会产生较大负面影响，进而会对日本经济增长造成一定程度的利空。

（二）高求人倍率下的隐忧：劳动力需求动力衰减与劳动力供给不足

日本企业部门景气度提高，投资增加，就业状况同样良好。有效求人倍率指标在2018年至2019年上半年仍保持在高位。[③] 2018年平均有效求人倍率为1.61，比2017年上升0.11个点，达到1945年以来的高水准。2018年平均失业率为2.4%，比2017年下降0.4个百分点，是1992年以来的最低点。

① 制造业企业主要包括汽车制造、化学、石油、钢铁等传统行业，非制造业则以运输、零售、电力、服务业为代表。

② 日本政策投资银行『2019年度設備投資計画調査の概要』2019年8月1日。

③ 有效求人倍率 = 有效求人数 / 有效求职者数

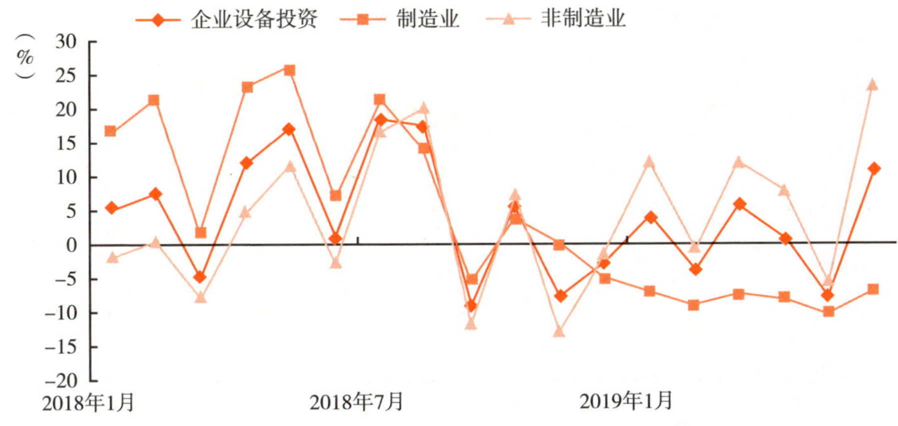

图 4　日本企业机械订单金额增长率

资料来源：日本内阁府『機械受注統計調査報告』。

进入 2019 年，有效求人倍率仍一直维持在 1.61。表面上看，稳定在高位的有效求人倍率是日本经济好景气的表现，但无论是劳动力需求还是劳动力供给，都存在较大隐忧。

从劳动力需求角度看，日本劳动力需求已基本达到饱和状态。图 5 表示的是日本各个月份经季节调整后的劳动力市场需求（有效求人数）和供给（有效求职者数）的关系。日本经济复苏力度与劳动力需求之间相辅相成。日本劳动力需求在 2017 年显著上升，在 2018 年显著放缓，劳动力需求人数维持大体稳定的状态。进入 2019 年，劳动力市场需求人数虽然仍在高位，但已开始呈现明显的走低态势。这也从一个侧面反映出日本经济复苏的势头已经开始减弱。从劳动力供给角度看，日本劳动力供给最近两年一直都呈现明显的下降趋势。人口老龄化、低出生率是劳动力供给不足的最重要原因，并且这一因素在短期内很难彻底消除。与 2017 年情况不同，2018 年和 2019 年上半年较高的有效求人倍率并不是日本经济复苏动能强劲的表现，而是日本经济复苏力度衰弱的同时，劳动力供给不足的表现。

安倍政府出台一系列措施以克服日本劳动力供给不足的问题。例如，确保劳动者到70岁仍有劳动机会，确保转换工作者和有经验工作者的工作机会，

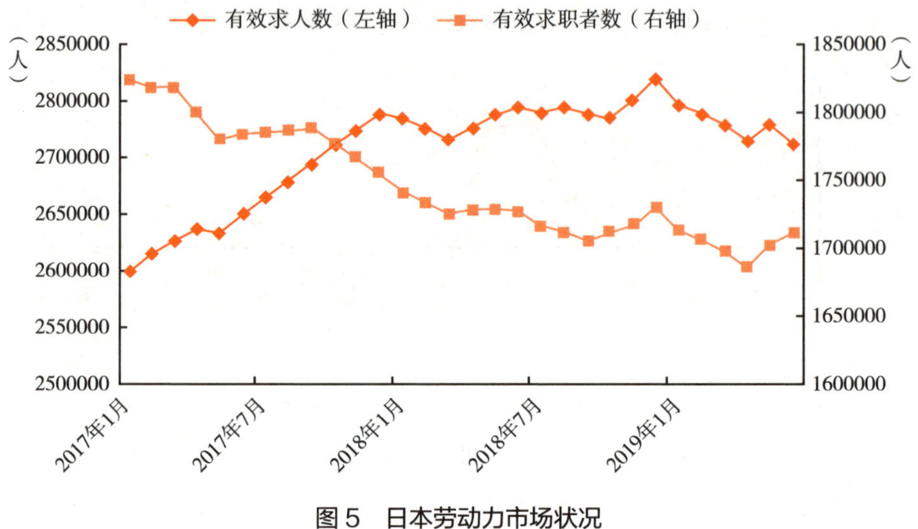

图 5　日本劳动力市场状况

资料来源：日本厚生劳动省。

以法律的形式进行工作方式改革以保障劳动者权益，鼓励妇女参与劳动，积极吸收国外劳动力等。[①] 这在一定程度上可以缓解日本劳动力供给不足的问题，但在日本人口减少趋势很难扭转的情况下，政策效果还需观察。

五　私人部门消费

（一）消费增长后续动能不足

2018 年日本私人部门最终消费占 GDP 比重为 54.6%，重要性可见一斑。尽管 2018 年日本私人部门最终消费增长率为 0.35%，但这一增速较 2017 年有明显的下滑。2019 年第一、第二季度消费同比增速有所回升，但增速也未突破 2017 年高点。加之 2019 年 10 月 1 日消费税上提对消费可能产生的负面冲击，预计 2019 年和 2020 年消费增长率仍将不会超过 2017 年。

根据日本内阁府消费者厅统计，2018 年全日本消费生活情报网络系统

① 日本首相官邸『成長戦略実行計画』2019 年 6 月 21 日。

（PIO-NET）收到的有关受灾后消费和生活的咨询数量达到6301件，超过熊本地震发生时2016年的4951件，仅次于发生东日本大震灾时2011年的21063件。[①] 长期非偶然不利因素依然在2018年和2019年制约着日本私人部门消费。虽然日本宏观数据向好，但微观实际收入提升的感受有限。在扣除通胀因素后，日本国民可支配总收入在2018年仅提高不到1%。政府的社会福利支出不足以抵消社会负担增加、财产所得收入增长不明显等都是导致日本私人部门消费增速放缓的原因。[②] 同时，日本消费者的消费倾向也在不断降低。一方面与日本经济泡沫破裂后崇尚节俭的消费习惯有关，另一方面日本老龄人口比重上升也降低了整体社会的消费倾向。所以，在收入提高有限的同时，日本国民消费倾向的下降无疑对日本消费增长构成压力。

（二）消费税提升影响几何

日本私人部门消费在2019年面临的最大挑战就是10月1日消费税将从8%提高到10%。日本政府曾在2014年4月1日将消费税从5%提高到8%，结果日本私人部门消费遭受严重冲击。此后连续四个季度，日本私人部门消费增长率同比为负。最终，2014年日本私人部门消费增长率为-0.9%，拉低GDP增长率0.5个百分点。鉴于提高消费税对日本私人部门消费和整体经济的负面冲击，安倍政府将消费税由8%提高到10%的计划延后。

此次提税预计仍会对日本消费以及日本经济造成不利影响，但冲击力度可能较弱。第一，此次提税幅度相对较小。日本政府本次提税2个百分点，低于2014年的3个百分点。从理论上讲，本次提税对日本消费和整体经济的冲击力度将会相对较小。第二，准备期相对较长。本次提税一拖再拖，与2014年情况相比日本消费者和其他经济部门的心理准备期更长，也更有应对经验。第三，本次提税的经济背景较好。当前日本经济复苏已有一段时

---

① 日本内阁府消费者厅『平成30年度消費者政策の実施の状況』2019年版；PIO-NET（全国消費生活情報ネットワークシステム）：全国消费生活情报网络系统。

② 大和综合研究所『個人消費の現状と展望』2018年6月21日。

间。2014 年则是安倍执政不久日本经济刚刚开始复苏时期。第四，日本政府出台一系列措施以对冲提税的不利影响，如商品券发放、汽车税下调、住宅贷款减税、非现金结算返利等临时甚至永久措施。并且此次提税也并非针对所有商品。综上，提税对消费的负面冲击的力度将随着时间而衰减。预计在 2020 年 7 月下旬开幕的东京奥运会前后，日本私人部门消费将会走出此次增税的影响。

六　对外经济部门

2010 年以来，日本的出口部门每年都为拉动日本经济增长做出贡献。2018 年日本出口为经济增长贡献了 0.6 个百分点，贡献度虽然低于 2017 年，但是高于 2016 年和 2015 年。2018 年日本出口同比增长 3.4%，总体较好。不过，如果将 2018 年日本出口情况分季度考察，以及继续将 2019 年上半年日本出口数据纳入考量，则会发现日本出口增速显著下降，甚至已在 2019 年上半年转负。中美贸易摩擦、国际贸易保护主义盛行、世界经济增长乏力都是导致日本外部需求下降的原因。2019 年，中美经贸摩擦持续升级、日韩经贸摩擦又浮出水面、全球资本市场动荡等不利因素依然不利于日本出口。此外，中国组装出口型经济所占比重逐步降低，“内需”经济的地位越来越重要。中国经济减速压力也是日本出口面临的风险之一。[①] 以上都预示着 2019 年仍将是日本出口困难的一年，并且较 2018 年而言难度会更大，甚至全年增速有可能为负。相对于出口，日本进口增速虽然不高，但能够在 2018 年保持大体稳定。这也反映出相对于国际经贸形势的险恶，2018 年日本国内经济状况相对风平浪静。进入 2019 年后，日本进口增速也开始转负，这既是日本内需不足的表现，也是国际经济形势对日本经济不利影响的滞后反映。

近年来，全球直接投资呈现停滞甚至萎缩的状态，日本 2018 年对外直接

① 日本内阁府『日本経済 2018-2019 －景気回復の持続性と今後の課題－（平成 31 年 1 月 25 日）』。

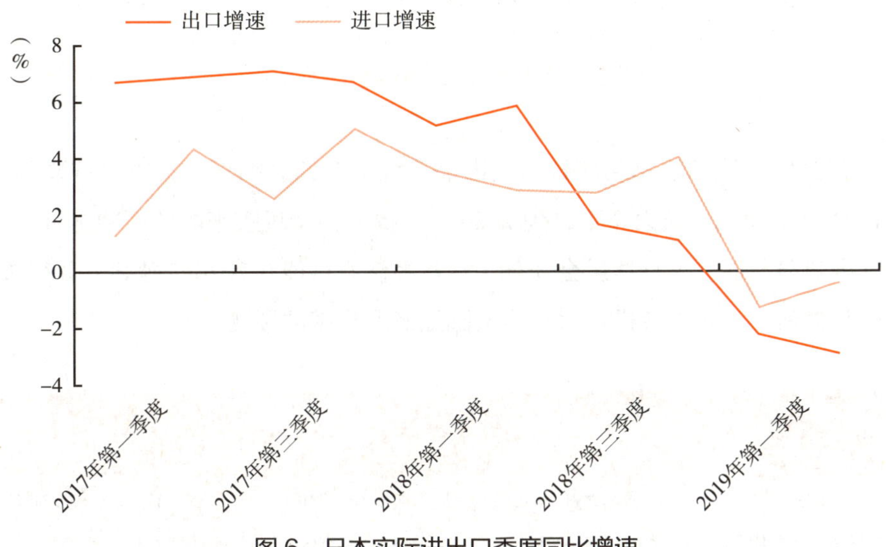

图 6　日本实际进出口季度同比增速

资料来源：日本内阁府。

投资也不例外。2018 年日本对外直接投资额为 1591.5 亿美元，相较于 2017 年的 1738.6 亿美元减少 147 亿美元，这已是日本对外直接投资额连续第二年减少。从日本对外直接投资的地域情况看，直接投资绝对金额降幅最大的是对美国直接投资，从 2017 年的 496 亿美元断崖式下跌到 2018 年的 216 亿美元。不过这一情况在 2019 年上半年得以扭转——2019 年前两个季度，日本对美国直接投资流量就已合计达到 279 亿美元。2018 年日本对中国、欧洲、中南美洲、中东以及澳大利亚的直接投资均有所减少，但是对东亚新兴经济体国家（NIEs）的直接投资则从 2017 年的 152 亿美元增加到 245 亿美元。[①] 虽然 2018 年日本对外直接投资的流量减少，但存量依然创出新高达到 16459 亿美元，相较于 2017 年的 15547 亿美元增加 912 亿美元。在直接投资存量增加的同时，直接投资收入也在增加。2018 年日本直接投资收入为 13.8 兆日元，较 2017 年增长 2.34%。直接投资收入的增加对日本经常账户顺差起到了正面积极作用。

① 数据来源于日本贸易振兴机构。

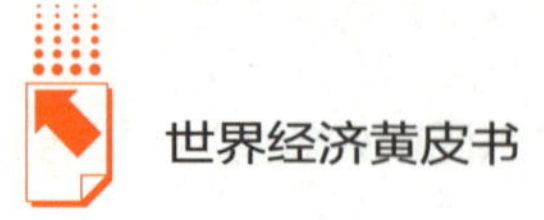

七 日本经济形势展望

在全球经济环境恶化和日本国内消费税提升的影响下，日本经济复苏在2019年将继续承受压力。不过到2020年，提升消费税带来的负面冲击将有可能逐步减弱，加之东京奥运会开幕，日本经济有可能在2020年延续复苏势头，但很难强劲。表4为各机构对日本实际经济增长率的预测。

表4 国际和日本机构对日本实际经济增长率的预测

单位：%

机构	发布时间	报告或文献	2019年	2020年
国际货币基金组织	2019年10月	世界经济展望报告	0.9	0.5
世界银行	2019年6月	全球经济展望	0.8	0.7
OECD	2019年5月	OECD经济展望	0.8	1.5
日本银行	2019年7月31日	经济、物价情况展望	0.7~0.9	0.8~1.1
日本综合研究所	2019年8月9日	2019~2020年度展望修订版	0.8	0.8
瑞穗综合研究所	2019年6月10日	2019~2020年度内外经济展望	0.6	0.5
三菱UFJ研究咨询	2019年4月4日	日本经济中期展望（2018~2030）	0.7	0.7
第一生命经济研究所	2019年6月10日	2019~2020年度日本经济展望	0.5	0.3
明治安田生命	2019年2月19日	2019~2020年度日本经济展望	0.8	0.5

资料来源：IMF, *World Economic Outlook*，Update；World Bank, *Global Economic Prospects*; OECD, *OECD Economic Outlook: Trade Uncertainty Dragging down Global Growth*；日本银行『経済・物価情勢の展望』；日本総研『2019~2020年度改訂見通し—内需に牽引される形で、緩やかな景気回復が持続—』；みずほ総合研究所『2019・2020年度内外経済見通し』；三菱UFJリサーチ&コンサルティング『日本経済の中期見通し（2018~2030年度）』；第一生命経済研究所『2019~2020年度日本経済見通し』；明治安田生命『2019~2020年度経済見通しについて』。

我们判断，日本经济仍将在2019年和2020年保持增长，但波峰可能已过。2019年上半年日本经济开局良好，同比实际经济增长率超过1%。2019年下半年日本经济会受到消费税提升、日韩贸易摩擦这两个新增变量的冲击。10月12日登陆日本的19号台风也对日本的投资和消费产生了一定的负面影

响。日本 2019 年全年实际经济增长率将维持在 0.7%。2020 年，在没有新的负面事件发生的前提下，日本经济的短期环境将有可能较 2019 年好转。但在长期社会、经济问题诸如人口老龄化、政府债务水平较高等因素的困扰下，日本经济强劲复苏的可能性不大。加之安倍政府推出的扩张性金融政策的影响力在逐渐衰弱，所以 2020 年日本实际经济增长率仍可能在 0.8% 上下。这一结论接近于表 4 中的世界银行、日本银行、日本综合研究所和三菱 UFJ 研究咨询的判断。

参考文献

[1] 冯维江:《日本经济：低速复苏》，载张宇燕主编《2019 年世界经济形势分析与预测》，社会科学文献出版社，2019。

[2] 大和综合研究所『個人消費の現状と展望』2018 年 6 月 21 日。

[3] 第一生命経済研究所『2019~2020 年度日本経済見通し』2019 年 6 月 10 日。

[4] 伊藤忠経済研究所『日本経済情報』2018 年 12 月号。

[5] 明治安田生命『2019~2020 年度経済見通しについて』2019 年 2 月 19 日。

[6] 三菱 UFJ リサーチ&コンサルティング『日本経済の中期見通し（2018~2030 年度）』2019 年 4 月 4 日。

[7] みずほ総合研究所『2019・2020 年度内外経済見通し』2019 年 6 月 10 日。

[8] 日本内阁府『経済財政運営と改革の基本方針 2018』2018 年 6 月 15 日。

[9] 日本内阁府『経済財政運営と改革の基本方針 2019』2019 年 6 月 21 日。

[10] 日本内阁府『日本経済 2018-2019 －景気回復の持続性と今後の課題』2019 年 1 月 25 日。

[11] 日本银行『当面の金融政策運営について』2019 年 6 月 20 日。

[12] 日本银行『経済・物価情勢の展望』2019 年 7 月 31 日。

[13] 日本财务省『日本の財政関係資料』2019 年 6 月。

[14] 日本政策投资银行『2019 年度設備投資計画調査の概要』2019 年 8 月 1 日。

[15] 日本総研『2019~2020 年度改訂見通し―内需に牽引される形で、緩やかな景気回復が持続―』2019 年 8 月 9 日。

[16] IMF, *World Economic Outlook*, Update.

[17] World Bank, *Global Economic Prospects*, 2019.

[18] OECD, *OECD Economic Outlook: Trade Uncertainty Dragging down Global Growth*, 2019.

Y.5

亚太经济：经济加速探底，贸易摩擦影响加剧

杨盼盼*

摘　要：亚太经济体2019年加权实际经济增速预计为5.0%，比2018年低0.4个百分点，为2010年以来新低。亚太地区延续了2018年中以来的景气下行态势，经济增长持续放缓，迄今尚未见底。受贸易摩擦和外部需求低迷影响，区域内多数国家2019年经济增速低于2018年，通货膨胀下行，货币相对美元轻度贬值，经常账户基本保持稳定。在区域内的主要经济体中，韩国、加拿大和澳大利亚经济出现显著下行，印度尼西亚经济轻微下行。展望2020年，亚太地区将继续探底，压力主要来自外部不确定性和中国经济放缓，经济政策制定和协调应以避免经济硬着陆和背离潜在增长水平为原则。

关键词：亚太地区　经济探底　贸易摩擦　经济政策

在《2019年世界经济形势分析与预测》中，我们预计亚太地区主要经济体[①]2018年的加权实际经济增速为5.6%，略高于2018年最终实现的5.4%的增速，反映亚太经济在2018年末下滑加剧。亚太地区2019年延续了2018年下半年来的放缓态势，经济周期性下行和制造业收缩态势明显，经济增长动

* 杨盼盼，中国社会科学院世界经济与政治研究所副研究员、全球宏观经济研究室副主任，主要研究领域为国际金融。作者感谢冯维江研究员和孙杰研究员对文章所提的宝贵建议。

① 本文的亚太经济体包含17个国家，分别是中国、日本、韩国、东盟十国（文莱、柬埔寨、印度尼西亚、老挝、马来西亚、缅甸、菲律宾、新加坡、泰国、越南）、印度、澳大利亚、新西兰、加拿大。

能偏弱，中美贸易摩擦给亚太地区经济增长带来更大不确定性。预计 2019 年的亚太地区经济增速为 5.0%，或创 2010 年以来新低，2020 年增速预计为 5.1%。

一　亚太经济形势回顾：2018~2019 年

亚太经济体在 2018~2019 年呈现持续下行态势，经济增长在 2019 年预计创下 2010 年以来新低。2019 年，亚太地区 17 个国家的加权平均经济增速预计为 5.0%（见表 1），比 2018 年低 0.4 个百分点。亚太地区本轮景气下行始于 2018 年中，2019 年全年维持下行态势，迄今尚未见底。本区域内的发达经济体在 2019 年的加权平均经济增速预计为 1.4%，相比上年下降 0.3 个百分点；新兴和发展中经济体在 2019 年的加权平均经济增速为 5.9%，与上年相比下降了 0.5 个百分点。

尽管经济增长放缓，但亚太经济的增速仍高于全球经济增速。根据国际货币基金组织（IMF）2019 年 10 月发布的预测，2019 年全球经济增速预计为 3.0%，为全球金融危机以来的低点，亚太经济比全球经济增速高 2.0 个百分点，成为全球低速增长背景下的关键引擎。按发展阶段分组，亚太地区新兴和发展中经济体仍然是增长动力的主要贡献者，它们在 2019 年的经济增速比全部新兴和发展中经济体的平均经济增速高出 2.0 个百分点。区域内发达经济体 2019 年的经济增速则相对较低，比所有发达经济体的平均经济增速低 0.3 个百分点。

将全球金融危机以来的时间分为 2007~2013 年和 2014~2019 年两个阶段，可以发现，亚太经济体的平均经济增速有所下滑，从 6.3% 下滑至 5.5%。分国家组来看，在第一阶段，亚太地区新兴和发展中经济体整体呈现与发达经济体“脱钩”的状态，加权经济增速高达 8.3%，亚太发达经济体的加权经济增速则只有 1.6%。在第二阶段，亚太地区新兴和发展中经济体加权增速出现放缓，加权平均增速为 6.5%，但仍高于所有新兴和发展中经济体同期的加权增速；亚太发达经济体的增速较第一阶段有所上升，达 1.8%，但增速不及发达国家总体，反映复苏程度不足。

表1　亚太主要国家国别和加总经济增长率

单位：%

经济体	2015年	2016年	2017年	2018年	2019年	2020年	2007~2013年	2014~2019年
亚太17国								
中国	6.9	6.7	6.8	6.6	6.1	5.9	9.9	6.7
日本	1.2	0.6	1.9	0.8	1.0	0.8	0.4	1.0
韩国	2.8	2.9	3.2	2.7	1.8	2.2	3.7	2.8
文莱	−0.4	−2.5	1.3	0.1	1.8	4.7	0.9	−0.4
柬埔寨	7.0	6.9	7.0	7.5	7.0	6.8	6.4	7.1
印度尼西亚	4.9	5.0	5.1	5.2	5.0	5.1	6.1	5.0
老挝	7.3	7.0	6.8	6.3	6.4	6.5	7.8	6.9
马来西亚	5.0	4.5	5.7	4.7	4.7	4.4	4.7	5.1
缅甸	7.5	5.2	6.3	6.8	6.2	6.3	7.1	6.7
菲律宾	6.1	6.9	6.7	6.2	5.5	6.2	5.3	6.3
新加坡	2.9	3.0	3.7	3.1	2.5	1.0	5.9	3.2
泰国	3.1	3.4	4.0	4.1	3.1	3.0	3.5	3.1
越南	6.7	6.2	6.8	7.1	7.0	6.5	5.9	6.6
印度	8.0	8.2	7.2	6.8	6.0	7.0	7.3	7.3
澳大利亚	2.5	2.8	2.4	2.7	1.7	2.3	2.9	2.5
新西兰	4.0	4.2	2.6	2.8	2.5	2.7	1.8	3.2
加拿大	0.7	1.1	3.0	1.9	1.5	1.8	1.1	1.8
区域及全球加总								
世界	3.5	3.4	3.8	3.6	3.0	3.4	3.6	3.5
亚太经济体	5.6	5.6	5.7	5.4	5.0	5.1	6.3	5.5
除中国外的亚太经济体	4.6	4.6	4.8	4.4	4.0	4.4	4.1	4.4
发达经济体	2.3	1.7	2.5	2.3	1.7	1.7	1.0	2.1
亚太发达经济体	1.7	1.5	2.5	1.7	1.4	1.4	1.6	1.8
新兴和发展中经济体	4.3	4.6	4.8	4.5	3.9	4.6	5.9	4.5
亚太新兴和发展中经济体	6.8	6.7	6.6	6.4	5.9	6.0	8.3	6.5
除中国外的亚太新兴和发展中经济体	6.6	6.8	6.4	6.2	5.6	6.2	6.4	6.3

说明：亚太发达经济体包括日本、韩国、新加坡、澳大利亚、新西兰、加拿大。亚太新兴和发展中经济体包括中国、文莱、柬埔寨、印度尼西亚、老挝、马来西亚、缅甸、菲律宾、泰国、越南、印度。区域及全球加总增速均采用基于购买力平价（PPP）的各国GDP权重测算加权平均增速。

资料来源：国际货币基金组织（IMF）世界经济展望数据库（2019年10月），2019年和2020年部分国家经济增长率为笔者预测，部分加总指标由笔者测算。

（一）大多数经济体经济增长放缓

图 1 中横坐标显示了 2018 年亚太地区 17 个国家的实际 GDP 增速，纵坐标显示了 2019 年这些国家的实际 GDP 增速预测值，可以看出：①预计越南、柬埔寨、老挝、印度、缅甸、中国、菲律宾、印度尼西亚 2019 年的经济增长率将高于或等于亚太经济体平均水平，是本区域相对高速增长的国家，但是这些经济体中仅有老挝的增长速度较上年有所提升，其他国家的经济增长均在放缓。②预计马来西亚、泰国、新西兰、新加坡、韩国、文莱、加拿大、澳大利亚和日本的经济增长率在均值以下，除日本和文莱外，其他国家的经济增长也较上年有所放缓。经济增长放缓成为多数域内经济体的普遍现象，是 2019 年亚太经济的最显著特征。

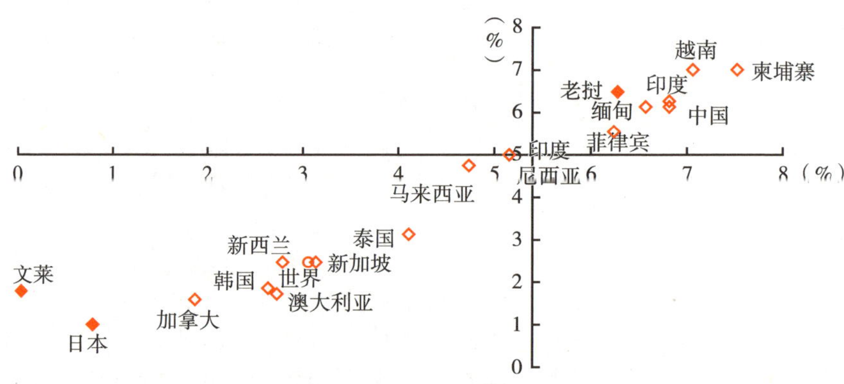

图 1　2018 年和 2019 年的亚太主要国家经济增长

注：横轴和纵轴分别代表了对应国家在 2018 年和 2019 年的情况，横轴的交叉点为 2018 年 17 国实际 GDP 增速的加权平均值（5.4%），纵轴的交叉点为 2019 年 17 国实际 GDP 增速的加权平均预测值（5.0%）。因此，第一象限（右上）的国家是 2018 年和 2019 年 GDP 增速均快于均值的国家，第二象限（右下）的国家是 2018 年 GDP 增速快于均值但 2019 年 GDP 增速慢于均值的国家；第三象限（左下）的国家是 2018 年和 2019 年 GDP 增速均慢于均值的国家；第四象限（左上）的国家是 2018 年 GDP 增速慢于均值但 2019 年 GDP 增速快于均值的国家。图中实心表示该国 2019 年的经济增速高于 2018 年，空心表示该国 2019 年的经济增速低于 2018 年或与 2018 年持平。

资料来源：同表 1。

2019 年亚太地区主要经济体经济增长普遍放缓的共同原因是贸易摩擦，持续的贸易摩擦加剧了因总需求低迷而带来的全球贸易增长放缓，影响亚太地区经济体的投资和营商决策，冲击价值链上的国家、产业和企业。尽管影响的渠道各有不同，贸易摩擦这一因素对亚太区域各不同发展阶段经济体的经济增长负面影响是普遍的。其他导致亚太地区经济增长放缓的原因包括：①投资增速放缓。域内的制造业出口大国和大宗商品出口国因全球制造业放缓而带来投资放缓，此外对房地产部门的调控也抑制了相关投资增长，如新加坡和中国的投资放缓与此相关。②消费增速放缓。澳大利亚私人部门杠杆率较高，房价下跌带来的居民财富缩水，导致私人消费放缓，加拿大和泰国的私人消费也因私人部门的杠杆率较高而承压，印度和印度尼西亚私人部门消费放缓成为其经济放缓的核心原因。③主要贸易伙伴经济放缓带来外部需求来源的不景气，如加拿大经济的放缓与美国经济的放缓密切相关，域内多个东盟经济体也因包括欧盟、美国、中国在内的主要贸易伙伴国经济放缓而受到负面影响。④特定产业的放缓。例如，马来西亚和韩国的电子产业和电子产品出口受到周期性低谷和贸易摩擦的显著负面影响；又如，柬埔寨经济增长的支柱型产业服装业增长面临较大压力，主要原因包括：工资的大规模上涨削弱服装企业盈利能力，面临来自孟加拉国和越南的竞争，国内服装行业劳动生产率的下降。⑤其他贸易政策不确定因素的负面影响。例如，日韩发生贸易摩擦，日本对出口韩国的核心半导体材料加以限制，对韩国电子产业产生负面影响；又如，柬埔寨面临欧盟撤销其免关税待遇（EBA）的可能性，这将影响约 35% 的出口总额。

（二）通货膨胀下行

亚太地区主要国家 2019 年通货膨胀平均值较 2018 年出现下降，从 2.1% 下降至 1.9%。同时期世界通货膨胀水平从 2018 年的 3.6% 下降至 2019 年的 3.4%。亚太地区通货膨胀的下行趋势与全球经济一致，反映出制造业周期性下行和全球最终需求趋缓的特征。

2019 年，亚太地区共有 8 个国家出现通货膨胀的下行，3 个国家的通货膨胀水平基本与上年持平[①]（见图 2）。整体来看，出现价格下行压力的主要原

① 变动幅度小于 0.01%。

因包括：①食品和大宗商品价格下行。菲律宾食品供应的改善显著降低了通货膨胀压力，菲律宾2019年的通货膨胀水平相比2018年下降了一半；韩国、柬埔寨、新西兰、文莱、印尼、印度的低通胀或通胀水平稳定也与食品价格和/或原油价格走低密切相关。②经济增长大幅放缓和需求紧缩带来价格下行压力上升。韩国因经济增长放缓和出口疲软出现通缩压力，2019年9月CPI出现同比负增长，这是韩国发布CPI数据以来（1965年）的首次；印度经济增速出现大幅下降，第2季度增速创下6年新低，这一较低的国内需求水平带来通胀水平下降。③政策的影响。加拿大与美国达成贸易协定后，取消了此前对美钢铝关税的反制措施，带来进口品价格的下降；日本超宽松的货币政策持续衰减，对价格水平推动有限，距离通胀目标很远。

亚太地区共有6个国家出现通货膨胀的上行，主要原因包括：①食品价格上涨。缅甸通货膨胀水平的上升原因主要是零售食品价格的上涨，非洲猪瘟疫情带来中国和老挝食品价格上涨。②货币贬值，老挝基普贬值带来进口品价格上升。③租金价格上升，新加坡租金上升对通货膨胀的上行提供支持。但是需要明确的是，即便是通胀水平有所上升的国家，其价格水平的上升也主要是非核心通胀的上行，核心通胀由于受到需求的抑制处于低位乃至存在通缩情形，这种状态在中国和新加坡体现得尤为明显，将对当局实施宽松的货币政策构成挑战。总体而言，由于需求疲软，亚太地区的核心通货膨胀率处于低水平。

（三）亚太地区的货币相对美元贬值

2019年以来，亚太地区各经济体货币对美元相对于年初整体呈现贬值态势（见图3），平均贬值1.6%，最高贬值幅度为6.4%。区域内部分国家货币贬值幅度超出平均贬值幅度的原因包括：①美元指数在2019年总体走强，9月相比1月上升了约3%。②2019年下半年宽松的货币政策导致货币贬值。美联储开启预防式降息前后，全球央行出现新一轮宽松浪潮，新西兰、韩国、新加坡等国中央银行的货币宽松政策导致这些国家的货币出现贬值。③贸易摩擦加剧导致货币贬值。人民币受中美贸易摩擦的影响贬值。韩元同时受中

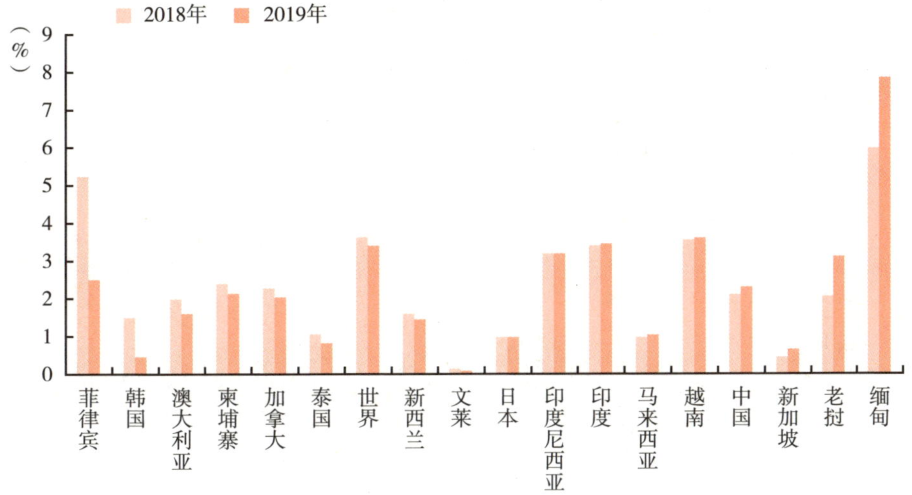

图2　2018年和2019年亚太主要国家及世界的通货膨胀率

注：通货膨胀率为年平均消费者价格指数（CPI）的变动率，国家按2019年与2018年的通胀水平之差由低到高排序。

资料来源：国际货币基金组织（IMF）世界经济展望数据库（2019年10月）。

美贸易摩擦和日韩贸易摩擦的影响，成为本区域表现最差的货币之一。④中国经济放缓和人民币的走弱导致区域货币追随人民币走弱。韩元与人民币关系密切，澳元是中国经济的晴雨表，二者皆出现较大幅度贬值，区域内一些东盟国家的货币也出现贬值。区域内货币升值的经济体中，只有2种货币的升值幅度超过1%。泰铢升值接近4%，主要原因在于经常账户顺差和外汇储备的积累；日元升值主要受全球经济放缓背景下避险资金流入以及与美联储相比日本银行的宽松程度有限的影响。

（四）经常账户基本保持稳定

2019年亚太地区的顺差国为8个，逆差国为9个。同上年相比，各国的经常账户余额方向未发生改变。2019年，经常账户顺差占GDP的比重超过4%的国家有3个，分别是新加坡、文莱和泰国，韩国的经常账户余额占GDP的比重已从上年超过4%下降至4%以下。顺差国的再平衡更多地反映的是全球

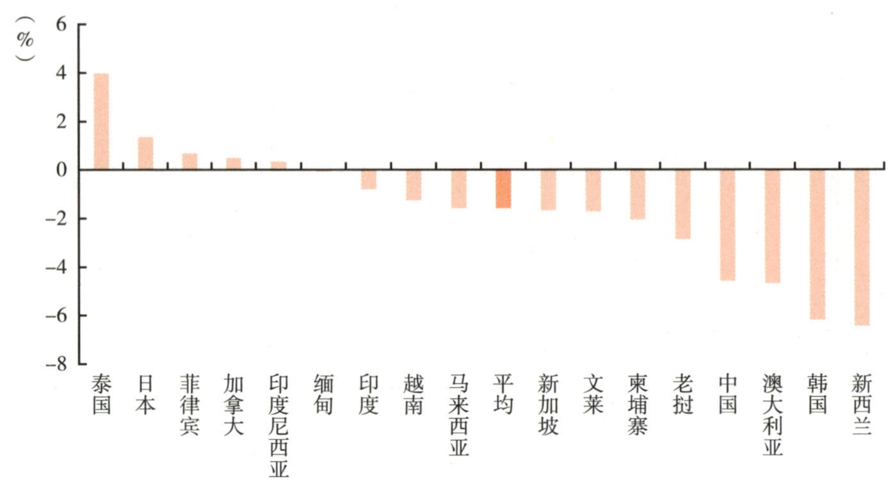

图3 2019年亚太主要国家汇率走势

注：①所有国家汇率走势均为2019年9月相对于2019年1月的变动。②负数表示本币相对于美元贬值。

资料来源：CEIC。

经济增长低迷的周期性影响，而非结构性调整。中国的经常账户顺差略有上升，占GDP的比重从上年的0.4%扩大至1.0%，反映国内需求放缓和大宗商品价格下降带来的进口额下降。逆差国调整分化，逆差扩大和缩窄的国家基本各占一半。调整较大的逆差国中，加拿大和澳大利亚的逆差缩窄均与铁矿石价格上涨相关，同时国内经济的放缓带来了进口的下降；柬埔寨和缅甸的逆差扩大主要受到外商直接投资和基建投资扩大带来中间品进口增长的影响。

二 亚太主要国家经济形势回顾与展望

本部分回顾韩国、印度尼西亚、澳大利亚和加拿大2018~2019年的经济形势，并对2020年做一简单展望。[①] 整体来看，韩国经济因受到贸易摩擦升温和外需总体不振的影响，消费、投资和出口均出现了较大幅度的放缓，目

① 本地区中国、日本和印度的经济形势请参见本年度世界经济黄皮书其他报告。

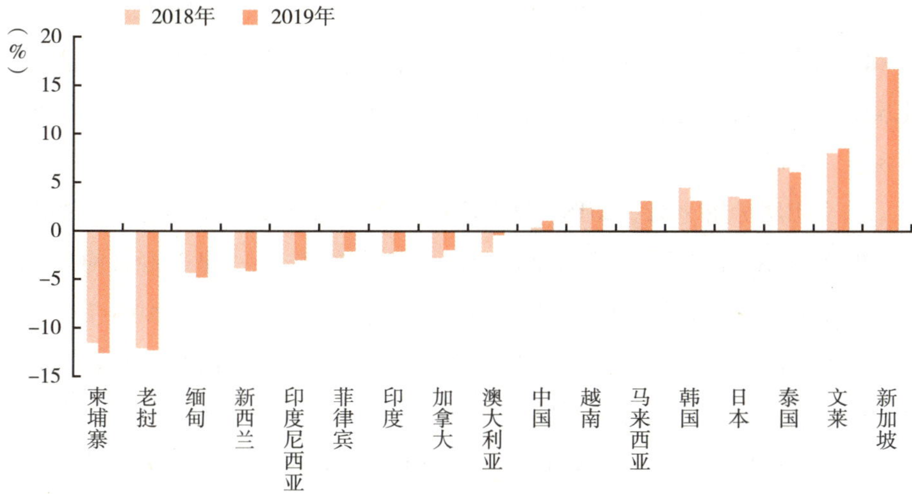

图 4　2018 年和 2019 年亚太主要国家经常账户余额占 GDP 比重走势

资料来源：国际货币基金组织（IMF）世界经济展望数据库（2019 年 10 月）。

前经济尚未企稳，2020 年仍面临经济放缓压力。外部环境趋缓和大宗商品价格下跌传导至以内需为主的印尼经济，国内消费与投资出现下滑，印尼经济放缓，未来仍主要依靠私人消费支持增长。澳大利亚经济受到国内房地产市场下行、贸易摩擦和中国经济放缓的影响而出现较大幅度的放缓，国内降息减税政策可在一定程度上对冲经济放缓，但总体增长动能仍偏弱。加拿大经济受到美加墨协定的谈判、中美贸易摩擦、美国经济放缓等因素的影响，经济总体走弱，政府的财政扩张可能对冲部分负面效应，但经济增长仍将低位运行。

（一）韩国

作为亚太地区外需前沿经济体，受到贸易摩擦升级、电子产品周期下行和全球需求疲软的影响，韩国经济在 2018 年出现放缓，下行态势延续至 2019 年，目前经济仍未企稳。2018 年，韩国实际 GDP 同比增速为 2.7%，比 2017 年下降 0.5 个百分点，预计 2019 年增长 1.8%，较 2018 年进一步下降。韩国经济景气程度下降，制造业 PMI 季均值从 2018 年第 3 季度的 49.8 下降至

2019 年第 3 季度的 48.1。因需求不振，价格水平走低，CPI 同比增速季均值从 2018 年第 3 季度的 1.6% 下降至 2019 年第 3 季度的接近零增长。外需放缓及政策宽松带来韩元贬值，2019 年第 2 季度和第 3 季度韩元对美元同比各贬值 8.0% 和 6.5%。

从支出法分解来看，2018 年韩国经济增长主要受到投资的拖累，投资同比出现 2.4% 的负增长，投资放缓反映出贸易摩擦背景下企业对经济前景的悲观。2018 年私人消费较稳健，出口也对 GDP 保持了正向贡献。2019 年投资进一步走低，同时由于居民消费信心下降和家庭债务约束，私人消费支出放缓；因日韩贸易摩擦和中美贸易摩擦反复而带来外部环境不确定性增加，出口对经济增长的贡献转负。“三驾马车”均失速，导致韩国经济 2019 年进一步下行，并伴随着韩国国内政治不确定性增加，政治经济交错影响加剧。在政策方面，韩国的货币政策和财政政策双扩张以应对经济疲软。韩国央行 2019 年 7 月和 10 月两次降息，基准利率降至 1.25%，创两年新低；2019 年 9 月政府提交了新一年 513.5 万亿韩元（约合 4430 千亿美元）的预算案，这一规模较上年提高 9.3%，将是自全球金融危机以来韩国的首份赤字预算案。

展望 2020 年，外部环境下行与波动将对韩国经济产生持续影响，出口和投资将持续拖累经济。受到家庭债务约束，私人部门消费也难以支撑经济增长。2020 年韩国经济仍将低位运行，经济增速预计为 2.2%。

（二）印度尼西亚

印度尼西亚经济以内需为主，私人部门消费占比约 70%，增速整体较为平滑。但即便如此，2019 年外部经济放缓对印尼经济的影响也在逐步显现。2018 年，得益于内需（以及上半年外需）的提振，印尼经济上行，实际 GDP 同比增速为 5.2%，较上年提升了 0.1 个百分点。2019 年，外部环境趋缓和大宗商品价格下跌传导至印尼经济，经济增速预计下降至 5.0%。印尼经济的景气程度总体下降，制造业 PMI 季均值由 2018 年第 3 季度的 51.0 下降至 2019 年第 3 季度的 49.2，跌落荣枯线。由于需求相对缓和，价格水平保持稳定，印尼经济无明显通货膨胀压力。由于上年同期贬值较多，印尼卢比 2019 年第

3 季度对美元出现约 3.0% 的同比升值。

从支出法分解来看，私人部门的消费是支持印尼经济增长的主要动力。2018 年私人消费同比增速为 5.1%，较上年上升 0.1 个百分点，成为经济增长加速的重要因素，但 2019 年消费者信心有所下降，特别是消费者收入和耐用品购买发生回调，导致私人消费同比增速预计放缓 0.1 个百分点。投资对 2018 年经济增长也起到了积极作用，投资同比增速为 6.7%，但是政府在 2019 年取消部分当年无法完工的基建项目投资导致投资出现下滑。从外部来看，出口对经济增长的作用也从 2018 年的提振转向 2019 年的拖累。在政策方面，印尼央行于 2019 年 7 月和 8 月进行了两次降息，每次将 7 天回购利率降低 25 个基点，目前的通货膨胀率仍然在 2.5%~4.5% 的通胀目标之内，同时考虑到全球经济前景不明，预计印尼央行将维持宽松基调，并进一步降息。印尼政府在 2019 年 8 月 17 日宣布，将在东加里曼丹省的北佩纳占巴塞与库泰卡塔内加拉的部分地区建设新首都，预计在 2020 年底前动工，2024 年前开启迁都程序，相关建设开支将对印尼经济产生持续的影响。

展望 2020 年，国内私人消费仍是印尼经济增长的支撑因素，但是目前消费者信心因内外环境变动而有所下降，预计对经济增长造成一定的拖累；投资在近段时间出现显著回升，可能支持经济增长；外部环境还将持续对经济增长产生负面影响。预计 2020 年印尼经济增速略有回升，约为 5.1%。

（三）澳大利亚

作为亚太地区内重要的大宗商品出口国和中国经济的“晴雨表”，澳大利亚经济在 2019 年经历了较大幅度的放缓。2018 年，澳大利亚实际 GDP 同比增长为 2.7%，较 2017 年上升了 0.3 个百分点，2019 年经济明显下滑，预计增长 1.7%，较 2018 年下降 1 个百分点。澳大利亚经济景气程度下降，制造业 PMI 季均值从 2018 年第 3 季度的 54.6 下滑至 2019 年第 3 季度的 50.9，而在本轮扩张的高点，澳大利亚 PMI 季均值曾经达到 56.3（2017 年第 4 季度）。由于内需不振和国际原油价格下行，澳大利亚价格水平走低，CPI 同比增速季均值从 2018 年第 3 季度的 1.9% 下降至 2019 年第 2 季度的 1.6%。受国内经济及中国经济放缓影响，澳元出现较大幅度贬值，2019 年第 2 季度和第 3 季度澳元对美元同比分别贬值 7.5% 和 6.2%。

从支出法分解来看，私人部门消费强劲是 2018 年澳大利亚经济增长的主要动能，私人消费同比增速达 2.6%，较上年上升 0.2 个百分点。2019 年，受到房地产价格下跌影响，私人部门财富缩水，负债率上升，私人部门消费出现了较为明显的放缓，预计同比增速放缓近 1 个百分点。受到全球贸易增长放缓、贸易摩擦持续和住宅价格下跌的影响，澳大利亚的投资增速出现了大幅下滑，成为拖累经济的又一重要因素。2018 年投资同比增速为 2.5%，较上年下降 1 个百分点，预计 2019 年投资将出现约 3% 的同比负增长，给经济增长带来显著负面影响。消费和投资的明显放缓，加之外部环境的恶化，使得澳大利亚经济在 2019 年经历了一次快速下行。在政策方面，采取宽松的货币政策与财政政策以刺激经济增长，创造就业机会。澳大利亚联储银行在 2019 年的 6 月、7 月和 10 月三次降息，每次降息 5 个基点，基准利率降至 0.75% 的历史新低，也是央行 7 年以来首次一年内三次降息。澳大利亚 2019 年 7 月批准了总额 1580 亿澳元的个人所得税减免计划，这一减税方案将在 10 年内分三阶段完成：第一阶段中低收入家庭可直接领取定额退税；第二阶段将 32.5% 档税率的起征点提高 3 万 ~12 万澳元，自 2022 年 7 月 1 日执行；第三阶段将 32.5% 档税率降至 30%，取消 37% 档的税率，自 2025 年执行。同时，澳大利亚政府的财政整顿也在继续进行。

展望 2020 年，外部环境景气下行与国内房地产市场的低迷将持续拖累澳大利亚经济，但宽松的货币和财政政策可能会在一定程度上对冲上述负面影响。预计 2020 年澳大利亚经济将有所好转，但增长动能仍然偏弱，经济增速预计为 2.3%。

（四）加拿大

作为美国的邻国，美加墨协定（USMCA）的重要缔约方，加拿大经济在美国挑起贸易摩擦以来受到了较为显著的负面影响。2018 年，因受美国要求重谈北美自由贸易协定（NAFTA）等影响，加拿大实际 GDP 同比增速为

1.9%，较2017年下降了1.1个百分点，2019年经济进一步下滑，预计增长1.5%，较2018年下降0.4个百分点。加拿大经济景气程度出现大幅下降，制造业PMI季均值从2018年第3季度的56.2下滑至2019年第3季度的50.1，其间曾经跌落至荣枯线以下。增长放缓、油价下行及针对美国的报复性关税、内需不振等，使得加拿大价格水平走低，CPI同比增速季均值从2018年第3季度的2.6%下降至2019年第2季度的2.2%。受国内经济放缓影响，加元在2019年初对美元有较大幅度贬值，但是随着美联储货币政策转向宽松，加元对美元走强，2019年第3季度加元对美元同比轻度贬值1.0%。

从支出法分解来看，私人部门消费增速在2018~2019年持续放缓，2018年私人消费同比增速为2.1%，较上年下降1.4个百分点，受到私人部门债务水平高企的影响，2019年私人消费持续低迷，预计增速将继续下降，对加拿大经济增长产生压力。受到域内特别是中美贸易摩擦带来的不确定性以及全球经济增长前景放缓的冲击，加拿大的企业信心受到影响，投资增速也出现下滑，2018年投资同比增速为1.2%，较上年下滑1.8个百分点，2019年投资预计将进一步恶化，出现负增长，给经济增长带来显著负面影响。在政策方面，加拿大央行目前仍然按兵不动，并未追随全球央行的宽松举措，不过伴随着美国经济可能出现的进一步放缓以及中美贸易摩擦可能升级，加拿大央行在2020年有较大可能采取宽松货币政策。在财政领域，加拿大2019年3月公布预算案显示2019/2020财年财政赤字进一步扩大至198亿加元，约相当于GDP的0.9%，支出扩大集中于住房、教育和社会保障等领域，自由党未能兑现2015年所做的2019年预算平衡的竞选承诺。

展望2020年，美国经济下行可能性加大、贸易摩擦的不确定性和国内需求疲软将对加拿大经济产生持续的负面影响，政府开支的扩张可能对冲掉部分负面效应，但经济增长仍将在低位运行。预计2020年加拿大经济增速为1.8%。

三　2020年亚太经济展望

2018年下半年至2019年第3季度，亚太经济景气程度持续下行。2019

年第3季度亚太经济加权制造业PMI为50.3，较上年第3季度下降0.9个点（见图5）。亚太经济延续了2018年中以来的下行态势，区内的发达经济体和新兴市场国家均下行，东盟、日本、韩国的PMI处于荣枯线以下，其他国家的景气程度也持续回落。截至2019年第3季度，亚太经济尚未呈现企稳态势，预计2020年经济增长仍在低位运行。

2020年，亚太经济面临的主要下行压力仍然来自外部，包括全球外部经济的持续放缓以及来自国际贸易领域的不确定性，特别是区内最大的经济体中国与区外最重要的外需来源国美国之间的贸易紧张态势，以及区域供应链上重要参与者日本与韩国之间的贸易摩擦。作为全球最为重要的区域价值链之一，来自国际贸易领域的不确定性对亚太地区价值链上下游国家都将产生较为显著的影响。随着贸易摩擦时间的拉长，贸易不确定性对贸易、投资和制造业的拖累愈发明显。此外，英国无序脱欧、大宗商品价格上升、地缘政治风险上升等因素也将使亚太经济承压。

此外，中国经济增长的前景决定了亚太经济增长的趋势。回顾亚太经济

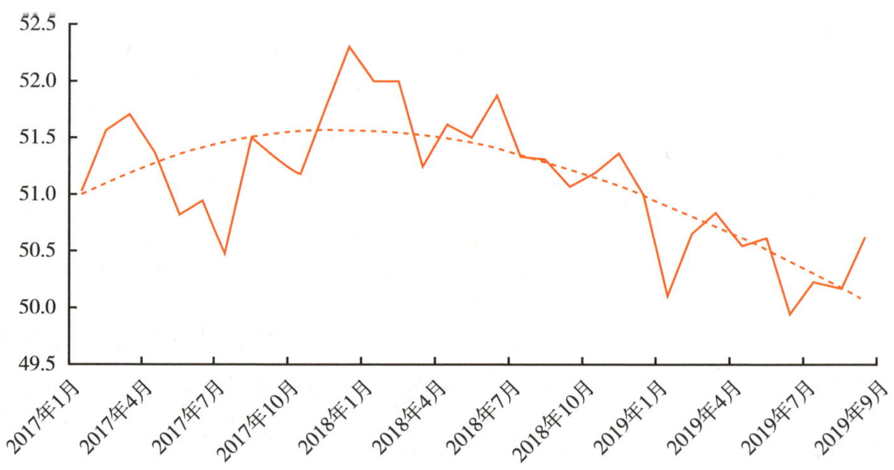

图5　亚太地区加权月度PMI（2017年1月至2019年9月）

注：所有PMI均为Markit制造业PMI，东盟使用的是整体PMI，Markit未发布新西兰PMI，故新西兰使用澳大利亚PMI，权重以国际货币基金组织（IMF）世界经济展望数据库（2019年10月）公布的2018年各国GDP占比计算。图中实线为PMI真实值，虚线为趋势线。

资料来源：CEIC。

在全球金融危机之后十余年的发展，由于中国每年持续贡献亚太地区过半的经济增长，同时，中国对中间品和最终品的需求也日益成为亚太地区其他经济体增长的重要来源，亚太经济的主要增长趋势与中国经济密切相关。鉴于此，2020 年亚太经济的走势也将在很大程度上取决于中国经济的走势和与增长相关的政策选择。

2020 年，亚太经济继续探底。在这个过程中，相关经济政策的制定应当以避免经济硬着陆和背离潜在增长水平为原则。宏观经济政策应当充分利用现有的货币政策和财政政策空间，考虑到货币宽松所带来的金融风险积累，财政政策应当发挥更大的作用。国内结构性改革的重点包括改革财税制度和强化财政缓冲、调整私人部门杠杆率以强化资产负债表、不再新增阻碍贸易和投资的扭曲政策。在贸易摩擦带来区域价值链损害的背景下，各国应加强合作，进一步降低国家间贸易壁垒以对冲贸易摩擦负面影响，积极在投资、产业园区、产能合作等领域开展第三方合作，顺应发展趋势，促进价值链有序、高效延伸，避免地区盲目竞争和价值链转移带来无谓的福利损失。

参考文献

[1] 张宇燕等：《2019 年世界经济形势分析与预测》，社会科学文献出版社，2019。

[2] 中国社会科学院世界经济与政治研究所世界经济预测与政策模拟实验室：《CEEM 全球宏观经济季度报告》，2018 年第 3 季度至 2019 年第 3 季度。

[3] Asian Development Bank (ADB), *Asian Development Outlook (ADO) 2019: Strengthening Disaster Resilience*, April 2019.

[4] Asian Development Bank (ADB), *Asian Development Outlook (ADO) 2019 Update: Fostering Growth and Inclusion in Asia's Cities*, September 2019.

[5] AMRO, *ASEAN+3 Regional Economic Outlook 2019*, May 2019.

[6] Economist Intelligence Unit (EIU), *Country Reports*, 17 Countries: Australia,

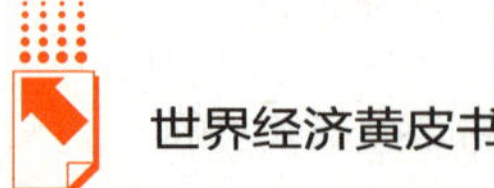

Brunei Darussalam, Cambodia, Canada, China, India, Indonesia, Japan, Korea, Lao P.D.R., Malaysia, Myanmar, New Zealand, Philippines, Singapore, Thailand, Vietnam, September 2019/Third Quarter 2019.

[7] International Monetary Fund, *World Economic Outlook: Growth Slowdown, Precarious Recovery*, April 2019.

[8] International Monetary Fund, *World Economic Outlook: Global Manufacturing Downturn, Rising Trade Barriers*, October 2019.

[9] International Monetary Fund, *World Economic Outlook*, October 2019.

Y.6
印度经济：增速骤降

冯维江*

摘　要：印度在2018~2019财年（2018年4月1日至2019年3月31日）实际GDP增长率为6.8%，不仅低于上一个财年的7.2%，也是莫迪总理2014年执政以来首个“破七”之年。从季度数据看，印度近年经济增速下滑态势也十分明显。从2018年第1季度8.9%的高位，持续下降至2019年第2季度的5.0%，后者也是2013年第2季度以来的最低值。私人消费贡献大幅下滑是印度经济增长放缓的最主要因素，固定资产投资增速放缓是印度实际GDP增速下滑的另一项重要原因。在2018~2019财年，印度通货膨胀基本得到了控制，但经济乏力背景下失业率高企。财政政策围绕基础设施建设发力，货币政策不断放松。此外，印度政府还采取了产业政策和吸引外国直接投资的政策等来提振经济，但效果尚不明显。2019年下半年来，多家机构下调了印度2019年经济增长率预测值。城市失业率高企、农村经济萧条与家庭财务困境、企业和环境监管的不确定性以及公众对非银行金融机构稳健性的疑虑等都对消费及投资需求产生了不利影响。综合考虑各方面因素，本报告认为印度2019~2020财年实际GDP增长率为6.0%左右，2020~2021财年或将恢复至7.0%左右。

关键词：印度经济　流动性紧缩　高失业率

* 冯维江，中国社会科学院世界经济与政治研究所研究员，主要研究领域为世界经济、国家安全。

一 经济增长明显放缓

印度2018~2019财年（2018年4月1日至2019年3月31日）实际GDP增长率为6.8%，不仅低于上一个财年的7.2%，也是莫迪总理2014年执政以来首个“破七”之年。在《2019年世界经济形势分析与预测》中，我们预计印度2018年经济增速为7.3%，[①] 最终按历年计算，2018年印度实际GDP增长率为7.4%，与我们的预计值基本一致。从季度数据看，印度近年经济增速下滑态势十分明显。从2018年第1季度8.9%的高位持续下降至2019年第2季度的5.0%，后者也是2013年第2季度以来的最低值。

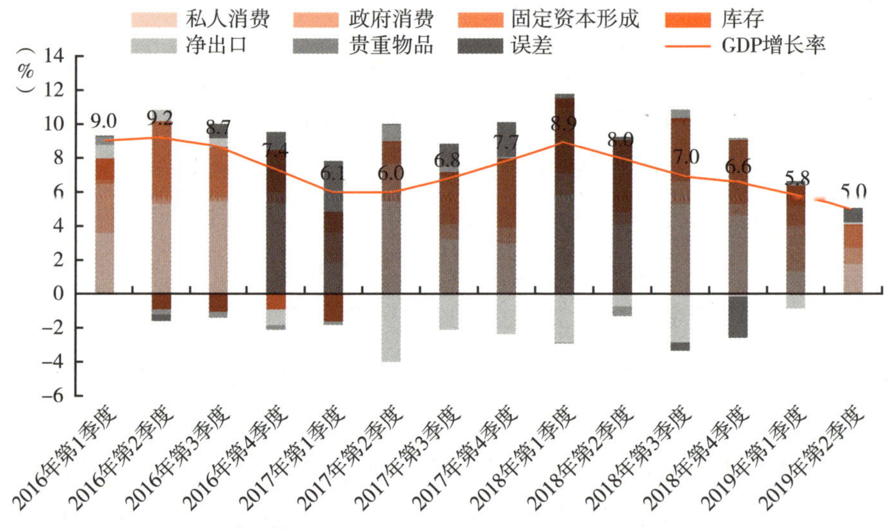

图1 印度实际GDP季度同比增长率及其分项贡献

资料来源：Wind数据库。

从分项来看，私人消费贡献大幅下滑是印度经济增长放缓的最主要因素。私人消费是印度经济的主要组成部分，其规模长期占GDP比重一半以

① 张宇燕主编《2019年世界经济形势分析与预测》，社会科学文献出版社，2019，第91页。

上。2019 年第 1 和第 2 季度，私人消费占当季 GDP 比重亦分别高达 56.8% 和 55.1%。私人消费增长 2019 年出现明显走弱趋势，由 2018 年第 1 季度同比增长 10.6% 下降至 2019 年第 1 季度的 7.3%，并在第 2 季度进一步下滑至 3.1%，后者是 18 个季度以来的最低值。私人消费对实际 GDP 增长率的贡献也由 2018 年第 1 季度的 5.8 个百分点下降至 2019 年第 1 季度的 4.1 个百分点和第 2 季度的 1.8 个百分点。具体来看，包括汽车在内的大宗消费已经持续数月处于萎缩状态。印度汽车制造商协会（SIAM）的数据显示，2019 年 8 月印度乘用车销量继 7 月同比大幅下降 31% 之后，[①] 再次刷新 18 年来最大单月降幅至 41%，[②] 这也是该指标连续 10 个月呈下滑趋势。麦肯锡咨询公司（Mckinsey & Company）发布的研究报告显示，汽车行业是印度经济的重要组成部分，对印度 GDP 的贡献在 7% 以上，根据《2016~2026 汽车工业计划》中的目标，这一比重还将提升至 12%，届时该行业还将直接或间接创造 6000 万个就业岗位。[③] 但在目前消费低迷情势下，印度大部分汽车厂商面临库存压力，不少车企选择暂时停产。消费意愿的下降也反映了私人消费走弱的状况。印度央行发布的消费者信心调查（Consumer Confidence Survey）显示，2019 年 3 月消费者信心指数还是 104.6，7 月就下降至 95.7，9 月进一步下降至 89.4，这是最近六年来的最低值。[④]

此次包括汽车消费在内的私人消费增速大幅下滑，与 2018 年 9 月非银行基础设施贷款机构——印度基础设施租赁和金融服务有限公司（IL&FS）因无法偿付相关债务触发一系列违约和评级下调，进而引发的影子银行危机和流动性紧缩有关。在印度，影子银行是消费信贷的主要来源之一，众多购车者和汽车生产商都从影子银行获得贷款。截至 2019 年 3 月 31 日，在印度央行

---

① “India’s Car Market Just Had Its Worst Month in 18 Years, 1 Million Jobs Are at Risk”, https://edition.cnn.com/2019/08/13/business/india-car-sales-slump/index.html.

② “Passenger Car Sales Fall 41% in August: SIAM”, https://www.fortuneindia.com/macro/passenger-car-sales-fall-4109-in-august-siam/103564.

③ Shivanshu Gupta, Neeraj Huddar, Balaji Iyer, and Timo Möller, “The Future of Mobility in India’s Passenger-vehicle Market”, July 2018, p.118.

④ Reserve Bank of India, *Consumer Confidence Survey*, October 4, 2019.

登记的非银行金融机构有 9659 家，其中可以接受存款的非银行金融机构 88 家。IL&FS 违约后，影子银行为应对危机，被迫出售资产、缩减信贷，金融系统出现流动性紧缩，大幅压缩了汽车等消费需求，影响了印度经济增长。①

除私人消费之外，固定资产投资增速放缓是印度实际 GDP 增速下滑的另一项重要原因。固定资本形成近年长期占印度实际 GDP 比重 30% 左右（2011 年曾超过 35%），也是印度经济的重要组成部分之一。2019 年第 1 和第 2 季度，固定资本形成占当季印度实际 GDP 比重分别为 30.7% 和 32.5%，仍然占较大份额，但其同比增速分别由 2018 年第 1 和第 2 季度的 12.8% 和 13.3% 大幅下降至 3.6% 和 4.0%，以至对季度实际 GDP 增长率的贡献分别由 3.9 个和 4.2 个百分点下降至 1.1 个和 1.3 个百分点。固定资本形成增速放缓反映了投资疲弱的现实。2019 年第 1 季度，印度公司（包括公共和私人部门）宣布项目投资 1.99 万亿卢比，比 2018 年第 4 季度下降 16%，比 2018 年第 1 季度下降 46%。分行业看，制造业、采矿业和房地产业投资均大幅下滑，其中建筑业和房地产业下降特别明显，与上季度和 2018 年同期相比都下降了接近 80%。制造业投资与上季度相比下降 54%，与 2018 年同期相比下降 46%。② 近期经营情绪（Business Sentiments）指数下行反映了投资意愿不足的状况。印度央行发布的经营情绪评估指数（Business Assessment Index）在 2019 年第 2 季度由第 1 季度的 108.4 下降至 92.5，第 1 至第 3 季度经营情绪预期指数（Business Expectations Index）也一路下滑，分别为 113.5、112.8 和 102.2。③ 投资放缓背后是储蓄率的长期下降趋势。2008 年印度总储蓄率达到历史峰值 37.8% 后开始逐渐下降，到 2018 年仅为 30.5%。

其他按支出法核算的主要 GDP 构成中，政府消费对实际 GDP 增长率的贡献较为稳定，近年基本维持在 1 个百分点左右。净出口在 2017 年第 2 季度至 2019 年第 1 季度对实际 GDP 增长率的贡献均为负值，但对 GDP 增长率的

① 《财经观察：印度经济刺激政策短期难见成效》，新华网，2019 年 9 月 15 日。

② 《印度新增投资仍保持克制》，中华人民共和国驻孟买总领事馆经济商务室，2019 年 4 月 8 日。

③ Reserve Bank of India, *Industrial Outlook Survey of the Manufacturing Sector for Q2:2019-20*, October 4, 2019.

拖累程度减轻，2019 年第 2 季度对实际 GDP 增长率做出 0.09 个百分点的正贡献。这并不意味着外需对印度经济增长不重要。从出口来看，2018 年第 2 季度至 2019 年第 2 季度，出口对实际 GDP 增长率的贡献平均为 2.2 个百分点，只不过同期进口贡献平均为 -3.1 个百分点，抵减了出口的贡献而已。金属及其制品、矿产品、化工产品、纺织品及原料、机电产品及运输设备是印度主要的出口产品，这几项出口额约占全部出口额的 80%；矿产品、金属及其制品、机电产品和化工产品同时也是印度主要的进口产品，这几项进口额占全部进口额的 80% 以上，其中仅矿产品一项占比就超过 30%，机电产品占比亦接近 20%。矿产品、机电产品、纺织品及原料、运输设备等产品外部需求的变动对印度净出口将产生较大冲击。特别是印度进口石油依存度从 2017~2018 财年的 82.9% 上升到 2018~2019 财年的 83.7%，油价波动对印度进口及国内产出成本具有较大影响。

二　通胀压力小，失业率高企

2018~2019 财年，印度通货膨胀基本得到了控制。2018 年下半年特别是 8 月以后，随着食品价格的持续下降、石油价格温和及卢比贬值，印度 CPI 同比增长率明显回落。2019 年 1 月达到 0.8% 的低值，其后有所反弹，但上升态势逐渐趋缓，距离印度央行 4% 的通胀目标仍有距离。2019 年 6~8 月 CPI 同比增长率分别为 3.2%、3.1% 和 3.2%。同时，印度批发价格指数同比增长率下降趋势更为明显，由 2018 年 10 月的 5.5% 下降至 2019 年 8 月的 1.1%。2019 年 10 月，印度央行将 2019~2020 财年通胀预期从 3.1% 上修至 3.4%。

受经济增长乏力影响，2018 年下半年以来，与城市相比，农村 CPI 同比增长率下降更加严重。从 2018 年 11 月到 2019 年 5 月，农村 CPI 同比增长率都低于 2%。2019 年 6~8 月，农村 CPI 同比增长率均只有 2.2%，同期，城市 CPI 同比增长率分别为 4.3%、4.2% 和 4.5%，大约是农村的两倍。

印度失业率高企。农村物价增长率下行伴随的经济萧条造成农村对就业

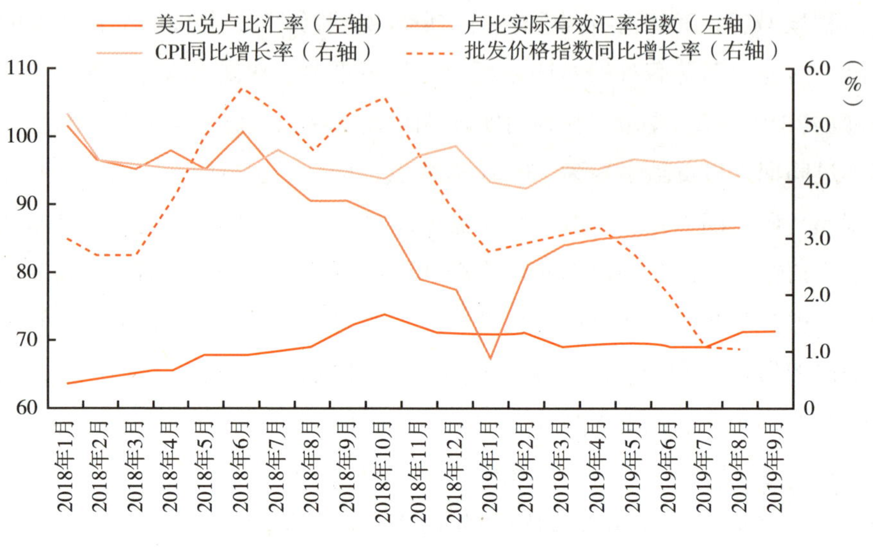

图 2　印度通货膨胀率及卢比汇率

资料来源：Wind 数据库。

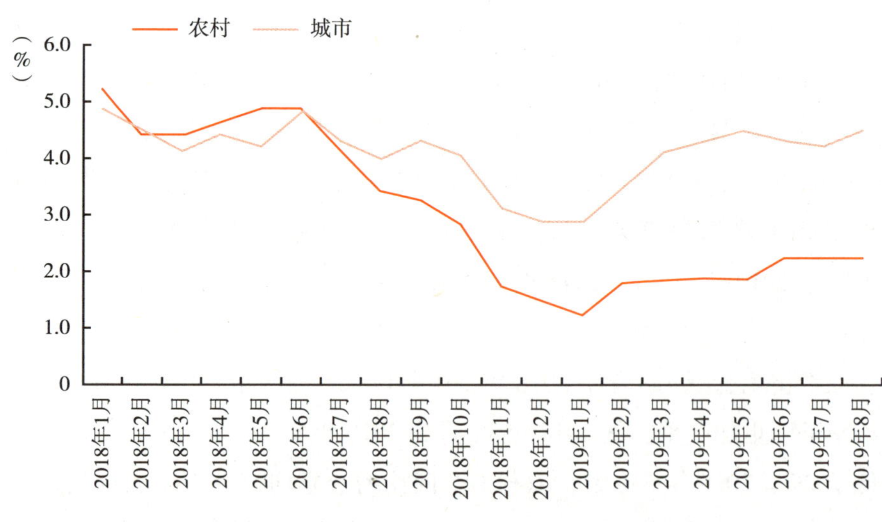

图 3　印度农村和城市 CPI 同比增长率

资料来源：Wind 数据库。

人口，特别是青壮年劳动力的吸引力显著下降，但由于受教育程度较低、技能水平不高，这些农村劳动力进入城市也不容易找到工作，甚至将本来就比农村高的城市失业率推向更高水平。印度经济监测中心（CMIE）数据显示，2019 年第 1~3 季度印度失业率月均值分别为 6.9%、7.4% 和 7.6%，其中农村失业率月均值分别为 6.4%、7.1% 和 6.8%，城市失业率月均值分别为 8.0%、8.1% 和 9.2%。

印度股市在 2019 年创下历史新高。5 月 23 日，受莫迪总理领导的执政

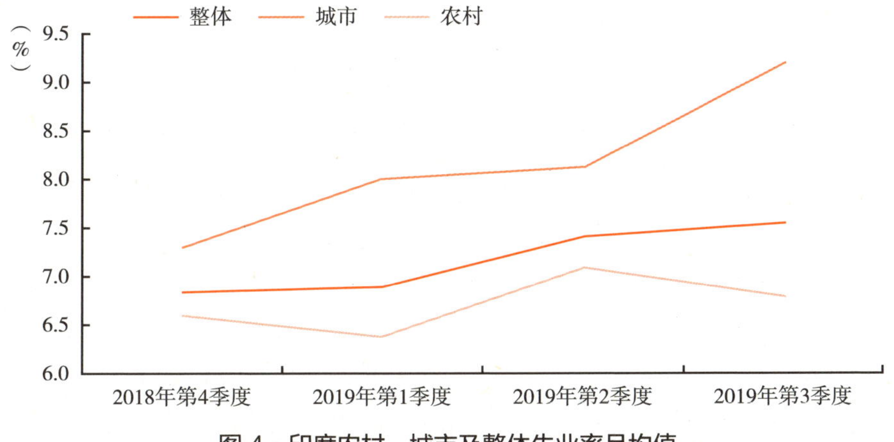

图 4　印度农村、城市及整体失业率月均值

资料来源：印度经济监测中心（CMIE）。

党印度人民党在 2019 年印度大选中获胜、莫迪再次当选印度总理的预期提振，印度股债汇三市齐涨，其中孟买敏感 30 指数（Sensex 30）激增 900 点首次突破 4 万点，6 月 4 日更是创下 40312 点的历史高值。这意味着尽管最近一年多来在实体经济方面印度增速有所下滑，但金融市场对莫迪总理推动的改革仍寄予厚望，希望保持政治连续性和政府稳定性。莫迪胜选后，一方面由于获利预期兑现，另一方面由于陆续出台的第 2 季度经济数据不佳，印度股市出现明显回落。除前文提及的 GDP 增长率回落、失业率高企、汽车销售下降、影子银行危机导致信用紧缩持续发酵等因素之外，制造业走弱和无人机

袭击沙特石油基础设施后导致油价飙升也给第3季度印度金融市场造成冲击。印度制造业采购经理人指数（PMI）由2019年2月54.3的高点下跌至8月的51.4，9月继续维持在这一2018年6月以来的最低水平。受上述因素影响，Sensex 30指数在9月19日回落至36614点。不过，在9月20日印度财政部宣布大幅调降企业基本税率等刺激经济增长的政策刺激下，印度股市随即上涨5.3%，单日涨幅创下10年来新高，卢比兑美元汇价也应声升值。

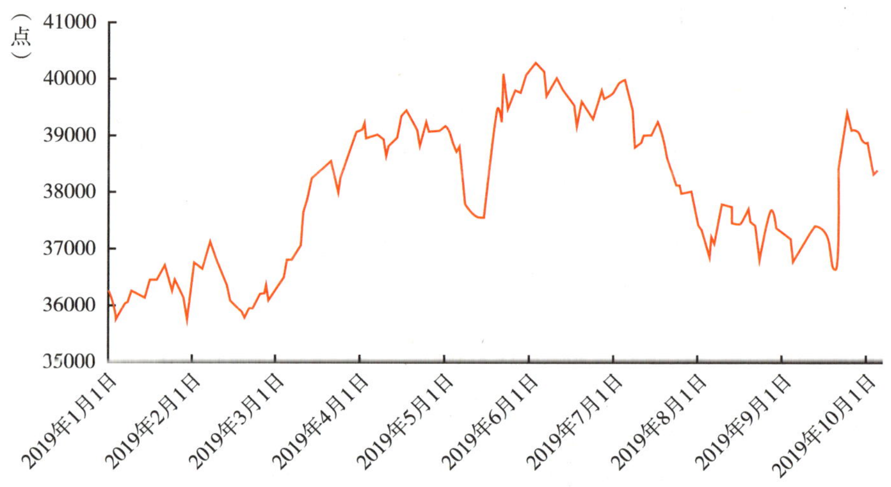

图5　印度孟买敏感30指数盘中最高值

资料来源：Wind数据库

三　经济政策着力提振增长

（一）围绕基础设施发展的财政政策

2019年7月，印度政府公布2019~2020财年的财政预算报告。根据该预算报告设定的目标，印度经济规模到2019~2020财年底将达到3万亿美元，并将在未来五年内达到5万亿美元、在未来八年内达到10万亿美元。2019~2020财年财政赤字率预计为3.3%，略低于2018~2019财年的3.4%；总支出预算为278634.9亿卢比（合4179.5亿美元），比2018~2019财年增长

14.09%。本轮预算的侧重点是精简政府程序，充分利用技术，建设社会基础设施，发展数字印度、无污染印度和印度制造，促进微型和中小型企业就业，大力投资基础设施等。①

在主要支出项目方面，2019~2020 财年的资本性支出预算为 87620.9 亿卢比（合 1314.3 亿美元），中央政府出资项目拨款 33161 亿卢比（合 497.4 亿美元），国防预算首次达到 30529.6 亿卢比（合 457.9 亿美元），已批准政府养老金 17430 亿卢比（合 261.4 亿美元），为食品、化肥和石油补贴分别拨款 18422 亿卢比（276.3 亿美元）、7999.6 亿卢比（119.9 亿美元）和 3747.8 亿卢比（56.2 亿美元）。

劳动力市场和青年福祉方面，在印度体育大国（Khelo India）项目下成立国家体育教育委员会（National Sports Education Board），为年轻人提供人工智能、物联网、大数据、3D 打印、虚拟现实等新时代技能方面的培训。成立国家研究基金（National Research Foundation）来协调和促进研发（R&D），并为其提供资金支持。在 2019~2020 财年为印度的世界级研究机构提供 40 亿卢比（合 6000 万美元）资助。通过"留学印度"项目招徕全球学生到印度高校学习。通过退休保障计划，将退休金的受益范围扩大至约 3000 万个零售商和年营业额少于 1500 万卢比（合 22 万美元）的小商店老板。

农业方面，计划建立 10000 个新的农民生产者组织来推进农业生产的规模经济，中央政府和州政府合作帮助农民通过国家农业电子商务市场获益，并通过总理渔业计划（Pradhan Mantri Matsya Sampada Yojana）项目解决农业生产价值链中的关键缺口，包括基础设施、现代化、可追溯性、生产率、收获后管理和质量控制等。

基础设施项目是财政预算支出的重点领域。印度铁道部在 2019~2020 财年获得 9407.1 亿卢比（合 141.1 亿美元）的拨款，政府还拟在 2018~2030 年对铁路基础设施投资 5 万亿卢比（合 7500 亿美元）。未来五年在基础设施上

---

① 印度 2019~2020 财年预算概要见 https://www.ibef.org/economy/union-budget-2019-20，本文对财政政策表述即参考了该概要，详细情况见 https://www.indiabudget.gov.in/budget2019-20(I)/budget.asp。

的投资将达到100万亿卢比（合1.5万亿美元），升级12.5万公里道路预计将投入8025亿卢比（合120.3亿美元）。通过“一国一网”（One Nation, One Grid）的模式[①]来确保各州邦以可负担的价格获得电力供应。政府还提议允许外国机构投资者（FII）/外国证券投资（FPI）对基础设施债务基金发行的债券进行投资。继续推进国家公路马哈拉施特拉省第二阶段项目来完善国家公路网络。出台政策支持房屋租赁。

微型及中小型企业和贸易商支持方面，政府设立了快捷贷款，通过授权网站审核，微型及中小型企业有望在59分钟之内获得最高不超过1000万卢比（合15万美元）的贷款。政府还在2019~2020财年微型及中小型企业利息补贴计划下拨款35亿卢比（合5250万美元）。政府电子市场（GeM）将扩展到更多的中央公共部门企业之中，从而为微型及中小型企业提供更多销售其产品的机会。

税收相关的举措包括：对年收入不超过50万卢比（合7500美元）的个人实施全额退税；每年从银行账户提取现金超过1000万卢比（合15万美元）时将扣除2%费用以减少现金使用；提高应税收入超过2000万卢比（合30万美元）的个人有效税率；适用25%的较低企业税率的门槛由25亿卢比（合3750万美元）提升至40亿卢比（合6000万美元）；购买经济适用房的利息减免最高至35万卢比（合5250美元）；增加对每年超过2000万卢比（30万美元）高资产净值人士收入的所得税附加，收入在2000万~5000万卢比（30万~75万美元）的人其附加费率将从15%增加到25%，收入超过5000万卢比（合75万美元）的人其附加费率将由15%提升至37%；对指定的数字付款方式不得收费，大型企业必须提供这些数字付款方式；对购买电动汽车贷款的利息提供15万卢比（合2250美元）的额外所得税减免；将汽油和柴油的特别额外消费税和道路及基础设施税每升提高1卢比；将黄金和其他贵金属的关税从10%增加到12.5%；年营业额少于5000万卢比（75万美元）的纳税人可以提交季度返还表；实施全自动消费税退款。2019年9月20日，印

① 印度政府计划将国家电网与南部电网整合，将北部剩余电力输送至电力匮乏的南部州邦，以使各州邦都能获得负担得起的电力供应，这个计划被称为“一国一网”。

度财长西塔拉曼（Nirmala Sitharaman）宣布大幅下调企业基本税率，资本利得税和企业回购税也有相应调整。按照新政策，印度国内企业所得税率由此前的 30% 降至 25% 左右。对于 2019 年 10 月 1 日之后新成立的制造业企业，初始所得税率将降至约 17%。

尽管在财政支出预算方面政府有各种各样的规划，但其面临的债务约束可能对这些雄心勃勃的计划造成掣肘。截至 2019 年第 2 季度，印度公共债务达到 1.27 万亿美元，较 2018 年第 4 季度的 1.15 万亿美元有所上升。

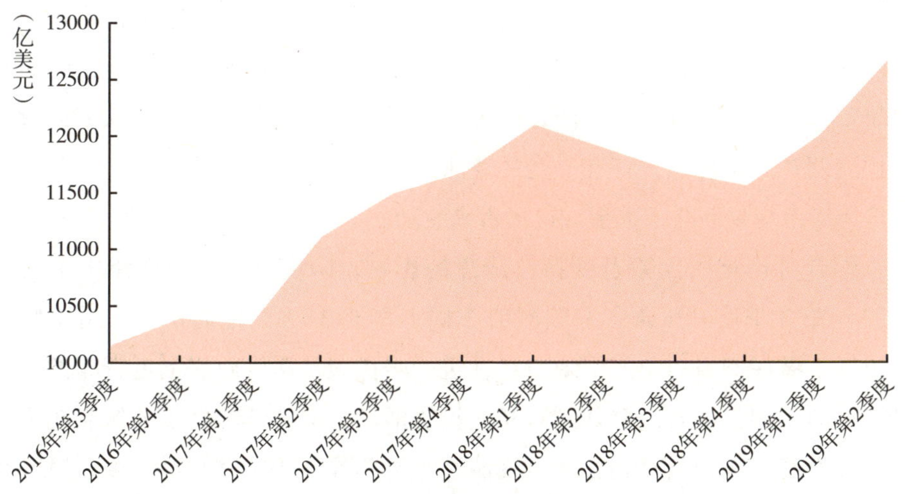

图 6 印度国家政府债务

资料来源：CEIC 数据库。

（二）不断放宽的货币政策

印度央行将通货膨胀目标作为货币政策确定的基本框架，力求将消费者价格同比增长率控制在 2%~6% 并接近 4% 的通胀目标。2019 年经济增长放缓使得通货膨胀率处于较低水平，印度央行多次降息刺激经济增长。2019 年 2 月、4 月、6 月和 8 月，印度央行四次降息共计 110 个基点，将基准回购利率（policy repo rate）从 6.5% 降至 5.4% 的 9 年来最低水平。

鉴于通货膨胀率尚未达到通胀目标从而仍有一定货币政策空间，10月4日，印度央行货币政策委员会再次决定下调基准回购利率25个基点至5.15%，以促进经济增速恢复。同时，作为降息的依据和背景，印度央行还把2019~2020财年的经济增长率预测值从6.9%大幅下调至6.1%。

展望未来，印度央行货币政策委员会认为五个方面的因素可能对通货膨胀率产生影响。一是食品通胀的前景大大改善，夏季作物产量接近2018年水平，预示着整体粮食供应形势良好，近期蔬菜价格可能仍会上涨，但随着冬季供应进入市场，价格可能会有所下降。二是印度央行进行的前瞻性调查显示需求状况持续疲软，表明2019年第4季度产出价格还会有所下降。因此，不包括食品和燃料在内的CPI价格压力还会继续减弱。三是原油价格短期内可能保持波动。尽管全球需求正在减弱，但持续的地缘政治不确定性给通胀前景带来了一些上行风险。四是印度央行对未来三个月及一年的家庭通货膨胀预期调查结果显示，存在一定的通胀压力。五是卢比贬值背景下一些新兴经济体货币交易活跃，为金融市场带来波动。

综合考虑这些因素及受持续降息的影响，印度央行货币政策委员会将2019年第3季度CPI通胀率预测值小幅上调至3.4%。他们认为，由于实际产出低于潜在产出的负产出缺口还在进一步扩大，尽管政府最近宣布的措施可能有助于加强私人消费并刺激私人投资活动，但持续的经济放缓表明还需要加大力度恢复增长动力。通货膨胀率预计将在2019~2020财年剩余时间和2020~2021财年第1季度内保持低于通胀目标，因此有政策空间可以通过在灵活的通货膨胀目标授权框架内重振国内需求来消除这些增长担忧。正是在这种情况下，印度央行货币政策委员会决定继续采取宽松的态度。①

（三）提振经济的其他政策

除财政政策与货币政策之外，印度政府还采取了一些其他政策来提振经济。例如，产业政策方面，2019年2月印度政府发布了《印度电子产业2019

① Reserve Bank of India, *Fourth Bi-monthly Monetary Policy Statement, 2019-20*, October 4, 2019.

年国家政策》，推动电子系统设计和制造产业链的本地化，增加核心零部件和材料的国内附加值，减少对电子产品的进口依赖，具体目标包括：争取在2025年实现电子系统设计和制造价值链（value-chain pf ESDM）的产值达到4000亿美元，在印度制造和生产价值1900亿美元（约13万亿卢比）的10亿部手机，其中6亿部价值1100亿美元（约7万亿卢比）的手机用于出口。通过发展电子制造业，实现电子产品32%的增长，并增加大约1000万个就业岗位等。[①] 此外，印度政府2019年3月还批准了一项14亿美元的计划，用于补贴电动和混合动力汽车的销售，力争到2020年实现电动汽车保有量150万~160万辆的目标。2019年7月27日，印度商品和服务税（GST）委员会决定从8月1日起，将电动车的商品和服务税税率从此前的12%下调至5%。2018年6月，印度商工部部长表示，印度正在积极制定全新的产业政策。该政策的重点是探讨如何减少新技术开发与应用上的监管障碍，鼓励企业采用机器人技术和人工智能等前沿技术。印度政府准备利用包括人工智能、机器人、物联网、区块链和机器学习在内的现代技术来推动制造业的发展，增加其在GDP中的份额。[②]

印度政府还准备继续调整外国直接投资（FDI）政策，加大吸引FDI力度。2019年8月28日，印度政府宣布将放松对包括单一品牌零售、数字媒体和制造业在内的多个行业FDI的相关规范。根据新的FDI投资规范，对单一品牌零售商30%要从印度采购的规定，不再如此前一样按年进行计算，而是放宽至5年再进行合并计算，预计这将为企业提供更大的灵活性和可操作性。在煤炭销售方面，100%的外国直接投资已被允许通过自动通道进行包括采矿及相关基础设施建设在内的活动。在数字媒体领域，FDI允许投资的上限为持股比例的26%。此前，印度政府在2018年1月已经对FDI的相关规定进行了放松。FDI投资于单一品牌的零售贸易和建设项目将不需要任何政府批准；外国航空公司

① "Cabinet Approves the Proposal of National Policy on Electronics 2019", https://pib.gov.in/PressReleaseIframePage.aspx?PRID=1565285.

② 《印度即将推出促制造业发展的新产业政策》，中国国际贸易促进委员会网站，2018年11月5日。

允许在印度航空公司的审批航线上投资放宽至49%。印度工业和国际贸易促进部2018~2019年度的报告显示，在过去的五年里，印度共吸收外国直接投资（FDI）2860亿美元。在2018~2019财年，印度吸引的外国直接投资达到643.7亿美元，创历史新高。[①] 鉴于印度财政部把赤字率目标由上个财年的3.4%下调到2019~2020财年的3.3%，财政刺激空间有限，在此背景下，为应对国内固定资本形成增长疲软的形势，加大吸引外国资本力度的重要性凸显。

四　中印经贸关系较为密切

印度对华商品贸易规模近年整体呈上升态势。按印方统计口径计算，印度对华贸易总额从2010年的555.8亿美元上升到2018年的902.7亿美元。不过，印度对华贸易的增长主要体现在进口上，进口额从2010年的381.6亿美元上升到2018年的737.4亿美元，对华出口规模在这些年中还有所缩小，出口额由2010年的174.2亿美元下降到2018年的165.3亿美元。其后果是印度对华商品贸易逆差有所扩大，由2010年的207.5亿美元扩大至2018年的572.2亿美元。2018年，中国是印度最大的商品贸易逆差来源地，逆差规模比第二大来源地的沙特阿拉伯高150.2%。

2018年以来，印度对华贸易增速呈现下降势头。2018年第1~4季度，对华出口同比增速分别为19.4%、61.0%、30.1%和20.0%，进入2019年后第1和第2季度分别进一步下降至6.8%和3.9%。 2018年第1~4季度，自华进口同比增速由正转负，分别为26.9%、-3.9%、-2.3%和-7.2%，2019年第1季度甚至下滑至-17.2%，第2季度有所回升但仍同比下降0.6%。对华贸易增速下降是印度整体对外贸易增速下降的一部分，后者是全球经济增长疲软的反映。[②] 从产品构成看，印度主要向中国出口矿产品、化工产品和纺织品及原料。2019年上半年，这三项产品对华出口额占全部对华商品出口额的61.7%；印

① 《印度再次放松多个行业FDI投资规范》，新华财经，2019年8月29日。

② 2019年10月，国际货币基金组织第四次下调对2019年世界经济增速的预测值，由7月预测值下调0.2个百分点至3.0%。

度自中国进口的主要是机电产品和化工产品，2019 年上半年，自中国进口的这两类产品分别占全部自华进口额的 48.1% 和 20.4%。

尽管近年来，印度接受来自中国的 FDI 有明显增长，但总的来看，不论

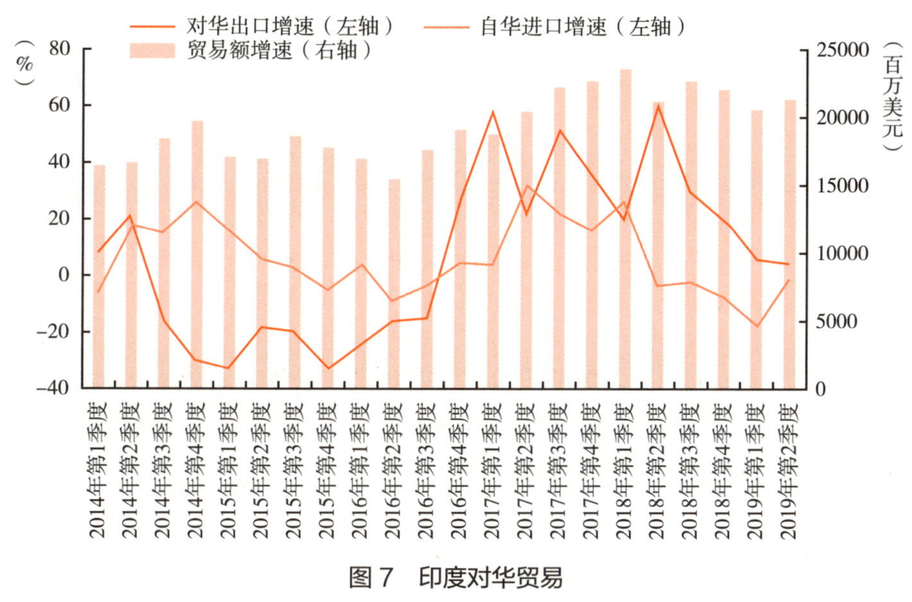

图 7　印度对华贸易

资料来源：Wind 数据库。

是印度对中国的对外直接投资还是来自中国的外国直接投资相对规模都不大，2018 年占其全部对外直接投资和外国直接投资的比重分别仅有 0.5% 和 0.7%。2017 年，印度接受来自中国的外国直接投资和对中国的 FDI 有较大增长，分别达到 2.9 亿美元和 1.6 亿美元。受基期效应影响，2018 年这两项投资的规模较上年均出现下降，分别下降了 28.9% 和 69.9%。

工程承包方面，2018 年，中国在印度新签工程承包合同额 28.9 亿美元，同比增长 12.2%；完成营业额 23.2 亿美元，同比下降 6.1%。截至 2018 年底，中国在印度累计签订承包工程合同额 734.8 亿美元，完成营业额 506.2 亿美元。

2019 年 10 月 10 日，中国商务部组织企业赴印度开展贸易促进活动，以加强中印之间经贸往来，推动两国企业务实合作，促进双边贸易平衡发展。

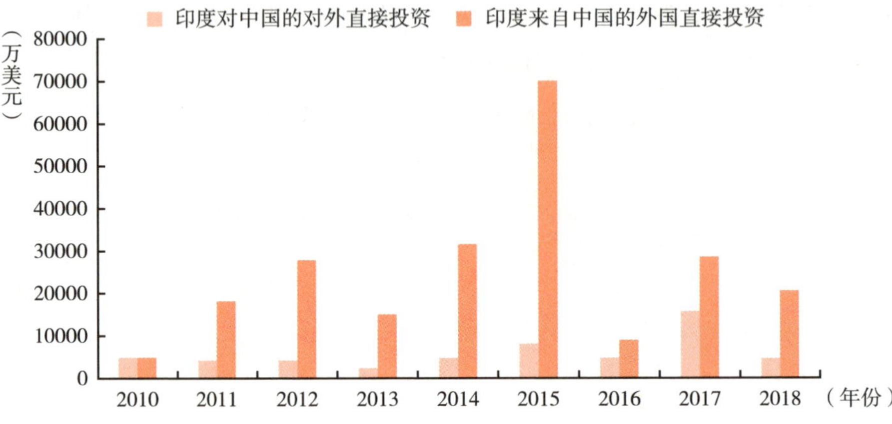

图 8　印度对中国的对外直接投资和来自中国的外国直接投资

资料来源：Wind 数据库。

中国 34 家大型骨干企业参加了活动，双方企业共签署 128 项贸易协议，金额超过 30 亿美元，签约产品涉及矿产品、化工产品、农产品、医药品等印方优势产品，双方还举办了糖业对接活动，签署了 5 万吨原糖采购合同。[①]

五　预测与展望

2019 年下半年来，多家机构下调了印度 2019 年经济增长率预测值。2019 年 8 月，印度央行把 2019~2020 财年的 GDP 增长率由 7.2% 下调至 6.9%，[②]10 月又进一步调低至 6.2%。[③]2019 年 8 月，评级机构穆迪把 2019~2020 财年印度实际 GDP 增长率预测值下调 0.6 个百分点至 6.2%，[④]10

① 《中国是印度重要的经贸合作伙伴》，人民网，2019 年 10 月 11 日。

② "Survey of Professional Forecasters on Macroeconomic Indicators, Results of the 59th Round", https://rbidocs.rbi.org.in/rdocs/Publications/PDFs/SPF590708197EF630C3F51E4CF793720A7A5A9D0125.PDF.

③ "Survey of Professional Forecasters on Macroeconomic Indicators, Results of the 60th Round", https://rbidocs.rbi.org.in/rdocs/Publications/PDFs/SPFS600410201974B2130CBF3A4D6D8B81F200138F69B0.PDF.

④ "Moody's Cuts India GDP Growth Forecast to 6.2 pc for 2019", https://economictimes.indiatimes.com/news/economy/indicators/moodys-cuts-india-gdp-growth-forecast-to-6-2-pc-for-2019/articleshow/70803502.cms.

月进一步下调至5.8%。[①]9月，英国经济学人智库（EIU）把对印度2019~2020财年实际GDP增长率的预测值由上月的6.7%下调至5.2%。[②]10月，国际货币基金组织把2019年印度实际GDP增长率预测值由4月的7.3%和7月的7.0%下调至6.1%。[③]同月，世界银行发布的《南亚经济聚焦》中把2019年印度实际GDP增长率预测值由此前的6.9%下调至6.0%。[④]尽管全球经济疲弱在外需上对印度经济有一定影响，但总体上印度经济受国内因素影响更大。从印度国内经济状况看，城市失业率高企、农村经济萧条与家庭财务困境、企业和环境监管的不确定性以及公众对非银行金融机构稳健性的疑虑等都对消费及投资需求产生了不利影响。综合考虑各方面因素，本报告认为印度2019~2020财年实际GDP增长率在6.0%左右，2020~2021财年或将恢复至7.0%左右。

参考资料

[1] 《财经观察：印度经济刺激政策短期难见成效》，新华网，2019年9月15日。

[2] 《印度即将推出促制造业发展的新产业政策》，中国国际贸易促进委员会网站，2018年11月5日。

[3] 《印度新增投资仍保持克制》，中华人民共和国驻孟买总领事馆经济商务室，2019年4月8日。

[4] 《印度再次放松多个行业FDI投资规范》，新华财经，2019年8月29日。

[5] 《中国是印度重要的经贸合作伙伴》，人民网，2019年10月11日。

[6] 张宇燕主编《2019年世界经济形势分析与预测》，社会科学文献出版社，

① "Moody's Cuts India's FY20 Growth Forecast to 5.8%", https://economictimes.indiatimes.com/news/economy/indicators/moodys-cuts-indias-fy20-growth-forecast-to-5-8/articleshow/71515759.cms.

② http://www.eiu.com/.

③ IMF, *World Economic Outlook*, October 2019.

④ World Bank, Washington, D.C.: World Bank.

2019。

[7] "Cabinet Approves the Proposal of National Policy on Electronics 2019", https://pib.gov.in/PressReleaseIframePage.aspx?PRID=1565285.

[8] IMF, *World Economic Outlook*, October 2019.

[9] "India's Car Market Just Had Its Worst Month in 18 Years, 1 Million Jobs Are at Risk", https://edition.cnn.com/2019/08/13/business/india-car-sales-slump/index.html.

[10] "Moody's Cuts India GDP Growth Forecast to 6.2 pc for 2019", https://economictimes.indiatimes.com/news/economy/indicators/moodys-cuts-india-gdp-growth-forecast-to-6-2-pc-for-2019/articleshow/70803502.cms.

[11] "Moody's Cuts India's FY20 Growth Forecast to 5.8%", https://economictimes.indiatimes.com/news/economy/indicators/moodys-cuts-indias-fy20-growth-forecast-to-5-8/articleshow/71515759.cms.

[12] "Passenger Car Sales Fall 41% in August, SIAM", https://www.fortuneindia.com/macro/passenger-car-sales-fall-4109-in-august-siam/103564.

[13] Reserve Bank of India, *Consumer Confidence Survey*, October 4, 2019.

[14] Reserve Bank of India, *Industrial Outlook Survey of the Manufacturing Sector for Q2:2019-20*, October 4, 2019.

[15] Reserve Bank of India, *Fourth Bi-monthly Monetary Policy Statement, 2019-20*, October 4, 2019.

[16] Shivanshu Gupta, Neeraj Huddar, Balaji Iyer, and Timo Möller, "The Future of Mobility in India's Passenger-vehicle Market", July 2018, https://www.mckinsey.com/industries/automotive-and-assembly/our-insights/the-future-of-mobility-in-indias-passenger-vehicle-market.

[17] "Survey of Professional Forecasters on Macroeconomic Indicators, Results of the 59th Round", https://rbidocs.rbi.org.in/rdocs/Publications/PDFs/SPF590708197EF630C3F51E4CF793720A7A5A9D0125.PDF.

[18] "Survey of Professional Forecasters on Macroeconomic Indicators, Results of the

60th Round", https://rbidocs.rbi.org.in/rdocs/Publications/PDFs/SPFS600410201974B2130CBF3A4D6D8B81F200138F69B0.PDF.

[19] World Bank, *South Asia Economic Focus, Fall 2019 Making (De) Centralization Work*, Washington, D.C.: World Bank.

Y.7
俄罗斯经济：增速放缓

贾中正　张誉馨*

摘　要：2018 年，最终消费支出和净出口的显著拉动是俄罗斯经济温和增长的主因。2019 年上半年，全球市场需求萎缩引致出口增速下滑、预算约束致使公共投资积极性不高和增值税税率调整抑制私人消费等因素导致俄罗斯经济增长乏力。未来国际油价大幅波动、结构调整的进度和节奏、短期内美欧解除制裁无望以及中美贸易摩擦仍存不确定性等因素将对俄罗斯经济走势产生重要影响。综上，2019 年俄罗斯经济增速明显放缓的可能性较大。

关键词：俄罗斯经济　国际油价　结构调整　制裁

2018 年，俄罗斯国内生产总值达到 103.9 万亿卢布（约为 1.6 万亿美元），按不变价计算同比增长 2.3%。2019 年上半年，俄罗斯 GDP 增速仅为 0.7%，同比下滑 1.3 个百分点。随着国际油价趋稳、投资规模不断扩大、净出口增速回升等，2019 年下半年俄罗斯经济增速或将有所回升，但仍不足以改变全年增速放缓的大势。综上，俄罗斯经济增速 2019 年可能放缓至 1.1% 左右，2020 年则会有所回升。

* 贾中正，中国社会科学院世界经济与政治研究所马克思主义世界政治经济理论研究室助理研究员，主要研究领域为世界经济；张誉馨，中国社会科学院世界经济与政治研究所马克思主义世界政治经济理论研究室助理研究员，主要研究领域为俄罗斯国家治理。

一 2018~2019 年俄罗斯总体经济形势

在全球经济增长同步放缓、国际贸易增速明显下滑的背景下，俄罗斯经济难以独善其身。根据国际货币基金组织（IMF）在 2019 年 10 月发布的《世界经济展望》中预测，受贸易和投资壁垒不断增加、贸易摩擦仍存不确定性、地缘政治风险上升以及人口老龄化等因素的影响，2019 年全球经济增长率仅为 3.0%，是全球经济危机以来的最低水平。而随着拉丁美洲的一些新兴市场、中东以及面临宏观经济压力的欧洲新兴和发展中经济体的经济表现有所改善，2020 年全球经济增长率将回升至 3.4%。对俄罗斯而言，受国际油价波动、国内增值税改革以及上述外部因素等的影响，2019 年俄罗斯 GDP 增长率降至 1.1%，而 2020 年增长率或将回升至 1.9%。另据世界银行在 2019 年 10 月发布的关于欧洲和中亚地区经济发展情况的报告，受美欧延长对俄罗斯的制裁、投资和贸易增长疲软、石油减产导致生产活跃度下降等的影响，2019 年俄罗斯经济增速将放缓至 1%，2020 年经济增速约为 1.7%[①]。经济合作与发展组织（Organization for Economic Cooperation and Development，OECD）则在 2019 年 5 月预测，2019 年俄罗斯实际 GDP 增长率为 1.4%。

俄罗斯经济增长疲弱，增速有所放缓。俄罗斯联邦统计局在 2019 年 2 月发布的数据显示，2018 年俄罗斯 GDP 增长率为 2.3%，比 2017 年上升 0.7 个百分点。最终消费支出以及货物和服务净出口对经济增长的拉动作用显著。2019 年上半年，受国际油价先升后降、全球市场需求萎缩导致出口增速下滑、公共投资积极性不高、增值税税率调整抑制私人消费等因素的影响，俄罗斯 GDP 增速仅为 0.7%，同比下滑 1.3 个百分点。其中，第一季度经济表现不佳，GDP 同比增长 0.55%，为近两年来最低水平。第二季度，农业、矿产开采、制造业和运输业等的增长，推动 GDP 增速有所回升，同比增长约 0.85%。基于需求侧“三驾马车”对俄罗斯经济增长的拉动作用（见表 1），具体分析如下。

---

① 世界银行集团曾在 2019 年 6 月的《世界经济展望》中预测，2019 年俄罗斯经济增长率约为 1.2%，2020 年则回升至 1.8%。

表1 2018年第一季度至2019年第二季度各因素对俄罗斯季度经济增长的拉动作用

单位：%，百分点

项目	2018年第一季度	2018年第二季度	2018年第三季度	2018年第四季度	2019年第一季度	2019年第二季度
GDP同比增速	1.85	2.16	2.18	2.75	0.55	0.85
最终消费支出	1.56	1.10	1.12	1.42	0.93	1.53
居民	1.46	1.03	1.05	1.37	0.89	1.50
政府	0.07	0.06	0.05	0.04	0.04	0.03
为居民服务的非营利性机构	0.02	0.02	0.02	0.02	0.01	0.01
资本形成总额	0.07	-0.53	0.30	0.83	-0.51	0.72
固定资本	0.58	0.87	1.15	0.05	-0.43	0.22
货物和服务净出口	-0.17	1.40	1.18	0.75	0.24	-1.42
出口	2.01	2.09	1.22	0.68	-0.13	-1.38
进口	2.18	0.69	0.04	-0.07	-0.37	0.04
统计误差	0.22	0.15	-0.37	-0.17	0.01	0.30

资料来源：俄罗斯联邦统计局，Wind数据库。

最终消费支出是拉动经济增长的重要力量。2018年，最终消费支出对俄罗斯季度GDP同比增长的拉动效应分别为1.56个、1.10个、1.12个和1.42个百分点。2019年第一季度，最终消费支出对经济增长的拉动效应减弱至0.93个百分点，在第二季度又大幅提升至1.53个百分点。2019年第一季度至第二季度，居民家庭部门支出对经济增长的拉动效应从0.89个百分点升至1.50个百分点，而政府部门支出对经济增长的拉动效应从0.04个百分点降至0.03个百分点，为居民服务的非营利性机构支出对经济增长的拉动效应基本保持在0.01个百分点。比较而言，居民家庭部门对经济增长的拉动效应更为显著，但债务负担问题突出，在未来可能抑制消费支出，进而拖累经济增长。俄罗斯联邦中央银行在2019年9月发布的报告显示，75%的联邦主体居民信贷负担额超过了2013~2014年的峰值；约有44%的家庭负债累累，1/8的借款人把50%以上的收入用于偿还贷款。俄罗斯经济发展部则认为，紧缩的财政政策和偏紧的货币政策导致国内需求低迷，消费贷款增长引致债务违约风险上升，[①] 或将在未来几年给俄罗斯经济带来衰退风险。如果无抵押消费贷款的增长势头未得到有效遏制，经济衰退可能在 2021 年到来。

投资特别是固定资本投资增加对经济增长的推动作用不可忽视。根据俄罗斯联邦统计局的数据，2018 年俄罗斯固定资产投资总额为 17.6 万亿卢布（约合 2933 亿美元），同比增长 4.3%。从投资对经济增长的拉动作用来看，资本形成总额对 2018 年俄罗斯 GDP 同比增长的拉动效应为 0.37 个百分点。其中，固定资本对经济增长的拉动效应为 0.53 个百分点。2019 年上半年，俄罗斯固定资产投资为 6.7 万亿卢布（约合 1000 亿美元），同比增长 0.6%。其中，第一季度和第二季度固定资本对经济增长的拉动效应分别为 -0.43 个和 0.22 个百分点。根据俄罗斯经济发展部的报告，2019 年第二季度联邦预算公共支出缩减，对固定资产投资的负面影响约为 0.9 个百分点，对经济增长的拉动作用明显下降。尽管如此，投资特别是固定资产投资增加对经济增长的拉动作用仍至关重要。

净出口对经济增长的拉动效应弱化。2018 年第一季度至第四季度，货物和服务净出口对俄罗斯季度 GDP 同比增长的拉动效应分别为 -0.17 个、1.40 个、1.18 个和 0.75 个百分点。2019 年第一季度和第二季度，货物和服务净出口对俄罗斯 GDP 同比增长的拉动效应分别为 0.24 个和 -1.42 个百分点。受外部需求萎缩、国际贸易增速放缓以及美欧施加制裁措施等的影响，货物和服务净出口对俄罗斯经济增长的拉动作用显著减弱。

此外，从反映宏观经济形势的消费者价格指数（CPI）、生产者价格指数（PPI）、失业率及工资收入等角度看，具体分析如下。

一是通货膨胀压力减弱。根据俄罗斯联邦统计局的数据，从环比走势来看，俄罗斯 CPI 从 2018 年 1 月的 0.3% 在波动中升至 2019 年 1 月的 1.0%，随后下滑至 2019 年 9 月的 -0.2%（见图 1）。从同比走势来看，俄罗斯 CPI 先从 2018 年 1 月的 2.2% 攀升至 2019 年 3 月的 5.3%，后又逐步下滑至 2019

① 2019 年第一季度，俄罗斯居民实际收入同比下降 2.3%，但无抵押消费贷款却增长 22%，居民债务违约风险上升。

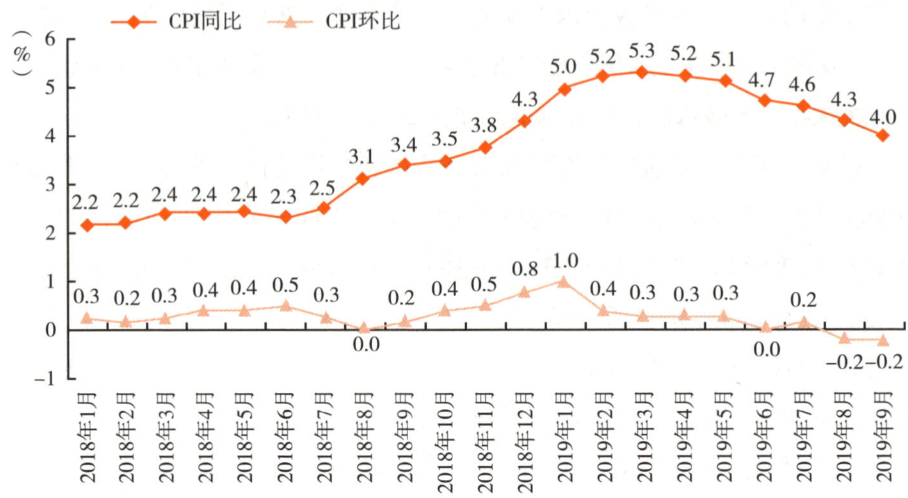

图1　2018 年 1 月至 2019 年 9 月俄罗斯消费者价格指数（CPI）走势

资料来源：俄罗斯联邦统计局，Wind 数据库。

年 9 月的 4.0%，正趋近于俄罗斯联邦中央银行在 2019 年 10 月下旬设定的 3.2%~3.7% 的目标区间。增值税税率提高、交通等公共服务事项收费标准上调、季节性消费需求激增等是导致 2019 年初俄罗斯通货膨胀率明显反弹的主因。随着增值税税率调整导致物价上涨的边际效应递减以及卢布逐步升值，俄罗斯的通货膨胀率也随之下滑，通货膨胀压力显著减弱。

二是工业生产价格下滑。俄罗斯生产者价格指数（PPI）同比增速先升后降，先从 2018 年 1 月的 5.0% 升至 2018 年 10 月的 16.9%，在达到阶段性高点后开始下降，截至 2019 年 9 月已变为 -1.2%（见图 2）。PPI 环比增速则基本呈下降趋势，2019 年 6 月以来持续负增长，9 月已变为 -0.3%。PPI 作为消费者价格指数（CPI）的领先指标持续走弱，生产资料价格下滑会传导至最终消费品，减轻俄罗斯的通货膨胀压力。

三是失业率总体呈下降趋势，并创历史新低。根据俄罗斯联邦统计局的数据，俄罗斯失业率从 2018 年 1 月为 5.2% 持续下滑至 9 月的 4.5%（见图 3），此后虽反弹至 2019 年 2 月的 4.9%，但又在 2019 年 8 月降至 4.3%，并创自 1991 年以来的最低纪录。从经济活动中的就业人口来看，2019 年 1~9 月俄罗

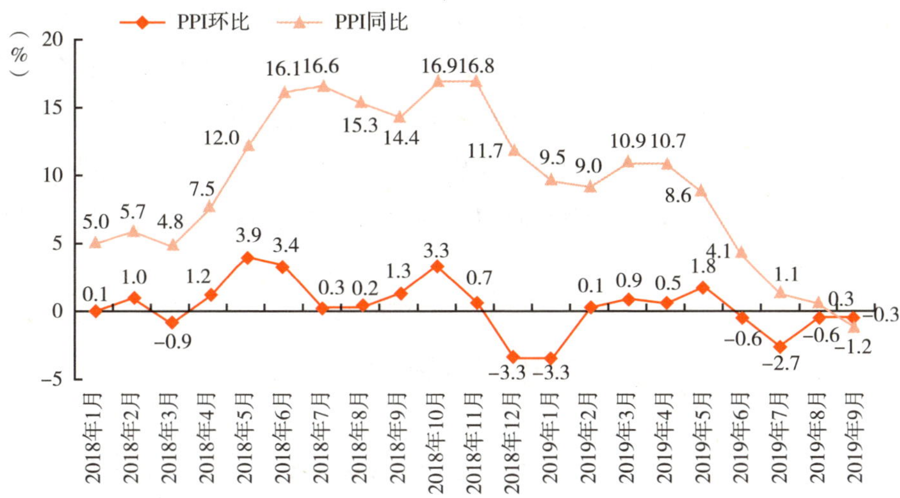

图 2　2018 年 1 月至 2019 年 9 月俄罗斯的生产者价格指数（PPI）走势

资料来源：俄罗斯联邦统计局，Wind 数据库。

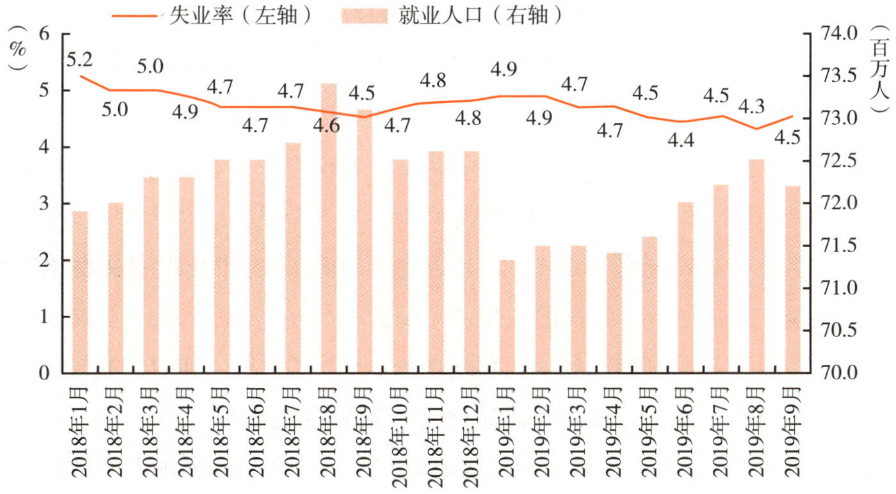

图 3　2018 年 1 月至 2019 年 9 月俄罗斯的失业率和经济活动中就业人口走势

资料来源：俄罗斯联邦统计局，Wind 数据库。

斯的就业人数从约 7120 万人上升至 7220 万人。从名义工资水平来看，2019 年 1~8 月就业人员的月均名义工资从 42263 卢布上涨至 45100 卢布，实际工资指数（上年同月 =100）则从 101.1 升至 103.0。综上，俄罗斯的失业率呈下降态势，特别是在 2019 年 8 月创历史新低，这可能主要得益于俄罗斯“新五月法令”[①]发展规划中相关政策措施的推行或实施。2019 年以来，俄罗斯经济活动中的就业人口不断增长，工资水平相应提升，说明俄罗斯就业形势总体向好，居民实际收入增加，这将有利于俄罗斯通过扩大内需来拉动经济增长。

二 财政政策与货币政策

国际油价超预期上涨、国内增值税改革带来非资源类收入增加等是 2018 年俄罗斯实现财政盈余的主要原因。这也是俄罗斯自 2012 年以来首次实现财政盈余。与此同时，通货膨胀压力持续减弱、卢布汇率基本稳定等，为俄罗斯货币政策回归中性提供弹性空间。

财政状况显著好转。根据俄罗斯联邦财政部的数据，2019 年 1~9 月俄罗斯实现财政收入为 15.03 万亿卢布，财政支出为 12.05 万亿卢布，财政盈余为 2.99 万亿卢布，同比增长 14.2%。俄罗斯联邦财政部在 2018 年 7 月发布的《俄罗斯 2019 年和 2020~2021 年预算、税收和海关税率政策基本方针》中认为，2019 年俄罗斯的预算盈余将继续保持增长，约为国内生产总值的 1.8%，但 2019 年 10 月其制定的有关 2019~2021 年联邦预算的法律修正案又将预算盈余降至 1.481 万亿卢布，约占国内生产总值的 1.4%。[②]鉴于 2018 年油气价格超预期[③]，俄罗斯联邦财政收入比预期增长 3.5 万亿卢布，其中，油气收入增长 3.2 万亿卢布，占比超过 90%。2018 年实现财政盈余约 2.75 万亿卢布，是自 2012 年以来首次出现盈余。充足的财政收入有助于俄罗斯加大向教育、住

① 普京于 2018 年 5 月 7 日签署的“新五月法令”确定了至 2024 年俄罗斯的国家发展目标，主要包括改善人口指标、降低贫困水平、使俄罗斯进入世界前五大经济体之列等。

② 资料来源于中国驻俄罗斯大使馆经济商务参赞处。

③ 在编制 2018~2020 年联邦预算时，俄罗斯经济发展部采取谨慎态度，将乌拉尔石油价格定为每桶 43.8 美元的低价位，尽管 2018 年 10~12 月油价大幅下跌，但上半年乌拉尔石油价格升至每桶约 68.8 美元，比预期价格高了 57.1%。

房、医疗、鼓励生育、支持年轻家庭、提高老年人生活质量等领域的投入力度，更好地促进经济发展。

除了石油、天然气等资源类产品的税收收入，因增值税调整带来的非能源类税收收入增长也是俄罗斯预算收入增加的重要原因。俄罗斯财政部于 2018 年 8 月 6 日颁布第 03-07-05/55290 号法令规定，自 2019 年 1 月 1 日起，俄罗斯将增值税税率从 18% 上调至 20%，但增值税减免优惠政策均予以保留，同时将社会预算外基金的保险费率仍保持在 30% 的水平。这是俄罗斯 14 年来的首次增值税税率调整。据估算，此次增值税税率上调将为政府每年带来 6200 亿卢布的预算收入，有助于俄罗斯采取更具弹性的财政政策。

根据俄罗斯联邦财政部在 2019 年 9 月提交的《2020 年联邦预算与 2021~2022 年联邦预算规划草案》，2020~2022 年俄罗斯联邦预算收入将分别达到 20.4 万亿卢布、21.2 万亿卢布和 22 万亿卢布，预计 2020 年俄联邦国家预算将出现财政盈余约 8760 亿卢布。从支出分项来看，预算支出主要集中在教育、卫生、文化、住房等领域。2020~2022 年用于人口与卫生项目的预算拨款约为 2.7 万亿卢布，用于住房建设项目的拨款将超过 4000 亿卢布，用于教育项目的预算拨款约为 3800 亿卢布。此外，俄罗斯联邦预算对地方财政的支持力度也将加强，未来三年给予地方转移支付近 7.5 万亿卢布，为实施国家项目而划拨的财政支持资金约为 2.2 万亿卢布，用于平衡预算拨款的补贴将达到约 2 万亿卢布。俄罗斯通过扩大联邦财政支出，提高财政支持效率，正努力实现“新五月法令”中确立的各领域发展目标。

公共投资扩大，协同效应增强。俄罗斯在 2003 年用积累的石油出口超额收入建立了政府稳定基金，并于2008 年将其分拆为国家福利基金和储备基金，前者主要用于平衡联邦预算，后者则用于补贴财政开支和偿还国家外债。根据俄罗斯政府在 2019 年 2 月的预测，2019 年俄罗斯国家福利基金将达到 1.5 万亿 ~2 万亿卢布，超过 GDP 的 7%，其中 15%~20% 的资金可能被用于项目投资，预期能带来 4~5 倍的私人投资，即 1 卢布的基金资金吸引 4~5 卢布的私人投资。基于公共投资带动的私人投资增加而产生的协同效应，将成为推动俄罗斯经济增长的有利因素。这些资金将主要用于诺瓦泰克公司的天然气开采和北极液化天然气二号生产项目。

货币政策放松，逐步回归中性。俄罗斯联邦中央银行在2019年10月25日决定将基准利率从7.0%降至6.5%，创2014年3月以来的新低。这是俄罗斯央行连续第四次降息，且降息幅度远超市场预期。通货膨胀率超预期下滑而经济增长却依旧乏力是促使俄罗斯联邦中央银行大幅下调利率的主要原因。一方面，增值税上调对物价上涨的边际影响递减，加之内需疲软，这为俄罗斯联邦中央银行放松货币政策提供可能。自2019年第二季度以来，俄罗斯的消费者价格指数从4月同比增长5.2%，逐月下滑至9月的4.0%。鉴于通货膨胀率下降幅度超预期，且未来继续下降的可能性较大，俄罗斯联邦中央银行决定将年度通胀率目标从9月的4%~4.5%下调至3.2%~3.7%。另一方面，受投资增速放缓和净出口萎缩的影响，2019年上半年俄罗斯经济增长低于预期，这也促使俄罗斯联邦中央银行转而采取较为宽松的货币政策。展望未来，若通胀风险持续减小且经济下行压力加大，俄罗斯联邦中央银行有可能进一步降低基准利率，并在2020年上半年推动货币政策向中性过渡。

卢布汇率先升后降，基本保持稳定。2018年以来，俄罗斯卢布对美元汇率基本围绕63.7卢布/美元的汇率小幅波动。从卢布汇率走势来看，2018年卢布汇率基本呈贬值态势，从1月的56.2914卢布/美元升至12月的69.4706卢布/美元，并在2018年12月29日达到69.5218卢布/美元的最高点，全年俄罗斯卢布对美元贬值约23.4%。进入2019年后，卢布汇率走强，从1月的66.0987卢布/美元降至9月的64.4156卢布/美元。截至10月25日，俄罗斯卢布对美元已升值5.0%。一直以来，俄罗斯卢布汇率与国际油价存在较强的相关性，但2018年上半年国际油价上涨、年末大幅下跌和2019年以来国际油价的先升后降走势似乎均没有给卢布汇率带来较大波动。一方面，美联储加息导致国际资本回流美国，部分对冲油价上涨对卢布汇率走强的影响；另一方面，通货膨胀压力减弱，俄罗斯在国际市场买卖外汇，也对熨平卢布汇率波动发挥作用。

三　对外贸易与国际收支

在外部需求萎缩、国际贸易增速放缓的大背景下，俄罗斯对外贸易出现下滑，但经常账户有所改善，且中俄经贸合作仍保持良好发展势头。此外，包括外汇和黄金在内的国际储备实现稳步增长；相对于2018年末，2019年以来的外债规模有所增大。

对外贸易有所下滑。国际货币基金组织（IMF）在2019年10月15日发布的《世界经济展望》中指出，2019年上半年全球贸易增长率仅为1%，为2012年以来的最低水平。受国际贸易增长缓慢导致外部需求萎缩以及美欧制裁持续等因素的影响，2019年俄罗斯对外货物贸易有所下降。从货物进出口来看，2019年1~8月，俄罗斯的货物进出口总额约为4328.8亿美元，同比下降2.9%，其中，出口额约为2710.3亿美元，同比下降3.9%；进口额约为1618.5亿美元，同比下降1.2%。相较而言，2018年1~12月俄罗斯的货物进出口总额约为

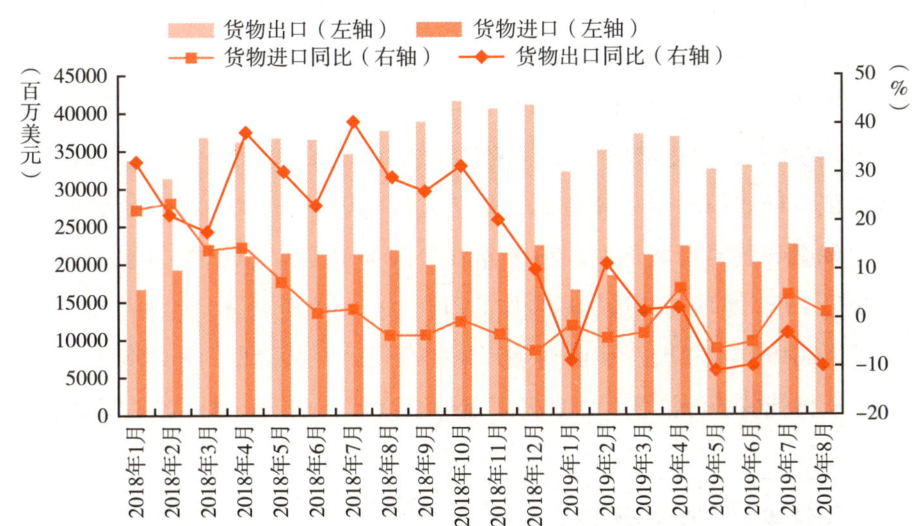

图4　2018年1月至2019年8月俄罗斯货物进出口（FOB）同比变化

资料来源：俄罗斯联邦海关，Wind数据库。

6914.9 亿美元，同比增长 17.8%，其中，出口额约为 4514.9 亿美元，同比增长 25.7%；进口额约为 2400.0 亿美元，同比增长 5.3%。从俄罗斯对外贸易的产品结构来看，根据俄罗斯海关统计，矿产品、贱金属及其制品和化工产品是俄罗斯前三大类出口商品，2019 年第一季度出口额分别为 566.9 亿美元、98.4 亿美元和 45.1 亿美元，分别同比增长 2.8%、下降 8.2% 和增长 0.9%，三大类商品占俄罗斯出口总额的比重分别为 64.4%、11.2% 和 5.9%。机电产品、化工产品和运输设备则是俄罗斯前三大类进口商品，2019 年第一季度进口额分别为 149.7 亿美元、70.5 亿美元和 60.4 亿美元，分别同比下降 8.4%、增长 0.9% 和增长 2.5%，三大类商品占俄罗斯进口总额的比重分别为 29.0%、13.7% 和 11.7%。

中俄经贸合作与发展势头良好。随着俄罗斯与中国的政治和战略互信不断深化，欧亚经济联盟与“一带一路”建设加速对接，中俄两国在经贸领域的合作发展迅速，继 2018 年双边贸易额首次突破 1000 亿美元开创新的历史纪录以来，2019 年 1~9 月中俄双边贸易额达 801.3 亿美元，同比增长 3.7%。① 中国已连续九年成为俄罗斯第一大贸易伙伴国。中俄还计划在 2024 年前实现双边贸易额达到 2000 亿美元的目标。从货物贸易来看，中俄货物贸易稳步增长。根据俄罗斯海关的统计数据，② 截至 2019 年 8 月，中国继续保持俄罗斯第一大出口市场和第一大进口来源地的地位。2019 年前 8 个月，俄罗斯与中国的货物贸易额达到 695.6 亿美元，同比增长 0.9%。其中，俄罗斯对中国出口 356.4 亿美元，同比增长 1.3%；俄罗斯自中国进口 339.2 亿美元，同比增长 0.5%。俄罗斯对中国贸易顺差 17.2 亿美元，同比增长 19.6%。从服务贸易来看，中俄服务贸易发展迅猛。2018 年双边服务贸易额已达 175.9 亿美元，同比增长近 1 倍，③ 成为双边贸易合作的新亮点。从投资来看，中俄投资合作不断拓展。2019 年 1~7 月，中国对俄罗斯的全行业直接投资同比增长 13%，投资领域从传统的能源油气、农林开发延伸至汽车、家电、食品加工等制造业，

---

① 资料来源于中国海关总署。

② 由于统计口径存在差异，俄罗斯联邦统计局与中国商务部关于中俄双边贸易的统计稍有不同。

③ 资料来源于 2019 年 9 月 12 日召开的商务部例行新闻发布会。

投资方式也由传统的绿地投资向参股、并购、设立基金转变。除此之外，中俄双方还在积极组建联合科技创新基金，并在 2020 年和 2021 年互办中俄科技创新年，这将有助于深化两国在高科技和创新领域的投资合作。中俄经贸合作正加速提质升级，向高质量发展目标持续迈进。

经常账户有所改善。根据国际货币基金组织（IMF）在 2019 年 10 月 15 日发布的《世界经济展望》，2019 年俄罗斯经常账户占 GDP 的比重约为 5.7%，相比 2018 年下降 1.1 个百分点。基于欧盟为提高经济财政一体化程度于 2011 年制定的“六项规则”预警指标之一，即经常账户逆差与 GDP 之比不应超过 4%、顺差占比不应超过 6%，说明俄罗斯的经常账户收支正趋于平衡，进出口对经济增长的贡献在降低。随着国内经济结构不断优化，内需作用进一步增强，未来俄罗斯经济发展将更加健康、可持续。

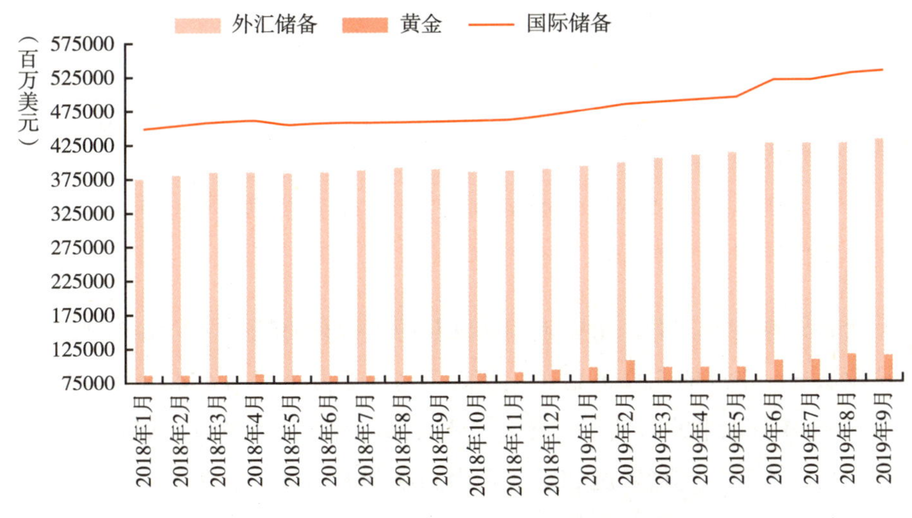

图 5　2018 年 1 月至 2019 年 9 月俄罗斯的国际储备情况

资料来源：俄罗斯联邦中央银行，Wind 数据库。

国际储备稳步增加，外汇储备和黄金储备不断增长。2018 年 1~12 月，俄罗斯国际储备资产从 4477.4 亿美元增至 4685.0 亿美元，年末同比增长 8.3%。特别是在 2019 年 1~9 月，国际储备资产逐月攀升，从 4759.5 亿美元增至 5309.2

亿美元，第三季度末同比增长 15.6%。其中，外汇储备从 1 月的 3864.9 亿美元增至 9 月的 4230.8 亿美元，同比增长 10.8%。在预算制度的框架内，基于对国际储备货币的升值预期，俄罗斯联邦中央银行增加外币持有量，导致外汇储备增长。黄金储备则从 1 月的 894.6 亿美元增至 1078.5 亿美元，同比增长 39.2%。近几年，俄罗斯一直在积极增加黄金储备，以减少对美元依赖，实现外汇储备多元化的目标。目前，俄罗斯已成为全球第四大黄金储备国。

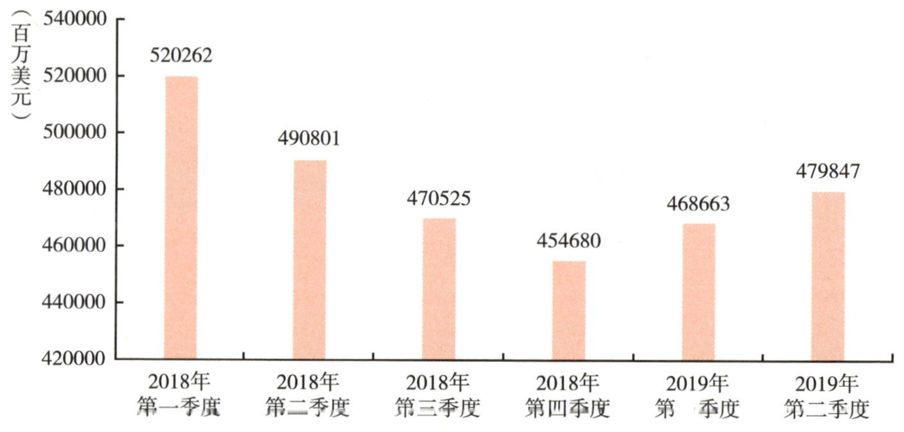

图 6　2018 年第一季度至 2019 年第二季度俄罗斯外债总额

资料来源：俄罗斯联邦中央银行，Wind 数据库。

外债规模有所回升。根据俄罗斯联邦中央银行的数据，2018 年俄罗斯外债总额从第一季度的 5202.6 亿美元持续下滑至第四季度的 4546.8 亿美元，创自 2009 年 4 月以来的新低。一方面，公共部门对外债务减少，降低了外债总规模；另一方面，包括家庭和企业在内的私营部门债务显著减少（约 323 亿美元），成为俄罗斯外债规模缩减的主要原因。进入 2019 年以后，俄罗斯外债规模又有所扩大，从第一季度的 4686.6 亿美元增至第二季度的 4798.5 亿美元。根据俄罗斯联邦中央银行在 2019 年 10 月 11 日发布的数据分析，尽管银行部门的外债持续减少，但非居民购买主权证券、其他部门在直接投资关系框架内的债务增长均对 2019 年上半年俄罗斯外债规模扩大发挥了重要作用。

四　企业经营与其他

俄罗斯经济扩张力度增强，服务业发展较好，但制造业面临较大压力。大中型企业净利润显著下滑。此外，粮食生产不仅产量增加，而且质量提升，在满足俄罗斯国内需求的同时，还能保证出口增长。

经济扩张力度由弱变强，服务业发展较好，但制造业面临较大压力。2018 年 1 月至 2019 年 9 月，俄罗斯综合采购经理人指数基本处于 50 的枯荣线以上（2019 年 6 月除外），自 2019 年 3 月以来呈先降后升态势（见图 7），表明俄罗斯经济仍在扩张，且扩张力度由弱变强，未来经济增长较为乐观。其中，制造业采购经理人指数围绕枯荣线上下波动，特别是 2019 年 5 月以来，已连续 5 个月处于枯荣线以下，说明制造业景气度下降，已进入收缩阶段。相较而言，服务业采购经理人指数基本处于 50 的枯荣线以上（2019 年 6 月除外），说明服务业经济景气度较高，正处于持续扩张区间。

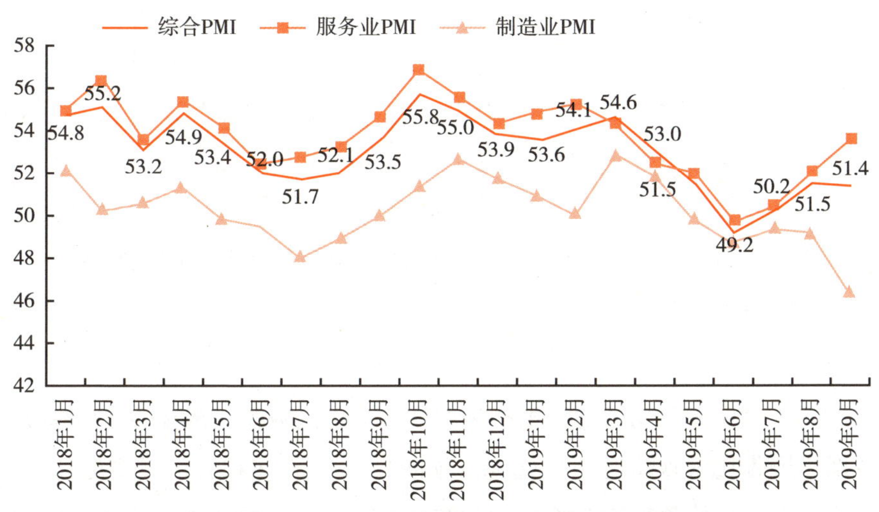

图 7　2018 年 1 月至 2019 年 9 月俄罗斯采购经理人指数（PMI）走势

资料来源：俄罗斯联邦统计局，Wind 数据库。

企业净利润增速显著下滑。从俄罗斯企业净利润情况来看，2018 年俄罗斯大中型企业净利润从 3 月的 0.8 万亿卢布增至 12 月的 1.6 万亿卢布（见图 8），但 2019 年从 3 月的 1.4 万亿卢布降至 7 月的 1.1 万亿卢布。从企业净利润的同比增速来看，2018 年 7 月以来，俄罗斯大中型企业净利润增速总体呈下滑趋势，特别是 2019 年 5~7 月，增速分别为 -4.0%、-12.7% 和 -11.3%。企业是重要的市场主体之一，它们的经营业绩直接反映了宏观经济形势。2019 年以来，俄罗斯的投资特别是固定资产投资明显下降，大中型企业净利润增速显著下滑，在消费平稳和净出口乏力的情况下，这必然导致经济增速放缓。

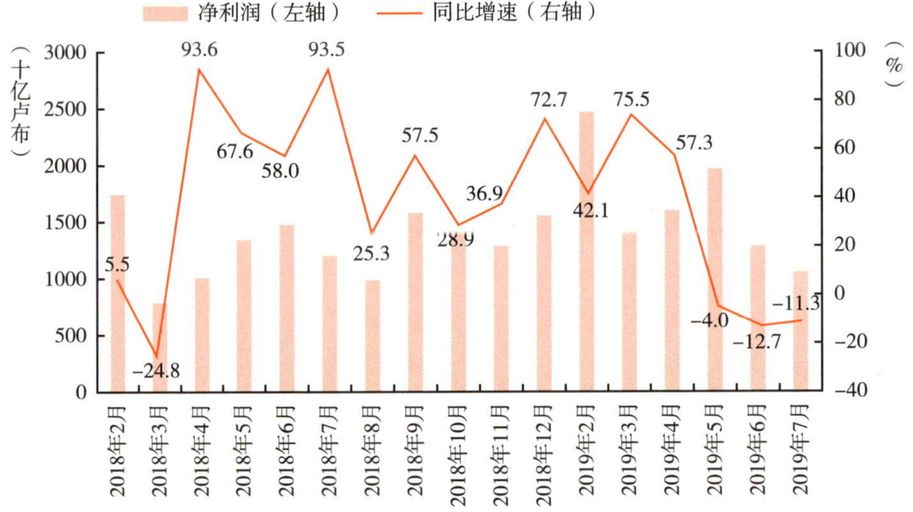

图 8　2018 年 2 月至 2019 年 7 月俄罗斯大中型企业的净利润及其增速

资料来源：Wind 数据库。

粮食生产实现量增质提。根据俄罗斯农业部的数据，截至 2019 年 10 月，俄罗斯已经收获粮食超过 1.15 亿吨，预计 2019 年全年粮食产量将达到 1.2 亿吨，略高于此前的预测值 1.18 亿吨，将比 2018 年（1.13 亿吨）增加约 700 万吨。俄罗斯粮食不仅产量很高，而且质量提升。2019 年是过去 12 年来首次收获最高等级的一级小麦，预计小麦产量将达到 7800 万吨，比 2018 年（7210 万吨）增收约 590 万吨。此外，2019 年的油籽产量将创下历史最高纪录，达到 2060 万吨。2024 年，俄罗斯谷物产量或将增至 1.41 亿吨，油籽产量将达到 2930 万吨。粮食出口保持稳定，俄罗斯农业部预计 2019~2020 年的粮食出口量约为 4500 万吨，与此前预测基本一致，其中，小麦出口约 3600 万吨。预计到 2024 年，俄罗斯的粮食出口额将达到 110 亿美元。质优量足的粮食不仅能够完全满足俄罗斯国内食品、饲料以及深加工行业的需求，而且可以保证市场稳定和出口增长。

五　未来展望

基于前文分析，2019 年俄罗斯经济增速显著放缓或将难以避免。展望未来，影响俄罗斯经济增长的主要因素如下。

一是国际大宗商品价格特别是油气价格剧烈波动。国际能源价格波动是影响俄罗斯经济增长的关键因素。俄罗斯虽然是能源大国，但在国际大宗商品定价方面缺乏话语权，经济极易遭受大宗商品特别是油气价格波动的影响，如中东地区、乌克兰、委内瑞拉等地缘政治风险，OPEC 与非 OPEC 国家就石油产量达成协议，技术进步引致页岩气开采成本降低进而导致油气供给增多等因素，都可能使国际能源价格发生大幅波动，影响俄罗斯的能源出口和财政收入。

二是结构调整的进度与节奏。当前，俄罗斯面临的诸多结构性问题亟待解决。首先，产业结构单一。俄罗斯经济对能源等原材料部门依赖度过高，与能源相关的上下游产业在国民经济中的占比较高，主要表现为经济发展过度依靠能源等原材料部门，对外贸易中能源出口占比较高，包括公共支出在内的总投资向与能源相关的部门（如采掘、冶炼等）倾斜，这不仅使俄罗斯的经济结构过于单一，而且使经济对能源价格大幅波动极其敏感。其次，能源收入占比过大。俄罗斯是典型的能源依赖型国家，来自油气的相关收入占据联邦财政收入的半壁江山。2018 年油气收入占联邦预算收入的比重高达 46.5%，比预期的 35.9% 高约 10.6 个百分点[①]。虽然俄罗斯政府一直试图降低油气税收的比重，以优化财政收入结构，保障俄罗斯联邦财政收入的长期稳定，但油气的超预期收入使该努力再次化为泡影。最后，人口结构问题突出。①人口年增长率逐年下滑。根据世界银行的数据，2014~2018 年俄罗斯人口年增长率从 0.22% 变为 -0.01%。②人口抚养比逐年上升。2009~2018 年俄罗斯人口抚养比从 38.8% 逐步攀升至 48.0%，意味着俄罗斯劳动力的抚养负担越来越重。③性别比例失调。女性人口在总人口中的比重长期居于 53%~54%，近四年女性占总人口的比重基本稳定在 53.5%。④出生率长期低于死亡率。在 2012 年之前，俄罗斯每千人粗出生率低于每千人粗死亡率，虽然 2013~2015 年每千人粗出生率稍高于每千人粗死亡率，但 2016~2017 年二者又趋于平衡状态。未来，如何加速产业结构调整、有效降低财政收入对油气资源的依赖、持续优化人口结构等，依然是俄罗斯面临的现实难题。而解决这些难题的进度和节奏，将会直接影响到俄罗斯经济的增长速度和发展质量。

三是在短期内美欧解除制裁无望。因克里米亚危机引发的美国及其盟友与俄罗斯之间的相互制裁一直持续至今，特别是接连发生的俄罗斯前特工在英国中毒事件、俄乌刻赤海峡冲突、网络安全以及违规使用化学武器等，推动双方的战略博弈逐步升级。从经济、金融到能源、航空、科技，从个人到实体企业，从私人部门到公共部门，美国及其盟友对俄罗斯的制裁措施涵盖了众多领域。这些制裁在使俄罗斯经济面临较大下行压力的同时，也加速了俄罗斯“由西向东”的战略转变和自主创新的步伐。例如，俄罗斯更加重视“金砖国家”、上海合作组织以及 G20 等多边平台的协调作用；建立并启用金融信息传输系统（SPFS），尝试替代美元主导的 SWIFT 国际支付系统，以减少对美元结算系统的依赖等。

四是中美贸易摩擦仍存在不确定性。自 2018 年 3 月以来的中美贸易

---

① Оценка параметров федерального бюджета за 2018 год дана в соответствии с материалами к проекту федерального закона “О федеральном бюджете на 2019 год и на плановый период 2020 и 2021 годов”.

摩擦，在轮番升级与多轮谈判中跌宕起伏。随着中美两国元首在日本大阪G20峰会期间会晤并同意重启贸易谈判，2019年10月初第十三轮中美经贸高级别磋商在华盛顿如期举行，尽管磋商取得实质性的第一阶段成果，但未来前景仍充满很大的不确定性。中美贸易摩擦对俄罗斯影响利弊皆有，但有利因素似乎更多。一方面，中美贸易摩擦升级会影响全球贸易和国际投资，使包括俄罗斯在内的世界经济增长前景堪忧；另一方面，在中美贸易摩擦的焦点领域，特别是在大豆、能源等方面，中国自美国进口减少的缺口可以由俄罗斯来弥补，这为深化中俄两国在这些领域的合作提供广阔空间。

综上分析，相较于2018年，2019年俄罗斯经济增速明显放缓的可能性较大，2020年的增速会有所回升。

参考文献

[1] Министерство финансов Российской Федерации, *Федеральный закон "О федеральном бюджете на 2020 год и на плановый период 2021 и 2022 годов"*, сентябрь 2019 г.

[2] Министерство финансов Российской Федерации, *Проект основных направлений бюджетной, налоговой и таможенно-тарифной политики на 2019 год и на плановый период 2020 и 2021 годов*, 11 июля 2018 г.

[3] Dynkin, A. et al., *The World of 2035. Global Outlook*, April 25, 2018.

[4] Dynkin, A. et al., "Russia and the World: 2019 IMEMO Forecast", *New Perspectives* 27(2019).

[5] International Monetary Fund, *World Economic Outlook, October 2019: Global Manufacturing Downturn, Rising Trade Barriers*, Washington D.C.: International Monetary Fund, October 15, 2019.

[6] Word Bank Group, *Global Economic Prospects: Heightened Tensions, Subdued*

Investment, Washington, D.C.: Word Bank Group, June, 2019.

[7] 孙壮志主编《俄罗斯发展报告（2019）》，社会科学文献出版社，2019。

[8] 张宇燕主编《2019 年世界经济形势分析与预测》，社会科学文献出版社，2019。

Y.8

拉美经济：复苏压力增大

熊爱宗*

摘　要：2019 年拉美和加勒比地区经济会进一步放缓，经济增长率预计为 0.2%。在经济放缓同时通货膨胀压力也有所降低的情况下，多数拉美和加勒比地区国家货币政策转向宽松；但在公共债务高企的情况下，部分国家财政政策总体偏向紧缩。全球经济增长疲软，国际贸易和投资势头减弱，拉美和加勒比地区面临国际经济环境的复杂性和风险有所增加。这致使该地区经济增长前景黯淡，个别经济体面临的风险不断上升。在“一带一路”倡议合作框架下，中国与拉美经贸合作特别是在基础设施领域的合作稳步推进，成为拉美地区改善增长条件的积极推动力量。

关键词：拉美地区　经济形势　中拉合作　“一带一路”

2018 年拉美和加勒比地区经济维持缓慢增长态势，经济增速为 0.9%，较《2019 年世界经济形势分析与预测》中的预测值低 0.4 个百分点。该地区两大经济体巴西和墨西哥经济增速不及预期是拉美经济复苏势头趋缓的重要原因，同时，阿根廷金融市场动荡导致经济再次衰退，这也拖累了拉美经济增长。2019 年，全球经济增长依旧低迷，拉美和加勒比地区面临的国际经济环境更为复杂。从地区内部来看，私人消费下降以及投资和公共支出不足导致国内

* 熊爱宗，中国社会科学院世界经济与政治研究所全球治理研究室副研究员，主要研究领域为国际金融、新兴市场。

需求下降，而国内政治局势的不确定也将妨碍经济复苏进程。预计 2019 年拉美和加勒比地区经济增长进一步放缓至 0.2%。

一 2018 年与 2019 年上半年经济情况

经济增长继续放缓。据联合国拉美和加勒比经济委员会（Economic Commission for Latin America and Caribbean，ECLAC）初步统计，2018 年拉美和加勒比地区经济增速为 0.9%，相比 2017 年下降 0.2 个百分点，总体维持缓慢增长态势。从季度数据走势来看，受国内需求放缓影响，拉美和加勒比地区经济增长呈现渐次走弱迹象。进入 2019 年，该地区经济增速进一步放缓。第一季度经济萎缩 0.1%，其中投资同比萎缩 1.6%，消费同比增长仅为 0.4%，国内总需求共计下滑 0.2%。净出口虽为经济增长带来微弱正向贡献，但出口同比仅增长 0.8%，进口同比仅增长 0.6%，反映了外部需求的疲弱和国内经济活动的低迷。地区内部经济增长仍不均衡。南美洲地区经济萎缩 0.7%，阿根廷、委内瑞拉、巴拉圭、尼加拉瓜、乌拉圭等国经济陷入收缩，而墨西哥和中美洲地区经济增速仍有 1.5%。伴随着全球经济和贸易增长放缓，以及地区内部投资、消费增长动力不足，拉美和加勒比地区经济增长将会进一步放缓，同时面临更大的不确定性，预计 2019 年经济增长将进一步放缓至 0.2%。

就业总体维持恶化局面。2018 年拉美和加勒比地区的城镇失业率仍维持在 9.3%，与 2017 年持平，2019 年第一季度继续维持这一水平。巴西仍是该地区失业率最高的国家，2018 年失业率达到 14.2%，不过相比 2017 年降低了 0.3 个百分点，2019 年第二季度进一步降至 12%。2018 年失业率超过 10% 的国家还有巴哈马、巴巴多斯、哥伦比亚、哥斯达黎加等。阿根廷失业率不断上升，2018 年达到 9.2%，相比 2017 年上升 0.8 个百分点，2019 年第二季度急速上升至 10.6%，为 2005 年以来最高水平。乌拉圭、巴拉圭、智利等国失业率也有进一步恶化的趋势。墨西哥失业率 2018 年为 3.6%，2017 年出现轻微下降，在拉美和加勒比地区处于较低水平。与此同时，拉美和加勒比地区就业质量也有所恶化，这表现为自营工作（own-account work）岗位增量远快于工资就业（wage employment）、非正式就业增量等。

通货膨胀率整体维持高位。从2018年下半年开始，拉美和加勒比地区通货膨胀压力不断上升。2018年5月拉美和加勒比地区（不包括委内瑞拉）平均通货膨胀率为5.0%，总体与过去一年的水平基本持平，但此后不断上涨，2018年12月上升至7.0%。2019年前五个月，物价延续了上升走势，4月通货膨胀率开始突破8%，5月达到8.1%。南美洲地区是造成拉美和加勒比地区通货膨胀压力不断增大的主要推动者，2018年10月该地区通货膨胀率突破8%，此后虽有短暂回落，但在2019年出现了更大涨幅，2019年5月上升至9.8%。委内瑞拉和阿根廷仍是本地区通货膨胀率最高的国家。据统计，2018年12月委内瑞拉通货膨胀率达到130060.2%，2019年4月则进一步上升至282972.8%。阿根廷通货膨胀率也维持在较高水平，2019年5月达到56.8%，此后虽有所回落，但7月仍达到54.4%。墨西哥和巴西等国通货膨胀率则有所降低。2019年9月墨西哥通货膨胀率为3.0%，相比2018年同期下降2个百分点，巴西自2019年第二季度起通货膨胀率有大幅下降。

货币贬值压力加大。2018年拉美和加勒比地区货币的汇率波动性再次加大。波动性较大的货币包括阿根廷比索、委内瑞拉玻利瓦尔、巴西雷亚尔、智利比索等。在总体波动性上升的情况下，多数拉美和加勒比地区货币相对美元有所贬值。2018年12月相比2017年12月，阿根廷比索对美元贬值53%，巴西雷亚尔对美元贬值15.3%，乌拉圭比索对美元贬值也超过10%。委内瑞拉玻利瓦尔相对美元仍大幅贬值，2018年底官方汇率相比2017年底上升了1907763%。进入2019年后，尽管拉美和加勒比地区货币汇率波动性相比2018年有所降低，但仍高于2017年。与此同时，部分国家货币对美元仍在贬值。2019年上半年，委内瑞拉玻利瓦尔对美元汇率上升了867.9%。2019年7月相比2018年12月，阿根廷比索对美元仍贬值11.2%，不过，同期的巴西雷亚尔和墨西哥比索却对美元有所升值。

外部经济环境总体较为严峻。经常项目逆差有所扩大。2018年拉美和加勒比地区经常账户逆差占GDP的比重为1.9%，相比2017年有所扩大。这主要来自商品贸易顺差的收窄。2018年，拉美和加勒比地区商品出口相比2017

年增长10%，商品进口同比增长12%，商品贸易顺差占GDP的比重从2017年的0.8%下降至0.4%。2019年，预计拉美和加勒比地区进出口增速将会进一步放缓，商品贸易顺差继续收窄，经常账户逆差占GDP的比重将会有所上升。2018年，流入拉美和加勒比地区的外商直接投资为1842.9亿美元，相比2017年增长13.2%，尽管已经连续两年呈回升趋势，但总体上仍低于此前峰值。巴西、墨西哥、阿根廷、哥伦比亚是该地区外商直接投资流入的主要国家，2018年流入以上四国的外商直接投资占到该地区总额的80.5%，其中巴西吸引外资达到883.2亿美元，占到该地区总额的48%。2018年，拉美和加勒比地区的对外直接投资为378.7亿美元，相比2017年下降2.5%。巴西、智利、哥伦比亚、墨西哥是该地区对外直接投资的主要流出国。

货币政策总体偏向宽松。在经济增长放缓的情况下，拉美和加勒比地区总体转向宽松性货币政策。巴西、哥伦比亚、秘鲁在2018年均实施两次降息行动，进入2019年后，巴西在7月和9月、秘鲁在8月实施了降息行动。巴拉圭虽然在2018年维持政策利率不变，但在2019年的3月、8月和9月先后实施了降息。部分国家虽然在2018年进行加息，但在国内外形势变化下，也从紧缩性货币政策向宽松转变。哥斯达黎加在2018年实施了两次加息行动，进入2019年也加入降息阵营。智利情况与此类似，在2018年10月和2019年1月分别进行两次加息，但由于经济增长及通胀疲弱，于2019年6月和9月两次实施了降息。墨西哥在2018年曾进行4次加息，但2019年8月也宣布降息25个基点，为2014年以来首次降息，9月则实施了第二次降息。在通货膨胀高企和汇率波动加剧的情况下，阿根廷和委内瑞拉仍维持紧缩性货币政策，2019年8月，阿根廷央行7天期流动性票据（LELIQ）利率已经突破70%，委内瑞拉也试图通过提高储备金比率来抑制货币总量的增长。

财政政策偏向稳健。2018年拉美和加勒比地区仍在实施财政整固。2018年拉美地区（16国）基本财政支出占GDP的比重从2017年的19%下降至18.6%。与此同时，政府收入占GDP的比重仍维持在18.1%。这造成拉美地区基本赤字占GDP的比重从2018年的0.8%下降至0.5%。加勒比地区近年来一直维持基本预算盈余，2018年基本盈余占GDP的比重为1.6%，相比2017年

上升 0.8 个百分点。分国家来看，哥斯达黎加、巴西、阿根廷等国仍维持着较高的基本财政赤字，但 2018 年相比 2017 年已有所改善。墨西哥近两年出现基本盈余，但盈余水平有所下降。拉美和加勒比地区的中央政府债务占 GDP 的比重仍在上升，2018 年达到 54.8%，相比 2017 年上升 0.7 个百分点。其中，加勒比国家依然维持较高的政府债务比例。2018 年巴巴多斯和牙买加中央政府债务占 GDP 的比重均超过 100%，但相比 2017 年均有所下降。在中美和南美地区，阿根廷和巴西仍是政府债务比例最高的国家。阿根廷中央政府债务占 GDP 的比重从 2017 年的 56.6% 急剧上升至 2018 年的 86.0%，巴西也从同期的 74.0% 上升至 77.2%。

二　主要国家经济形势

拉丁美洲和加勒比地区主要国家包括巴西、墨西哥、阿根廷、委内瑞拉、智利和秘鲁等。本部分主要对巴西、墨西哥、阿根廷和委内瑞拉的经济形势进行简要分析。

（一）巴西

2018 年巴西经济增长 1.1%，与 2017 年持平，连续两年实现正增长。2019 年第一季度，巴西经济环比下降 0.2%，为 2015~2016 年经济衰退以来的首次负增长，与此同时，同比增速也降至 0.5%。不过，第二季度巴西经济环比增长 0.4%，避免了连续两个季度负增长陷入“技术性衰退”的风险，同比增速恢复至 1%。

巴西实施紧财政宽货币的政策组合。巴西新政府实施紧缩性财政政策。2018 年巴西财政赤字从 2017 年的 7.7% 下降至 7.3%，但依然处于较高水平。博索纳罗就任巴西总统之后，起用其经济顾问保罗 · 格德斯担任经济部长，后者主张实施财政紧缩，希望通过减少政府支出、养老金改革、国有企业私有化等来改善政府财政状况。货币政策仍延续宽松走向。在 2018 年央行降息行动大幅缓和、全年仅降息两次的情况下，从 2018 年 3 月到 2019 年 6 月，

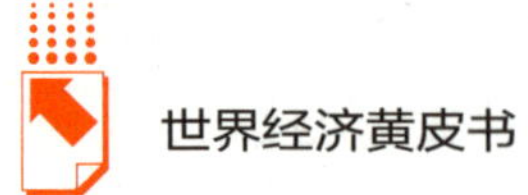

巴西央行一直维持利率不变，直到2019年7月和9月才再次实施降息。考虑到国内经济下行压力以及美联储降息的影响，巴西货币政策将会继续维持宽松。

巴西经济在2019年将维持微弱增长。巴西新政府推行的改革措施有利于提升经济增长潜力，但改革进程的不确定性则可能对经济信心造成影响，从而影响消费和投资。货币政策宽松将为经济提供进一步的刺激，而财政整固令巴西政府保持财政紧缩，难以为经济提供进一步支撑。从外部需求来看，全球经济增长放缓以及地区重要贸易伙伴阿根廷经济萎靡将打击巴西外部需求。预计2019年巴西经济增长为0.8%，2020年有望恢复到1.6%。

（二）墨西哥

2018年墨西哥经济增长2.0%，相比2017年下降0.1个百分点，为5年以来最低。2019年第一季度，墨西哥经济同比增速由2018年第四季度的1.7%降至1.2%，第二季度则萎缩至0.8%。

墨西哥也实施紧财政宽货币的政策组合。由于油价疲软以及墨西哥国家石油公司（Pemex）评级下调造成偿债成本上升，墨西哥政府财政仍面临一定的压力。2018年该国财政总赤字占GDP的比重为2.0%，相比2017年上升0.9个百分点。新当选的墨西哥总统洛佩斯主张实施财政紧缩，将2019年基本财政盈余目标从此前占GDP的0.7%提高到1%，以稳定墨西哥的公共债务形势。不过，在经济疲弱的背景下，2019年7月底，墨西哥政府公布一项超过250亿美元的经济刺激计划，以提振该国的基础设施、投资和消费。墨西哥通胀压力不断降低为货币政策宽松提供了条件。进入2018年后，墨西哥通胀率在波动中不断下降，2018年12月已经下降至4.8%，2019年9月进一步降至3.0%。在这种情况下，2019年8月，墨西哥央行降息25个基点至8.0%，这是2014年6月以来的首次降息，标志着自2015年12月开始的紧缩周期的结束，2019年9月再次降息至7.75%。在当前脆弱的经济增长和通货膨胀走缓以及美联储降息的情况下，墨西哥货币政策可能会进一步宽松。

墨西哥经济预计会进一步放缓。新政府经济政策的不确定性将在短期内影响经济信心，从而对投资活动和私人消费造成压力。2019 年上半年墨西哥公共开支同比缩减 4.5%，创下四任政府同期最大力度的开支缩减。不过，随着经济刺激计划的实施，政府开支预计会有所回升。从外部因素看，虽然新的北美自由贸易协定消除了一些贸易的不确定性，但美国贸易保护主义升级也将对美墨贸易造成负面影响。预计 2019 年墨西哥经济增长 0.5%，2020 年增长 1.3%。

（三）阿根廷

2018 年阿根廷经济增长-2.5%，相比 2017 年大幅下滑 5.2 个百分点，再次陷入衰退。2018 年 5 月汇兑危机造成的金融风暴是导致阿根廷经济复苏进程中断的重要原因。受比索大幅贬值、通货膨胀失控等因素影响，2019 年第一季度阿根廷经济同比萎缩，但第二季度同比微弱增长 0.6%，结束了此前连续四个季度的负增长。

阿根廷通货膨胀压力急剧上升。2018 年阿根廷通货膨胀率一路上涨，至 12 月上涨至 47.5%。2019 年延续上升趋势，2019 年 5 月达到 57.3% 的高点，此后有所回落，但 2019 年 7 月仍达 54.4%。为应对高通胀，阿根廷政府宣布取消针对公共交通、电力等公共服务的涨价计划，同时增加了部分商品供应。阿根廷比索贬值仍在持续。在经历 2018 年大幅贬值之后，比索对美元汇率的贬值速度在 2019 年有所放缓，2019 年 1 月至 7 月美元对阿根廷比索月平均汇率从 37.45 上涨至 42.62。不过，2019 年 8 月，受总统初选局势影响，比索再次出现大幅贬值，比索对美元汇率一度超过 60，并导致阿根廷整个金融市场出现动荡。

阿根廷实施财政、货币双紧政策。财政政策方面，阿根廷政府一直尝试通过紧缩性政策来降低政府赤字，这不仅是缓解阿根廷国内深层次问题的重要举措，也是国际货币基金组织救援方案的条件之一。2019 年阿根廷政府的目标是取得基本预算平衡，为此政府必须进一步削减支出，同时增加税收，但要达到目标并非易事。货币政策方面，2018 年 8 月，阿根廷央行将基准政策工具从7天回购参考利率变为7天流动性票据利率，并在9月将后者保持在60%的高位。为了控制通货膨胀并抑制外汇市场波动，2018年10月阿根廷央行决定改变货币政策框架，由通货膨胀目标制变为更为严格的货币规则，一直到2019年9月维持基础货币投放量不变。2019年4月，阿根廷央行为7天流动性票据利率设定下限以进一步对抗通胀。2019年9月，阿根廷央行放宽了9月和10月的货币基础目标，同时继续为利率设定下限，以在刺激经济的同时防止比索贬值。

2019年10月，阿根廷将举行大选，如果大选导致政策发生变化，可能会引发新的金融市场动荡。目前的货币政策和财政政策虽有利于重建长期信心，但在短期内抑制了国内需求。预计2019年阿根廷经济萎缩3.0%，2020年萎缩1.2%。

（四）委内瑞拉

委内瑞拉仍陷入严重的经济危机之中。2019年5月，委内瑞拉央行近四年来首次公布宏观经济数据。数据显示，2018年第三季度委内瑞拉经济同比萎缩22.5%，为该国自2003年第一季度以来衰退最为严重的一次，2018年前三个季度该国经济萎缩19.4%。而根据国际货币基金组织的估计，2018年委内瑞拉经济萎缩达到18.0%，并将连续5年出现衰退。石油部门仍在持续恶化之中。根据石油输出国组织（OPEC）的统计，2018年委内瑞拉平均每天原油产量151万桶，相比2017年下降25.8%，相比2014年下降43.7%。2019年形势进一步恶化，7月委内瑞拉原油产量降至100万桶/天以下。石油出口也随之下降。2018年委内瑞拉原油出口量为每天127.3万桶，相比2017年下滑20.2%，相比2014年下降35.2%。非石油部门的衰退也有所加剧，2018年前三个季度非石油部门活动相比同期下降18.4%。

委内瑞拉通货膨胀、汇率贬值形势日益恶化。2018年委内瑞拉通货膨胀急剧上升，12月通货膨胀率达到130060%。2019年前两个月，委内瑞拉通货膨胀依然处于上升趋势，2月达到高点344510%，但3月开始有一定的下降，4月降至282973%。恶性通货膨胀的部分原因是货币的急剧扩张。为满足政府公共部门管理融资的需要，2018 年底，委内瑞拉基础货币扩张了 43950%。2019 年，委内瑞拉央行试图通过改变普通储备金比率和边际储备金比率来控制货币总量的增长。2 月，委内瑞拉央行将普通储备金比率从 1 月的 31% 提升到 57%，边际储备金比率自 2018 年 10 月开始不断升高，2019 年 1 月被提升至 60%，2 月进一步提升至 100%。这虽起到暂时的稳定作用，但并不能从根本上解决通胀问题。同时，汇率仍在经历大幅贬值。2018 年委内瑞拉对汇率体制进行了一系列改革，但 2018 年委内瑞拉玻利瓦尔对美元官方汇率依然上涨了 1907763%。2019 年 5 月，委内瑞拉央行宣布取消外汇管制措施，个人和公司可以从私人银行和国有银行买卖外币，以此来增加该国可买卖的外币数量。截至 2019 年上半年，委内瑞拉玻利瓦尔官方市场汇率和平行市场汇率分别上涨 868% 和 787%。

美国对委内瑞拉不断升级的制裁进一步恶化了委内瑞拉的经济局势。2019 年 1 月，美国宣布对委内瑞拉国有石油公司（PDVSA）进行全面制裁，冻结该公司在美国的资产，并限制对美国的石油出口。8 月，美国对委内瑞拉经济制裁进一步升级，冻结委内瑞拉政府在美国的全部资产，给予委内瑞拉政府更大的经济和外交压力。国内政治局势动荡也不利于该国经济的恢复。预计 2019 年委内瑞拉经济仍将萎缩 30%，2020 年经济萎缩 10%。

三　中拉“一带一路”合作日益深入

拉美地区是海上丝绸之路的自然延伸，是“一带一路”倡议重要的合作方，也是中拉合作的新抓手。2018 年 1 月，中国国家主席习近平在致中国－拉美和加勒比国家共同体论坛第二届部长级会议的贺信中指出，中拉要“共建‘一带一路’新蓝图”“开启中拉关系崭新时代”。在本次会议上，中拉专门通过和发表了《中国－拉共体论坛第二届部长级会议关于“一带一路”倡议的特别声明》，拉共体国家认为“一带一路”倡议可以成为深化中国与拉美和加勒比国家在经济、贸易、投资、文化、旅游等领域合作的重要途径。

“一带一路”倡议受到拉美国家积极热烈响应，多个拉美国家已与中国签署了共建“一带一路”合作文件。截至2019年7月底，已有19个拉美国家同中国签署了“一带一路”合作文件。其中，基础设施互联互通是“一带一路”建设的优先领域和重点方向，也是中拉合作的重大领域。随着中拉合作被纳入“一带一路”框架，中拉在基础设施领域的合作将进一步深化，将有效促进拉美基础设施互联互通，推动拉美经济一体化。

基础设施一直是拉美经济发展的短板。美洲开发银行（IDB）指出，拉美和加勒比地区的基础设施质量仅好于撒哈拉以南非洲，与世界其他地区相比仍存在较大的差距。与此同时，地区内部国家之间也存在较大的差异，智利、墨西哥、厄瓜多尔等国情况较好，而海地、委内瑞拉、尼加拉瓜等国情况较差。[①] 这表明拉美地区基础设施仍存在较大建设缺口，同时也意味着较大的发展空间和潜力。据联合国拉美和加勒比经济委员会2014年的估计，2012~2020年拉美和加勒比地区基础设施投资每年需占到GDP的6.2%。[②] 不过，平均来看，拉美地区基础设施投资每年约占到该地区GDP的3.5%，该地区基础设施投资缺口仍占到该地区GDP的2.5%或约为每年1500亿美元。[③]

“一带一路”倡议为拉美基础设施建设提供了新的机遇。中国与拉美地区的基建合作近年来发展迅速，最新数据显示，2017年中国在拉丁美洲承包工程完成的营业额为129.2亿美元，为2005年的448.8%，截至2017年，中国企业在拉美地区累计签订的工程承包合同额1642亿美元，完成营业额1129亿美元。[④] 拉美地区已成为中国海外投资第二大目的地和开展对外承包工程业务的第三大市场。

为促进拉美地区包括基础设施在内不同行业的项目融资，中国发起了三个针对拉美的地区性投资基金。一是中拉产能合作投资基金。该基金由中国

---

① IDB, *Building Opportunities for Growth in a Challenging World, Latin American and Caribbean Macroeconomic Report*, 2019.

② ECLAC, *The Economic Infrastructure Gap and Investment in Latin America*, FAL Bulletin Issue No. 332, 2014.

③ IDB, *Building Opportunities for Growth in a Challenging World, Latin American and Caribbean Macroeconomic Report*, 2019.

④《商务部召开例行新闻发布会（2018年11月29日）》，中华人民共和国商务部，2018年11月29日。

人民银行、国家外汇管理局会同国家开发银行发起设立，首期规模100亿美元，主要围绕物流、电力、信息三大通道建设，投资制造业、高新技术、农业、能源矿产、基础设施和金融合作等领域。二是中拉基础设施项目专项贷款计划。专项贷款总额度初期为100亿美元，后增至200亿美元，由国家开发银行负责实施。该贷款主要用于支持中资企业参与的拉美和加勒比国家能源、公路、通信、港口、物流、电力、矿业、农业等基础设施项目。三是中拉合作基金。该基金由中国进出口银行和国家外汇管理局共同发起，总规模100亿美元，2016年1月正式投入运营，主要投资中拉在能源资源、基础设施建设、农业、制造业、科技创新、信息技术、产能合作等领域的合作项目。

中拉在基础设施领域的合作卓有成效。在阿根廷，2013年12月，中国机械设备工程股份有限公司与阿方签署贝尔格拉诺货运铁路改造项目总承包合同，预计2019年完成全部1600公里的改造，届时将大大降低阿根廷从内陆省份到港口城市的物流成本。在巴西，2014年2月，国家电网公司与巴西国家电力公司、巴西福纳斯电力公司联营体成功中标巴西美丽山一期项目，成为中巴电力合作领域新的重要里程碑。2015年7月，国家电网公司独立中标巴西美丽山水电 ±800千伏特高压直流送出二期特许经营权项目，首次实现在海外独立开展特高压输电项目的投资、建设和运营。在牙买加，2016年3月，中国港湾工程有限责任公司投资建设和运营的牙买加南北高速公路正式通车。该高速公路南起首都金斯顿，北至旅游城市奥乔里奥斯，总投资额7亿美元，是牙买加南北政治、经济互联互通的重要枢纽。在巴拿马，2018年7月，中国交通建设股份有限公司和中国港湾工程有限责任公司联营体成功中标巴拿马运河第四桥项目，中标合同价14.2亿美元，这是未来几年在巴拿马乃至中美洲最受关注的重点工程，也是中资企业在美洲地区中标的最大桥梁单体项目。

中国企业在基础设施建设方面具有明显的优势，而拉美在基础设施领域有着强烈的现实需求。中拉在基础设施领域的合作，不仅可以为中国企业带来前所未有的发展机遇，而且对改善拉美国家经济发展条件至关重要，为拉美国家带来福祉和发展动力，也为深化中拉务实合作、推动中拉关系的进一步发展奠定坚实的基础。

四　拉美地区经济形势展望

拉美和加勒比地区经济增速在 2019 年预计会进一步放缓。从外部环境来看，全球经济活动弱于预期，不确定性继续增加，中美贸易紧张局势、主要经济体经济增长放缓等都对该地区经济带来负面影响。从地区内部来看，2019 年拉美地区有多个国家将进行大选，政治不确定性增加。经济增长放缓使得多个国家实施偏向宽松的货币政策，但在公共债务高企的情况下，财政整固成为该地区许多国家的优先事项。在全球经济和贸易增长放缓以及国内需求下降的情况下，2019 年拉美和加勒比地区经济增长预计为 0.2%。

参考文献

[1] ECLAC, *The Economic Infrastructure Gap and Investment in Latin America*, FAL Bulletin Issue No. 332, 2014.

[2] ECLAC, *Economic Survey of Latin America and the Caribbean: The New Global Financial Context: Effects and Transmission Mechanisms in the Region*, United Nations, 2019a.

[3] ECLAC, *Fiscal Panorama of Latin America and the Caribbean: Tax Policies for Resource Mobilization in the Framework of the 2030 Agenda for Sustainable Development*, United Nations, 2019b.

[4] ECLAC, *Foreign Direct Investment in Latin America and the Caribbean*, United Nations, 2019c.

[5] ECLAC, *International Trade Outlook for Latin America and the Caribbean: Stronger Regional Integration Urgent to Counter Impact of Trade Conflicts*, United

Nations, 2018.

[6] ECLAC/ILO, *The Employment Situation in Latin America and the Caribbean: The Future of Work in Latin America and the Caribbean: Old and New Forms of Employment and Challenges for Labour Regulation*, Number 20, May 2019.

[7] IDB, *Building Opportunities for Growth in a Challenging World, Latin American and Caribbean Macroeconomic Report*, 2019.

[8] IMF, *World Economic Outlook: Still Sluggish Global Growth*, July 2019.

[9] OPEC, *Annual Statistical Bulletin*, 2019.

Y.9
西亚非洲经济：下行风险提高

田　丰*

摘　要：西亚北非国家经济增长大幅放缓，2019年经济增长率甚至不到世界平均水平的1/3，增长态势极为疲弱。西亚北非地区经济增长态势不佳的主要原因是地缘政治因素和石油限产协议影响了该地区石油出口国石油部门的产出，导致该地区石油出口国经济增速下滑。撒哈拉以南非洲地区的经济增长较为平稳，但同时经常账户赤字扩大、政府债务与GDP之比提升，并且尼日利亚、南非和安哥拉等次区域主要经济体经济活动疲软。展望未来，伴随着世界经济形势的相对好转，西亚非洲地区的经济增速将有所提高，预计2020年西亚北非地区经济增长速度将达到2.9%，撒哈拉以南非洲地区将达到3.6%。即使如此，西亚非洲地区经济增长下行风险仍然提高。

关键词：西亚北非　撒哈拉以南非洲地区　经济增长　地缘政治

正如我们在《2019年世界经济形势分析与预测》中所预测的那样：① 2018年西亚北非地区经济增长动力减弱，来自IMF的数据显示，[①]2018年西亚北非地区全年的增长率为1.9%，明显弱于2017年经济增长2.3%的水平；

---

* 田丰，中国社会科学院世界经济与政治研究所研究员，主要研究领域：国际贸易、国际投资与经济发展。

① 在没有特别说明的情况下，本文数据来自IMF世界经济展望数据库（World Economic Outlook Database）,https://www.imf.org/external/pubs/ft/weo/2019/02/weodata/download.aspx，2019年10月21日下载。

② 2018 年撒哈拉以南非洲地区经济增长较为平稳，但是增速仍显著低于新兴市场和发展中经济体的平均经济增长水平。2018 年撒哈拉以南非洲地区的经济增长率为 3.2%，相对于 2017 年 3% 的经济增长水平大体保持相对稳定，但是 2018 年新兴市场和发展中经济体的平均经济增长率为 3.9%，这表明撒哈拉以南非洲地区要解决发展问题任重道远。总体而言，我们在《2019 年世界经济形势分析与预测》中较为准确地预测了西亚非洲地区经济发展态势。

一　西亚非洲经济形势回顾：2018~2019 年

西亚北非国家经济增长大幅放缓。2018 年西亚北非地区经济体平均增长 1.9%，预计 2019 年进一步放缓至 0.9%，而同期世界经济增长率预计为 3%（见图 1），这意味着西亚北非地区 2019 年经济增长率甚至不到世界平均水平的 1/3，增长态势极为疲弱。

西亚北非地区经济增长态势不佳的主要原因是该地区石油出口国经济增速减缓，2018 年仅增长 0.6%，2019 年预计负增长 0.7%。同期，该地区石油进口国经济增速远高于石油出口国，2018 年为 4.4%，2019 年预计为 3.8%。地缘政治因素和石油限产协议影响了西亚北非地区石油出口国石油部门的产出。尤其是伊朗因美国制裁，经济活动严重收缩，拖累了西亚北非地区石油出口国的总体增长。[①] 另外，为平衡全球石油市场、稳定油价，以沙特阿拉伯为首的 14 个欧佩克成员国和包括俄罗斯在内的 10 个非欧佩克国家，约定自 2019 年 1 月 1 日起，至 2020 年 3 月 31 日[②]，将原油日产量减少 120 万桶（与 2018 年 10 月相比）。此举直接限制了沙特等海湾合作委员会（GCC）经济体以及北非阿尔及利亚等的石油行业增长。[③] 尽管如此，沙特、阿联酋等海合会成员由于财政状况好转和政府支出增加，非石油部门发展势头良好。然而，

① 对伊朗的分析详见本文第二部分。

② 2018 年 12 月达成协议时规定生效期是 2019 年 1 月 1 日至 6 月 30 日，2019 年 7 月将该协议延长到 2020 年 3 月 31 日。

③ 对沙特的分析详见本文第二部分。

2019 年 9 月以来的一系列事件（包括沙特油田遇袭、伊朗油轮爆炸、土耳其出兵叙利亚[①]等）表明波斯湾紧张局势加剧，市场信心因此受到打击，各大机构纷纷调低了对伊朗和沙特等国 2019 年经济增长前景的预期。在西亚北非地区石油进口国中，埃及表现突出，2018 年经济增长率高达 5.3%[②]。摩洛哥受农业附加值下滑和外需减少影响，2018 年经济增速为 3%，较上年有所放缓。突尼斯由于农产品收益提高和旅游收入增加，2018 年经济增长率达到 2.6%。为保持增长动力，西亚北非地区石油进口国需要继续改善营商环境、鼓励外商直接投资、提升本国人力资本。

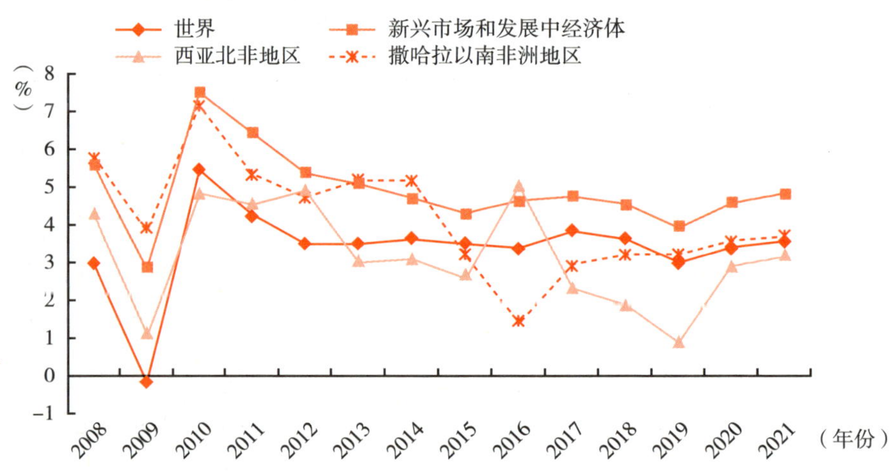

图 1　2008~2021 年西亚非洲地区经济增长率

注：2019~2021 年为预测值。

资料来源：IMF World Economic Outlook database, October 2019。

西亚北非大部分地区的通货膨胀得到控制。在石油出口国中，2018 年沙特与阿联酋的通胀率[③]在 3% 左右，阿曼、科威特和卡塔尔等国甚至不到 1%，仅伊朗受制裁影响通胀率高达 30.5%。石油进口国虽然 2018 年的平均通胀率

① 叙利亚不是主要产油大国，但是是石油运输的重要节点。

② 对埃及的分析详见本文第二部分。

③ 以消费者价格指数衡量，下同。

高达 12.7%，但大多数经济体通胀率在 5% 以下。推高平均通胀率的国家主要有两个：埃及和苏丹。埃及 2018 年通胀率为 20.9%，原因在于埃镑贬值和取消补贴的财政改革推动物价快速上涨，由于埃及宏观经济整体稳定，预计 2019 年通胀率将快速回落至 13.9%。苏丹 2018 年通胀率高达 63.3%，不同于埃及，苏丹的高通胀来自经济危机。经济危机与高通胀引发了广泛的群众抗议，2019 年 4 月苏丹发生军事政变，执政近 30 年的巴希尔政权倒台。政变后，军方和反对派的对立冲突不断，社会经济秩序遭到严重破坏，市场供应难以恢复，预计 2019 年高通胀仍将持续。

较为温和的通货膨胀为西亚北非国家货币政策提供了空间。该地区多数国家在法律上或事实上仍维持着与美元或一篮子货币（主要由美元和欧元组成）挂钩的汇率制度。[①] 在全球经济放缓和不确定性增加的情况下，相对较低的通货膨胀率使得该地区经济体能够追随美欧相对宽松的货币政策，降低利率，而不用担心通胀的压力。随着美国等发达经济体和一些新兴经济体转向更加宽松的货币政策，西亚北非国家 2019 年的融资环境有所改善。海合会成员国由于低油价和财政支出增加，融资需求巨大。2019 年 4 月，沙特阿拉伯国家石油公司（Saudi Aramco）首次国际债券发行就获得高达 120 亿美元的融资。海合会经济体虽然公共债务水平较低、偿债能力强，但是大规模债券发行无疑将使这些国家更容易受到全球金融市场波动的影响。西亚北非的石油进口国平均公共债务水平约为 GDP 的 90%[②]，宽松的融资环境便利这些国家筹集资金以增加公共支出和政府投资，但在公共债务水平高、银行部门脆弱的情况下，这些国家必须对未来全球利率波动及其可能带来的金融风险保持高度警惕。

撒哈拉以南非洲地区的经济增长较为平稳，2018 年经济增长 3.2%，预计 2019 年经济增长速度将与 2018 年持平。但是尼日利亚、南非和安哥拉等次区域主要经济体经济活动疲软，对次区域经济增长拉动力不足。2018 年尼

---

① 《2019 年中东和北非（MENA）国家经济发展平稳》，中华人民共和国驻约旦哈希姆王国大使馆经济商务参赞处，2019 年 9 月 28 日。

② World Bank, *Global Economic Prospects: Heightened Tensions, Subdued Investment*, June 2019.

日利亚经济增长1.9%，南非经济增长0.8%，安哥拉经济负增长1.2%。在尼日利亚，石油行业由于持续不确定的政策环境限制了对新产能的投资，增长乏力；[①]南非私人投资不振，出口低迷，经济增长低于预期；安哥拉边际油田产量下降，导致2018年经济仍为负增长。东非是2018年非洲经济增长最快的区域，动力主要来自内需和基础设施领域公共支出的较快增长，其中埃塞俄比亚、吉布提、肯尼亚、卢旺达、坦桑尼亚和乌干达等国经济增速较高，仅布隆迪经济增速在3%以下[②]。此外，刚果民主共和国、乍得、毛里塔尼亚等受益于对新产能的持续投资，石油和矿业产出增长态势良好；贝宁、科特迪瓦、卢旺达等国连续多年的丰收促进了农业出口；布基纳法索消费增长强劲；科特迪瓦、塞内加尔等国私人投资旺盛。天气状况对该地区一些国家的经济增长造成了负面影响。安哥拉、博茨瓦纳、埃塞俄比亚、肯尼亚、莱索托、纳米比亚、赞比亚和津巴布韦等国遭受了严重的干旱。2019年3月和4月，飓风“艾代”和“肯尼斯”影响了非洲南部和东部，造成了重大人员伤亡和20多亿美元的损失，科摩罗、马拉维、津巴布韦、莫桑比克等国经济增长因此大受冲击。萨赫勒地区[③]的安全紧张局势继续加剧，该地区国家报告的恐怖主义事件在2019年上升了75%（按1~9月的年化计算）[④]，布基纳法索、马里和尼日尔等国深受影响。

撒哈拉以南非洲地区通货膨胀率总体上稳中有降，2018年为8.5%，预计2019年微降至8.4%。2018年，西非经济货币联盟[⑤]通货膨胀率仅为1.1%[⑥]；

---

① 对尼日利亚的分析详见本文第二部分。

② 《联合国非经委预计2019年非洲经济增长3.4%》，中华人民共和国驻埃塞俄比亚联邦民主共和国大使馆经济商务参赞处，2019年6月2日。

③ 萨赫勒地区是非洲北部撒哈拉沙漠和中部苏丹草原地区之间的一条长超过3800千米的地带，从西部大西洋伸延到东部非洲之角，横跨塞内加尔、毛里塔尼亚、马里、布基纳法索、尼日尔、尼日利亚、乍得、苏丹共和国和厄立特里亚9个国家。

④ IMF, *Regional Economic Outlook: Sub-Saharan Africa: Navigating Uncertainty*, October 2019.

⑤ 西非经济货币联盟成立于1994年，成员包括贝宁、布基纳法索、科特迪瓦、马里、尼日尔、塞内加尔、多哥和几内亚比绍等8个西非国家。联盟宗旨是促进成员国间人员、物资和资金流通，最终建立西非共同体。

⑥ 《西非经货联盟经济增长快》，新浪网，2019年4月2日。

中非经济与货币共同体地区[①]连续两年经济状况不佳，通胀率仅为2.1%；安哥拉因外汇短缺、进口困难以及取消补贴，通胀率高达19.6%；南苏丹由于持续的经济危机，通胀率高达83.5%；肯尼亚、莱索托、纳米比亚、赞比亚、津巴布韦等国因遭受干旱，通胀率有所上升；利比里亚因货币大幅贬值，通胀率达到23.5%。一些国家在通货膨胀压力减轻情况下暂停了紧缩货币政策（如莱索托、南非、乌干达）或放松了货币政策（如安哥拉、加纳、尼日利亚）。

撒哈拉以南非洲地区政府债务与GDP之比提升，2018年为49%，2019年预计为50%。其中厄立特里亚、冈比亚、莫桑比克、刚果共和国、圣多美和普林西比、南苏丹、津巴布韦等国已经陷入债务困境，布隆迪、佛得角、喀麦隆、中非共和国、乍得、埃塞俄比亚、加纳、塞拉利昂、赞比亚等国债务危机风险高企。[②]债务结构变化进一步加大了该地区国家发生债务危机的风险。非优惠融资已占撒哈拉以南非洲地区外债总额的60%左右，比21世纪头十年高出约1/3。[③]非优惠融资比重提高意味着借贷国利息负担更高，债务可持续性压力加大。

二　西亚非洲主要国家经济形势回顾

（一）埃及：经济增长持续向好

埃及经济增长持续向好，2018年经济增长率为5.3%，预计2019年增长5.5%。埃及经济增长的主要原因包括：①政治稳定。埃及2019年4月通过宪法修正案，将塞西的第二个总统任期从4年延长至6年，并允许他之后再连任6年，这意味着现年64岁、健康状况相对较好的塞西总统很可能会执政到2030

① 包括喀麦隆、中非、乍得、刚果共和国、赤道几内亚、加蓬等国。

② IMF, *Regional Economic Outlook: Sub-Saharan Africa: Navigating Uncertainty*, October 2019.

③ World Bank, *Global Economic Prospects: Darkening Skies*. Washington, D.C.: World Bank, January 2019.

年。[①] 宪法修正案同时通过几个重大改进加强了总统对其他权力部门的控制，具体包括：设立副总统办公室；建立上议院（参议院），其中1/3的议员由总统任命；总统直接监督对司法的任命；扩大军队的作用等。②持续的改革。政治上的稳定意味着塞西总统领导的改革方向将持续。塞西上台后国内政策侧重于经济发展与安全，特别是在动荡不安的西奈半岛和其他贫困地区。建筑业和能源业是埃及经济增长的主要引擎。埃及政府现正与私人承建商合作，推行多项低收入房屋计划，同时在开罗以东兴建新首都，新首都预计将于2020年建成。Zohr气田于2017年底投产，埃及对燃料进口的需求因而大幅降低，但资本进口仍保持高位以支持该国的基础设施项目。受此影响，2018/2019财年[②]埃及国际收支（BOP）赤字额达1.02亿美元，其中经常账户赤字扩大至82亿美元，高于上年的60亿美元[③]。由于经济持续向好以及投资环境改善不断，埃及失业率下降，商业信心不断恢复，私人消费增长，投资增加，从而为未来经济进一步增长提供了良好支撑。因此，尽管2019/2020财年埃及旅游、汇款和苏伊士运河等收入来源可能会受到全球增长放缓的影响，但总体上增长态势仍将维持，并且贸易逆差也会因天然气出口增长而有所减少。

影响埃及经济增长的不利因素主要包括：①埃及主要出口市场欧洲经济放缓，对欧出口和旅游业下行压力加大；②2019年4月埃及开始了最新一轮燃料补贴削减，企业生产成本增加；③受补贴削减以及食品价格上涨影响，通胀水平处于高位；④尽管2018年2月大规模反恐行动成效显著，但是恐怖活动的风险仍然存在，可能间歇性对旅游区、军事和宗教目标发动袭击。

（二）伊朗：陷入衰退

伊朗经济陷入衰退。伊朗2018年经济负增长4.8%，预计2019年衰退加剧，经济负增长9.5%。美国2018年5月宣布退出伊核协议，重新实施对

① 按照埃及现行宪法，总统最多可以连任两届，任期为四年。塞西2014年和2018年曾两次赢得总统大选。

② 2018年7月至2019年6月。

③ 《埃及2018~2019财年国际收支赤字1.02亿美元》，中华人民共和国驻阿拉伯埃及共和国大使馆经济商务参赞处，2019年10月22日。

伊朗制裁，并从2019年5月起不再给予中国大陆、印度、希腊、意大利、日本、土耳其、韩国和中国台湾等八个经济体进口伊朗石油的制裁豁免。受美国制裁影响，伊朗石油产量大幅下降。2019年6月，伊朗石油日产量从2018年上半年的平均382万桶下降至228万桶。[①]由于原油出口收入大幅减少，伊朗政府甚至计划在2020/2021财年（2020年3月开始）预算中去除原油收入，[②]而就在2019年初，伊朗还坚持将石油出口维持在每天150万桶作为预算基础。[③]投资者信心也因制裁遭受沉重打击。伊朗2018年外来投资仅为35亿美元，减少了30%以上，预计2019年还将进一步减少。[④]雪上加霜的是，2019年3~4月伊朗遭受了严重的洪涝灾害，道路和桥梁等基础设施大面积受损，灾害损失高达30万亿里亚尔，按照政府设定的官方汇率将近7.15亿美元。[⑤]

伊朗已经采取了一系列措施以减轻美国制裁对经济的负面影响，包括国内私人实体销售、易货交易、关闭油轮跟踪系统等。这些措施在短期内发挥了一定作用，美国将伊朗石油出口降至接近零的目标因而没有实现。此外，为支持欧洲与伊朗的非美元贸易，法国、德国和英国等设计出所谓的“贸易往来支持工具”（Instex，Instrument for Supporting Trade Exchanges）。然而，由于Instex机制涵盖范围极其有限（仅包括食品、药品和医疗器械），并且许多欧盟公司不愿冒着违反美国制裁的风险参与该机制，伊朗议会国家安全和外交政策委员会主席莫吉塔巴称之为“一个没有水的水桶，对伊朗毫无用处”。[⑥]伊朗还试图提高经济自给自足的程度，但是成效有限。为了稳定国内局势，伊朗放缓了国内改革进程，推迟实施削减国内补贴的计划，预计2019

① EIU，*Country Report: Iran*, October 2019.

② 《伊朗未来预算的三个主要收入来源》，中华人民共和国驻伊朗伊斯兰共和国大使馆经济商务参赞处，2019年10月2日。

③ 《伊朗：美对伊石油零出口失败 未来日石油出口维持150万桶》，人民网，2019年1月24日。

④ EIU，*Country Report:Iran*,October 2019.

⑤ 《洪水对伊朗造成严重损失》，中华人民共和国驻伊朗伊斯兰共和国大使馆经济商务参赞处，2019年4月2日。

⑥ 《伊朗称INSTEX是无水之桶于伊无意义》，中华人民共和国驻伊朗伊斯兰共和国大使馆经济商务参赞处，2019年8月2日。

年隐性和直接补贴总额将高达630亿美元。[①]

伊朗未来经济走势严重依赖于地缘政治的发展。我们认为，美国可能继续保持其“最大压力”战略。而在伊朗，由于伊核协议由温和派总统哈桑鲁哈尼主持完成，协议破裂严重削弱了其地位，国内强硬派影响力提升。在强硬派压力下，伊朗在短期内不会对美国让步，局部冲突的可能性提升。这些事件包括：伊朗2019年5月宣布中止履行伊核协议部分条款；7月，伊朗突破伊核协议，将低纯度浓缩铀库存提高至300公斤以上，丰度提高到5%（伊核协议规定的上限为3.67%）；9月7日，伊朗启动了“先进离心机”以增加伊朗浓缩铀储量；9月14日数架无人机袭击了沙特国家石油公司（阿美石油公司）的两处石油设施并引发火灾，美国指控伊朗参与了袭击；10月11日，伊朗国家石油公司的一艘油轮在红海发生爆炸后起火，伊朗随后指责美国、以色列和沙特阿拉伯实施了对伊朗油轮的攻击。

（三）沙特阿拉伯：阴影下的增长

沙特阿拉伯2018年经济增长2.4%，预计2019年增长速度回落至0.2%。地区紧张局势是沙特经济增长最突出的威胁。2019年9月14日，沙特两处石油设施遭到无人机袭击使石油产量减少一半，受影响的原油日产量近570万桶，约占世界石油日产量的5%。[②]尽管富余产能和石油库存帮助沙特在遇袭后快速恢复了石油供应，但是这一事件凸显了地缘政治因素带来的沙特经济增长脆弱性，打击了市场信心。我们认为，短期内，沙特经济增长将始终在地区冲突的阴影下进行，尤其是美国（沙特阿拉伯的主要战略伙伴）和伊朗之间的冲突以及沙特阿拉伯在也门开展的打击胡塞叛军（伊朗支持的扎伊迪什叶派组织）的军事行动。

沙特阿拉伯一直努力降低经济产出对石油部门的依赖，石油产量低于其在欧佩克和非欧佩克产油国减产协议（最近延长至2020年3月）中所承诺的

---

① 《伊朗预计2019年补贴将达630亿美元》，中华人民共和国驻伊朗伊斯兰共和国大使馆经济商务参赞处，2019年10月2日。

② 《沙特油田受袭击 国际油市全线大涨势头还能持续多久？》，新浪网，2019年9月16日。

水平。2019 年 6 月，沙特石油日产量为 978 万桶，比其承诺的每日 1030 万桶的上限低 5% 左右。① 尽管伊朗石油供应减少为沙特阿拉伯提升石油产量提供了空间，但出于对全球油价下跌的担心（尤其是在全球需求疲软之际），沙特不太可能大幅提升石油产量。

同时，沙特正逐步实行经济自由化政策，增强私营部门的作用。沙特资本市场管理局（Capital Market Authority）2019 年 6 月宣布，将取消此前对外国战略投资者持有上市公司 49% 股权的限制，以鼓励国内资本市场的增长。同时，沙特试图将公共投资基金（PIF）转型为一支总额高达 2 万亿美元的主权财富基金，资金来源为出售国有资产、土地以及国有石油公司沙特阿美（Saudi Aramco）少数股权所获得的收入。沙特准备将 PIF 的 50% 投资于海外资产，并希望其投资回报将有助于降低沙特对石油部门的依赖。沙特“2030 愿景”的两大支柱近期也取得重要进展：阿美首次公开募股即将进行②，位于沙特西北部、投资规模达 5000 亿美元的工商业新城 NEOM 即将进入大规模实施阶段③。

由于沙特货币里亚尔盯住美元，为保持主要利率走势与美国一致，沙特于 2019 年 7 月与 9 月两次降息，每次将基准利率下调 25 个基点。相对宽松的货币政策有利于沙特的经济增长，但是地区紧张局势加剧、部分主要国家贸易保护主义抬头以及当地劳动力技能短缺仍将是沙特未来经济增长的重要制约。

（四）尼日利亚：进入低增长周期

尼日利亚的经济状况相对于 2017 年有所改善，2018 年经济增长 1.9%，预计 2019 年经济增长 2.3%。但是尼日利亚作为非洲最大的经济体，这样的经济增长速度显然偏低，甚至显著低于 2018 年撒哈拉以南非洲地区平均增长

---

① EIU, *Country Report:Iran*, October 2019.

② 《阿美总裁称阿美“即将”上市》，中华人民共和国驻沙特阿拉伯王国大使馆经济商务参赞处，2019 年 10 月 2 日。

③ 《NEOM 完成规划将转入实施阶段》，中华人民共和国驻沙特阿拉伯王国大使馆经济商务参赞处，2019 年 10 月 2 日。

3.2% 的水平。电力短缺、安全状况不佳、高通胀和信贷紧缩等因素制约了尼日利亚的经济增长。在农业领域，尽管提高粮食产量是政府的一项重要目标，但薄弱的基础设施导致农业增长乏力；石油行业的劳工骚乱、电力短缺以及来自国外廉价商品的竞争影响了尼日利亚的工业生产；受到信贷紧缩影响，房地产与金融业的发展状况不佳。2019 年第二季度，尼日利亚国内生产总值（GDP）为 35.2 万亿奈拉，同比增长 1.94%。其中，制造业同比下降 0.13%；农业和建筑业分别同比增长 1.79% 和 0.67%，增速均有所回落；金融保险业和房地产业分别同比下降 2.24% 和 3.84%。①

尼日利亚安全状况不佳。在东北部，政府与两个伊斯兰恐怖组织的冲突正在升温；在南部，定居的农民和争夺土地的游牧民族之间的暴力冲突近年来已造成数千名平民死亡，产油区激进分子要求加大石油收入中用于地方开发的比例，骚乱不断发生，石油盗窃行为猖獗；在北部和西北部普遍存在盗匪活动和绑架活动，这主要源于经济前景黯淡带来的贫困和失业。尼日利亚的许多武装组织跨越陆地和海洋边界，因此需要国际合作来应对。但是，尼日利亚与美国的关系喜忧参半，特朗普政府愿意向尼日利亚出售军事装备，同时又不满于美国对尼日利亚的贸易逆差。而尼日利亚本国的军队和警察无论是在人数上还是在装备上都无法有效应对各方面的安全威胁。

尼日利亚财政状况堪忧。随着石油收入减少，2015 年以来尼日利亚财政收支缺口不断扩大，实际财政收入年均低于计划的 45% 以上，而实际支出则翻了一番，达 7 万亿奈拉（190 亿美元）。2018 年尼政府用于偿债的资金为 2.2 万亿奈拉，而用于基础设施建设的仅为 1.68 万亿奈拉。2019 年 5 月，尼日利亚财政收入缺口达 51.9%。若没有重大的财政改革，到 2024 年债务可能会增加到尼日利亚 GDP 的近 36%，利息支出将占收入的 74.6%。②IMF 因此不断呼吁尼日利亚加强财政管理，改善税收制度，提高税率，并实现经济多元

① 《2019 年二季度尼日利亚 GDP 增长 1.94%》，中华人民共和国驻尼日利亚联邦共和国大使馆经济商务参赞处，2019 年 9 月 2 日。

② 《尼日利亚财政状况令人担忧》，中华人民共和国驻尼日利亚联邦共和国大使馆经济商务参赞处，2019 年 9 月 2 日。

化。[①] 尼日利亚联邦执行委员会2019年9月中旬批准该国新的增值税税率为7.2%，在当前基础上提高2.5%，但尚未决定新税率的生效日期[②]。即使如此，尼日利亚税率仍处于全球较低水平，并且由于税基较低以及避税行为的广泛存在，税收收入目前仅占尼日利亚GDP的7%左右，需要进一步的财政政策改革以避免未来可能的财政危机。

（五）南非：大幅放缓

南非经济增长速度大幅放缓，2018年仅增长0.8%（2017年为1.4%），预计2019年有可能进一步下降至0.66%。2019年8月，南非采矿业较上年同期意外收缩3.2%，制造业下降1.8%，且为连续第三个月收缩。9月，制造业活动的采购经理人指数（PMI）从45.7降至41.6，表明制造业承受的压力加大。[③]

从外部环境看，全球经济放缓和主要国家贸易政策不确定性提高给南非资源产品出口和制造业生产带来了不利影响。但南非内部也存在一系列问题：①执政的非洲人国民大会（非国大）支持率下降。非国大虽然在2019年5月南非大选中获胜，总统拉马福萨得以连任，但从大选情况看，非国大的得票份额从2014年的62.1%下降到2019年的57.5%，连续第三次下降，在国民议会中的席位总数从249个下降到230个（总共400个席位）。而反对党“经济自由斗士”（Economic Freedom Fighters, EFF）的得票份额从2014年的6.4%增加到2019年的10.8%，席位总数从25个增加到41个。由于新政府面临一系列重大考验，包括促进投资、刺激经济增长和创造就业、改革南非国家电力公司、加大反腐力度、加快土地改革等，非国大支持率下降以及内部的深刻分歧将会影响改革进程的推进。②财政灵活性下降，税收上涨。南非国家

---

① 《IMF认为尼日利亚经济增速较慢》，中华人民共和国驻尼日利亚联邦共和国大使馆经济商务参赞处，2019年9月2日。

② 《联邦执行委员会确认将增值税税率提高至7.2%》，中华人民共和国驻尼日利亚联邦共和国大使馆经济商务参赞处，2019年9月2日。

③ 《南非8月份制造业生产连续第三个月萎缩》，中华人民共和国驻南非共和国大使馆经济商务参赞处，2019年9月2日。

电力公司 Eskom 近年来深陷经济困境，目前债务已经超过 4500 亿兰特（约合 307 亿美元）。[①]2019 年 7 月，政府向 Eskom 注入总额高达 41 亿美元的无预算纾困资金。受此影响，再加上经济增长连续多年疲软、税务机构重组以及其他（准）国有企业纾困需求，南非难以实现 2019 年 2 月设定的预算赤字目标（即占 GDP 的 4.5%）。为控制债务，防止信用评级进一步下调以致推高政府借贷成本，南非收紧了税收政策，这在一定程度上不利于经济增长。③南非经济增长的结构性障碍一直未能克服。这些障碍包括劳动力市场僵化、劳动者技能短缺、失业率居高不下、基础设施短缺、电力供应不足等。④政府政策不确定性持续存在。尤其是非国大支持无偿征收土地但尚未出台具体方案，土地权利面临不确定性；《黑人经济赋权法案》等政策有助于鼓励黑人企业，但相关法律不断变化。政策不确定性打击了投资者的信心，影响了南非的经济增长。

三　西亚非洲地区经济展望

展望未来，西亚非洲地区的增长将有所反弹，预计 2020 年西亚北非地区经济增长速度将达到 2.9%，撒哈拉以南非洲地区将达到 3.6%。即使如此，西亚非洲地区经济增长下行风险依然在提高，[②] 风险主要来自以下几个方面。

一是安全风险。除上文中已经提到的伊朗、沙特、叙利亚、尼日利亚等国以外，还有一些西亚非洲地区安全风险明显，包括：伊拉克全国范围内持续的暴力抗议，已造成逾百人死亡；尼日尔多索大区多贡杜奇省发生武装冲突；卢旺达北部省穆桑泽县遭袭；马里基达尔维和人员遭袭死亡，莫普提政府军营遭袭损失惨重；刚果（金）上加丹加省政府军与民兵交火冲突；布基纳法索苏姆省、巴姆省袭击事件频发，萨赫勒大区乌达兰省清真寺遭袭；安

① 《南非政府：国家电力公司处于“危机”计划以“创新思维”应对挑战》，新浪网，2019 年 10 月 14 日。

② IMF 在 2019 年 10 月发布的《撒哈拉以南非洲地区经济展望》（*Regional Economic Outlook: Sub-Saharan Africa: Navigating Uncertainty*）就指出，撒哈拉以南非洲地区约三分之二国家的增长低于此前预期。

哥拉民间个人及社会团体接连发起反政府示威，要求总统下台；索马里首都亚丁 - 阿德国际机场遭炮击。[①] 武装冲突、恐怖袭击和暴力事件直接破坏基础设施和工农业生产，损害跨境贸易和投资，打击旅游业，严重影响经济增长。如果武装冲突和低增长形成恶性循环，民粹主义政策在西亚非洲地区可能会变得更加普遍。

二是改革拖延或逆转风险。如前所述，西亚非洲为了实现可持续增长正在进行多方面改革，包括改善营商环境、促进经济多样化、鼓励市场竞争、进行财政整顿、加强预算管理以及削减补贴等。但在经济、政治和社会压力下，改革进程很可能出现拖延、反复或逆转。伊朗在美国制裁下为了安抚国内情绪取消了补贴改革计划，苏丹财政改革成为军事政变的直接导火索。相关研究也表明，撒哈拉以南非洲一些国家在进行总统或议会选举时，财政赤字往往会出现一个小高峰。[②]2020 年，布基纳法索、布隆迪、中非共和国、科摩罗、科特迪瓦、埃塞俄比亚、加纳、几内亚、塞舌尔、坦桑尼亚和多哥等多个国家将进行总统或议会选举。在全球经济放缓、地区安全风险提升、民粹主义情绪可能抬头的情况下，西亚非洲国家的改革者将承受巨大压力。

三是外部风险。外部风险包括主要贸易伙伴经济增速不如预期、贸易保护主义抬头和油价波动等。中国、欧元区和美国这三个经济体加起来占撒哈拉以南非洲地区出口的1/3以上、外国直接投资流入的1/5以上[③]。如果主要贸易伙伴经济增长增速不如预期或贸易保护主义抬头，不仅将通过双边贸易与投资途径直接影响西亚非洲国家的经济增长，还将通过影响世界经济增速间接放大对西亚非洲经济发展的负面影响。当前，全球经济增速不如预期对世界油价造成下行压力，而地缘政治因素和武装冲突有可能造成石油供应中断或大幅减少，抬升油价。我们认为，世界油价呈下行趋势，间以突发事件造成短期上涨，即波动风险提高。油价波动加大了西亚非洲地区国家政策制定

① 中国贸促会海外安保信息技术经贸摩擦预警中心、北京安库、ICC-iCover 全球安全研究信息数据库。

② Ebeke, C., and D. ölcer, “Fiscal Policy over the Election Cycle in Low-Income Countries” , IMF Working Paper 13/153, Washington, D.C., 2013.

③ IMF, *Regional Economic Outlook: Sub-Saharan Africa: Navigating Uncertainty*, October 2019.

的难度，石油出口国和进口国的经济增长、财政整顿和重大项目投资有可能出现摇摆。

参考文献

[1] EIU, *Country Report*, October 2019.

[2] IMF, *Regional Economic Outlook: Sub-Saharan Africa: Navigating Uncertainty*, October 2019.

[3] IMF, *World Economic Outlook: Global Manufacturing Downturn, Rising Trade Barriers*, October 2015.

[4] World Bank, *Global Economic Prospects: Heightened Tensions, Subdued Investment*, June 2019.

[5] World Bank, *Africa's Pulse: An Analysis of Issues Shaping Africa's Economic Future*, No. 20, October 2019.

[6] UNECA, *Economic Report on Africa 2019: Fiscal Policy for Financing Sustainable Development in Africa*, March 2019 .

Y.10 中国宏观经济形势分析与展望：走出低迷仍待政策发力

张 斌 徐奇渊*

摘 要：2019年中国经济面临下行压力，增速逼近年初给定增长目标区间的下限。从经济运行环境来看，2019年外部经济总体下行，全球贸易争端频发；内部的广义信贷和广义政府支出增速均处于低位，制约了内需扩张。从物价水平来看，CPI核心通胀率和PPI持续下行，2019年8月分别降至1.5%和-0.8%。结合PMI和企业利润等指标来看，整体上中国经济运行面临较大下行压力，增速低于潜在水平。在中美贸易摩擦的背景下，我们对未来的政策框架给出了建议：第一，进一步增强汇率弹性，留足货币政策空间；第二，实施稳总量、优结构和增韧性的精细化积极财政政策。

关键词：中国经济 广义信贷 广义政府支出 经济政策

2019年，在内外压力交织的背景下，中国经济增速较上年进一步下行。一方面，全球主要经济体需求不振、国际贸易争端频发，全球贸易增速放缓至多年来的最低水平；另一方面，中国经济处于转型期，资本密集型企业跨过了发展高峰期、企业信贷增长急剧下降，新兴的服务业和创业企业又难以

* 张斌，中国社会科学院世界经济与政治研究所研究员主要研究领域为财政税收理论与政策；徐奇渊，中国社会科学院世界经济与政治研究所研究员，主要研究领域为国际金融学、中国宏观经济政策。

通过信贷获得充足的融资，再叠加去杠杆背景下的紧信用状况未得到根本性的改善，国内的广义信贷增速持续下降，造成了总需求不足。

在此内外压力的背景下，始于 2018 年 8 月非洲猪瘟的影响自 2019 年中期以来逐渐变大，CPI 和 PPI 走势出现了较大的背离。这就进一步加剧了宏观经济政策决策的复杂性。中国经济究竟处于潜在增速之上还是之下？当前的货币金融政策、政府支出政策是否需要进行相应的调整？本文对这些问题尝试给出了观察和分析。

一　当前经济增速低于潜在水平

经济运行是否低于潜在增速，判断标准不在于 GDP 增速，而在于价格，以及 PMI、劳动力市场、企业盈利等辅助指标。自 2018 年初以来，就业、企业盈利、PMI、核心 CPI、PPI 等指数一直在持续下降通道当中，说明中国经济当前总体面临的是需求不足和日益增加的通缩压力。

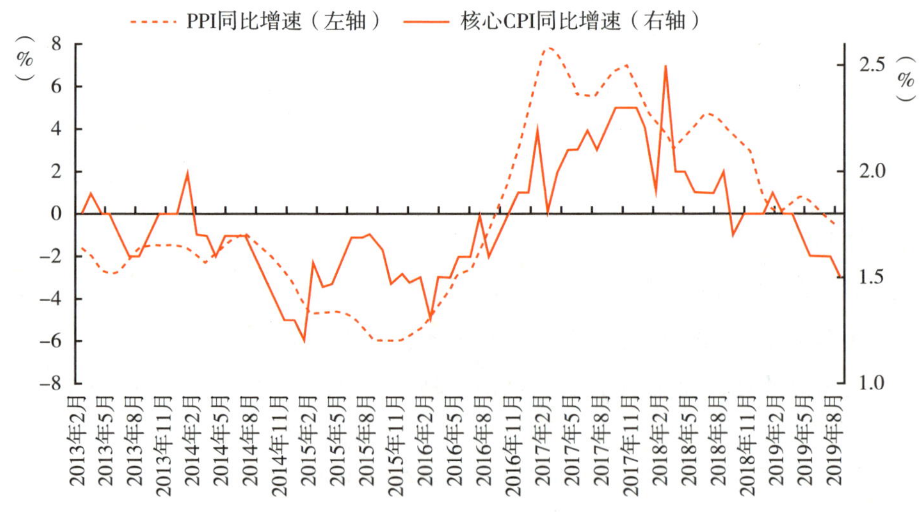

图 1　CPI 和 PPI 同比增速均处于周期性低位

资料来源：国家统计局，Wind 金融数据终端，2019。

2019 年 CPI 从年初的 1.7% 上升到 8 月的 2.8%，仅从这个指标看不应该担心通缩，应担心通胀才对。然而此轮 CPI 上涨与过去几轮 CPI 上涨有着显著不同。过去几轮通胀背后都能看到货币扩张的支持，本轮则没有。过去几轮都是 PPI、食品和非食品价格的普遍上涨，而本轮只有猪肉带动的食品价格上涨，其他商品和服务的价格普遍下跌。过去几轮的通胀的主要原因是需求过旺，而本轮 CPI 上涨则是供给冲击，仅看 CPI 走势会误判对总需求变化的认知。

剔除食品和能源价格的核心 CPI 全面反映物价水平，且较少受到供给冲击影响，是各国货币当局决策中重点参考的价格指标。2018 年初以来，CPI 核心通胀率已经从 2.5% 下降至 2019 年 8 月的 1.5%，降幅达 1.3 个百分点。2017 年初以来，PPI 同比增速已经从 7.8% 降至 2019 年 8 月的 -0.8%，降幅达 8.6 个百分点。与此同时，制造业采购经理人指数（PMI）在 2017 年 9 月达到 52.4 的局部峰值后，大体上表现出周期性的下行态势。截至 2019 年 9 月，PMI 已经连续 5 个月低于 50 的荣枯线。

核心 CPI 与 PPI 运行轨迹高度趋同，因此我们用 PPI 作为物价水平代表，观察该指标与其他经济指标的关系。

其一，PPI 提升伴随经济景气程度（PMI）和就业（PMI 就业）的显著改善，当前的物价与 PMI、物价与 PMI 就业组合远低于趋势线。PPI 提升伴随企业盈利显著改善，但不会增加工业企业真实产出。我们没有使用调查失业率作为判断经济是否低于潜在增速的指标，主要原因在于这个指标发布时间较短，对经济变化的反应相对滞后，与其他关键宏观经济指标的相关性差。在高收入国家的货币政策操作实践当中，劳动力市场指标也并非通用的决策依据指标。

当前经济环境下，提升物价能显著提高企业、劳动力市场景气程度，改善企业利润，并且在工业部门也不会带来新增产能。其中的机制也非常直观：短期内，价格对企业收入的影响举足轻重，在一个温和而不是低迷的价格水平上，企业收入好转，企业的盈利和雇佣随之好转。虽然工业部门企业并不会因短期内的价格改善而提高工业产量，但是景气环境对非工业部门的产出有带动作用。

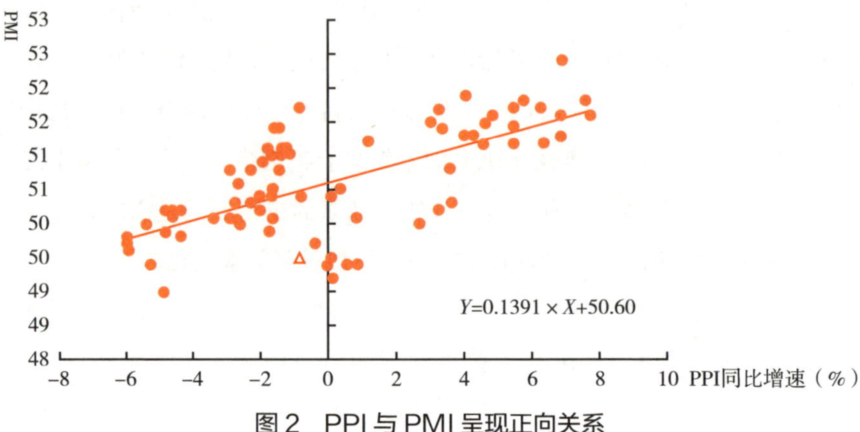

图 2　PPI 与 PMI 呈现正向关系

注：三角形代表 2019 年 8 月的情况。

资料来源：国家统计局，Wind 金融数据终端，2019。

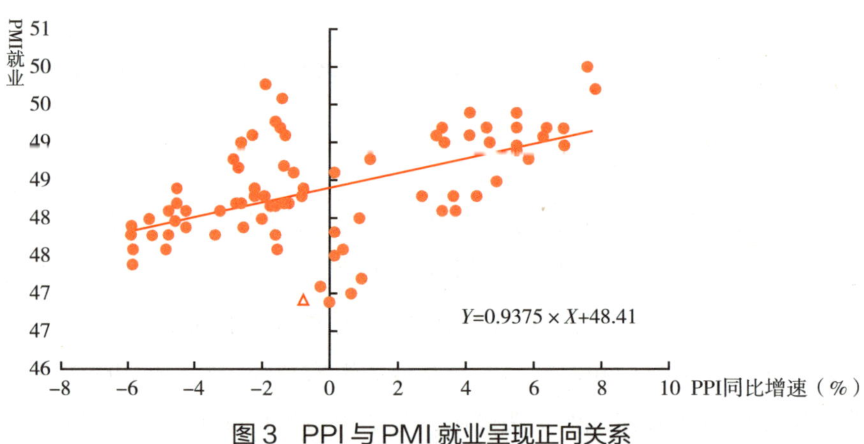

图 3　PPI 与 PMI 就业呈现正向关系

注：三角形代表 2019 年 8 月的情况。

资料来源：国家统计局，Wind 金融数据终端，2019。

作为一项滞后指标，PMI 就业分项指数在 2018 年 8 月达到了 49.4 的峰值，之后进入下行阶段。从 2019 年 1 月开始，PMI 就业分项指数开始保持在 48 以下，2019 年 9 月已降至 47.0。非制造业的就业情况稍显乐观，本轮周期的峰值也出现在 2018 年 8 月，数值为 50.4，到 2019 年 9 月已经降至 48.2，且已经持续一年处于 49 之下。可见，制造业和非制造业的就业分项指数，均处于收缩区间，而且呈现收缩加剧的趋势。从工业企业利润的累计同比增速来看，截至 2019 年 8 月，该增速已经连续 8 个月处于负增长区间，与 2018 年全年 10.3% 的增速相比大幅走低。

二　宏观环境：广义信贷反弹乏力，广义政府支出下行

广义信贷反弹乏力。[①]2019 年 8 月，广义信贷规模存量（社会融资规模 - 股权融资 + 国债 + 地方政府一般债）同比增速为 10.8%，较第 1 季度、第 2 季度末增速均有所走低，同时也几乎是年内最低增速。2019 年 8 月，社会融资总额存量同比增速 10.7%，较第 2 季度末下滑 0.2 个百分点，较第 1 季度末增速持平。同时，广义货币 M2 同比增速 8.2%，较第 1 季度、第 2 季度末增速均有所下滑，这一增速与 2018 年全年几乎持平。

从广义信贷的结构来看，非金融企业、政府和居民三个部门在 2019 年 8 月的广义信贷存量同比增速分别为 7.6%、16.8% 和 16.2%。其中，政府和居民的广义信贷存量同比增速均为年内最低增速，甚至还低于 2018 年末增速。非金融企业的广义信贷存量同比增速相对稳定，但也尚未看到回升态势。

与此同时，广义政府支出发力有限。财政收入方面，2019 年 1~8 月，公共财政收入累计同比增速为 3.2%，较 2018 年全年增速下降了 3 个百分点；政府性基金收入累计同比增速为 6.4%，较 2018 年全年增速下降了 16.2 个百分点。财政支出方面，2019 年 1~8 月，公共财政支出累计同比增速为 8.8%，与 2018 年的全年增速基本持平，但是较第 1 季度、第 2 季度增速均有所下降；政府性基金支出累计同比增速为 30.8%，较 2018 年全年增速略有下降，但是较第 1 季度和第 2 季度增速下滑明显。

如果扩大政府支出的口径，包含主要用于基建投资的地方政府隐性债务，可以定义：

---

① 对广义信贷下降原因有兴趣的读者，欢迎参阅张斌《经济结构转型与广义信贷》，《比较》2019 年第 4 期。

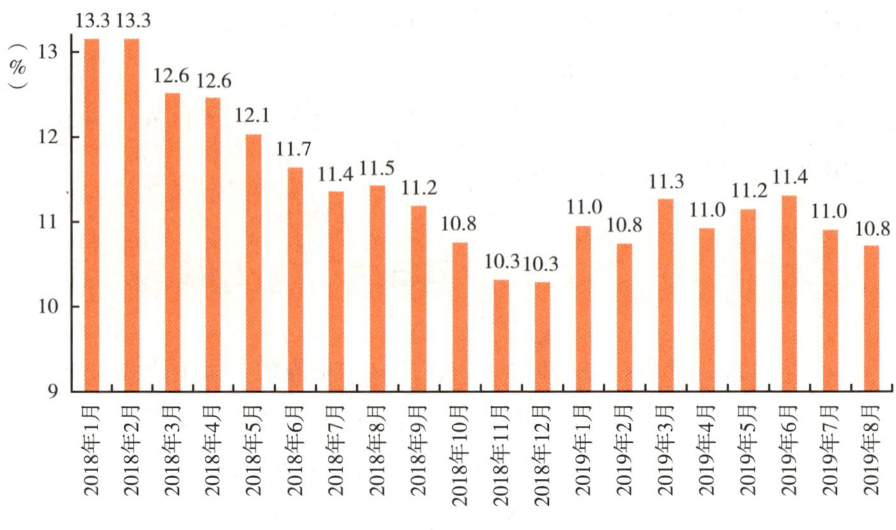

图 4　广义信贷存量同比反弹乏力

资料来源：中国人民银行，Wind 金融数据终端，2019。

广义政府支出 = 基建投资支出 + 公共财政支出 + 全国政府性基金支出 − 财政预算内基建支出 − 民间投资的基建支出[①]　　（1）

根据上式，截至 2019 年 8 月，广义政府支出累计同比增速为 11.5%，虽然较 2018 年全年增速略上升 1.4 个百分点，但是仍然较 2019 年第 1 季度、第 2 季度分别下降 8 个百分点和 0.9 个百分点。由此可见，广义财政支出增速反弹乏力，对应的广义政府支出发力有限。

三　展望：走出低迷仍面临诸多掣肘

下行压力犹存。外部经济仍在探底过程当中，未来难有起色，频繁的国

① 在（1）式的右边，前两项“基建投资支出”“公共财政支出”当中，均包含了“财政预算内基建支出”。所以出现了重复计算，需要减去第 4 项以做扣除。另外，“民间投资基建支出”本就不计入“广义政府支出”，需要从第 1 项中剔除。

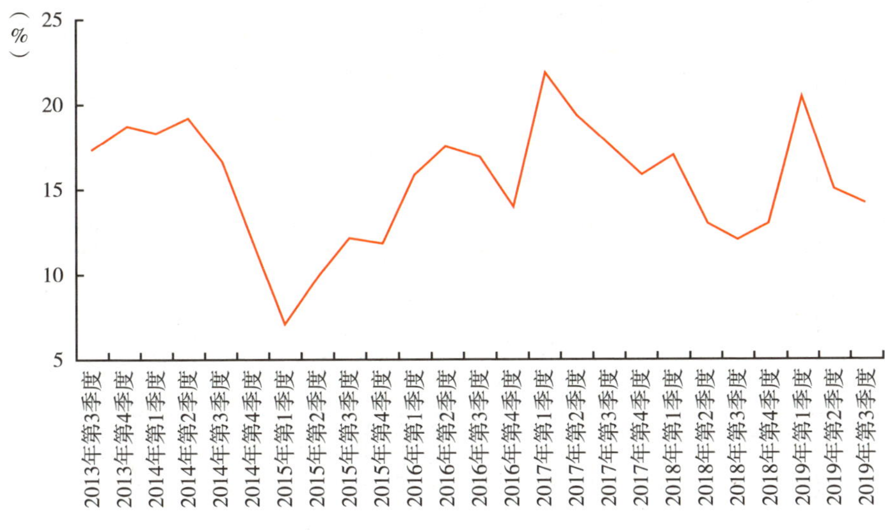

图 5　广义政府支出累计同比反弹乏力

注：2019 年 3 季度数据为 8 月数据。

资料来源：国家统计局，Wind 金融数据终端。

际贸易和投资争端给全球经济下行再添风险。内部需求孱弱，广义信贷上半年虽然经历了反弹但仍在低位，不足以支撑温和通胀水平，且未来面临进一步下行压力。房地产下行周期对经济的拖累更加明显，基建投资面临着资金来源和投资积极性的双重困扰。如果再遭遇中美贸易谈判或者金融市场的负面消息，经济信心更加堪忧。

出口仍将低迷。中国的出口增速与全球制造业景气程度以及全球贸易增速高度一致。从全球制造业 PMI、全球贸易的走势来看，本轮向下调整周期尚在途中，未来 1~2 个季度全球制造业 PMI 仍有下行压力。叠加中美贸易摩擦的影响显现，中国出口增速将保持在低位，甚至进一步下行。

广义信贷反弹乏力，不足以支撑温和通胀水平，且未来面临进一步下行风险。2017 年以来的广义信贷增量部分半数来自广义政府活动（包括地方融资平台），超过三成来自居民贷款（主体部分是住房抵押贷款），不足两成来自企业。2019 年初，在政府举债前置、地方融资平台信贷环境改善的带动下，广义政府信贷增加并带动了全社会广义信贷反弹。进入第 2 季度后，政策环

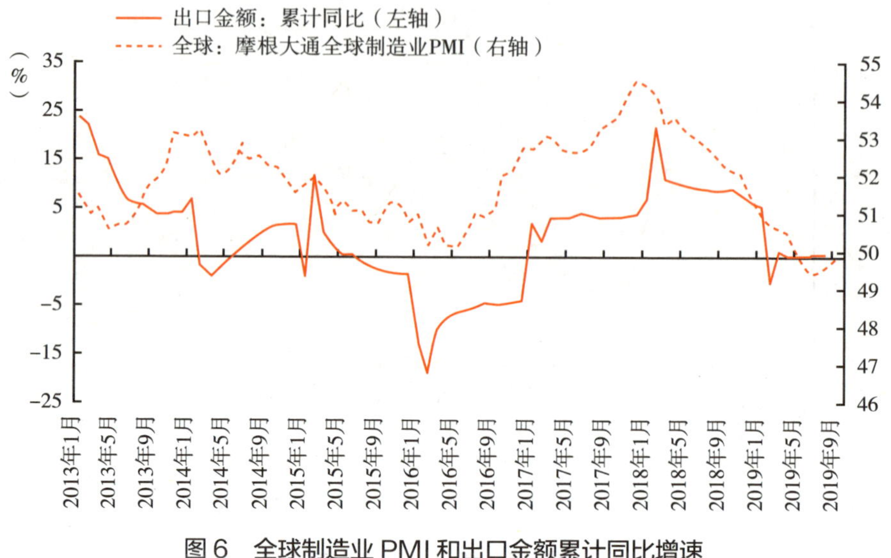

图 6　全球制造业 PMI 和出口金额累计同比增速

资料来源：中国海关，Wind 金融数据终端。

境再次收紧，再加上包商事件影响，广义信贷反弹力度减弱，目前仍停留在较低水平。考虑到接下来房地产下行周期将会拖累居民住房贷款，当前政策环境下基建融资仍面临诸多掣肘，后续广义信贷增长仍然面临下行风险。

周期性行业尚未走出底部。2019 年 8 月，商品房销售面积累计同比增长 -0.6%，已经持续 7 个月负增长，较 2018 年全年增速下滑 1.9 个百分点。2016~2018 年商品房销售分别为 15.7 亿平方米、16.9 亿平方米和 17.2 亿平方米，连续三个年份高于房地产销售趋势线，房价和居民部门杠杆率大幅上升。2019 年商品房销售面积大概率将回落至趋势线以下，全年房地产销售面积呈负增长态势。即便是放松房地产市场调控，政策放松不会一蹴而就，对房地产销售和投资的影响也有几个季度的滞后。

固定资产投资维持在低位。截至 2019 年 8 月，固定资产投资累计同比增速为 5.5%，较 2018 年全年增速下降 0.4 个百分点，较第 1、第 2 季度增速也均有所放缓。其中，2019 年 8 月，制造业投资累计同比增速已经降至 2.6%，2018 年全年增速为 9.5%；不含电力的基础设施投资累计同比增速为 4.2%，较 2018 年全年增速反弹 0.4 个百分点，与上年同期增速持平，显示仍然反弹

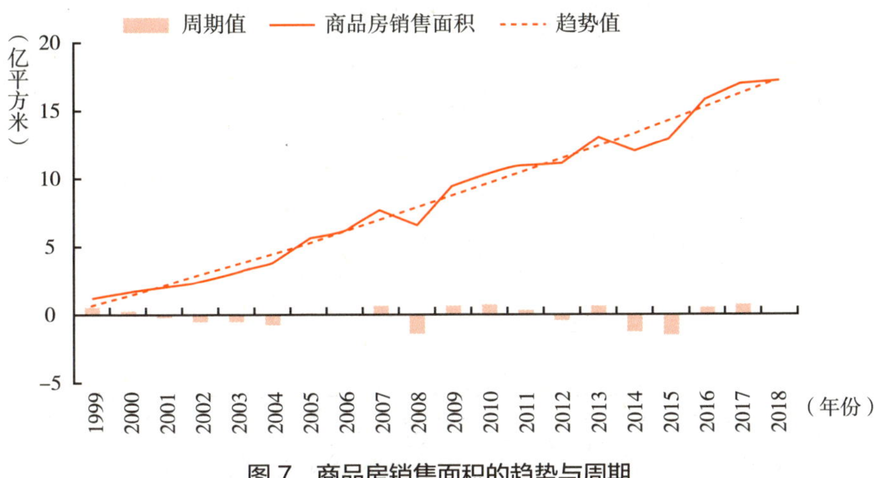

图 7　商品房销售面积的趋势与周期

资料来源：国家统计局，Wind 金融数据终端。

乏力。此外，房地产开发投资累计同比增速为 10.5%，较 2018 年全年增速上升 1 个百分点，后续增速并不乐观，而且已经持续 4 个月出现增速下降。同期，房地产新开工面积累计同比增速 8.9%，较 2018 年全年增速回落 8.3 个百分点，并且也出现了 4 个月的连续下降。

企业利润下降对制造业投资形成拖累。2018 年制造业固定资产投资反弹很大程度上得益于去产能行业的投资扩张，随着产能扩张结束，投资意愿也随之回落。房地产销售乏力制约房地产新增投资。尽管房地产企业目前库存水平不高，但是在销售预期不好的环境下，房地产企业拿地和新开工的意愿下降。2019 年第 2 季度全国 100 个大中城市的土地成交数量同比下降 −6.75%，已经是连续三个季度负增长，未来的房地产新开工面临向下调整压力。

基建投资仍面临融资来源困扰。地方政府债和专项债发行前置，以及地方融资平台融资环境较 2018 年下半年有所改善，推动了 2019 年上半年基建投资反弹。但是地方政府的基建设施建设融资难题还没有解决。债务发行前置意味着下半年资金来源空间收窄。公益和准公益类基建投资的融资缺口依然巨大，相当大规模的融资需求仍要寻求影子银行业务的支持，而这种旧的融资方式与地方政府债务管理新规和资管新规难以兼容。

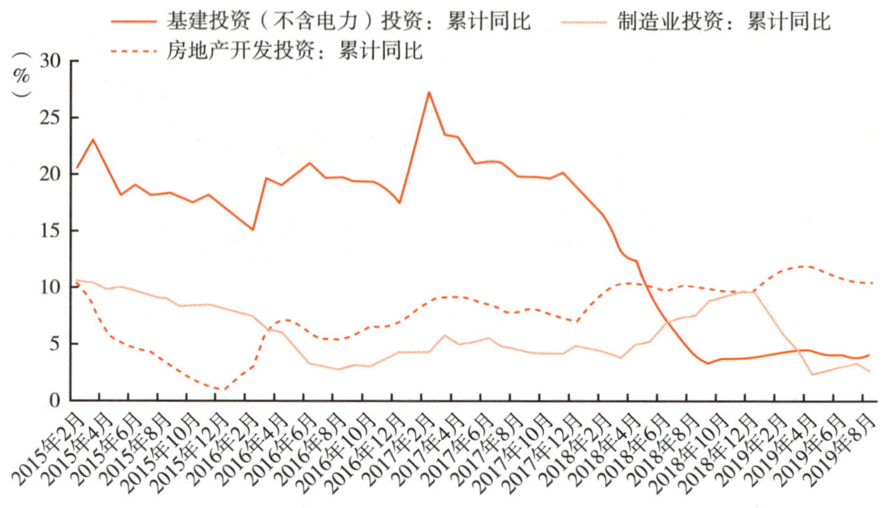

图 8　固定资产投资三大支柱的表现

资料来源：国家统计局，Wind 金融数据终端。

四　对宏观政策组合的建议

（一）进一步增强汇率的弹性，留足货币政策空间

浮动汇率是宏观经济的自动稳定器。经济面临负面冲击的时候，货币贬值通过多个机制提振经济，一是降低以外币计价的出口品价格，增加出口；二是提高以本币计价的进口品价格，增加进口替代；三是提升贸易品价格，进而传导至整个工业品价格提升，改善工业品部门的盈利和投资生产状况。① 市场供求驱动的货币贬值，自发地平衡了外汇市场供求，货币政策无须卖出外汇以维持既定汇率水平，货币政策保持了相对独立性，为提升国内宏观经济留下了政策空间。

有一种普遍的担心是货币贬值会引发信心不稳定和资本流出，这是一种误解，没有区分贬值和贬值预期。另一种担心是，引入浮动汇率会导致人民

① 如果该经济体本身就面临严重通胀并阻碍了经济活动则不适用，如果该经济体面临通缩水平较低甚至是有通缩压力则会有更明显作用。

币过度贬值。基于国际经验来看，出现这种情况的概率非常低。[①]中国经济目前所处的背景是中高速增长、低通胀、贸易顺差、没有严重的外部经济危机、国内金融体系风险总体可控、外债已经下降到较低规模。从国际经验看，这种背景下货币出现大幅贬值的概率非常低。

自由浮动或者宽幅区间内的自由浮动是当前比较理想的选择。做不到自由浮动或者宽幅区间浮动，在一个特定时期内钉住与经济基本面基本一致的汇率可作为权宜之计。最糟糕的情景是持续的渐进贬值或者渐进升值，需要在人民币汇率形成机制设计上杜绝这一点[②]。

货币政策以保持温和通胀为首要目标。发达国家将2%的通胀率作为货币政策唯一目标或者若干目标中最重要者。这个做法一方面是因为保持温和的通胀对经济成长至关重要，是企业盈利、工人工资和政府税收最基本的宏观保障；另一方面是因为只有货币当局才有政策工具能做到这一点。维护金融稳定在金融危机以后也越来越多地纳入货币当局视野，维护金融稳定任务应主要借助于宏观审慎类政策工具，货币政策工具难以奏效且成本高昂。瑞典经验值得关注。瑞典央行出于对房价和居民债务的担心，在2010年7月将利率从0.25%上调至2011年的2%，而在2010年7月瑞典的通胀率预期仍低于2%，失业率也高于潜在水平。这个政策实施以后瑞典经济复苏的步伐停止，直至2014年瑞典货币当局认识到瑞典通胀率接近于零和失业率过高的局面不能接受，重新将利率调回到零，2015年甚至进入负利率区间。此期间内，货币政策操作对瑞典债务和房价的影响很小[③]。

通胀指标可能更宜选取核心CPI和PPI的加权值，通胀目标以2.5%~3%为宜。就中国情况而言，考虑到中国仍是一个经济结构快速变化的中高速成长型国家，经济内部有更大幅度的相对价格调整需要，中国适合稍高于2%的通货膨胀目标，比如2.5%~3%的通胀，这给相对价格调整留下了更充分的

---

① 张斌：《增强中国经济韧性的宏观经济对策组合》，《清华金融评论》2019年第8期。

② 这方面的分析，具体可参见张斌、张佳佳、戴雨汐、王乾筝《2019年第二季度宏观政策报告》，中国金融四十人论坛，2019年7月19日。

③ 根据瑞典央行工作人员测算，要阻止房价涨幅超过2004~2010年的趋势，需要将政策利率上调5个百分点，通胀率比通胀目标低6个百分点，GDP损失累计达到12%。

空间，减少了结构调整中的过渡期压力。中国经济从支出角度看投资占比远高于发达经济体，从生产角度看工业占比远高于发达经济体，核心 CPI 对经济活动的代表性不够充分，月度频率上核心 CPI 和 PPI 的加权组合，或者是 GDP 平减指数，更适合作为反映中国整体经济活动的通胀情况。

（二）实施稳总量、优结构和增韧性的精细化积极财政政策

1. 从逆周期调节角度看，稳总量的落脚点是保持广义信贷的稳定增长

广义信贷是一个经济体居民、企业和政府债务的总和，主要债务形式是贷款和债券。每创造一笔广义信贷的同时都在创造一笔金融资产，因此广义信贷的增减不仅是债务的增减，也是经济个体持有的银行存款、债券等金融资产的增减。在中国以债务融资为主导的金融体系下，广义信贷增长乏力等同于全社会金融财富增长乏力，等同于购买力增长乏力。保持广义信贷增长稳定，一般被视为货币政策任务。在当前中国环境下广义的政府支出活动对广义信贷能带来举足轻重的影响。

当前广义政府活动（包括一般政府支出以及地方融资平台）的广义信贷增量占据全社会广义信贷增量的 40%~50%，成为中国宏观经济稳定的压舱石。中国正处于结构转型期，资本密集型企业跨过了发展高峰期，企业信贷增长急剧下降①。在此过程中，全社会广义信贷的增量越来越多地依赖广义政府信贷增量。2018 年受资管新规和地方政府隐性债务治理影响，基建投资大幅下降，广义政府信贷中涉及影子银行业务的信贷增量大幅下降，宏观经济运行随即出现过度紧缩局面。2019 年初对政府部门的广义信贷有所放松，经济也随即出现一定的回暖。

未来，居民部门信贷缺乏进一步上升空间，企业部门在结构转型压力下广义信贷增速将持续下降，近期难有大的突破，只有政府广义支出在相当长一段时期能够成为广义信贷以及当前中国宏观经济稳定的压舱石。出于防范风险和政府债务可持续性的考虑，政府举债和支出结构方式还有很大调整空

① 张斌:《增强中国经济韧性的宏观经济对策组合》,《清华金融评论》2019 年第 8 期。

间，但不应妨碍保持政府举债总量的适度稳定增长。

专项债远不足以支持基建需要，需要加强针对公益和准公益类项目建设的政府融资安排。2019 年专项债发行量大幅提高，这些债券只能支持那些有较好现金流收益的基建项目，难以对接现金流收益差的公益或准公益类基建项目。如果严格执行地方政府债务管理规定，同时商业金融机构严格把关贷款项目的收益状况，基建投融资将面临断崖下降，全社会广义信贷也会面临断崖下降。如果不严格执行这些规定，地方政府隐性债务和商业金融机构藏匿的风险会愈发严重。解决上述问题，需要划清政府与市场的界限，政府应该为缺少现金流收益但社会发展确实需要的公益和准公益类基建项目融资，不仅是专项债融资，也需要增加其他形式的政府债务对接那些没有现金流收益的项目建设。

2. 从提高效率的角度看，优结构需要减少生产者补贴，这有助于提升资源配置效率

我国政府补贴规模庞大、名目繁多，涉及多个部门、不同地方政府。不恰当的补贴，可能会破坏公平竞争、导致逆向淘汰，容易滋生腐败行为。2018 年以来，美、欧、日已经发布了 6 份联合声明，其中的重要关注点之一就是补贴问题。当前中国的补贴政策，已经遭遇到的国际压力不仅仅来自美国方面。

优结构需要鼓励消费。整体而言，当前企业面临的主要困难并非产能不足，而是需求不足。这种环境下补贴生产者让供求失衡持续，起不到扩大产出的作用，且补贴带来赤字难以持续。在需求是短板的情况下，利用财政手段鼓励消费能更好地起到扩大产出效果，且补贴支出能够被额外的政府收入所弥补。中国当前发展阶段的一个重要短板是仍有大量低收入流动人口难以在城市安家，通过财政政策手段支持低收入流动人口在城市安家（如对低收入流动人口的住房、教育和医保补贴），这将会带来新城市居民的巨大消费增长潜力，这是一个消费提升和效率提升的良性互动进程，其间也会带来财政收入提高进而补贴支出，减少财政赤字。

3. 从防风险的角度看：增韧性需要尽快出台地方政府隐性债务综合治理方案，政府要划清政府和市场边界，多管齐下处理地方政府隐性债务存量

在当前经济运行中，从债务可持续性角度看，最脆弱的环节在于地方融资平台和大量中小金融机构。包商银行事件暴露出一些问题，而其他众多金融机构也面临类似的问题，即这些机构的资产负债表当中的资产方有相当规模的资产是地方融资平台贷款或者债券，而这些资产是一些难以带来充分现金流收益的基础设施建设项目，这些资产只能通过借新还旧继续留在金融机构账目上，而没有作为坏账处理。这让大量地方政府融资平台和金融机构处于异常脆弱状态。一旦借新还旧的进程出现问题，大量融资平台和金融机构立刻面临资不抵债的破产风险，这些风险会进一步传播至金融市场其他部门和实体经济领域。

化解地方政府隐性债务存量，需要立足于以下几个方面：一是项目分类，厘清地方隐性债务中哪些是难以交给市场的公益/准公益性质项目，哪些是可以交给市场的有充分现金流保障的项目，哪些是已经坏掉的项目。二是分类处理，公益/准公益性质项目的债务由政府来负担，这需要政府增加债务，其实质是用低成本政府债替代高成本企业债，不增加全社会债务。可以交给市场的项目通过市场化方式处理，彻底摆脱和政府的干系，这首先需要地方政府通过出售资产、推动破产重组等方式推进，对于无论如何也难以摆脱债务的地方政府，最终还是要由中央政府出面化解困境。

参考文献

[1] 张斌、张佳佳、戴雨汐、王乾筝：《2019年第二季度宏观政策报告》，中国金融四十人论坛，2019年7月19日。

[2] 张斌：《增强中国经济韧性的宏观经济对策组合》，《清华金融评论》2019年第8期。

专　题　篇

Special Reports

B.11

国际贸易形势回顾与展望：增速回落　重陷低迷

苏庆义*

摘　要： 2018年世界货物贸易实际增速从2017年的4.6%回落至3.0%，增速回落的主要原因是世界范围内贸易关系的持续恶化，尤其是中美贸易摩擦的升级。世界货物贸易名义增速达到10%，明显高于实际增速，原因在于商品价格，尤其是能源价格的提升。2018年世界商务服务出口额为5.77万亿美元，增长7.7%。贸易关系的持续恶化影响到2019年上半年世界贸易形势，货物贸易量下降0.16%，

* 苏庆义，中国社会科学院世界经济与政治研究所副研究员，主要研究领域为国际贸易、世界经济。

服务贸易形势也不好。预计 2019 年下半年世界货物贸易形势也很难改善，全年货物贸易实际增速将介于 0.5%~1.5%，是 2010 年以来的最低增速。预计 2020 年世界贸易形势将好于 2019 年，贸易实际增速将介于 1.5%~2.5%。总体而言，2019~2020 年的世界贸易形势将重陷低迷。

关键词：贸易形势　货物贸易　商务服务

一　2018 年国际贸易形势回顾

（一）货物贸易

2018 年世界货物贸易实际增速（贸易量的增长）为 3.0%，低于 2017 年的 4.6%，但仍高于 2012~2016 年各年的增速（见图 1）。[①] 本报告在上一年度对 2018 年世界货物贸易实际增速的预测是介于 3.0%~4.0%，实际增速是 3.0%，处于预测的下限值，没有超出预测区间。2009 年全球金融危机引发世界货物贸易大衰退，货物贸易负增长 12.7%。虽然 2010 年世界货物贸易强劲反弹，实际增速达 13.9%，2011 年的实际增速也达到 5.2%，但 2012~2016 年世界货物贸易实际增速均低于 3%，平均增速仅为 2.3%。在此背景下，2017 年世界货物贸易增长强劲反弹，世界货物贸易名义增速也达到 11%。但是，2018 年世界货物贸易实际增速又回落至 3.0%，名义增速也回落至 10%。由此可见，2017 年的强劲反弹只是昙花一现。2018 年世界货物出口额达到 19.48 万亿美元，中国是最大的货物贸易国，出口额为 2.48 万亿美元，占世界货物出口额的比重为 12.7%。

分区域来看，2018 年，北美洲的对外货物贸易增速最高，达 4.7%，较 2017 年增速提升 0.6 个百分点；亚洲的对外货物贸易增速次之，达 4.4%，但

① 资料来源于世界贸易组织（WTO）的《2019 年世界贸易报告》（*World Trade Statistical Review 2019*）。每年的《世界贸易报告》会对历年货物贸易增速进行微调，本报告以 2019 年的数据为准。

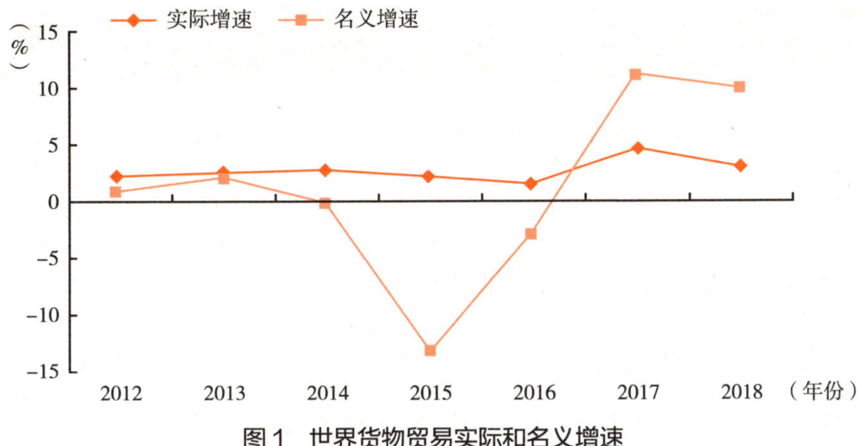

图 1　世界货物贸易实际和名义增速

注：贸易增速是出口增速和进口增速的平均值，下同。

资料来源：《2019 年世界贸易报告》（*World Trade Statistical Review 2019*）。

较 2017 年增速下降 3.1 个百分点。欧洲的对外货物贸易增速为 1.4%，较 2017 年增速下降 1.9 个百分点。中南美洲和加勒比地区、独联体国家（CIS）[①] 的对外货物贸易增速分别是 2.9% 和 3.8%，较 2017 年增速都出现不同程度的下降。非洲和中东地区的对外货物贸易增速分别是 2.8% 和 −0.7%，与 2017 年相比增速有所上升（或下降程度减少）。总之，2018 年世界货物贸易增速下降主要由亚洲和欧洲的货物贸易增速下降导致。

从细分经济体和区分进出口的角度来看，2018 年，墨西哥的出口最为强劲，出口实际增速达到 7.2%，美国、澳大利亚、中国、印度的出口表现也很好，出口实际增速均高于 4%。加拿大、日本、东亚经济体的出口实际增速均高于 2%。欧盟的出口实际增速为 1.5%。尽管如此，欧盟、中国、印度、日本、东亚经济体的出口实际增速较 2017 年均出现较大程度下降。在进口方面，在世界主要经济体中，墨西哥、美国、中国等表现最好，进口实际增速均高于 5%。但是除墨西哥和美国之外，大部分经济体的进口实际增速较 2017 年均出现不同程度的下降。

① 独联体国家包括亚美尼亚、阿塞拜疆、白俄罗斯、摩尔多瓦、哈萨克斯坦、吉尔吉斯斯坦、塔吉克斯坦、乌兹别克斯坦、俄罗斯。

表 1　世界代表性地区和经济体货物进出口实际增速

单位：%

经济体	出口			进口		
	2010~2018 年	2017 年	2018 年	2010~2018 年	2017 年	2018 年
世界	3.0	4.5	2.8	3.1	4.7	3.2
北美	3.5	4.2	4.3	3.4	4.0	5.0
加拿大	3.4	2.3	2.3	2.6	4.4	3.8
墨西哥	5.6	7.0	7.2	3.7	3.5	5.3
美国	2.9	4.1	4.1	3.6	4.0	5.2
中南美洲和加勒比地区	1.7	3.0	0.6	1.4	4.6	5.2
欧洲	2.3	3.7	1.6	1.8	2.9	1.1
欧盟	2.4	3.6	1.5	1.8	2.5	1.4
挪威	−0.3	1.2	−2.1	1.2	4.8	−2.1
瑞士	1.6	2.9	3.0	1.3	3.6	5.7
独联体国家	1.3	4.2	4.9	0.7	13.5	2.8
非洲	−0.2	4.4	1.8	3.3	−0.2	3.9
中东	3.4	−0.9	1.9	2.4	−0.9	−3.3
亚洲	4.2	6.8	3.8	4.9	8.3	5.0
澳大利亚	3.7	−0.4	5.0	3.1	12.8	−0.8
中国	5.1	7.1	4.1	5.1	8.9	6.4
印度	4.7	6.6	4.3	5.5	11.7	3.1
日本	1.4	5.9	2.7	2.3	2.8	2.0
东亚经济体	3.6	6.5	2.9	5.5	12.8	4.1

注：东亚经济体包括中国香港、韩国、马来西亚、新加坡、中国台湾、泰国。

资料来源：《2019 年世界贸易报告》（*World Trade Statistical Review 2019*）。

2018 年世界货物贸易实际增速下降主要源于结构性因素。如上年的报告指出，周期性因素和结构性因素是影响世界货物贸易增速的两大原因。周期性因素即需求因素，指世界国内生产总值（GDP）增长对国际贸易的拉动，可以由 GDP 增速的变动来表示。结构性因素是指一单位经济增长拉动多少单位的国际贸易增长，即贸易收入弹性，贸易收入弹性的变动代表了结构性因素对贸易增速的影响。结构性因素包括很多，如贸易保护程度、地缘政治风险、自然灾害、经济活跃度、经济政策不确定性等，还有经常被忽视的基期效应。可以用如下公式探讨 2018 年贸易增速下降的原因。假设贸易增速用 t 表示，经济增速用 g 表示，贸易收入弹性用 e

表示，则：

$$
\begin{aligned}
t_{2018}-t_{2017}&=g_{2018}e_{2018}-g_{2017}e_{2017}=e_{2017}(g_{2018}-g_{2017})+g_{2018}(e_{2018}-e_{2017})\\
&=e_{2018}(g_{2018}-g_{2017})+g_{2017}(e_{2018}-e_{2017})\\
&=\underbrace{\frac{e_{2017}+e_{2018}}{2}(g_{2018}-g_{2017})}_{\text{周期性因素贡献}}+\underbrace{\frac{g_{2017}+g_{2018}}{2}(e_{2018}-e_{2017})}_{\text{结构性因素贡献}}
\end{aligned}
$$

上述公式中，t_{2018} 和 t_{2017} 分别表示 2018 年和 2017 年的世界贸易增速，g_{2018} 和 g_{2017} 分别表示 2018 年和 2017 年的世界 GDP 增速，e_{2018} 和 e_{2017} 分别表示 2018 年和 2017 年的贸易收入弹性。

计算结果表明，结构性因素是 2018 年货物贸易增速下降的主要原因。周期性因素导致贸易增速下降 0.13 个百分点，贡献度仅为 8.02%；结构性因素导致贸易增速下降 1.47 个百分点，贡献度高达 91.98%。也就是说，2018 年世界货物贸易增速下降主要源于贸易摩擦等因素导致的贸易收入弹性下降，而非世界经济增速下降。

表 2 2018 年贸易增速下降背后的因素分解

单位：个百分点，%

贸易增速下降幅度	GDP 增速下降幅度	贸易收入弹性下降幅度	周期性因素贡献	结构性因素贡献
1.6	0.1	0.5	0.13（8.02）	1.47（91.98）

注：贸易增速下降幅度是指下降多少个百分点，GDP 增速下降幅度同理。贸易收入弹性下降幅度是指下降的绝对值。周期性因素贡献是指 GDP 增速对贸易增速下降贡献多少个百分点，括号中分别是周期性因素和结构性因素贡献的比重。2017 年和 2018 年世界贸易实际增速分别是 4.6% 和 3.0%，2017 年和 2018 年贸易收入弹性分别是 1.53 和 1.03。

资料来源：笔者根据世贸组织《2019 年世界贸易报告》（*World Trade Statistical Review 2019*）中的数据以及文中分解公式计算得出。

世界货物贸易名义增速（贸易额的增长）高于实际增速 7 个百分点主要源于能源价格的提高，尤其是油价上升。[①] 贸易名义增速主要受以下因素影

① 资料来源于《2019 年世界贸易报告》（*World Trade Statistical Review 2019*）。

响：贸易实际增速、商品价格、美元汇率。实际增速当然是支撑名义增速的重要原因，不再赘述。因为贸易名义增速使用美元标价，美元及世界其他主要货币汇率走势也是影响名义增速的重要原因。根据国际清算银行（BIS）的数据，2018 年美元名义有效汇率仅下降 1%，人民币和英镑分别升值 1.4% 和 1.5%，日元仅升值 0.2%，欧元升值幅度较大，但也不过是 4.3%，因此汇率因素并非世界货物贸易名义增速较高的主要原因。根据国际货币基金组织（IMF）和世界贸易组织（WTO）商品价格数据，虽然食品、农产品、金属品等基本商品的价格较 2017 年上升幅度有限，仅分别上升 0.3%、0.3%、5.5%，制成品的出口价格上升幅度也仅为 4.8%，但能源价格上升幅度高达 27.8%。

分产品来看货物贸易的名义增速，三大类产品中，农产品、能源和矿产品、制成品 2018 年的名义出口增速分别是 4.8%、23.4%、8.3%。从横向看，能源和矿产品的名义增速最高；但是从纵向看，农产品、能源和矿产品的增速低于 2017 年，制成品的增速略高于 2017 年。

（二）服务贸易

2018 年，世界商务服务出口额为 5.77 万亿美元，增长 7.7%，延续了 2017 年的高增速。① 美国是世界第一大商务服务贸易国。分国别来看，中国的商务服务出口增速最高，达 17.4%；印度和俄罗斯的出口增速均超过 10%，美国、欧盟和日本的出口增速分别是 3.9%、7.6% 和 3.2%。印度的进口增速最高，达 14.2%，中国的进口增速也达到 12.3%，俄罗斯的进口增速是 7.9%，美国、欧盟和日本的进口增速分别是 3.1%、6.3% 和 3.8%。巴西的商务服务出口和进口均是微弱的负增长。分种类来看，与货物相关的服务出口增速达 10.6%，运输和旅游的出口增速分别达 7.1% 和 7.8%，其他

① 以往的《国际贸易形势回顾与展望》不分析服务贸易，自 2019 年开始，本报告将尝试分析服务贸易情况。基于数据可得性，本报告对服务贸易的分析仅限于商务服务业，并且仅做回顾，不做展望分析。商务服务业实际上是现代服务业，主要为企业提供服务，是高附加值的服务业。世贸组织《2019 年世界贸易报告》的商务服务业包括：运输，旅游，与货物相关的服务业，电信、计算机和信息服务，保险，个人、文化和娱乐服务，其他商务服务，使用知识产权的费用，建筑，金融等。

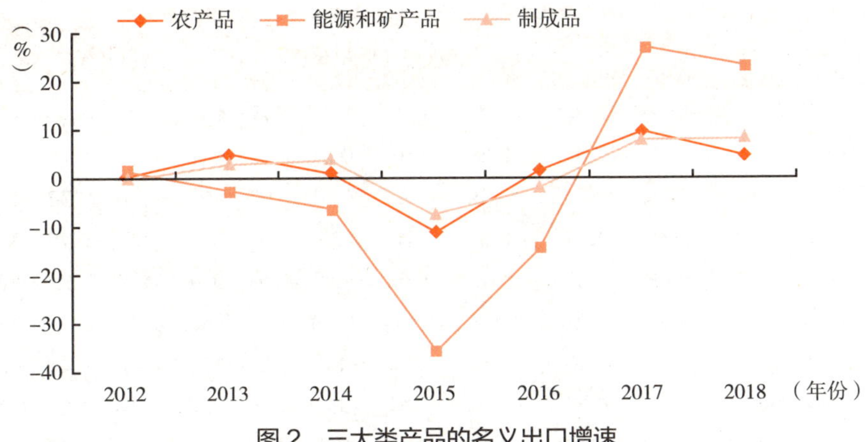

图 2　三大类产品的名义出口增速

资料来源:《2019 年世界贸易报告》(*World Trade Statistical Review 2019*)。

商务服务出口增速是 7.7%，电信、计算机和信息服务出口增长最快，增速达 15%。

表 3　2018 年代表性经济体的商务服务进出口增速

单位：%

项目	美国	欧盟	日本	中国	印度	巴西	俄罗斯
出口	3.9	7.6	3.2	17.4	11.7	-1.4	12.1
进口	3.1	6.3	3.8	12.3	14.2	-0.8	7.9

资料来源：根据世贸组织《2019 年世界贸易报告》(*World Trade Statistical Review 2019*) 的季度数据取简单平均计算得出。

二　2019 年国际贸易形势分析

（一）2019年上半年国际贸易形势分析

2019 年上半年世界货物贸易实际下降 0.16%，其中进口下降 0.26%，出口下降 0.07%（见表 4）。分季度来看，第一季度贸易尚能保持微弱的正增长，增速是 0.48%，但第二季度贸易呈现下降态势，负增长 0.56%。分月度来看，1~5 月，除 2 月之外，其余月份均保持较低的正增长，3 月贸易增速甚至达到 1.40%。但是 6~7 月的贸易增速均是负的，分别负增长 1.76% 和 0.87%。

表4　2019年上半年国际贸易形势

单位：%

经济体	上半年	第一季度	第二季度	1月	2月	3月	4月	5月	6月	7月
世界贸易	−0.16	0.48	−0.56	0.26	−0.21	1.40	0.07	0.02	−1.76	−0.87
世界进口	−0.26	0.34	−0.49	0.62	−0.14	0.53	0.96	−0.64	−1.78	−1.32
发达经济体	0.46	1.07	−0.04	1.11	0.92	1.16	−0.26	0.89	−0.76	0.14
美国	1.48	1.39	1.78	2.85	−0.12	1.46	−0.70	3.67	2.39	0.84
日本	1.82	−0.58	3.59	2.11	−5.78	2.27	4.96	2.90	2.93	3.80
欧元区	0.51	1.48	0.19	1.40	1.58	1.46	0.20	0.83	−0.46	−1.36
其他发达经济体	−0.88	0.63	−2.95	−1.04	2.84	0.15	−2.02	−1.94	−4.89	0.85
新兴和发展中经济体	−1.30	−0.73	−1.14	−0.10	−1.68	−0.41	2.74	−2.84	−3.28	−3.39
中国	−1.97	−1.06	−2.35	−1.29	−1.53	−0.34	6.80	−8.83	−4.68	−3.48
亚洲新兴经济体（中国除外）	−1.34	−0.58	−0.86	1.05	−3.05	0.27	1.92	−1.68	−2.80	−4.93
独联体国家	−0.89	−1.26	−0.58	−4.72	0.88	0.18	1.97	−3.08	−0.62	−0.68
拉丁美洲	−0.95	−0.74	−1.21	1.38	0.92	−4.49	−1.37	3.34	−5.64	−0.79
非洲和中东	−0.02	−0.24	0.54	−1.40	−0.75	1.46	1.70	0.01	−0.09	−1.03
世界出口	−0.07	0.62	−0.63	−0.11	−0.27	2.28	−0.82	0.68	−1.74	−0.43
发达经济体	0.36	1.35	−0.50	0.67	1.99	1.40	−0.61	0.92	−1.78	0.00
美国	−0.15	1.91	−2.11	3.77	2.25	−0.20	−2.71	−1.60	−2.04	−0.31
日本	−2.14	−2.55	−2.66	−6.09	−0.54	−0.92	−3.18	−4.77	0.02	0.65
欧元区	0.05	0.96	−0.60	0.10	1.82	0.98	−1.15	0.94	−1.57	−0.70
其他发达经济体	1.98	2.93	1.31	2.07	2.93	3.80	2.39	4.19	−2.53	1.18
新兴和发展中经济体	−0.61	−0.29	−0.80	−1.06	−3.06	3.43	−1.09	0.36	−1.68	−0.96
中国	0.74	−0.22	1.09	−5.93	−10.79	19.95	−2.39	4.56	1.04	2.62
亚洲新兴经济体（中国除外）	−1.53	−1.24	−1.87	−1.02	−1.61	−1.09	−0.82	−2.15	−2.63	−1.38
独联体国家	−0.43	−0.16	−0.49	3.55	−1.35	−2.66	0.43	−0.85	−1.06	−1.01
拉丁美洲	0.62	2.55	0.12	6.32	6.25	−4.75	−0.29	2.85	−2.18	−3.48
非洲和中东	−2.09	−0.61	−2.65	−0.46	−0.30	−1.05	−1.19	−2.23	−4.48	−4.75

资料来源：荷兰经济政策分析局的世界贸易监测数据库（https://www.cpb.nl/en/worldtrademonitor）。

分地区和国别来看，2019 年上半年发达经济体的出口增速和进口增速均高于新兴和发展中经济体。发达经济体的出口增速和进口增速分别是 0.36% 和 0.46%，新兴和发展中经济体的出口和进口则均是负增长，增速分别是 -0.61% 和 -1.30%。在发达经济体中，美国、日本、欧元区的出口表现均不理想，保持负增长或微弱的正增长，其他发达经济体的出口则保持了 1.98% 的正增长。美国、日本、欧元区，尤其是美国和日本的进口维持了不错的正增长，但其他发达经济体的进口则是负增长。在新兴和发展中经济体中，中国和拉丁美洲的出口维持了一定的正增长，但是其他新兴和发展中经济体的出口是负增长。新兴和发展中经济体的进口增速均是负的。

2019 年上半年世界货物贸易名义增速也不理想。2019 年上半年商品价格呈现下降态势。其中，制成品出口价格下降 2.12%，能源价格下降 10.5%，基本商品（能源除外）价格下降 4.3%。预计 2019 年上半年货物贸易名义增速为负。

2019 年上半年世界货物贸易保持负增长主要是受结构性因素的影响。上半年世界工业实际产出增长 1.16%，在这种情况下，世界货物贸易仍无法维持正增长，只可能是受到结构性因素的影响，即受到贸易保护、贸易摩擦以及由此带来的经济政策不确定性等因素影响。图 3 表明，尽管 2019 年 1~4 月全球和美国经济政策不确定性指数有所下降，但是 5~8 月全球和美国经济政策不确定性指数又有所上升。

相比 2018 年，2019 年上半年全球服务贸易形势也不乐观（见表 5）。日本、中国和印度的服务出口额平均增速较高，分别达 4.67%、5.29% 和 8.26%，但是美国、欧盟、巴西、俄罗斯的增长情况较差。

表 5　2019 年上半年代表性经济体的服务出口增速*

单位：%

经济体	上半年平均增速	1月	2月	3月	4月	5月	6月	7月
美国	0.68	-0.03	0.26	0.79	0.89	1.22	0.91	0.75
欧盟	-3.00	-3.41	-4.42	-2.83	-5.22	-2.29	-1.36	-1.45
日本	4.67	7.57	6.34	-3.96	4.13	5.64	2.69	10.25
中国	5.29	6.66	0.66	9.27	5.13	5.18	-2.11	12.22

续表

经济体	上半年平均增速	1月	2月	3月	4月	5月	6月	7月
印度	8.26	8.62	5.57	6.59	2.84	15.49	9.96	8.72
巴西	-2.76	-7.80	-4.92	-2.87	-9.98	-4.11	-10.57	20.94
俄罗斯	-0.59	-4.78	2.08	7.87	0.02	-0.94	-0.32	-8.06

注：①“*”表示表中统计的是服务出口额的增速，即名义增速。不同于货物贸易，服务贸易仅统计名义增速。②巴西、中国、日本、美国统计的是商务服务，其余经济体统计的是总服务。

资料来源：根据世贸组织国际贸易统计数据库计算得出。

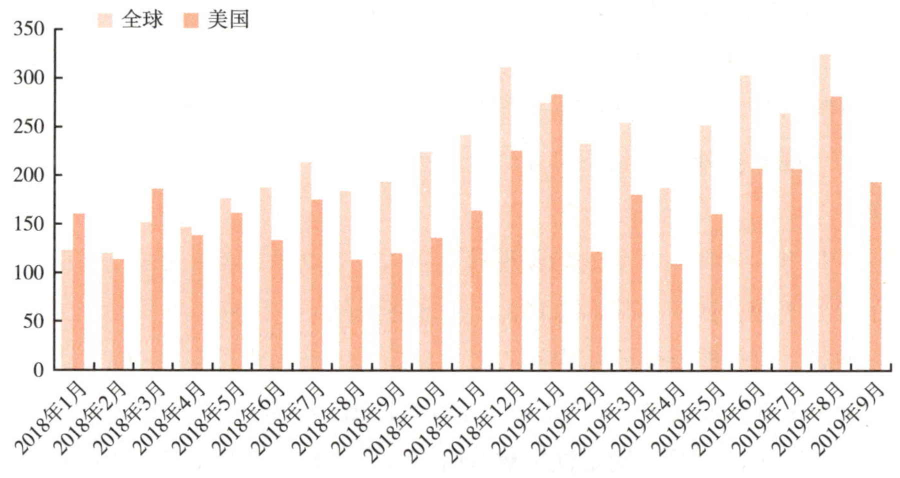

图3 全球和美国经济政策不确定性指数

资料来源：经济政策不确定性指数数据库（http://policyuncertainty.com/index.html）。

（二）2019年下半年国际贸易形势预测

2019 年下半年世界贸易形势相比上半年难有改善。世贸组织 2019 年 8 月和 9 月发布的货物贸易晴雨指数和服务贸易晴雨指数[①]显示，6 月的货物贸易晴雨总指数是 95.7，所有的分项指数均低于 100；服务贸易晴雨总指数是 98.4，除 ICT 服务和集装箱港口吞吐量之外，其余分项指数也均低于 100

① 即原来的世界贸易展望指数（World Trade Outlook Indicator）。

（见表 6）。并且这两项指数均处于下行趋势。由于晴雨指数低于 100 这个基准数字，这意味着下半年的货物贸易量和服务贸易量与上半年相比会有所下降，换算成下半年的贸易增速，下半年的增速将低于上半年。即便乐观估计，2019 年下半年贸易形势也很难明显好于上半年。

表 6　2019 年 6 月世界贸易展望指数

货物贸易	指数	服务贸易	指数
货物贸易晴雨总指数	95.7	服务贸易晴雨总指数	98.4
出口订单	97.5	全球服务业 PMI	97.2
国际航空货运	91.4	金融服务	99.7
集装箱港口吞吐量	99.0	ICT 服务	100.3
汽车生产和销售额	93.5	民航	95.6
电子元器件	90.7	集装箱港口吞吐量	100.8
农业原材料	97.1	建筑	97.0

资料来源：世贸组织发布的《货物贸易晴雨表》（*Goods Trade Barometer*）和《服务贸易晴雨表》（*Services Trade Barometer*）。

（三）2019年全年国际贸易形势预测

在上年的报告中，预测 2019 年货物贸易实际增速很大可能仍然在 3%~4% 的区间运行，相比 2018 年会有微弱下降。很显然，由于贸易摩擦的激化以及 2019 年上半年经济运行的不理想，全球贸易形势异常严峻，上年的预测值需要被大幅调低。当然，在上年的报告中也专门估算了贸易摩擦对全球贸易的影响："美国总统特朗普上台以后发起的贸易摩擦会对世界贸易造成较大负面影响，基于对直接影响和间接影响的分析，保守估计，持续的贸易摩擦将会使世界贸易下降 1.74 个百分点，甚至达到 3.01 个百分点。"这个估算情形已经在 2019 年上半年显现。

2019 年 4 月，世贸组织发布的《贸易统计与展望》预计 2019 年货物贸易实际增长 2.6%（预测区间是 1.3%~4.0%），略低于 2018 年 3% 的增速。但是，这一预测的前提是贸易摩擦能够得到缓解。后来的形势表明，贸易摩擦并未缓解，反而恶化。[①] 世贸组织 2019 年 10 月发布的《贸易统计与展望》将 2019 年贸易增速大幅调低为 1.2%（预测区间是 0.5%~1.6%），调低 1.4 个百分点。因此，2019 年贸易增速不容乐观，很可能是 2010 年以来的最低增速。根据上述分析，预计 2019 年全年世界货物贸易实际增速很可能位于 0.5%~1.5% 的区间。毫无疑问，2019 年贸易形势将是近十年来最差的一年。

三　2020 年国际贸易形势展望

诸多国际组织的预测表明，2020 年世界贸易形势会比 2019 年有所好转，2020 年世界货物贸易实际增速将高于 2019 年。世贸组织 2019 年 4 月和 10 月的预测表明，2020 年贸易实际增速将分别高于 2019 年 0.4 个和 1.5 个百分点，国际货币基金组织预测 2020 年贸易实际增速将高于 2019 年 1.2 个百分点，世界银行预测 2020 年贸易实际增速将高于 2019 年 0.5 个百分点（见表 7）。平均而言，这三大组织预测 2020 年贸易实际增速将高于 2019 年 0.9 个百分点。基于这些国际组织预测结果，预计 2020 年世界贸易形势要好于 2019 年，贸易实际增速将位于 1.5%~2.5% 的区间。

表 7　三大国际组织对国际贸易形势的预测

单位：个百分点

国际组织	2020 年预测值 -2019 年预测值
世贸组织	0.4/1.5
国际货币基金组织	1.2
世界银行	0.5
平均值	0.9

资料来源：笔者根据世贸组织、国际货币基金组织、世界银行的预测整理得出。[②]

① 2019 年 10 月，中美第 13 轮贸易谈判取得积极进展，双方有望签署阶段性协议，但这对 2019 年贸易的积极影响有限。

② World Trade Organization, *Trade Statistics and Outlook*, April 2019; World Trade Organization, *Trade Statistics and Outlook*, October 2019; International Monetary Fund, *World Economic Outlook*, July 2019; World Bank, *Global Economic Prospects*, June 2019.

分地区和进出口来看，除2020年发达经济体的进口增速相比2019年将会下降外，发达经济体和发展中经济体的出口增速、发展中经济体的进口增速相比2019年均将明显提升（见表8）。除中南美之外，2020年其余地区的出口增速相比2019年都将会明显提升。除北美之外，2020年其余地区的进口增速相比2019年都将会明显提升。

做出2020年贸易形势相比2019年会更好的判断，主要是基于以下三个原因。

第一，2020年世界经济增长相比2019年会有改善。根据世贸组织、国际货币基金组织和世界银行对世界经济增长的预测，世贸组织认为2020年世界经济增速将与2019年持平，国际货币基金组织认为2020年世界经济增速将比2019年上升0.3个百分点，世界银行认为2020年世界经济增速将比2018年上升0.1个百分点。① 整体而言，2020年世界经济形势相比2019年会有改善。这是支撑2020年贸易增速高于2019年的周期性或需求因素。

第二，结构性因素也是影响贸易增长的重要因素，预计2020年贸易收入弹性相比2019年将得到改善。做出这一判断的依据是贸易摩擦将在2020年缓解。无论是中美之间的贸易摩擦，还是美国发起的与其他国家的贸易摩擦，在2019年都已经非常严重，2020年恰逢美国总统大选之年，美国继续让贸易摩擦升级的可能性不大。

第三，基期因素作为结构性因素之一，是不可忽视的。鉴于2019年贸易增速较低，使得2019年的贸易量（额）成为较小的基数，有利于2020年的贸易增速提升。历史经验表明，基期因素非常重要。

---

① World Trade Organization, *Trade Statistics and Outlook*, October 2019; International Monetary Fund, *World Economic Outlook*, July 2019; World Bank, *Global Economic Prospects*, June 2019.

表 8　2020 年世界货物贸易实际增速

单位：%

项目	2018	2019（预测）	2020（预测）
世界贸易	3.0	1.2	2.7
出口			
发达经济体	2.1	0.4	2.2
发展中经济体	3.5	2.1	3.4
北美	4.3	1.5	3.6
中南美	0.6	1.3	0.7
欧洲	1.6	0.6	1.7
亚洲	3.8	1.8	3.8
其他地区	2.7	0.9	2.5
进口			
发达经济体	2.5	1.6	1.2
发展中经济体	4.1	1.1	4.3
北美	5.0	2.9	2.1
中南美	5.2	−0.7	4.5
欧洲	1.1	0.4	0.9
亚洲	5.0	1.3	3.9
其他地区	0.5	2.6	4.3

资料来源：世贸组织 2019 年 10 月发布的《贸易统计与展望》（*Trade Statistics and Outlook*）。

四　总结

2018 年世界货物贸易实际增速从 2017 年的 4.6% 回落至 3.0%，但仍高于 2012~2016 年各年的贸易增速。2018 年贸易增速回落主要源于贸易摩擦持续升级的结构性因素，周期性因素的影响很小。结构性因素导致贸易增速降低 1.47 个百分点，贡献度是 91.98%；周期性因素导致贸易增速下降 0.13 个百分点，贡献度是 8.02%。2018 年世界货物贸易名义增速达到 10%，明显高于实际增速，原因在于商品价格尤其是能源价格的提升。2018 年世界商务服务出口额为 5.77 万亿美元，增长 7.7%，延续了 2017 年的好形势。

2019 年上半年世界货物贸易实际增速为 -0.16%，形势较差依然主要是源于贸易摩擦等结构性因素的影响。2019 年上半年世界服务贸易形势不好。预计 2019 年下半年世界货物贸易形势也很难改观。2019 年全年的货物贸易实际增速将介于 0.5%~1.5%，是 2010 年以来的最低增速。预计 2020 年世界贸易形势将好于 2019 年，贸易实际增速将介于 1.5%~2.5%。在经历了 2017 年和 2018 年高于 3% 的增长之后，2019 年和 2020 年这两年的世界贸易将重陷低迷。

参考文献

[1] International Monetary Fund, *World Economic Outlook*, July 2019.

[2] World Bank, *Global Economic Prospects*, June 2019.

[3] World Trade Organization, *Trade Statistics and Outlook*, April 2019.

[4] World Trade Organization, *Trade Statistics and Outlook*, October 2019.

[5] World Trade Organization, *Goods Trade Barometer*, August 2019.

[6] World Trade Organization, *Services Trade Barometer*, September 2019.

[7] World Trade Organization, *World Trade Statistical Review 2019*, 2019.

Y.12

2019 年国际金融形势回顾与展望

高海红　杨子荣*

摘　要： 2018~2019 年全球经济增长动能减弱。持续发酵的贸易摩擦具有高度不确定性，英国脱欧进程充满变数，世界经济下行风险不断集聚。在这样的背景下，美联储货币政策转向，引领全球新一轮降息风潮。主要发达经济体长期国债收益率同步下行，一些国家国债收益步入超低值甚至负值区域；全球避险情绪高涨，美元资产再度成为避险资本的天堂，在美元指数高位震荡的同时更多国家货币纷纷贬值。新兴经济体资本流动风险上升，宏观政策框架面临调整。展望未来，全球货币政策将继续面临宽松压力，贸易摩擦演化和一些国家政治变数将影响金融市场并对全球金融稳定性造成冲击。

关键词： 国际金融风险　国债收益率　债券市场　全球股市　外汇市场

《2018 年国际金融形势回顾与展望》指出，美国发起的贸易摩擦不断升级所产生的不确定性造成市场避险情绪上升，以及国际金融风险加大。[①]2018 年后期至 2019 年全球金融市场的动态变化基本验证了这一判断。伴随贸易摩擦进一步发酵，全球经济下行，美联储货币政策转向，发达国家国债收益率

---

* 高海红，中国社会科学院世界经济与政治研究所研究员，主要研究领域为国际金融；杨子荣，中国社会科学院世界经济与政治研究所助理研究员，主要研究领域为国际金融。

① 高海红、杨子荣：《2018 年国际金融形势回顾与展望》，载张宇燕主编《2019 年世界经济形势分析与预测》，社会科学文献出版社，2019。

普遍进入超低区间，全球低息环境持续时间超出预期。本文分析 2018~2019 年的国际金融风险，分别阐述全球主要国债市场、负债证券市场、股票市场和外汇市场的走势及其原因，并展望未来国际金融形势。

一　国际金融风险

2018~2019 年国际金融市场急剧动荡。在此期间，由美国发起的贸易摩擦不断升级，全球贸易体系面临分崩离析。与此同时，英国脱欧悬而不决，民族主义和反全球化势力盛行。主要国家经济政策和政治角力所带来各种不确定性成为左右世界经济和国际金融走势的重要因素，并不断加大世界经济陷入衰退的可能性。2019 年美联储降息成为全球步入超长期低息时代的风向标，多国的国债长期收益率进入负值区间。高度的不确定性持续打击投资者信心，避险情绪急剧升温。外汇市场美元走强的同时，更多国家货币纷纷贬值，甚至出现竞争性贬值迹象，新兴经济体的金融稳定性再次面临挑战。具体看，影响国际金融市场的主要因素如下。

（一）美联储减息引致全球低息周期

美联储继 2015 年 12 月将联邦基金利率调高至 0.25%，率先结束了保持 7 年之久的低利率政策，并在 2016 年至 2018 年 12 月期间 8 次加息，将联邦基金利率升至 2.38%。然而，2019 年 8 月美联储宣布将联邦基金利率降低 0.25 个百分点，并使隔夜拆借利率目标下调至 2%~2.25%，此举打断了自 2015 年 12 月开始的加息周期。与此同时，美联储决定提前停止对债券的减持，明确了宽松货币立场。美联储降息举措具有一定争议。美国经济正处于温和扩张期，2019 年第二季度增长率为 2.0%，失业率仅为 3.7%，处于半个世纪以来最低点，经济远好于 2008 年首次降息的表现。在经济扩张期加息，一个原因是美联储希望通过宽松政策来为防止经济形势恶化争得时间，尤其是贸易摩擦对美国经济影响具有不确定性，美联储降息出于预防性动机。另一个原因是美国通胀率在过去多年间一直在低水平徘徊，目前的 1.6% 水平仍低于 2%

的目标，美联储希望通过降息实现通胀目标。从技术指标看，美国 10 年期国债收益率与 3 月期国债收益率之间出现倒挂，以历史经验观察，美国长短期国债收益率持续倒挂是经济下行的先兆。由于长期收益率是在短期收益率基础上考虑了风险升水或贴水，长期收益率下降表示未来通胀风险降低，这也成为央行采取降息政策的依据之一。2019 年 9 月 18 日美国再次降低联邦基准利率 0.25 个百分点，同时下调超额存款准备金率，但美联储内部分歧加大，10 位具有投票权的联邦公开市场委员会委员中有 3 位投了反对票，这是鲍威尔担任美联储主席以来出现最多反对票的一次会议。

美联储的举措促使全球更多央行积极考虑是否加入降息行列。英格兰银行从 2017 年 11 月开始结束长达 7 年的低息政策，将银行利率从 0.25% 提高至 0.5%，并于 2018 年 8 月再度将银行利率提高至 0.75%。面对美联储政策转向，尽管英格兰银行表示将保持现有利率不变，但英国无协议退欧对经济前景具有极大冲击将使英格兰银行面临降息压力。欧央行的再融资利率从 2016 年 3 月以来一直为零。然而作为欧洲经济领头羊，德国制造业深受贸易摩擦影响而出现萎缩迹象，2019 年德国和法国的 10 年期国债收益率都已进入负值区间，这为欧央行保持宽松立场提供了依据。日本央行多年实行负利率政策，贴现率已降至 -0.1%。尽管已无降息空间，但在美联储 2019 年 8 月降息之后，日本央行随即表示将考虑低息政策和扩大国债购买等扩张政策的选项，以实现 2% 的通胀目标，并且预防国际经济形势变化可能造成的冲击。澳大利亚在 2019 年已经两度降息。海湾国家采用钉住美元汇率制度，紧随美联储下调政策利率。一些新兴经济体也在年内采取了降息政策，如印度、俄罗斯和南非均下调了官方利率。

全球货币宽松已成态势，但效果如何仍需拭目以待。首先，如此长期的宽松政策将进一步提高债务和金融杠杆水平，这对实体经济恢复有没有作用，甚至是否会造成新的流动性陷阱，有待进一步观察。其次，仅靠货币政策已经不足以应对经济现实。货币政策显然需要财政政策、结构性政策以及宏观审慎政策配合，形成有效的组合拳，进而在避免债务螺旋式上升的同时实现经济增长目标。再次，近期传统的中央银行独立性受到挑战，政治压力对央

行决策产生影响，这在美国和欧洲都有所表现。比如，特朗普一直以来公开对美联储的降息进行施压。在欧洲，欧央行人事变动与货币政策走向呈现相关性，而德国议会也在质疑欧央行购债计划的合法性。

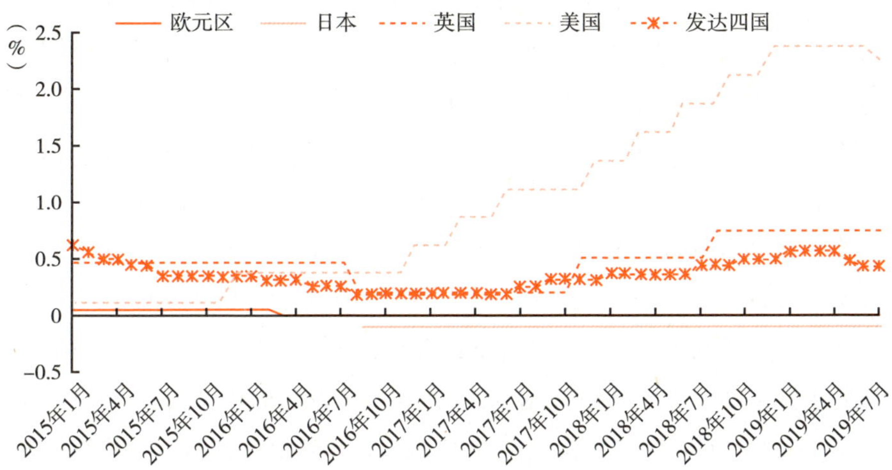

图 1　主要国家和经济体的政策利率走势

注：政策利率分别指欧洲中央银行的再融资利率、美联储的联邦基金利率、英格兰银行的银行利率（Bank Rate）、日本中央银行的基本贴现率，发达四国的政策利率为澳大利亚、加拿大、瑞典和瑞士各国官方利率的平均值。

资料来源：国际清算银行数据库。

（二）国际投资寻求避险资产

进入 2019 年，全球投资者避险情绪显著上升。影响投资者避险情绪的重要因素，首先是持续发酵的贸易摩擦所带来的高度不确定性，以及世界经济下行风险不断集聚。贸易摩擦渗透至实体经济，企业盈利前景暗淡，信用风险提高，投资人对资产不断重新定价，风险贴水因未来的不确定而不断提高，导致资金投向相对安全的美元国债市场。其次是美联储降息举措以及释放出令市场混淆的政策取向。在美联储降息之后发达市场国家普遍转向鸽派立场，随之而来的疑虑是低息政策能否奏效、财政政策是否配合，市场对各国应对冲击所能采取的政策空间产生怀疑，这进一步形成避险预期。最后是英国脱欧以及意大利财政危机对欧洲经济前景带来不确定性使得国际投资者转向美元资产。

全球投资者避险行为的一个表现是避险性投资提升了对美国国债的需求。2018 年以来，外国投资者对美国中长期国债的购买虽有起落，但总体呈现明显的增加势头。至 2019 年 6 月底，包括私人部门和政府部门在内的外国投资者对美国中长期国债的购买额为 1.7 万亿美元，为 2015 年以来的峰值。增加购买美国国债在一定程度上压低了美国国债的收益率。美国 10 年期国债收益率在 2019 年 8 月一度降至 1.49%，并与短期国债收益率形成倒挂。

全球投资者避险行为的另一个表现是金价上涨。黄金价格于 2019 年 7 月上升至 1412.9 美元 / 盎司，这是 2013 年中期以来的最高水平。值得关注的是，在不确定时期和危机时期，黄金价格攀升与美元指数走强具有一定的同步性。这一同步性从 2018 年中后期开始尤为明显。黄金 2018 年 7 月至 2019 年 7 月上涨了 15.6%，而同期美元指数上升了 2.8%。尽管美联储减息举措旨在压低美元并提振美国经济，但在全球避险情绪主导下，对避险资产的追逐却推高了美元。

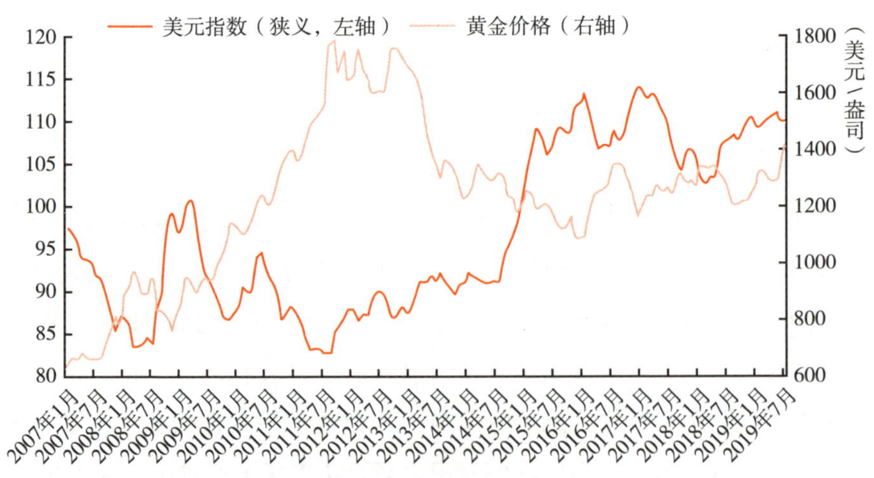

图 2　美元指数走势与黄金价格走势

注：美元指数为美元与主要货币的狭义指数，基期 1973 年 3 月 =100。

资料来源：万德数据库和世界银行数据库。

尽管特朗普政府多次表示弱势美元有利于美国，并不断对美联储施加降息压力，但美元汇率节节攀升。全球投资者避险情绪深受贸易摩擦以及全球经济不确定性的影响，而避险情绪上升带动美元资产需求增长，推高美元币值。美元指数 2018 年 3~4 月以来基本处于上升通道，2018 年 3 月至 2019 年 7 月初上升了 8% 左右。美元双边汇率走势也大多有不同程度的升值。比如，同期，美元兑欧元升值 9%，兑人民币升值近 10%，兑日元升值 2%。美元升值有经济增长和就业市场改善等基本面因素的支持，但更重要的是在全球经济不确定性增大的情况下，美元资产再度成为避险天堂。

未来影响外汇市场走势的重要因素来自美国。如果特朗普进一步采取单边措施，外汇市场将会出现更大的动荡。更重要的是，贸易摩擦持续，美国与多个国家和地区出现贸易摩擦，全球多边贸易体系面临危机。这些具有高度不确定性的变化，对金融市场情绪会产生巨大的影响。

（三）新兴经济体资本流动风险上升

以全球金融危机为界，新兴经济体的资本流动结构经历了两个阶段：危机之前的资本流动以银行信贷为主、危机之后证券资本流动规模显著上升。从资本流动规模看，新兴经济体资本流入经历了大幅度震荡。尤其是在 2018 年美元进入强势周期，新兴经济体货币兑美元出现了普遍的贬值。货币贬值带动资本外流，负债证券和股权出现了大幅度的流出。尽管从 2018 年中后期开始新兴经济体资本流入速度有所减缓，但进入 2019 年资本流入出现再度放缓的迹象。

从资本流动币种结构看，美元一直以来是新兴经济体国际融资的主要币种。在全球非美国居民美元信贷融资中，新兴和发展中经济体 2019 年第一季度占 31.4%，这一比例在过去二十多年变化不大。从非银行机构的贷款和证券发行额来看，2010 年第一季度全球新兴经济体的美元融资额仅为 1.8 万亿美元，到 2019 年第一季度达到 3.7 万亿美元。[①] 值得关注的是，不同地区美

① Bank for International Settlements, *Global Liquidity Indicators*, September 2019.

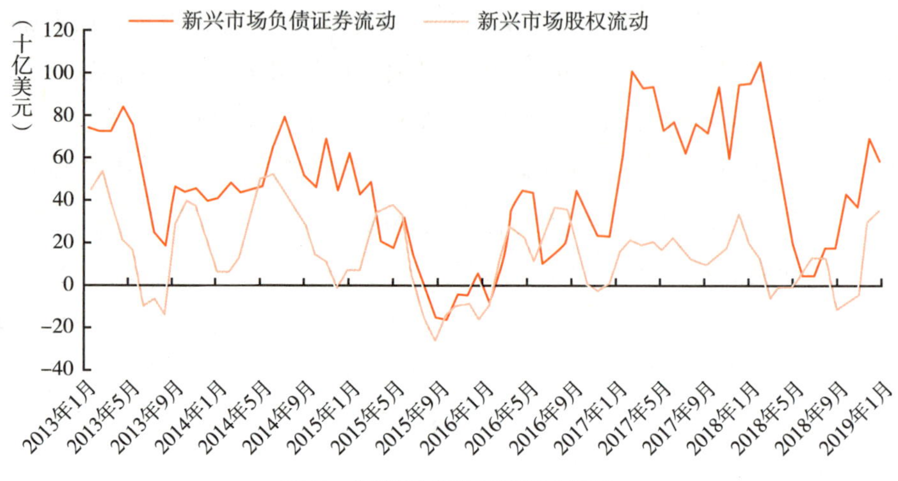

图 3　新兴经济体证券组合流动

注：非居民证券组合净流入，三个月滚动平均值。

资料来源：国际货币基金组织《全球金融稳定报告》2019 年 4 月数据库。

元信贷规模的增幅出现了分化。非洲和中东国家美元信贷规模不断扩大（见图 4）。而亚太地区新兴经济体的美元信贷规模增速却有所放缓，2018 年第三季度之后的连续三个季度发行额基本持平。欧洲新兴经济体美元贷款和债券发行额从 2016 年开始就呈现明显下降趋势，其中，俄罗斯的美元贷款和债券发行额下降幅度最大，2019 年第三季度仅为 1480 亿美元，比上一季度下降了 17.5%。拉美新兴经济体的美元信贷规模增速自 2018 年以来也出现减缓的势头。

美元信贷规模的变化与贸易摩擦升级及其对全球贸易形成的冲击高度相关。一些深度参与全球产业分工和高度开放的新兴经济体深受影响。进入 2019 年，发达国家货币政策调整产生溢出效应，通过汇率和资本流动渠道对新兴经济体的国际收支和金融稳定性产生影响。其中，美元币值变化对那些外部负债以美元债务为主的国家影响尤为显著，美元债务成本上升，成为影响美元计价的贷款和债券发行额增幅减缓的重要原因。

值得关注的是，在美元升值以及全球经济衰退阴影下，尤其是全球避险情绪上升，新兴经济体普遍面临资本外流和货币贬值压力。尽管多数经济

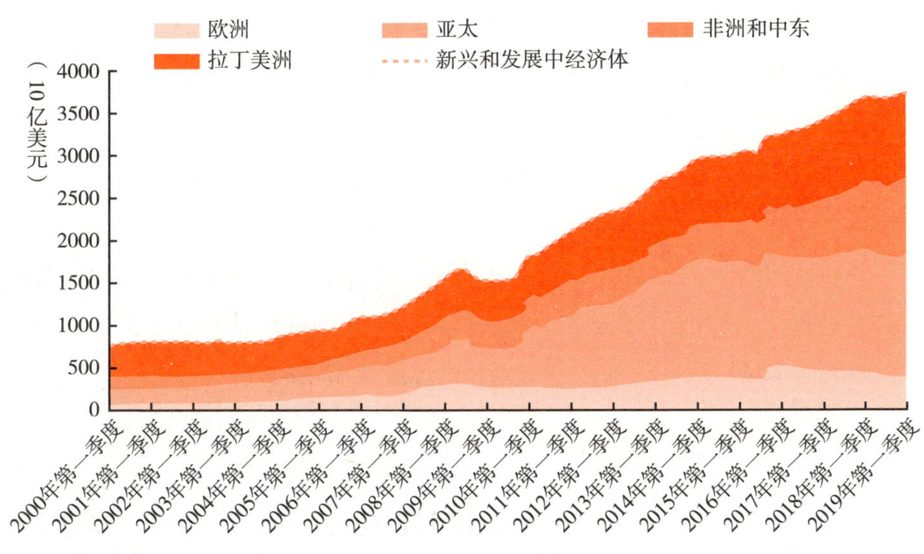

图 4　新兴和发展中经济体的美元信贷规模

注：美元信贷包括美元贷款和负债证券发行额。

资料来源：国际清算银行数据库。

体的经济基本面和金融市场条件有所改善，但在一些国际收支失衡严重、国内财政困难以及债务负担沉重的经济体，金融稳定性受到威胁。阿根廷在 2019 年 8 月宣布延缓偿付国际货币基金组织的救助贷款。随后比索大幅度贬值，阿根廷债券遭到大规模抛售，国家面临清偿力风险。阿根廷的外债长期以美元为主，美元贷款和债券发行从 2015 年开始呈现陡升态势，尽管 2018 年以来增加幅度有所减缓，但对美元负债的高度依赖是阿根廷频繁出现货币和债务危机的重要原因。尤其是在美元升值周期，阿根廷美元债务负担加重，货币贬值与资本外流交织，成为触发金融危机的重要引擎。面对货币大幅度贬值和资本大规模外流，阿根廷政府不得不在 2019 年 9 月初实施资本管制。

新兴经济体国际收支相对健康，一些国家开始调整政策组合，从传统的通胀目标制和浮动汇率组合向有限度汇率干预与宏观审慎政策组合过渡。[①] 这

① Bank for International Settlements, *BIS Annual Economic Report*, June 2019.

成为资本流动的稳定因素。然而，如果国际贸易和经济条件急剧恶化，风险溢出，国际金融市场风险集聚，将对新兴经济体产生不可忽视的影响。

二 全球证券市场走势

2018~2019 年全球经济疲软、贸易保护主义抬头与民粹主义兴起以及地缘政治紧张，不确定性因素频发导致国际金融市场持续动荡。下文分别对全球长期国债市场、国际负债证券市场和全球股票市场展开分析。

（一）全球长期国债市场

2018~2019 年，主要发达国家长期国债市场收益率趋于下降，美国国债收益率出现倒挂，英国、日本和德国等主要发达国家长期国债收益率也步入超低甚至负值区域。

2018 年 9 月，美国、英国、日本和德国的长期国债收益率均值分别为 3%、1.5%、0.1% 和 0.4%。2019 年 8 月，四国长期国债收益率的均值分别下降至 1.6%、0.6%、-0.2% 和 -0.6%。主要发达国家长期国债收益率同步下降，并步入超低值区域，日本和德国甚至转为负收益率（见图 5）。

美国国债收益率出现倒挂，预警经济可能会发生衰退。1970 年以来，历次国债收益率倒挂后，美国经济都发生了衰退。2019 年 5 月以来，美国 10 年期和 3 年期国债收益率发生持续性倒挂，8 月 27 日，10 年期和 2 年期国债收益率也首次出现倒挂，预警美国经济可能发生衰退。美国经济下行加剧了市场对长期经济的悲观预期，导致长期国债需求量上升，全球经济疲软和不确定性因素增加也导致全球资本的避险需求上升，助推了美国国债收益率倒挂。

英国长期国债收益率持续下降，日本、德国长期国债收益率跌为负值。英国 2019 年第二季度 GDP 同比增速仅有 1.22%，创下 2013 年以来的新低。2019 年 5 月，英国制造业 PMI 跌破荣枯线，服务业 PMI 也在荣枯线上下徘徊，外加“脱欧”前景充满不确定性，经济前景低迷，推动长期国债收益率持续

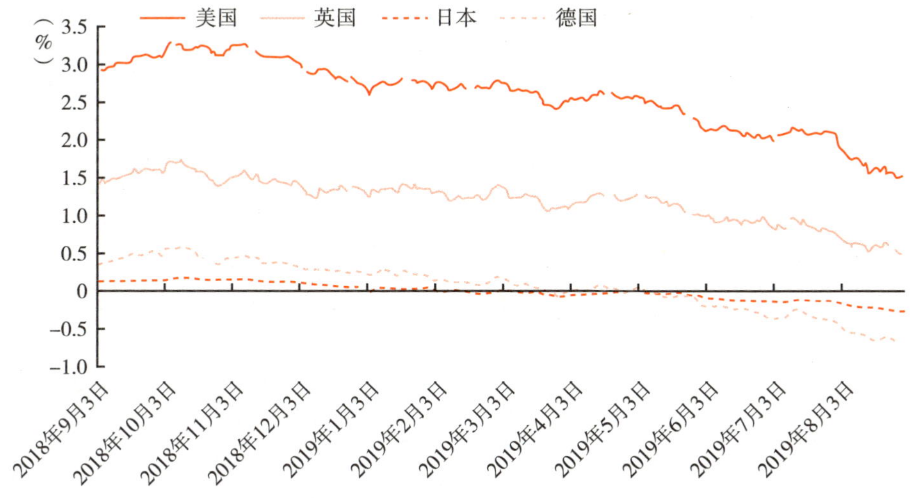

图 5　美国、德国、英国和日本四国 10 年期国债收益率

资料来源：Wind 数据库。

下降。日本制造业 PMI 自 2019 年 2 月以来持续低于荣枯线，德国制造业 PMI 自 2019 年 1 月以来持续低于荣枯线。市场形成长期通缩预期，长期国债收益率也降为负值。

欧元区各国长期国债收益率普遍下降，法国长期国债收益率降至零以下，西班牙长期国债收益率也逼近零。欧元区经济基本面疲软，2019 年 2 月以来欧元区制造业 PMI 持续低于荣枯线，经济存在紧缩压力。欧央行自 2014 年以来一直执行负利率，为国债收益率下行提供了宽松的政策环境。外加全球避险情绪上升，助推了发达国家债券收益率下行。此外，欧元区内部各国长期国债收益率存在明显差异，由于希腊刚刚象征性地摆脱债务危机、意大利反复组阁与政局不稳，希腊和意大利的长期国债收益率相对高于欧元区其他国家（见图 6）。

（二）国际负债证券市场

2018~2019 年，国际负债证券市场表现出两大特征：第一，发展中经济体在国际负债证券市场上的份额继续小幅上涨，未清偿余额占比有所增加，

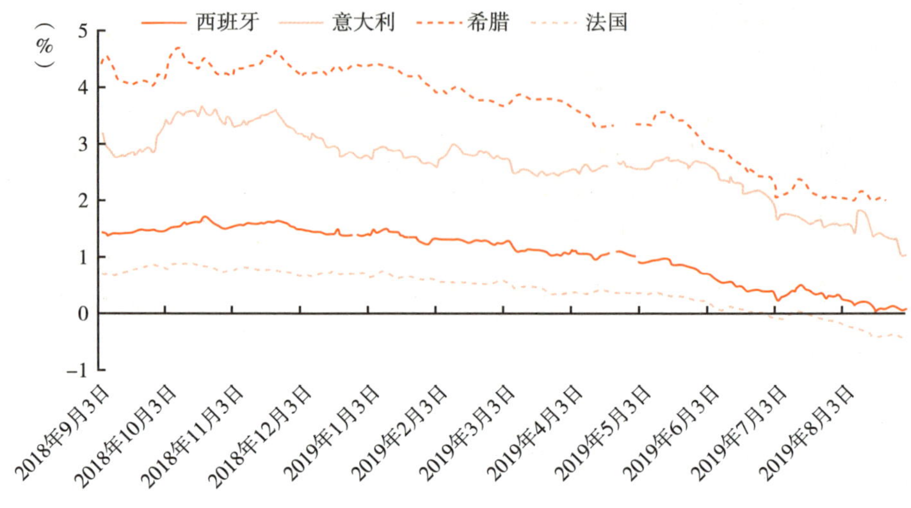

图 6　欧元区部分国家 10 年期国债收益率

资料来源：Wind 数据库。

但仍远低于发达国家；第二，发达国家与发展中经济体的国际负债存在结构性差异，发达国家的国际负债以金融机构和企业为主，而发展中经济体的国际负债以政府部门为主。

从总量比较来看，截至 2018 年第四季度末，发展中经济体未清偿余额占国际负债证券市场未清偿总额的 13.09%，较 2018 年第一季度上涨 0.66 个百分点。从净发行额的变化来看，2018 年第一季度至 2018 年第四季度，发达国家国际负债证券市场净发行额累积达 3926 亿美元，高于同期发展中经济体的 1543 亿美元。

从结构上看，发达国家与发展中经济体在国际负债证券市场上存在显著的结构性差异。从 2018 年第一季度至 2019 年第一季度，发达国家的金融机构、企业和政府部门的国际负债证券市场净发行额分别累积达 3017 亿美元、1043 亿美元和 -134 亿美元，而发展中经济体的金融机构、企业和政府部门的国际负债证券市场净发行额分别累积达 386 亿美元、191 亿美元和 966 亿美元。发达国家的国际债券发行以金融机构为主，企业次之，政府部门的净发行额

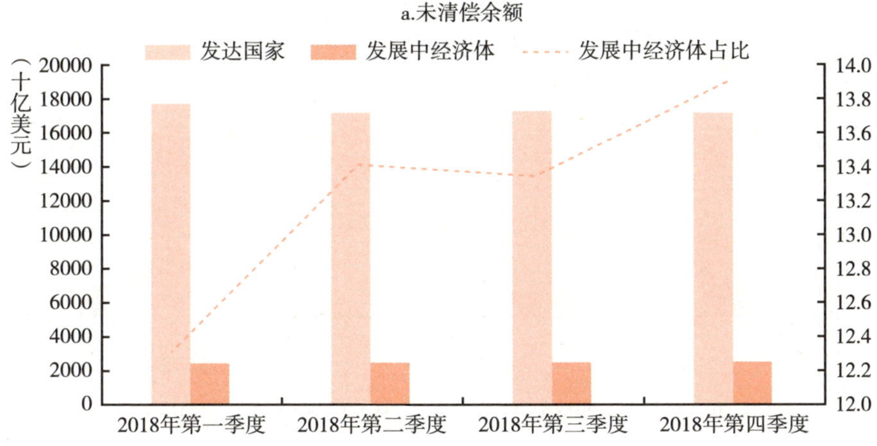

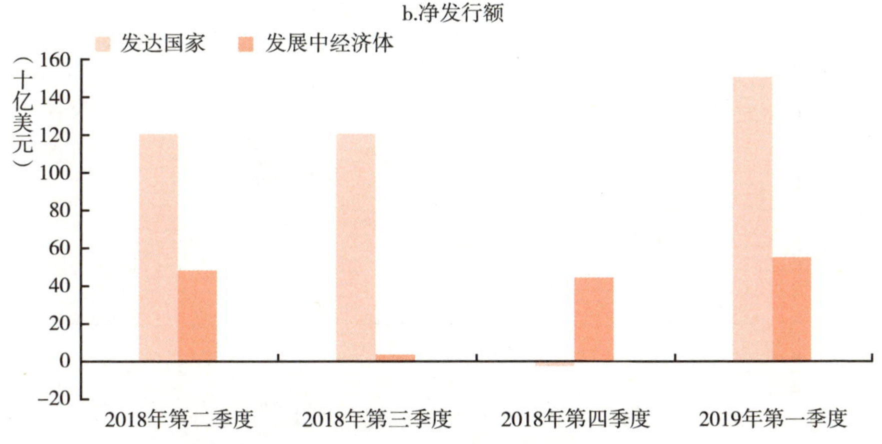

图 7　国际负债证券市场未清偿余额及净发行额

注：国际负债证券市场的未清偿余额暂未公布 2019 年第一季度数据。

资料来源：国际清算银行数据库。

甚至为负。发展中经济体由于金融机构和企业的评级和信誉度不足，主要依赖主权债务融资（见图 8）。

（三）全球股票市场

2019 年全球股票市场表现出两大特征：第一，与 2018 年全球股市低迷相比，2019 年全球股市有所回暖；第二，发达国家与发展中经济体股市表现

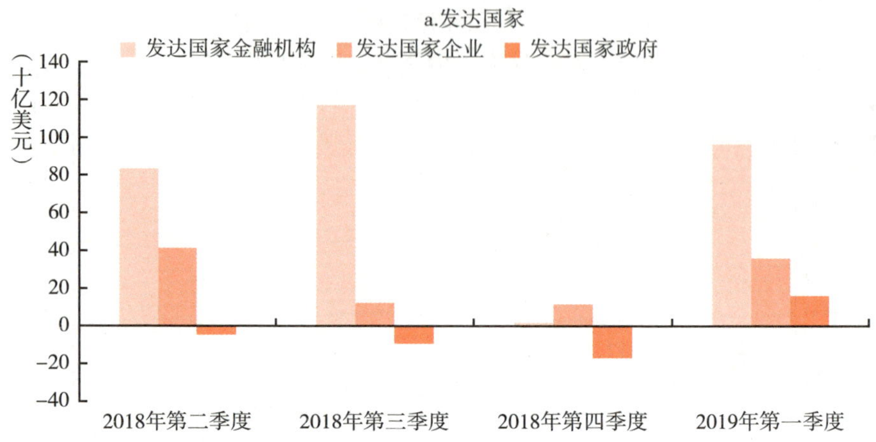

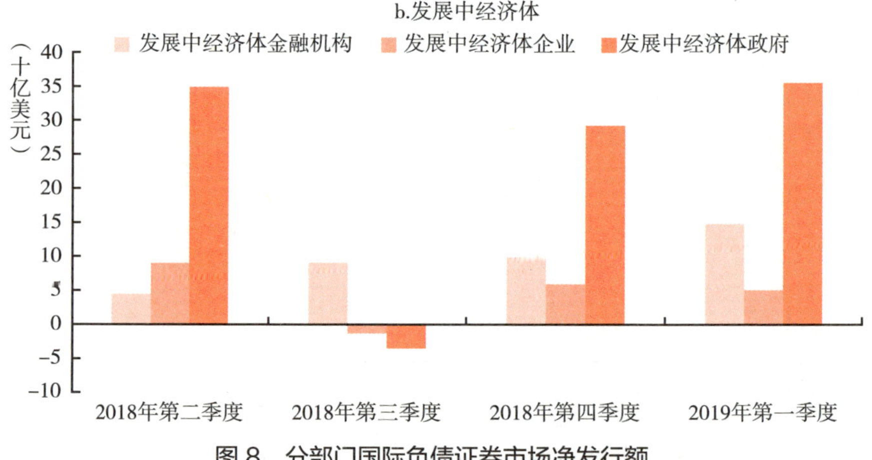

图 8　分部门国际负债证券市场净发行额

资料来源：国际清算银行数据库。

存在分化，发达国家股市涨幅相对较显著，发展中经济体股市实现微涨。

2018 年全球经济增速下滑，制造业和贸易增长放缓，全球股市表现不佳。MSCI 全球指数微涨 1.22%，MSCI 发达国家指数上涨 2.82%，MSCI 新兴市场指数下跌 10.21%。2019 年 1~8 月全球股市有所回暖，MSCI 全球指数上涨 13.52%，主要受益于发达国家股市的较好表现，MSCI 发达国家指数上涨 12.12%，MSCI 新兴市场指数微涨 1.93%（见图 9）。

在选定的全球 11 个主要股市中，2018 年除了印度和巴西外，其余九国

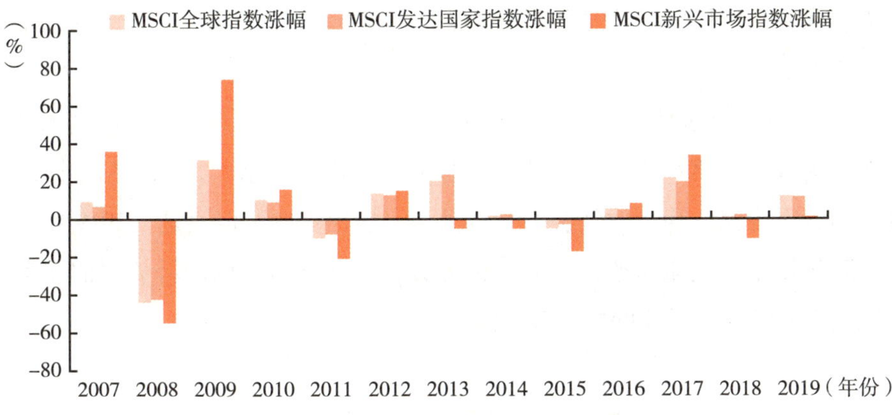

图 9　MSCI 全球国别股指增长率比较

注：2019 年数据截至 2019 年 8 月 30 日。

资料来源：Wind 数据库。

股市指数都为负增长。2019 年前三季度，除了西班牙和日本，其余九国股市指数都实现了较大幅度的正增长。不难发现，2019 年全球股市有所回暖（见图 10）。

2019 年，在发达经济体中，除了西班牙和日本外，多数国家股市指数实现了正增长，表现出一定程度的共振。在新兴经济体中，金砖五国的股市指

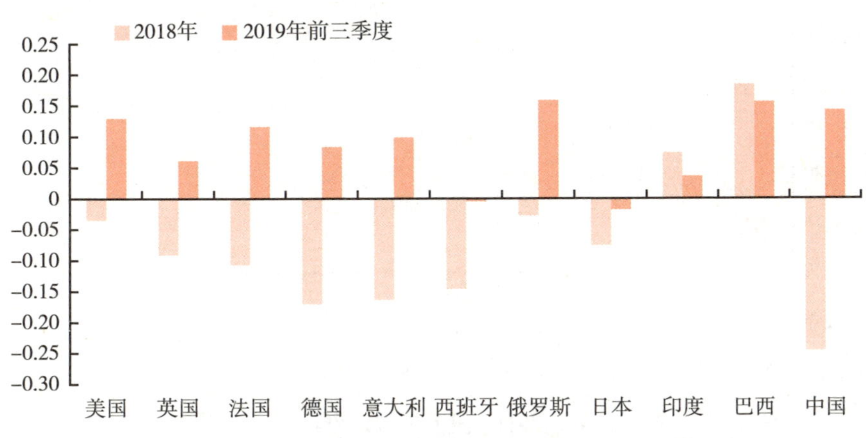

图 10　全球主要股市 2018 年和 2019 年前三季度增长率

资料来源：Wind 数据库。

数皆实现了正增长，但其他新兴经济体股市表现不佳，拖累了 MSCI 新兴市场指数的表现。

2019 年，全球经济动能继续减弱，中美贸易摩擦及其不确定性、地缘政治和多国政局动荡严重影响了投资者信心，股市多方承压，经济基本面也难以支撑股市走强。为应对经济下行压力和可能出现的经济衰退，2019 年全球拉开降息帷幕，刺激了股市回暖。但应警惕宽松性货币政策释放出的流动性未流入实体经济，反而助推了股市泡沫。

三　全球外汇市场走势

2019 年的全球外汇市场表现出三大显著特征：第一，美元指数继续高位震荡；第二，发达国家货币兑美元汇率走势出现分化，新兴市场货币兑美元汇率普遍贬值；第三，人民币兑美元汇率跌破“7”，美国将中国列为汇率操纵国。

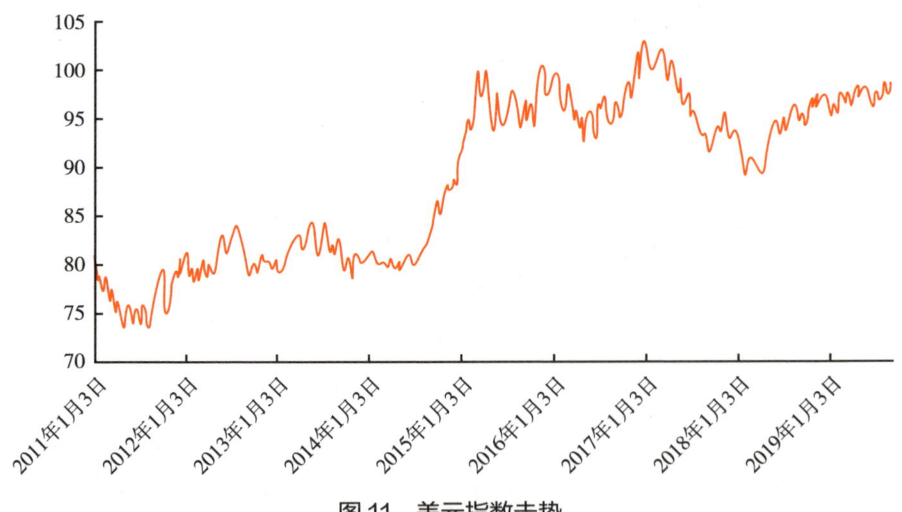

图 11　美元指数走势

注：美元指数选取 1973 年 3 月 =100。

资料来源：Wind 数据库。

2011 年以来，美元已经历了将近十年的上涨周期。2019 年美元继续保持高位震荡、略呈上行态势。美国经济下行和中美贸易摩擦及其不确定性并不支持美元走强，当前美元指数高位震荡主要受以下两方面的支撑。第一，相较于主要发达经济体，美国经济表现相对良好。美元指数的长期走势取决于美国和主要发达经济体的经济基本面的相对变化，虽然美国经济增速下行，但美国经济增速仍高于主要发达经济体。第二，全球不确定性因素增加，避险需求助推了美元升值。伴随着全球经济持续疲软，地缘政治趋于紧张，意大利等多国政局频发变数，英国“脱欧”前景充满不确定性，全球资本避险需求增加，助推了美元指数上涨。

2019 年美元兑主要国家货币汇率走势出现分化，美元兑瑞郎和日元贬值，

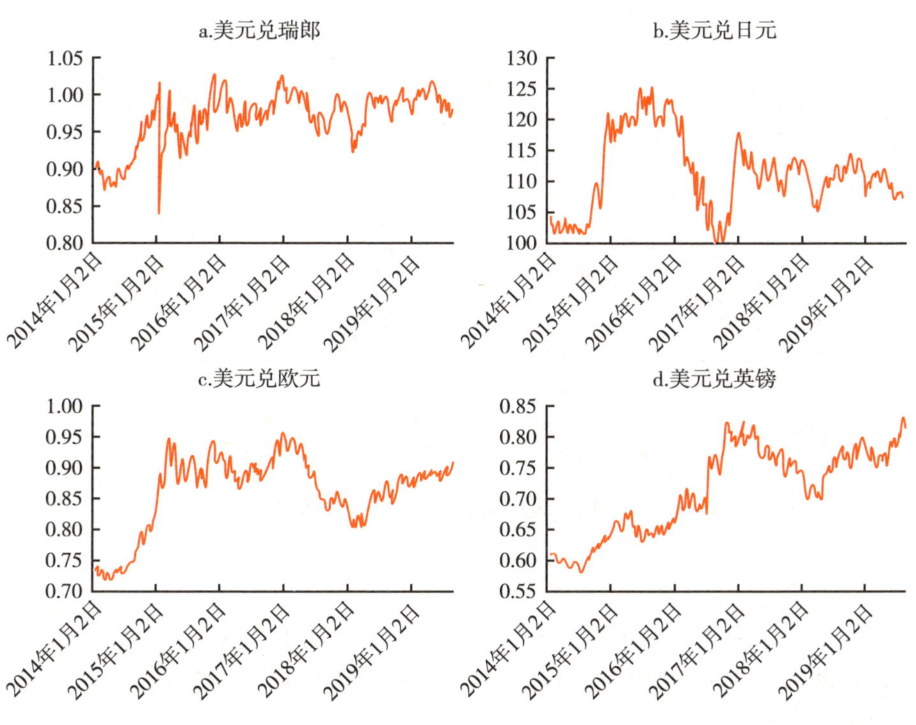

图 12　美元兑主要货币的汇率变化走势

资料来源：Wind 数据库。

美元兑欧元与英镑升值（见图 12）。美元资产一直是全球避险资本的重要选择，然而在美国经济下行和中美贸易摩擦背景下，部分避险资本选择追求其他稳妥资产，助推了美元兑瑞郎和日元贬值。而欧洲经济持续疲软、民粹主义兴起使得政局动荡，外加英国“脱欧”进程的不确定性，促使美元兑欧元与英镑升值。

2018 年由于美国经济超预期向好和美联储加息，美元兑金砖国家货币普遍升值（见图 13）。2019 年美元兑金砖国家货币汇率小幅贬值或平稳后，重

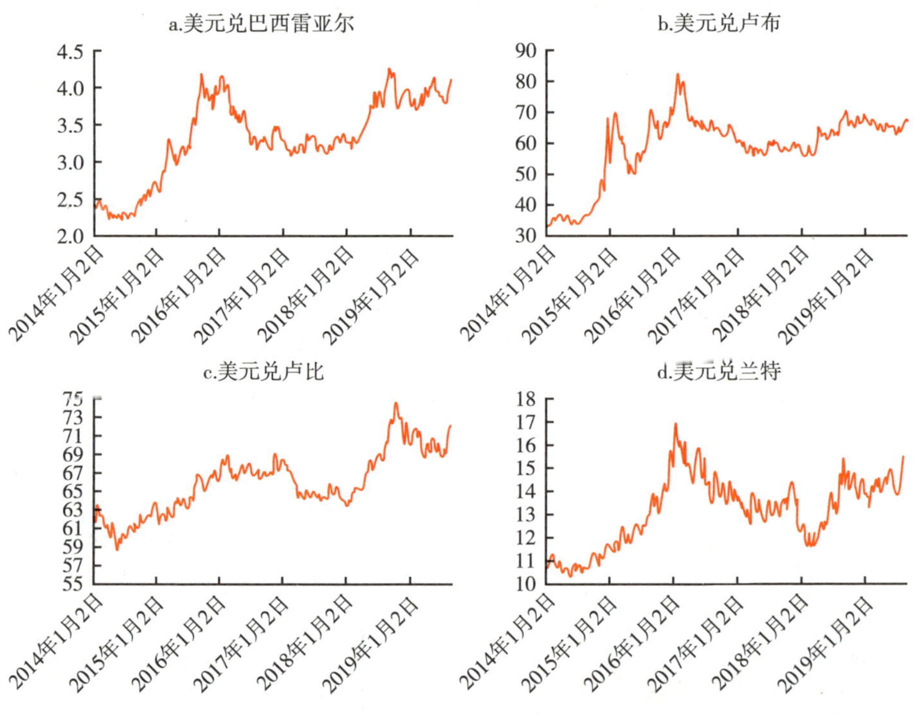

图 13 美元兑金砖国家货币的汇率变化走势

资料来源：Wind 数据库。

启升值态势，这主要是全球经济疲软和不确定性因素增加导致避险资本涌入美国。新兴经济体应积极预防资本大规模外流导致货币急速贬值和以美元计值的外债猛增。

2019 年人民币汇率指数先涨后跌，美元兑人民币汇率先贬值后升值（见

图 14）。近期，人民币汇率指数下跌和人民币汇率贬值主要有以下驱动因素：第一，中国经济下行压力增大，2019 年 5 月以来制造业 PMI 持续低于荣枯线，投资、消费和出口都不及预期，汇率存在贬值压力；第二，中美贸易摩擦及其不确定性助推了人民币汇率贬值。2019 年 8 月 1 日，中美在上海进行第十二轮双边经贸磋商未果，随即特朗普在毫无征兆的情况下，声称将于 9 月 1 日起对价值 3000 亿美元的中国商品加征 10% 关税，人民币汇率承压，并于 8 月 5 日跌破整数关口“7”，随后美国财政部将中国列为“汇率操纵国”。美国政府毫不掩饰地违背现有的国际规则和美国国内法律标准强行将中国列为“汇率操纵国”，带有浓厚的大国单边主义和保护主义色彩以及特朗普政府特色。中美贸易摩擦及其不确定性在影响人民币汇率的同时，也对国际金融市

图 14　人民币汇率变化走势

资料来源：Wind 数据库。

场产生显著冲击。长期来看，经济基本面并不支持人民币汇率持续贬值，汇率预期基本稳定，资本外流压力可控，央行应保持定力，继续发挥市场对汇率的基础调节作用。

四　小结与展望

2018~2019 年国际金融市场持续动荡。全球经济疲软、贸易保护主义抬

头与民粹主义兴起以及地缘政治紧张是影响市场走势的重要因素。中美贸易摩擦及其不确定性对国际金融市场造成显著冲击。为应对经济下行压力和可能出现的经济衰退，全球拉开降息帷幕。2019 年，发达经济体长期国债收益率同步下行，美国国债收益率发生倒挂，多国国债长期收益率进入负利率时代；全球股市有所回暖，但经济基本面尚不足以支撑股市走强；在外汇市场上，美元指数高位震荡，发达国家货币兑美元汇率呈现分化，新兴市场国家货币兑美元汇率贬值压力较大。

展望未来，全球经济动能继续减弱，全球降息帷幕已经打开，财政政策与货币政策空间有限。地缘政治、贸易保护主义和民粹主义使得全球金融市场面临诸多不确定性冲击，资本的避险需求成为影响国际资本流向的重要因素。美国经济下行压力加大，国债收益率倒挂预警经济可能出现衰退，经济基本面难以支撑股市持续走高，美元指数未来走向取决于美国与主要发达经济体经济基本面的相对变化。欧洲经济复苏势头受阻，全球经济疲软、贸易摩擦以及英国“脱欧”等因素使得欧洲经济也面临衰退危险，欧央行被迫将存款便利利率下调至历史低点 -0.5%，并宣布重启量化宽松政策，然而其政策效果仍有待观察。新兴经济体将面临资本流出和外部需求疲弱的压力，金融稳定性和出口受到冲击。新兴经济体应在稳定国内经济增长的同时，紧抓国内经济改革，预防金融系统性风险。

参考文献

[1] 高海红、杨子荣:《2018 年国际金融形势回顾与展望》，载张宇燕主编《2019 年世界经济形势分析与预测》，社会科学文献出版社，2019。

[2] Bank for International Settlements, *Global Liquidity Indicators*, September 2019.

[3] Bank for International Settlements, *BIS Annual Economic Report*, June 2019.

[4] International Monetary Fund, *Financial Stability Reports-Vulnerabilities in a Maturing Credit Cycle*, April 2019.

Y.13
国际直接投资形势回顾与展望

王碧珺　陈胤默[*]

摘　要： 2018年外国直接投资（FDI）比上年显著下降了13%，尽管发展中国家FDI流入有小幅增长，但主要拖累是发达国家FDI流入达到近十五年来的新低。在国别投资政策方面，2018年涉及外国直接投资国别政策变化的国家和政策数量都有所下降。虽然政策中涉及投资自由化和促进措施的仍占主体，但涉及限制性或监管措施的政策比例显著提升了16个百分点。联合国贸发会议预计，随着美国税改影响减弱，发达国家FDI流入将有所复苏，从而拉动2019年全球国际直接投资的小幅复苏。但从中长期来看，受发达国家政策不确定性增强、国际直接投资收益率趋势性下降以及国际生产的结构性变化等因素影响，国际直接投资增速可能长期放缓。

关键词： 国际直接投资　跨国兼并收购　国家安全

2018年，全球外国直接投资（FDI）继续下滑至1.3万亿美元，同比降幅达13%。这是外国直接投资连续第三年下滑，与联合国贸发会议上年预计的全球FDI流入将在2018年复苏增长5%有较大差距。[①]FDI下滑的主要原因

---

* 王碧珺，中国社会科学院世界经济与政治研究所副研究员，国际投资研究室副主任，主要研究领域为国际投资；陈胤默，中国社会科学院世界经济与政治研究所博士后，主要研究领域为国际投资。

① United Nations Conference on Trade and Development, *World Investment Report 2018: Investment and New Industrial Policies*, June 2018.

是受美国税改的影响，发达国家 FDI 流入达到近十五年来的新低。税改解除了美国跨国公司将利润囤积海外的桎梏，使以流动资产为主、集中在高技术行业的海外利润最容易回流美国，相当于减少了美国的对外直接投资，从而对其主要交易对手方带来较大的 FDI 流出压力。这一压力在数据上的体现是，在 2018 年流入欧洲的 FDI 减少了一半以上，美国对外直接投资流量大幅下降至 -640 亿美元，即净撤资 640 亿美元。

本文将从投资区位、投资者、国别投资政策和国际投资协定的角度分析国际直接投资的最新形势，并结合中美贸易摩擦和美国税改等最新形势以及宏微观信息展望国际直接投资的发展前景。

一　全球大部分地区国际直接投资表现低迷

尽管全球跨境并购从 2017 年的 6940 亿美元增加至 2018 年的 8160 亿美元，增长了 18%，但全球外国直接投资（FDI）整体在 2018 年仍然继续下滑（见图 1）。分地区来看，发达国家和转轨经济体[①] 的外国直接投资流入大幅下降，而发展中

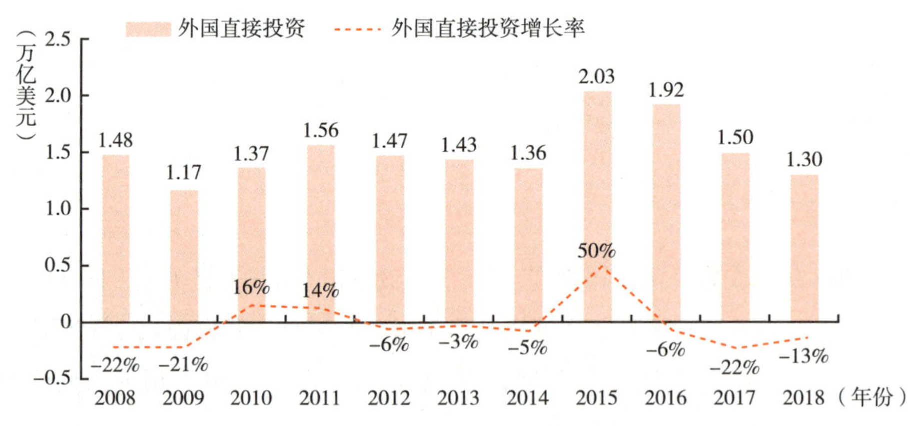

图 1　2008~2018 年全球外国直接投资增长情况

资料来源：笔者根据联合国贸发会议数据库（http://uncatadstat.unctad.org/fdistatistics）的数据整理。

① 转轨经济体主要是指东南欧、独联体国家和格鲁吉亚。

国家的外国直接投资流入则同比增长 2%。因此，发展中国家在全球外国直接投资中的份额有显著增长，从 2017 年的 46% 增长至 2018 年的 54%。

（一）FDI流入：发达国家降至近十五年来的新低，发展中国家有所增长

2018 年，流入发达国家的 FDI 为 5570 亿美元，同比大幅下降了 27%，降至 2004 年以来的最低点。其中，流入欧洲的 FDI 减少了一半以上，流向北美的 FDI 下降了 4%。爱尔兰和瑞士分别出现了 660 亿美元和 870 亿美元的负流入（净流出）。随着新增股权投资减半，流入英国的 FDI 也下降了 36%。受跨境并购减少的影响，流入美国的 FDI 下降了 9%，降至 2520 亿美元。

发展中国家 FDI 流入在 2018 年达到 7060 亿美元，同比增长了 2%，但是发展中国家内部在各区域之间存在显著差异。位于亚洲和非洲的发展中国家 2018 年的外国直接投资流入有所增加，而拉丁美洲和加勒比地区的外国直接投资流入则有所缩减。中国是发展中经济体中最大的外国直接投资接受国，吸引了 1390 亿美元的 FDI 流入，同比增长了 3.7%（见表 1）。东南亚地区的发展中国家 FDI 流入连续三年上升了 3%，达到创纪录的 1490 亿美元。流入非洲的 FDI 在 2018 年增长了 11%，达到 460 亿美元。拉丁美洲和加勒比地区的外国直接投资在 2018 年下降了 6%，降至 1470 亿美元。其中，南美洲 FDI 流入的下降主要是流入巴西和哥伦比亚的外资减少所致。

（二）FDI流出：美国创有统计数据以来的最差位次，中国排名再次下降

全球对外直接投资（FDI 流出，OFDI）普遍下降。其中，发达国家下跌了 40%，降至 5580 亿美元；发展中国家下跌了 10%，降至 4180 亿美元。发达国家在全球 FDI 流出中份额下降至 55%，为有史以来的最低点。

从发达国家来看，美国跨国公司受税改影响将大量海外利润汇回美国，这导致 2018 年美国对外直接投资流量大幅下降至 -640 亿美元（净撤资 640

亿美元），而 2017 年美国对外直接投资为 3000 亿美元。由此，美国在 2018 年未能进入全球前 20 大对外直接投资经济体名单，而美国一直以来是全球位居前列的对外直接投资来源国。从 UNCTAD 开始公布数据的 1970~2017 年的 48 年时间里，美国除了其中的 7 年外都是全球第一大对外直接投资来源国。① 即使在那 7 年里，美国有 2 年排第 2 位、3 年排第 3 位、1 年排第 16 位。可见，2018 年美国对外直接投资流量在全球的排名创下了自统计数据公布以来的最差位次。

与美国相反，欧洲对外直接投资流量增长了 11%，达到 4180 亿美元。其中，法国对外直接投资流量在 2018 年超过 1000 亿美元，成为全球第三大对外直接投资来源国，比上年上升 6 个位次。爱尔兰和瑞士的 FDI 流出恢复正增长，分别达到 130 亿美元和 270 亿美元。相比之下，德国 FDI 流出下降了 16.3%，降至 770 亿美元（见表 1）。英国 FDI 流出从 2017 年的 1180 亿美元下降至 2018 年的 500 亿美元，如此大的降幅主要是上年的基数较高所致。2017 年英国企业进行了一系列跨境并购，使英国 FDI 流出大幅增长，代表性并购交易包括英美烟草公司以 490 亿美元收购雷诺兹的余下股份，以及利洁时集团以 170 亿美元收购美赞臣等。

从发展中国家来看，位于亚洲的发展中国家对外直接投资在 2018 年下降了 3%，达到 4040 亿美元。尽管 2018 年中国是仅次于日本的全球第二大对外直接投资来源国，但受中国政府加强对外投资合规性审查，以及美国和欧洲对中国投资审查趋严的影响，中国企业对外直接投资下降了 17.7%，降至 1300 亿美元。西亚地区对外直接投资创历史最高水平，达到 490 亿美元。这主要是沙特阿拉伯、阿拉伯联合酋长国和土耳其的对外直接投资大幅增长所致。拉丁美洲对外直接投资在 2018 年暴跌至 70 亿美元的历史最低水平。这主要是受到巴西 FDI 流出为负（净撤资）和智利对外直接投资减少的影响。

① 在这 7 年里，全球第一大对外直接投资来源国分别为：日本，1982 年、1989 年、1990 年；英国，1987 年、1988 年、2000 年；荷兰，2005 年。

表1　2018 年全球前 20 大 FDI 参与国（地区）

单位：亿美元，%

FDI 流入					FDI 流出				
2018 年位次	国家和地区	2017 年	2018 年	增速	2018 年位次	国家和地区	2017 年	2018 年	增速
1	美国（1）	2770	2520	-9.0	1	日本（2）	1600	1430	-10.6
2	中国（2）	1340	1390	3.7	2	中国（3）	1580	1300	-17.7
3	中国香港（3）	1110	1160	4.5	3	法国（9）	410	1020	148.8
4	新加坡（5）	760	780	2.6	4	中国香港（6）	870	850	-2.3
5	荷兰（7）	580	700	20.7	5	德国（5）	920	770	-16.3
6	英国（4）	101	640	533.7	6	荷兰（14）	280	590	110.7
7	巴西（6）	680	610	-10.3	7	加拿大（7）	800	500	-37.5
8	澳大利亚（8）	420	600	42.9	8	英国（4）	1180	500	-57.6
9	西班牙（17）	210	440	109.5	9	韩国（13）	340	390	14.7
10	印度（9）	400	420	5.0	10	新加坡（8）	440	370	-15.9
11	加拿大（15）	250	400	60.0	11	俄罗斯（12）	340	360	5.9
12	法国（13）	300	370	23.3	12	西班牙（10）	400	320	-20.0
13	墨西哥（12）	320	320	0.0	13	瑞士（156）	-350	270	-177.1
14	德国（11）	370	260	-29.7	14	沙特阿拉伯（28）	70	210	200.0
15	意大利（16）	220	240	9.1	15	意大利（15）	260	210	-19.2
16	印度尼西亚（18）	210	220	4.8	16	瑞典（17）	230	200	-13.0
17	以色列（19）	180	220	22.2	17	中国台湾（21）	120	180	50.0
18	越南（21）	140	160	14.3	18	泰国（18）	170	180	5.9
19	韩国（20）	180	140	-22.2	19	阿拉伯联合酋长国（20）	140	150	7.1
20	俄罗斯（14）	260	130	-50.0	20	爱尔兰（157）	-390	130	133.3

注：括号中为 2017 年的排名。

资料来源：笔者根据 *World Investment Report 2019: Special Economic Zones*，*New York and Geneva: United Nations Conference on Trade and Development* 的数据整理。

二　美国税改对国际投资的影响

近年来，美国经济复苏企稳，失业率持续下降。然而，光鲜数据背后也有隐忧。产业空心化、高新技术产业优势减弱以及复杂的税制都对美国继续维持世界霸主地位构成了潜在威胁。在这样的背景下，2017年底，美国总统特朗普正式签署了《2017年减税与就业法》（*Tax Cut and Jobs Act of 2017*），并于2018年1月开始实施（以下简称"税改"）。这项立法是1986年以来美国税收制度的最大一次变化，尤其是在企业所得税和跨境税制等方面进行了较大调整。这些调整将对美国跨境投资造成显著影响，并将会进一步传导至世界投资格局。

（一）主要相关条款

由于美国税改法案内容宏大繁复，本文只讨论可能对国际投资造成影响的主要相关条款。

（1）大幅降低企业所得税。美国企业所得税率从35%大幅降至21%。并且为了鼓励企业进行固定资产投资，允许特定资产的全部成本费用一次性税前扣除，而之前的做法是按照折旧年限或一定限制分期税前扣除。

（2）由全球征税制改为属地征税制。税改之前，美国政府对美国公司一律征收35%的企业所得税，而不管公司所得（利润）是源于美国国内还是海外。税改之后，美国实行属地征税制，自2018年开始，美国企业取得的源于境外的股息红利可享受100%免税。美国跨国公司在向东道国政府缴纳企业所得税后，无须再向美国政府缴纳企业所得税。海外利润的最终税收负担完全取决于外国管辖区的税率。

（3）过渡法令：取消"递延制"后对海外利润采用不同处理方式。税改之前，美国跨国公司的海外利润，只要未汇回、未作为红利分配就可延期缴纳所得税。此次税改取消"递延制"后，尽管没有强制要求利润汇回，但美国企业1987~2017年在海外囤积的所有利润都必须纳税。不论汇回与否，都对这些利润一次性征收15.5%（现金）或8%（非流动资产）的所得税。新的属地征税制仅对公司股东有效，而过渡法令对个人也有效。

（二）对美国国际投资的可能影响

以上税改内容对美国国际投资可能会有如下影响。

（1）短期：海外存量利润汇回，对主要交易对手方带来较大压力。取消“递延制”后，美国企业 1987~2017 年在海外囤积的利润中流动资产（现金及等价物）最容易回流，而非流动资产如厂房设备短期内回流较为困难。因此，取消“递延制”会使得这部分以流动资产为主、集中在高技术行业的海外利润回流美国，相当于减少了美国的对外直接投资，从而对其主要交易对手方带来较大的 FDI 流出压力。这一压力在数据上已经有所体现。2018 年，流入欧洲的 FDI 减少了一半以上，美国对外直接投资流量大幅下降至 -640 亿美元（净撤资 640 亿美元）。

（2）中期：企业税负降低，双向 FDI 增加。美国税改将企业所得税率由 35% 下调至 21%，将使未来 10 年美国企业总体税负大幅减少，直接提升了企业税后利润。税后净利润率的提高会显著影响投资者的边际决策，不仅吸引国外投资者在美国进行更多投资，而且增强了美国企业的财务实力，使美国对外投资也会增加。同时，属地征税制移除了海外利润汇回的税收障碍，将提高美国跨国企业把生产转移到海外的积极性。这有利于美国企业在全球优化配置资源，充分利用海外东道国的区位优势获取最大化利润，再将利润无税收障碍地汇回美国。

尽管美国双向 FDI 都会增加，但税改对这两方面的效应并不对称，具体情况还和不同国家与美国的双边税率有关。一般而言，对于那些本身税率就较低、美国税改后的税率依然高于其税率的国家，该国对美国投资以及美国对该国投资将会增加相似的幅度，有利于形成“双赢”的局面。而对于那些原本税率低于美国，但税改后税率高于美国的国家而言，将导致该国流入美国的投资增幅大于美国对该国投资的增幅，从而造成该国 FDI 净流出增加。[①]

---

① Spengel C., Heinemann F., Olbert M., Pfeiffer O., Schwab T., and Stutzenberger K., “Analysis of US Corporate Tax Reform Proposals and Their Effects for Europe and Germany” , https://madoc.bib.uni-mannheim.de/43888/, 2017.

将美国企业所得税率跟其主要国际投资来源国和目的地的企业所得税率进行比较，税改之前美国的企业所得税率比所有国家都高，但税改后已经处于中等水平（见表2）。在主要投资伙伴中，美国企业所得税率已经低于日本、荷兰、中国、澳大利亚、比利时和法国，美国税改将使得这些国家与美国双边 FDI 的净流出增加。

表2 美国税改前后与前十大 FDI 来源国、OFDI 目的地以及中国的企业所得税率比较

单位：%

国家	企业所得税率	FDI 占比	OFDI 占比
瑞士	8.5	8.34（6）	3.24（7）
爱尔兰	12.5	2.29（9）	7.26（4）
加拿大	15	9.97（4）	6.82（5）
德国	15.83	7.83（7）	2.02（10）
新加坡	17	0.64	4.85（6）
英国	19	14.9（1）	12.8（2）
卢森堡	20.33	11.2（3）	11.4（3）
美国（税改后）	21		—
日本	23.4	11.3（2）	2.15（9）
荷兰	25	9.54（5）	15.89（1）
中国	25	0.14	1.73
澳大利亚	30	1.26	3.1（8）
比利时	33	2.14（10）	1.05
法国	34.43	6.79（8）	1.46
美国（税改前）	37.9	—	—

注：选取了美国对外投资排名前十的目的地和对美投资前十的来源国（以及中国），两者中有8个国家都是重合的；括号内为排名。

资料来源：企业所得税率来自世界银行 WDI 数据库，美国的国际投资数据来自美国经济分析局（U.S. Bureau of Economic Analysis，BEA）。

（3）长期：影响偏中性，或引发国际税收竞争。长期来看，受债务和赤字制约，美国大幅减税的可持续性面临考验。此次特朗普政府税改力度与1981年里根政府和2001年小布什政府的减税力度相当。然而，此次税改的背景与前

两次的显著不同之处在于当前政府赤字和债务水平更高。从这个角度来看，此次美国税改在政策上操作空间更小。大幅减税的同时，如果不削减政府开支，必然将导致赤字高增，政府债务规模扩大。虽然税改方案有利于扩大税基，但能否弥补减税造成的财政缺口依然存在疑问。因此，长期来看，不排除受制于赤字而重新结构性增税的可能性。

同时，美国税改或导致国际税收竞争，而有害的国际税收竞争会对福利提升带来负面作用。首先，税收竞争减少了政府的财政收入，削弱了发达国家为国民提供福利的能力，而发展中国家则会削弱社会救助；其次，为吸引流动性更强的生产要素（如资本）而降低对这些要素的税率，往往意味着对流动性较弱的生产要素（如劳动、消费）等课以重税以保持财政平衡，如此转移税负的直接后果是减少就业、降低消费；最后，恶性税收竞争还可能使国际资本向税后利润率最高而非税前回报率最高的地区流动，从而导致资本在全球范围内的低效配置。

这种竞争背离了世贸组织协定和税收协定的原则。早在 1994 年，OECD 就发表了《关于税收优惠对吸引投资作用的报告》，认为这种优惠弊多利少。近年来，随着国际竞争的加剧，在 2015 年 OECD 开展的税基侵蚀与利润转移（Base Erosion and Profit Shifting，BEPS）行动中进一步扩大了有害的税收竞争所定义的范围。然而，这并未改善税收竞争愈加激烈的格局。

三　国别投资政策

2018 年，涉及外国直接投资国别政策变化的国家和政策数量都有所下降。有 55 个国家和经济体进行了 112 项涉及外国直接投资的政策变化，比 2017 年的 65 个国家、126 项政策变化分别减少了 15.4%、11.1%。从这 112 项政策变化的组成来看，65 项涉及投资自由化或促进措施，31 项施加了新的投资限制性或监管措施，余下 16 项是中性的政策。不包括中性的政策，涉及限制性或监管措施的政策比例从 2017 年的 16% 飙升至 2018 年的 32%，这是自 2000 年以来的最高比率（见图 2）。

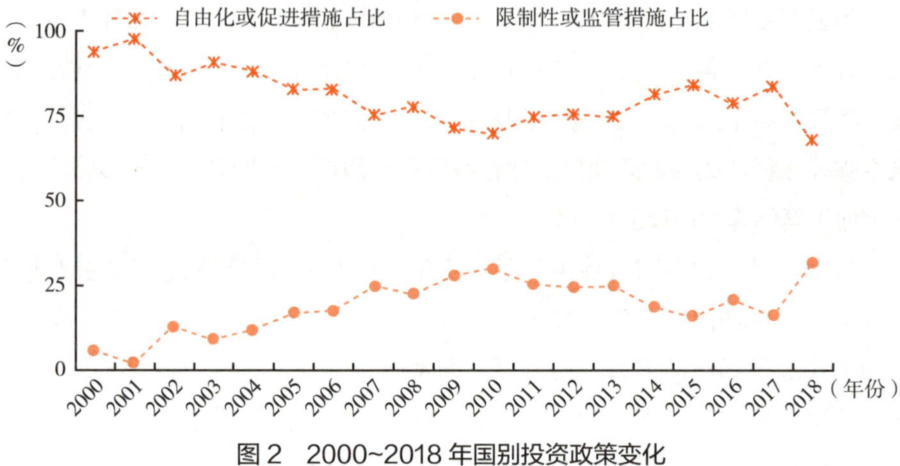

图 2　2000~2018 年国别投资政策变化

资料来源：联合国贸发会议数据库（http://unctadstat.unctad.org/fdistatistics）。

分区域来看，在涉及外国直接投资的国别政策变化中，亚洲发展中国家最为活跃，其次是发达国家和非洲（见图 3）。然而，涉及外国直接投资国别政策变化的性质在不同地区之间存在显著差异。亚洲发展中国家有 32 项政策变化涉及投资自由化或促进措施，而只有 2 项政策变化涉及投资限制性或监管措施。相比之下，发达国家有 21 项政策变化旨在加强投资限制或监管，而只有 7 项政策变化涉及投资自由化或促进措施。

针对外国投资者的新增限制性措施主要是东道国监管当局基于国家安全的考虑，涉及关键基础设施、核心技术、国防部门、敏感性商业支持等方面。2018 年，至少有 15 笔外资并购交易在东道国政府的反对声中被迫终止。其中，9 笔基于国家安全缘由终止，3 笔基于竞争原因终止，3 笔基于其他监管原因终止。在基于国家安全因素终止的代表性并购交易中，从行业来看，主要涉及高科技、金融业、基础设施等。从涉及的国家来看，施加反对的国家都是发达国家，主要是美国，此外还有新西兰、澳大利亚、西班牙、加拿大、日本等国。中国是受国家安全因素冲击最大的国家。如表 3 所示，9 笔交易中有 4 笔来自中国大陆，3 笔来自中国香港。而在这 3 笔来自中国香港的并购中，有 2 家主并方的母公司来自中国大陆。

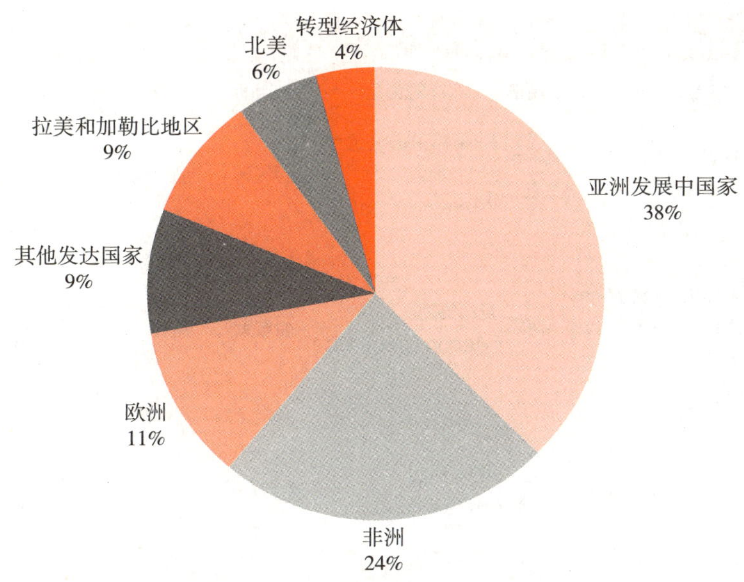

图 3　2018 年国别投资政策变化的区域分布

资料来源：联合国贸发会议数据库（http://unctadstat.unctad.org/fdistatistics）。

表 3　2018 年出于国家安全因素终止的代表性并购交易

序列	投资企业	母国	标的企业	东道国	行业	终止原因
1	蚂蚁金服（Ant Small & Micro Financial Services Group Ltd）	中国	美国金融交易服务提供商速汇金（MoneyGram）	美国	金融业	美国外国投资委员会（CFIUS）担心威胁国家安全
2	海航集团（HNA Group Co Ltd）	中国	UDC 金融（澳新银行子公司）	新西兰	金融业	新西兰海外投资办公室认为海航集团提供的所有权结构等信息不充分
3	香港蓝标（BlueFocus International Ltd）	中国香港	科金特公司（Cogint Inc）	美国	数字处理	美国外国投资委员会（CFIUS）担心威胁国家安全
4	联合资本（Unic Capital Management Co Ltd）	中国香港	Xcerra 集团（Xcerra Corporation）	美国	半导体	美国外国投资委员会（CFIUS）担心威胁国家安全
5	博通（Broadcom Ltd）	新加坡	高通公司（Qualcomm Inc）	美国	芯片制造	美国外国投资委员会（CFIUS）担心威胁国家安全

续表

序列	投资企业	母国	标的企业	东道国	行业	终止原因
6	亚特兰蒂斯（Atlantia SpA）	意大利	阿伯蒂斯基建公司（Abertis Infraestructuras SA）	西班牙	交通运输	西班牙政府担心该交易会导致该国最重要道路被外国控制
7	中交国际（China Communications Construction Company International Holding Ltd）	中国	爱肯集团（Aecon Group Inc）	加拿大	建筑	加拿大政府担心该笔交易威胁国家安全
8	长江资产控股有限公司（CK Asset Holdings Ltd）	中国香港	APA 集团（APA Group）	澳大利亚	天然气基础设施	澳大利亚政府担心该笔交易威胁国家安全
9	广田控股（Grandland Holdings Group Co Ltd）	中国	日本骊住集团株式会社（Lixil Group）	日本	建筑	以国家安全为由被否决

资料来源：笔者根据 *World Investment Report 2019: Special Economic Zones, New York and Geneva: United Nations Conference on Trade and Development* 的数据整理。

虽然目前并没有一个全球性的国际投资协定，但一些区域组织正在积极倡导非约束性的投资指导原则，旨在指导国家制定国际投资政策。该原则与《联合国贸发会可持续发展投资政策框架》所倡导的可持续发展原则是一致的。2018 年，伊斯兰合作组织（OIC）成员国的高级别专家会议根据伊斯兰会议组织行动计划和《联合国贸发会可持续发展投资政策框架》商定了 10 项原则。这 10 项原则涉及政策一致性、权利和义务平衡、监管权、投资开放、投资保护和伊斯兰会议组织内部合作等。

四　国际投资协定

2018 年全球共缔结了 40 个国际投资协定（International Investment Agreements，IIAs），其中双边投资协定（Bilateral Investment Treaties，BITs）

30 个，其他国际投资协定[①]（Treaties with Investment Provisions，TIPs）10 个。截至 2018 年，国际投资协定的规模达到 3317 个（至少有 2658 个国际投资协定生效）。其中，2932 个为双边投资协定，385 个为其他国际投资协定。同时，2018 年有 24 个国际投资协定终止生效。其中，土耳其终止了 8 个双边投资协定，阿拉伯联合酋长国终止了 6 个双边投资协定，新加坡终止了 2 个双边投资协定和 3 个其他国际投资协定。国际投资治理的重要发展方向是更加强调投资的可持续性。具体来说，就是不能为了吸引外资而降低健康标准、安全标准和环境标准。[②]

分区域来看，地区间的国际投资协定在进一步发展和完善。在非洲、加勒比海和太平洋地区于 2000 年 6 月 23 日签署的涵盖 100 多个国家的《非加太地区国家与欧共体及其成员国伙伴关系协定》将于 2020 年到期。目前，正在谈判一个新的框架，预计谈判将侧重于促进投资、发展私营部门和投融资便利化等议题。在东南亚地区，2019 年 4 月在东南亚国家联盟（东盟）经济部长会议期间签署了第 4 项议定书，修订了《东盟服务贸易协议》（ATISA）和《东盟全面投资协定》（ACIA）。在修订协议中引入了更明确的和额外的承诺，强调禁止对投资者施加履约要求，这将为投资者进一步扫除投资障碍，从而增强东盟作为投资目的地的吸引力。同时，加深区域服务业整合，为服务供应商创造更为开放、稳定和可预测的营商环境。

五　前景展望

联合国贸发会议预计，随着美国税改影响的减弱，发达国家 FDI 流入将有所复苏，全球直接投资在 2019 年将实现 10% 的适度复苏。但从中长期来看，受发达国家政策不确定性增强、国际直接投资收益率趋势性下降以及国际生产的结构性变化等因素影响，国际直接投资增速可能长期放缓。

---

① 其他国际投资协定是指除了双边投资协定之外的其他涉及投资相关条款的经济协定。

② 任琳、冯维江、王碧珺、吴国鼎：《"一带一路"：为改革全球治理体系提供平台和动力》，《世界知识》2019 年第 9 期。

首先，在过去几年中，基于国家安全或保护战略性技术的考虑而对外国投资加以限制，再次成为发达国家决策者的重要考量因素。基于此，发达国家政策不确定性正日益成为国际直接投资不确定性的重要来源。

一方面，美国在全球挑起的贸易摩擦可能使跨国企业取消或者推迟投资行为，直到贸易和投资环境更为稳定。如果贸易摩擦持续发酵将导致全球价值链被破坏，这对于亚洲地区的国际投资将带来尤为明显的影响。①

另一方面，2018 年 10 月 10 日，美国财政部颁布了一项为执行《外国投资风险评估现代化法案》试点计划的暂行规定，扩展了美国外国投资委员会的审查权限，让美国外国投资委员会有权审查特定的、外国人并购美国"关键技术"企业的相关交易，并要求特定交易要进行强制申报。由此，美国对外国投资的国家安全审查更加严格。继美国之后，欧盟理事会在 2019 年 3 月 5 日通过了外资审查框架法案。该法案为影响安全和公共秩序的外国直接投资审查机制建立了法律框架，以便成员国以"安全和公共秩序"为由审查到欧盟投资的外国直接投资者，该法案旨在维护欧盟经济的安全和公共秩序，应对包括中国在内的部分国家对欧洲的潜在安全威胁。② 该法案实施后，企业到欧盟进行投资将面临更为严格的监管。

其次，国际直接投资收益率趋势性下降是外国直接投资长期放缓的重要原因。2010~2018 年，全球外国直接投资的回报率从 8% 降至 6.8%，下降了 1.2 个百分点（见表 4）。尽管发展中国家和转型经济体的回报率仍然较高，但大多数地区并未逃脱下降的趋势。例如，在非洲，投资回报率从 2010 年的 11.9% 下降至 2018 年的 6.5%。目前学术界对于 FDI 回报率下降的原因并没有系统性的研究。联合国贸发组织企业贸易投资司司长、《世界投资报告》主编詹晓宁认为，投资保护主义盛行、主要国家的贸易关系紧张、地缘政治风险加大以及全球经济增长缓慢都是投资回报率下降的重要原因③。如果看 FDI 回报率与所在区

① 任琳、冯维江、王碧珺、吴国鼎：《"一带一路"：为改革全球治理体系提供平台和动力》，《世界知识》2019 年第 9 期。

② 贾英姿、于晓、郭昊、刘猛、胡振虎：《〈欧盟外商直接投资审查框架〉条例对中国的影响及应对策略》，《财政科学》2019 年第 5 期。

③ 《2018 年世界投资报告》，https://www.sohu.com/a/257987228_99907693，2018 年 10 月 7 日。

域经济增速的相关系数，可以发现，在西亚、拉美和加勒比海地区以及转型经济体，两者有显著的正相关关系（见表4）。但在其他地区，两者的相关系数并不高。FDI回报率下降的原因值得学术界进行深入探讨。

表4　2010~2018年FDI（流入）回报率及其与所在区域经济增速的相关系数

单位：%

区域	2010年	2011年	2012年	2013年	2014年	2015年	2016年	2017年	2018年	与所在区域经济增速的相关系数
世界	8	8.5	7.7	7.5	7.6	6.9	6.8	6.8	6.8	0.352
发达经济体	6.4	6.7	6.1	5.9	6.4	6.0	5.9	5.9	6.0	−0.056
发展中经济体	11.0	11.5	10.1	9.9	9.5	8.4	8.2	8.1	7.8	0.828
非洲	11.9	12.0	11.7	11.4	9.6	6.5	5.0	6.0	6.5	0.407
亚洲	11.4	12.2	10.6	10.8	10.7	10.0	9.6	9.0	8.5	0.525
东亚和东南亚	12.5	13.4	11.6	11.9	11.8	11.1	10.4	9.9	9.4	0.457
中国	8.9	7.3	7.5	7.6	8.5	7.1	7.3	9.7	7.8	0.137
南亚	8.9	7.6	7.2	6.7	6.1	5.5	6.4	5.6	5.3	−0.139
西亚	6.0	6.8	5.6	5.5	5.0	4.7	4.8	3.5	3.4	0.861
拉美和加勒比海地区	9.7	9.8	8.5	7.0	6.3	4.5	5.4	6.2	6.2	0.936
转型经济体	12.1	14.8	14.6	13.2	13.2	9.0	10.2	11.6	12.4	0.782

注：回报率的计算公式为当年FDI收益除以当年FDI存量与上年FDI存量的平均值。

资料来源：中国的数据由笔者根据国家外汇管理局公布的国际投资头寸表和国际收支平衡表进行的计算，其他地区是笔者根据 *World Investment Report 2018: Investment and New Industrial Policies* 的数据整理。

最后，国际生产性质的结构变化对国际投资发展产生了深远影响。数字技术在许多行业全球供应链中的应用，正在导致国际生产向无形资产和日益增加的轻资产形式的转变。因此，进入全球市场、开展跨境业务对重资产的需求大幅降低。许多以前需要通过直接投资形式完成的跨境业务，现在可能部分被服务贸易和无形资产国际支付等轻资产形式所替代，具体表现为特许权使用费和许可证费用的增长。

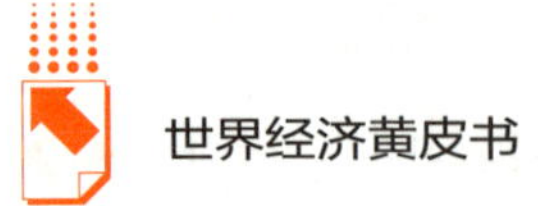

参考文献

[1] 贾英姿、于晓、郭昊、刘猛、胡振虎:《〈欧盟外商直接投资审查框架〉条例对中国的影响及应对策略》,《财政科学》2019年第5期。

[2] 任琳、冯维江、王碧珺、吴国鼎:《"一带一路":为改革全球治理体系提供平台和动力》,《世界知识》2019年第9期。

[3] 王碧珺:《国际直接投资形势回顾与展望》,载张宇燕主编《2019年世界经济形势分析与预测》,社会科学文献出版社,2019。

[4] Spengel C., Heinemann F., Olbert M., Pfeiffer O., Schwab T., and Stutzenberger K., "Analysis of US Corporate Tax Reform Proposals and Their Effects for Europe and Germany", https://madoc.bib.uni-mannheim.de/43888/, 2017.

[5] United Nations Conference on Trade and Development, *World Investment Report 2018: Investment and New Industrial Policies*, June 2018.

[6] United Nations Conference on Trade and Development, *World Investment Report 2019: Special Economic Zones, New York and Geneva: United Nations Conference on Trade and Development*, June 2019.

Y.14

国际大宗商品市场形势回顾与展望：波动下行

王永中　周伊敏*

摘　要：2018年7月至2019年8月，国际大宗商品价格大幅波动，先走出一波“V”形剧烈震荡行情，后波动下行，整体下跌了13.6%。受地缘政治事件、中美经贸摩擦和全球经济不确定风险上升等因素的影响，国际原油价格深幅震荡，其间出现了37%的跌幅和14%的单日涨幅。国际大宗商品价格指数先由2018年10月的133.7大幅降至12月的116.2，随即在2019年1月迅速反弹至129.8，而后绵延下跌至8月的112.8。不同类型大宗商品的价格走势出现明显分化，能源商品价格波动幅度最大，呈震荡下行态势，其中天然气和煤炭价格稳定下行；贵金属商品价格强劲上涨，创2014年以来的历史新高；农产品和工业金属的价格走势基本趋同，呈缓慢但稳定的下跌态势。经贸摩擦导致全球经济不确定性风险显著上升，预计2020年大宗商品价格指数会继续小幅下调，原油均价可能会处于60美元/桶左右的水平。

关键词：大宗商品市场　需求　供给　价格

* 王永中，中国社会科学院世界经济与政治研究所研究员，世界能源室主任，主要研究领域为国际投资、能源经济；周伊敏，中国社会科学院世界经济与政治研究所助理研究员，主要研究领域为能源经济。

一 大宗商品市场总体状况

受全球经济显著放缓和不确定性风险上升、中美经贸摩擦升级、美国制裁伊朗石油出口、OPEC和俄罗斯联合减产等因素的影响，国际大宗商品价格大幅波动，先走出一波“V”形过山车式行情，后震荡下行，以现价美元计价的大宗商品价格指数由2018年7月的130.5跌至2019年8月的112.8，下降了13.6%。2018年10月至2019年1月国际大宗商品价格出现大幅波动，价格指数由2018年10月的133.7降至2018年12月的116.2，跌幅达13.1%，但在2019年1月迅速反弹至129.8，略微低于2018年10月。国际大宗商品价格指数的这一大幅波动基本由原油价格变化驱动。原油是基础性、战略性大宗能源类商品，交易规模巨大，在大宗商品价格指数中的权重最大，从而，原油价格走势基本上主导了大宗商品价格的运行轨迹。2018年第四季度，沙特为配合美国制裁伊朗显著增加了原油产量，但美国政府出乎意料地给予中国、印度等伊朗主要的原油进口国暂时性进口豁免，加之中国和全球经济增速大幅放缓，导致原油价格急剧下跌。为稳定国际原油价格，OPEC与俄罗斯等产油国达成协议，自2019年起削减产量120万桶/天。与此同时，原油需求侧因素则有所改善，如中国出台了以减税为主要内容的扩张性财政政策、中美贸易摩擦出现缓和迹象，导致国际原油价格迅速反弹，进而带动了国际大宗商品价格的复苏。2019年以来，中美贸易摩擦不断升级，全球经济下行风险显著增加，导致国际大宗商品价格指数一路走跌，由1月的129.8跌落至8月的112.8，下跌幅度达13.1%。

国际大宗商品价格自2018年第四季度以来的走势与上一期报告的预测存在一定偏差。上一期报告的预测认为，大宗商品价格在2018年第四季度将处于底部盘整状态，在2019年可能有小幅下调，但基本稳定。[①] 而实际情形是，大宗商品价格在2018年11~12月经历了一轮大幅下跌，在2019年1月快速实现了“V”形反弹，随后便缓慢但稳定下行。虽然较成功地预测到大宗商品

① 王永中、周伊敏:《国际大宗商品市场形势回顾与展望：平衡和调整》，载张宇燕主编《2019年世界经济形势分析与预测》，社会科学文献出版社，2019。

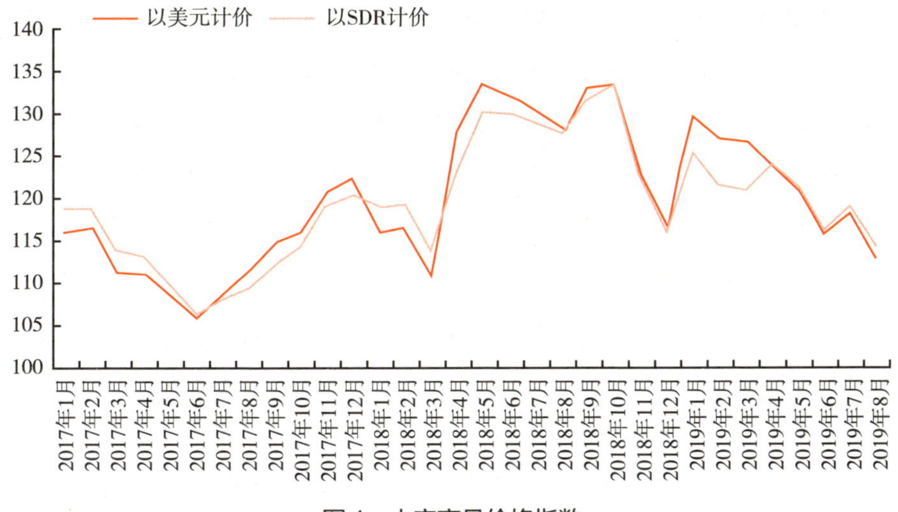

图 1　大宗商品价格指数

注：2016 年的大宗商品价格指数为 100。

资料来源：IMF。

价格指数在 2019 年的小幅稳定下调，但未预期到“V”形大幅震荡行情。

事后来看，误判主要体现在：一是未能预期到特朗普政府在 2018 年 11 月出乎意料地给予中国、印度等 8 个经济体进口伊朗原油的暂时性豁免待遇。中国、印度、日本、韩国、土耳其等国是伊朗原油的主要进口国，给予暂时性进口豁免待遇，事实上使伊朗原油出口在短期内受损很小，而沙特为填补预期的伊朗原油出口下降，已较大幅度地增产了原油，导致原油库存大幅上升和价格急剧下跌。二是低估了中美经贸摩擦的反复性、长期性、困难性和严重性。中美经贸摩擦的不断升级，成为 2019 年以来大宗商品价格指数下行的主要推手。若没有中美贸易摩擦，国际大宗商品价格可能在 2019 年趋于稳定并甚至上行。事实上，2019 年第一季度，中国和全球经济均走出了上年第四季度增长率大幅下滑的处境，实现了企稳回升。当时，IMF 等国际机构对全球经济增长做出了较为乐观的预测，若这一趋势得以持续，全球大宗商品需求将有望维持稳定增长。但是，不断升级的中美贸易摩擦打断了世界经济的复苏进程，致使国际大宗商品价格持续走低。

大宗商品主要包括能源、农产品、工业金属和贵金属四种类型。不同类型大宗商品的价格指数走势表现出明显的差异，能源商品价格指数波动幅度最大，呈震荡下行态势；贵金属商品价格指数强劲上涨，创2014年以来的历史新高；农产品和工业金属的价格指数走势基本趋同，呈缓慢但稳定的下跌态势（见图2）。

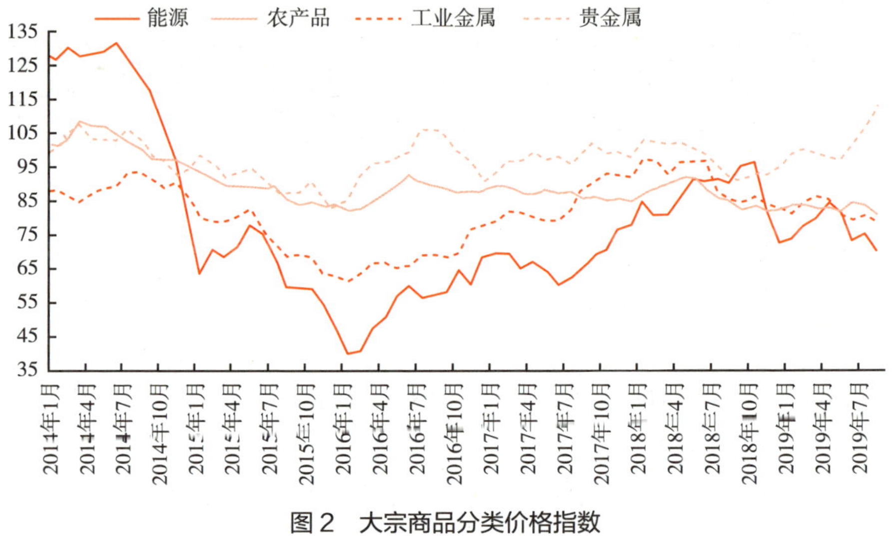

图2　大宗商品分类价格指数

注：2010年各分类大宗商品价格指数均为100。

资料来源：世界银行。

农产品价格在底部盘整，呈下行走势。农产品价格指数继在2018年5~9月深幅下跌10%后，整体上进入底部盘整状态。虽在2019年6月反弹了2%，但在随后的7~8月又下跌了4%。大豆作为中美经贸摩擦最为重要的大宗农产品，价格走势引发市场的高度关注。2018年以来，大豆价格经历了一波震荡下行的行情，先由2018年4月的439美元/公吨下降至同年9月的357美元/公吨，下跌幅度为18.7%，后反弹至2019年1月的382美元/公吨，反弹幅度为7.0%，但在2019年5月又进一步跌至337美元/公吨，跌幅为11.8%。大豆价格的下跌主要源于两个因素：一是中国的需求下降。2018年下半年非洲猪瘟蔓延至中国，导致饲料需求下降，而市场大豆产量预期上调，压低了全球大豆价格。这是影响大豆价格的首要因素。二是中美贸易摩擦使大豆和大豆油市场受到影响。2018 年 7 月，中国对从美国进口的大豆征收 25% 的关税，对大豆价格的负面影响较大。美国是大豆的主要生产国，占全球产量的 1/3，而中国是最大的大豆消费国和进口国，占全球大豆进口量的 2/3。显然，中国对美国大豆加征关税致使大豆价格下行压力增大。不过，预计关税对大豆价格的中长期影响有限，原因在于：首先，中国从美国减少进口的大豆份额将转由巴西和阿根廷补足，① 尽管 2018 年 10 月南美大豆相对于美国存在 20% 的价差，但到 12 月该价差已经消失。其次，中国大豆进口量下降，进口量预计将从 2017~2018 年的 9410 万吨下降至 2018~2019 年的 8720 万吨，但其替代农产品（如棕榈油和玉米）的进口量预计将增加。最后，中国进口美国大豆的减少，将导致美国农场主加快替代大豆种植，扩大玉米等其他作物的种植规模。总之，农产品价格可能不会有很大的波动。

工业金属价格震荡下行。工业金属价格指数在 2018 年下半年走出了一波大幅下跌行情，由 2008 年 6 月的 96.8 跌至 2019 年 1 月的 81.3，降幅达 16.0%，虽然在 2019 年第一季度出现反弹，但随后又继续下行，在 2019 年 8 月跌至 78.9，相比 2018 年 6 月的阶段性高位累计下跌了 18.5%。引起工业金属价格下跌的原因有：中国财政刺激措施提振需求的效果弱于预期、美国经济特别是制造业增长放缓和中美经贸摩擦。2019 年第一季度，工业金属价格之所以反弹，原因在于：中国的经济增长前景有所改善（中国的金属消费需求约占全球的一半），以及一系列的供给瓶颈，如巴西溃坝事故（铁矿石、镍）、智利洪灾（铜）、秘鲁的抗议活动（铜）、中国出于环保考虑限制对铅和锌的镕炼、印尼对锡的出口限制等。②

① 2018 年，中国从美国进口的大豆量由 2017 年的 3179 万吨大幅降至 823 万吨，跌幅达 74.1%，而中国从巴西进口的大豆量由 2017 年的 5380 万吨增加至 6884 万吨，上涨了 28.0%。阿根廷尚无 2018 年大豆出口年度数据。从月度数据看，2018 年 11 月，中国从阿根廷进口的大豆由 2018 年 10 月的 44 万吨增加至 11 月的 88 万吨，2019 年 5 月进一步升至 143 万吨。

② World Bank Group, *Commodity Markets Outlook*, April 2019.

铜价格在2019年第一季度有所回升，但此后绵延下跌。纽约期货交易所铜期货价格由2019年4月中旬的2.97美元/磅下滑至8月的2.54美元/磅，跌幅为14.5%。中国于2019年4月对制造业、运输业和建筑业实行增值税减税，当时市场预计将提振对铜密集型基础设施项目的投资（如电力、铁路和不动产），进而会支撑铜价上涨。但从事后来看，中国的减税措施对铜需求的提振力度小于预期。铝价格从2018年第四季度开始持续下行，2018年8月至2019年8月下降了14.5%。有两个因素推动铝价下行：一是美国2019年1月解除对俄罗斯铝生产商Rusal的制裁；二是中国铝生产和冶炼产能扩大。

与工业金属总体价格低迷下跌形成鲜明对比的是，铁矿石价格自2019年初以来迎来一波强劲上涨行情，由2018年12月的69.2美元/干公吨快速升至2019年7月的120.2美元/干公吨，上涨幅度高达73.7%，但在2019年8月又急跌至93.1美元/干公吨，跌幅达22.5%（见图3）。铁矿石价格大涨源于巴西和澳大利亚的供应问题。淡水河谷的矿坝溃坝，导致其所有的尾矿坝停用和数家铁矿停产。必和必拓、力拓的生产受热带气旋的负面影响较大，且澳大利亚的一个铁矿石出口终端着火，致使铁矿石海运受阻，这导致铁矿石供给下降6%。与此同时，中国的财政刺激措施和基建投资上升，增加了钢

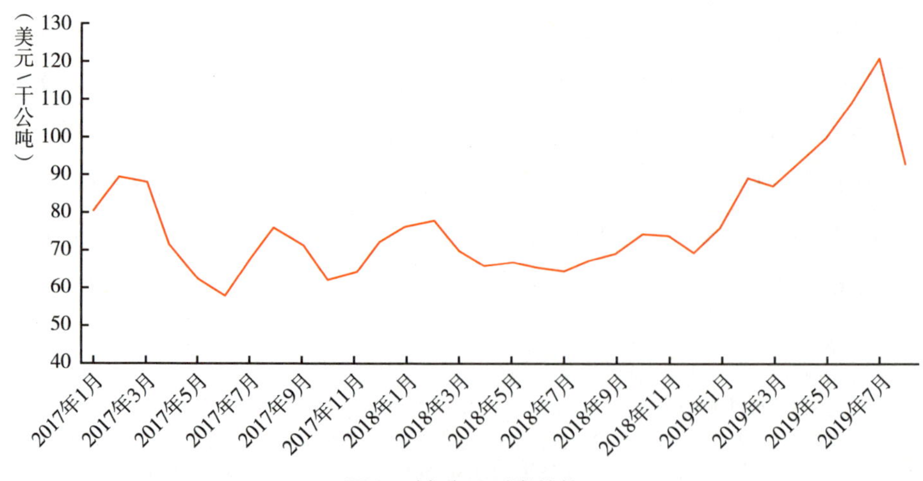

图3　铁矿石到岸价格

资料来源：World Bank Commodity Price Data (The Pink Sheet)。

铁需求进而增加铁矿石的需求。铁矿石价格 2019 年 8 月在高位大幅回落，既与巴西和澳大利亚两国产能恢复直接相关，又与需求侧因素密切关联。中美经贸摩擦带来的不确定性、中国房地产新开工回落明显、中国环保意识的增强和限制钢铁产能政策的持续，以及钢铁供应处于高位，对铁矿石需求产生了显著的负面影响。

在全球经济下行风险显著上升的背景下，贵金属价格走出了一波强劲上涨行情。贵金属价格指数 2018 年第四季度显著上涨，经短暂调整后，于 2019 年 5 月开始了另一波更强劲的上涨。贵金属价格指数在 2018 年 7 月至 2019 年 2 月、2019 年 5~8 月分别上涨了 9.0%、16.7%。黄金价格自 2018 年下半年以来强劲上涨，由 2018 年 8 月的 1201 美元 / 盎司升至 2019 年 9 月的 1513 美元 / 盎司，升幅达 26.0%。白银期货由 2018 年 9 月的 14.28 美元 / 盎司上涨至 2019 年 8 月的 17.24 美元 / 盎司，涨幅为 20.7%。黄金价格的上涨动力源于：一是美联储的停止加息和降息，利率下跌有助于提振黄金的需求；二是出于外汇储备资产多元化的动机，中国、印度、俄罗斯和土耳其等新兴市场央行增加了黄金持有量，市场投资者也增加了黄金 ETF 的买入；三是在全球经济不确定性风险上升情况下，资金避险需求上升。

图 4　黄金价格

资料来源：CEIC。

能源价格指数大幅震荡下行。能源价格指数在 2018 年 7~10 月先上涨 6.6%，继而在 11~12 月大幅下跌 25.0%，后在 2019 年前 4 个月反弹 15.9%，但在 5~8 月再度下跌 16.5%。美国页岩油气产量显著增加和 OPEC+ 减产的并行，导致原油价格和其他能源商品价格走势出现分化。OPEC+ 减产协议抬高了原油价格，而美国页岩油气的产量及出口规模的扩大，直接致使天然气价格下降，并间接导致煤炭价格大幅下跌。与原油价格指数在 2018 年第四季度至 2019 年第一季度走出一波“V”形行情且随后震荡下行不同，天然气价格指数自 2018 年底以来几乎是直线下行，由 2018 年 11 月 97.4 的高位大幅下跌至 2019 年 8 月的 51.4，降幅达 47.2%。在天然气价格大幅下跌的形势下，发达经济体对于电煤的需求显著下降。从而，在发电部门，天然气替代煤炭的进程预期会持续。而且，中国限制从澳大利亚进口煤炭的规模，导致后者的煤炭价格及其海运成本下跌。澳大利亚煤炭出口离岸价格由 2018 年 7 月的 119.6 美元 / 公吨大幅降至 2019 年 8 月的 65.6 美元 / 公吨，降幅达 45.2%。同时，中国、印度等新兴经济体，为缓解空气污染问题，加快推进了能源转型

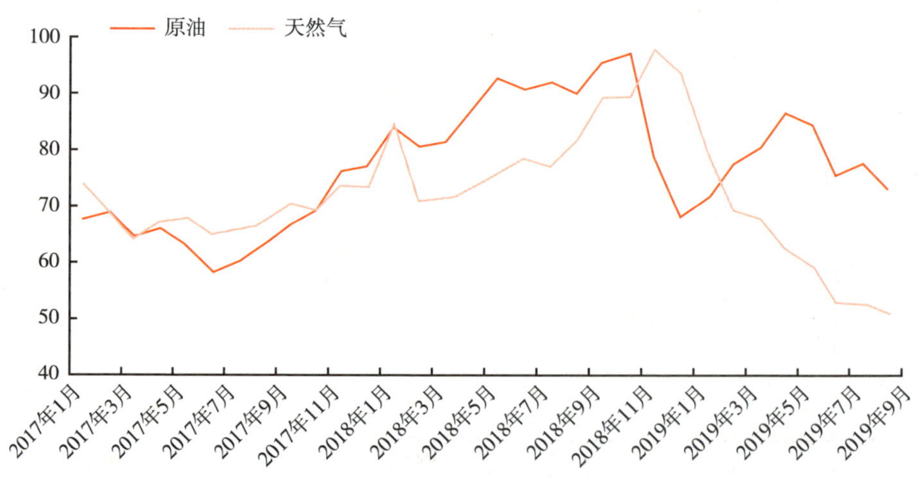

图 5 原油和天然气价格指数

注：原油价格为布伦特、WTI 和迪拜中质原油的现货价格的均值，三大基准原油价格的权重均相等。2010 年的原油、天然气价格指数为 100。

资料来源：World Bank Commodity Price Data (The Pink Sheet)。

图6　煤炭价格（离岸价）

资料来源：World Bank Commodities Price Data (The Pink Sheet)。

进程，其煤炭需求的增速甚至绝对量势必会下降，这将加大煤炭价格的下行压力。

2018 年下半年以来，受供需和地缘政治等因素的多重影响，国际原油价格大幅震荡，先在 2018 年 10 月至 2019 年 4 月走出一波过山车式的“V”形行情，此后维持绵延震荡下行的态势。如前所述，原油价格之所以能走出一段“V”形震荡行情，应主要归咎于地缘政治和供给侧因素，并且需求侧因素也发挥了一定的作用。2018 年 6~10 月，为配合美国制裁伊朗、部分弥补伊朗原油出口减少对国际原油供给的负面影响，沙特的原油产量增长了 60 万桶/天。2018 年 11 月，美国暂时给予中国、印度等 8 个经济体进口伊朗原油的制裁豁免，导致全球原油产量在 2018 年 11~12 月显著高出预期。与此同时，全球经济增长率在 2018 年第四季度大幅下滑，原油需求大幅放缓。供需两方面因素的叠加，致使全球原油库存显著上升，原油价格大幅下降。布伦特原油价格由2018年10月的峰值水平83美元/桶跌至12月中旬的52美元/桶的低点，跌幅达 37.3%。随后，OPEC 与俄罗斯等产油国达成减产协议，且执行力度超过 100%，致使原油价格迅速反弹，布伦特原油价格在 2019 年 1 月攀升至 67 美元/桶。不过，美国页岩革命和成员国（卡塔尔、厄瓜多尔）的退出，使

OPEC 影响原油价格的能力明显削弱。因此，OPEC 需要与俄罗斯结盟，才能较为有效地影响国际原油价格。

2019 年 9 月 14 日，沙特国家石油公司的石油设施遭袭，导致沙特原油供应每日减少 570 万桶，约占沙特日均石油产量的 50% 和全球日均石油供应量的 5%。这引发了国际石油市场的高度恐慌。在袭击后的第一个交易日，即 9 月 16 日，WTI、Brent 原油的价格单日涨幅均超过 14%，分别创 11 年来、有记录以来的最大单日涨幅。不过，沙特在两周左右的时间内快速恢复了产能，原油价格基本回落至袭击前的水平。

原油均价在 2018 年明显上升，在 2019 年前 9 个月有所下降。如图 7 所示，原油均价由 2017 年的 52.5 美元 / 桶升至 2018 年的 67.9 美元 / 桶，涨幅达 29.3%，而在 2019 年前 9 个月跌至 60.9 美元 / 桶，降幅为 10.3%。在上一期报告中，预测 2019 年原油均价约为 65 美元 / 桶，这与现实情形差距较大。一个主要误判是，低估了中美贸易摩擦的严重程度及其对全球经济增长和原油需求所造成的负面影响。

图 7 原油现货价格

注：原油现货价格为英国布伦特轻质原油和西德克萨斯轻质原油的现货价格的平均数，二者的权重相等。

资料来源：CEIC。

天然气价格在 2018 年下半年经历了温和的上涨，但自 2019 年 1 月以来走出一波较明显的下跌行情。美国库欣、欧洲的天然气价格先由 2018 年 7 月的 2.80 美元 / 百万英热单位、7.60 美元 / 百万英热单位，分别升至 2018 年 12 月 3.95 美元 / 百万英热单位、7.98 美元 / 百万英热单位，涨幅分别为 41.1%、5.0%，后跌至 2019 年 8 月的 2.22 美元 / 百万英热单位、3.68 美元 / 百万英热单位，跌幅分别达 43.8%、53.9%。不过，日本进口液化天然气（LNG）价格水平显著高于美国和欧洲，基本稳定在 11 美元 / 百万英热单位的水平上，且在 2019 年前 8 个月的下跌幅度仅为 16%。天然气价格上涨主要源于寒冬的预期和低库存，而导致天然气价格下跌的因素有：冬天天气温和使需求下降、美国页岩油气产量和出口增加、日本重启核电站、液化天然气（LNG）的可获得性提升（澳大利亚和卡塔尔的 LNG 出口能力实现了显著增长）。

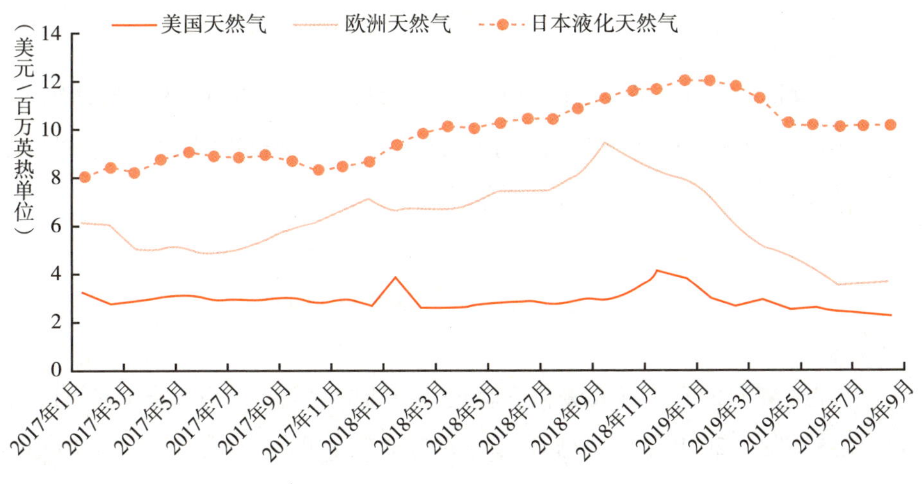

图 8 天然气价格

资料来源：World Bank Commodities Price Data (The Pink Sheet)。

2018 年第四季度以来，美国、欧洲天然气一体化进程显著加快，两地价差大幅缩小，而亚洲地区 LNG 价格与美国天然气价差却维持在高位。欧洲与美国天然气价差由 2018 年 8 月的 6.52 美元 / 百万英热单位大幅降至 2019 年 8 月的 1.45 美元 / 百万英热单位，降幅达 77.8%，而日本 LNG 与美国天然气的价差基本维持在 8 美元 / 百万英热单位的水平上。这表明，在全球天然气供给趋

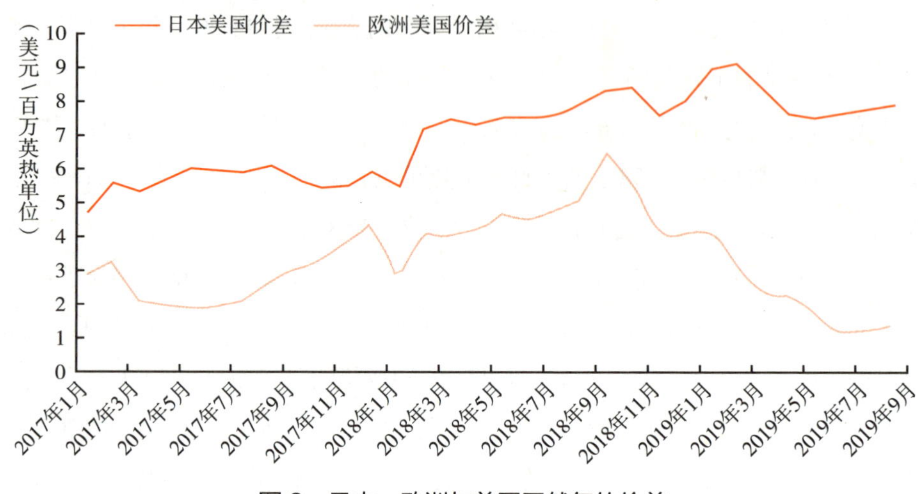

图 9　日本、欧洲与美国天然气的价差

资料来源：World Bank Commodities Price Data (The Pink Sheet) 和笔者计算。

于宽松的背景下，欧洲的议价能力增强，天然气价格与原油价格逐步脱钩，天然气价格显著下降；而亚洲地区受制于需求刚性，议价权较弱，LNG 价格仍与原油价格高度相关，“亚洲溢价”现象继续存在。

二　石油的实际供需状况

全球经济增长的明显放缓和不确定性风险的显著上升导致全球石油需求增长低迷不振。2018 年，全球日均石油需求量为 9930 万桶，比上年增加了 110 万桶，增长率为 1.1%，而 2017 年的日均需求增长量为 180 万桶，增速为 1.87%。2019 年上半年，石油需求增长缓慢，日均石油需求量为 9940 万桶，较上年同期仅增加了 65 万桶，增速为 0.66%。根据国际能源署预测，2019 年、2020 年全球日均石油需求量将分别达 10040 万桶、10170 万桶，增幅依次为 1.1%、1.3%。[①] 但考虑到中美经贸摩擦的长期性和全球经济下行风险明显上升，2019~2020 年的日均石油需求量很可能低于这一预测值。

① International Energy Agency, *Oil Market Report*, August 2019.

表 1　世界石油供需状况

单位：百万桶 / 天

项目	2016 年	2017 年	2018 年	2019 年第一季度	2019 年第二季度	2019 年	2020 年
需求							
总需求	96.4	98.2	99.3	99.1	99.7	100.4	101.7
OECD	47.1	47.6	47.8	47.5	47.2	47.9	48.3
美洲	24.9	25.1	25.5	25.3	25.5	25.7	25.9
欧洲	14.0	14.4	14.3	13.9	14.2	14.3	14.4
亚洲大洋洲	8.1	8.1	8.1	8.3	7.5	8.0	8.0
Non-OECD	49.3	50.6	51.5	51.6	52.4	52.4	53.4
独联体	4.4	4.5	4.7	4.6	4.7	4.8	4.9
亚洲	25.2	26.2	27.1	27.5	28	27.9	28.7
中国	12.0	12.5	13.0	13.0	13.7	13.5	13.8
美洲	6.5	6.4	6.4	6.2	6.3	6.3	6.4
中东	8.4	8.4	8.3	8.1	8.3	8.3	8.3
非洲	4.2	4.2	4.2	4.3	4.3	4.3	4.4
供给							
总供给	97	97.6	100.3	100.1	100.1		
OPEC	37.8	37.5	37.4	36.2	35.6		
Non-OPEC	59.2	60.1	62.9	63.9	64.5	64.8	67
OECD	23.5	24.4	26.9	27.9	28.2	28.5	30.2
美洲	19.6	20.5	23.0	24.0	24.5	24.6	26.0
欧洲	3.5	3.5	3.5	3.5	3.2	3.3	3.7
亚洲大洋洲	0.4	0.4	0.4	0.4	0.5	0.5	0.6
Non-OECD	31	31	31.1	31.4	31.1	31.3	31.6
独联体	14.2	14.3	14.6	14.8	14.4	14.5	14.6
欧洲	0.1	0.1	0.1	0.1	0.1	0.1	0.1
亚洲	7.6	7.4	7.2	7.2	7.3	7.2	7.1
中国	4.0	3.9	3.8	3.9	4.0	3.9	3.9
美洲	4.5	4.5	4.5	4.5	4.6	4.7	5.1
中东	3.3	3.2	3.3	3.3	3.3	3.3	3.3
非洲	1.4	1.4	1.4	1.5	1.5	1.5	1.5
需求缺口	0.6	-0.6	1	1	0.4		

资料来源：International Energy Agency, *Oil Market Report*, August 2019。

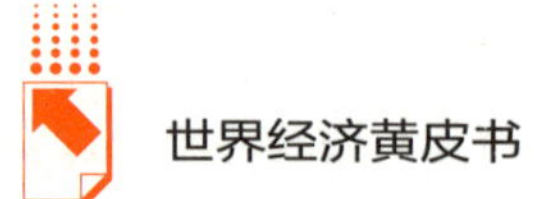

新兴和发展中经济体的石油需求量明显超过发达经济体，占全球石油需求量的份额逐年攀升，且需求增速明显快于后者，从而全球原油需求增长主要由非 OECD 国家所驱动。2018 年、2019 年上半年，OECD 的日均石油需求量分别为 4780 万桶、4735 万桶，比上年分别增加 20 万桶、下降 45 万桶；而非 OECD 国家的日均石油需求量相应为 5150 万桶、5200 万桶，比上年分别增加 90 万桶、50 万桶。

2017 年以来，发达国家、新兴和发展中国家的石油需求增长均出现明显下滑。OECD 石油需求增长率由 2017 年的 1.06% 逐步降至 2018 年的 0.42% 和 2019 年上半年的 -0.94%，而非 OECD 国家的石油需求增长率也由 2017 年的 2.64% 逐步回落至 2018 年的 1.78% 和 2019 年上半年的 0.97%。OECD 石油需求增长之所以放缓甚至绝对量下降有两点原因：一是欧盟和日本等国经济增长滞缓，石油需求已达峰值。二是能源结构和能源效率的提升。2018 年，欧元区在石油需求增长为负的情况下实现了经济正增长。

OECD 经济体的石油需求驱动者是美国，美国的需求增长部分弥补了欧元区的需求下降。在新兴和发展中经济体中，石油需求增长主要由亚洲国家特别是中国和印度驱动。近年来，随着中国经济结构升级和能源转型的推进，中国的石油需求增速有所放缓，石油需求收入弹性趋于下降。2017 年、2018 年和 2019 年上半年，中国日均石油需求量分别增长 50 万桶、50 万桶和 35 万桶，增长率依次为 4.2%、4.0% 和 2.7%，需求收入弹性分别为 0.613、0.606 和 0.427。

受 OPEC+ 减产的影响，全球石油供应量由 2018 年的快速正增长转为负增长。2018 年，全球日均石油产量为 10030 万桶，比上年增加了 270 万桶，增长率达 2.77%，显著高于 2017 年的 60 万桶的增量、0.62% 的增速。2019 年上半年，日均石油产量为 10010 万桶，比上年减少 20 万桶，降幅为 0.2%。

全球石油供给主要取决于 OPEC、俄罗斯和美国，在 OPEC 和俄罗斯等产油国联合减产的背景下，全球原油供给的能否增长基本决定于美国页岩油的产量变动。OPEC 的日均石油产量持续下降，由 2017 年的 3750 万桶降至 2018 年的 3740 万桶，2019 年上半年进一步降至 3590 万桶，依次减少 10

万桶、150万桶。以俄罗斯为主的独联体国家石油产量增长较为缓慢，日产量由2017年的1430万桶升至2018年的1460万桶，但在2019年上半年零增长。石油供给的增长主要来自北美地区。2018年，北美地区（美国、加拿大和墨西哥）的日均石油产量达2300万桶，比上年增产250万桶，增速为12.2%；2019年上半年进一步升至2425万桶，增加了125万桶，增速为5.4%。

国际市场石油供需状况有所改善，供给趋于宽松。2018年，全球石油供需平衡状况实现逆转，由上年的日均供给短缺60万桶转变为供给过剩100万桶。2019年上半年，尽管日均石油供给量有所下降，但经济增长下滑导致石油需求疲软，日均原油供给过剩量为70万桶。

三　货币金融因素

货币金融因素也对大宗商品市场产生重要影响。考虑到黄金价格与大宗商品价格在较长历史时期内有着稳定的比价关系，且黄金价格变动与货币金融市场之间有着较好的联动性，本报告沿用姚枝仲[①]的思路，用黄金价格作为货币金融因素影响大宗商品市场的代理变量。假定黄金价格与大宗商品价格之间存在一个稳定的相对比价的均衡值，黄金价格与大宗商品价格的实际相对比价围绕着这一均衡值上下波动。从而，可根据黄金与大宗商品的相对比价的均衡值，以及黄金价格的变动趋势，预测大宗商品价格的变化趋势。

20世纪90年代至今，大宗商品价格指数与黄金价格指数之间的相对比价关系不稳定，呈明显的下跌态势，从1995年1月的5.21下跌至2019年8月的2.34，下跌了55.1%。但在2002年1月至2008年9月，大宗商品价格指数与黄金价格指数的相对比价维持着较为稳定的关系，围绕着4.5左右的点位上下波动。2008年10月全球金融危机以来，大宗商品与黄金的价格指数的相

① 姚枝仲：《国际大宗商品市场形势回顾与展望》，载王洛林、张宇燕主编《2014年世界经济形势分析与预测》，社会科学文献出版社，2014。

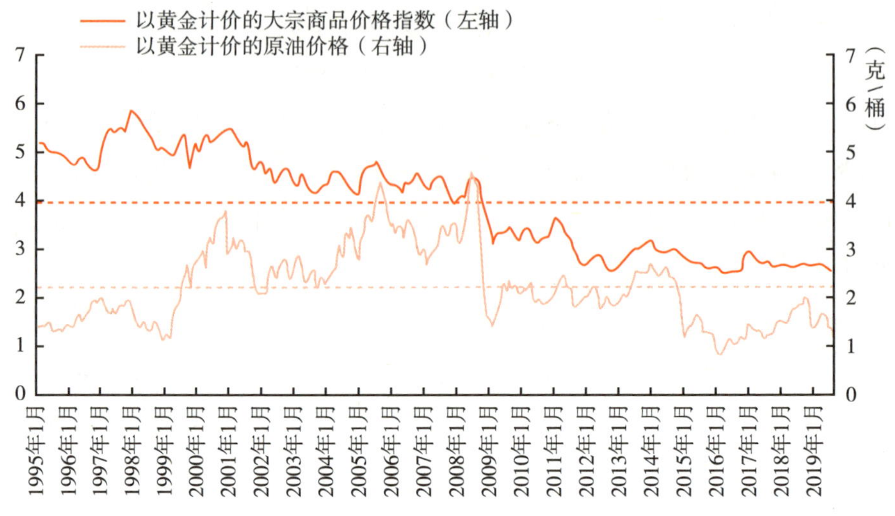

图 10　以黄金计价的大宗商品价格指数和原油价格（1995 年 1 月至 2019 年 8 月）

注：原油价格为英国布伦特轻质原油、迪拜中质原油和西德克萨斯轻质原油的价格的平均数，三种原油的权重相等。黄金价格为 99.5% 标准金的伦敦下午定盘价的月度平均值；以黄金计价的大宗商品价格指数以 2000 年 1 月为 100。

资料来源：UNCATD STAT 和笔者计算。

对比价均值为 2.6，显著低于 4.5，反映了黄金价格走势在全球金融危机以来总体上明显强于大宗商品。2018 年以来，大宗商品与黄金的价格指数的相对比价有小幅下降的走势，由 2018 年 1 月的 2.66 跌至 2019 年 8 月的 2.34，下降了 12.0%。未来，随着黄金价格的继续上涨，大宗商品相对于黄金的价格指数的比价很有可能下降。

石油价格与黄金价格的相对比价非常稳定。1995 年 1 月至 2005 年 1 月，石油价格均值为 2.21 克黄金 / 桶，而 2005 年 2 月至 2019 年 8 月，石油价格均值为 2.23 克黄金 / 桶。在这两个时期，价格差距非常小，说明石油和黄金的比价很稳定。在 1995 年 1 月至 2019 年 8 月，以黄金计价的石油价格均值为 2.22 克黄金 / 桶。可将其视为石油和黄金价格相对比价的均衡值。2014 年 12 月以来，石油价格水平持续低于长期均衡值，均值为 1.24 克黄金 / 桶。

这意味着，未来一段时间，石油价格相对于黄金价格有向上调整的空间和压力。

另外，美元作为全球关键货币和大宗商品计价货币，美国的货币政策和美元汇率的变动将不可避免地对国际大宗商品价格产生重要影响。美国货币政策对大宗商品价格的影响机制主要体现在两方面：一是全球流动性供给变化，全球主要发达国家和一些主要新兴经济体的货币政策实际上是追随美联储的货币政策，从而美国货币政策的变动将影响美国和全球的流动性供给状况，进而对国际大宗商品的价格水平产生影响；二是美国货币政策的变动将对全球宏观经济形势产生全方位影响，进而影响实体经济部门对大宗商品的需求。

若美国实行宽松的货币政策，美国的市场利率将会下降，而美国和全球的货币供给量上升将导致国际大宗商品价格上涨；同时，美国的货币供给量上升和市场利率下降将刺激美国和全球的实体经济增长，有助于促进国际大宗商品的实际需求和市场价格上升。作为大宗商品的计价货币，美元汇率与大宗商品价格之间存在反向关系。若美元贬值，大宗商品价格将上涨；若美元升值，大宗商品价格将下跌。[①]

图 11 反映了大宗商品价格与美国货币政策、美元汇率之间的关系。用以现价美元计价的大宗商品价格指数和原油价格指数（英国布伦特轻质原油、迪拜中质原油和 WTI 轻质原油的价格均值）来刻画大宗商品市场价格走势；用美国联邦基金利率来代表美联储的货币政策；用美元指数（美元对一揽子货币的汇率变化程度）来代表美元价格。大宗商品价格指数、原油价格指数和美元指数的统计区间均为 1971 年 1 月至 2019 年 8 月。粗略的散点图显示，大宗商品、原油的价格指数与美国联邦基金利率、美元指数呈明显的负相关关系。这意味着，美联储降息，将导致美元汇率贬值，有利于原油、黄金等大宗商品价格上涨。

① 王永中：《全球大宗商品市场的回顾与展望》，载王洛林、张宇燕主编《2015 年世界经济形势分析与预测》，社会科学文献出版社，2015。

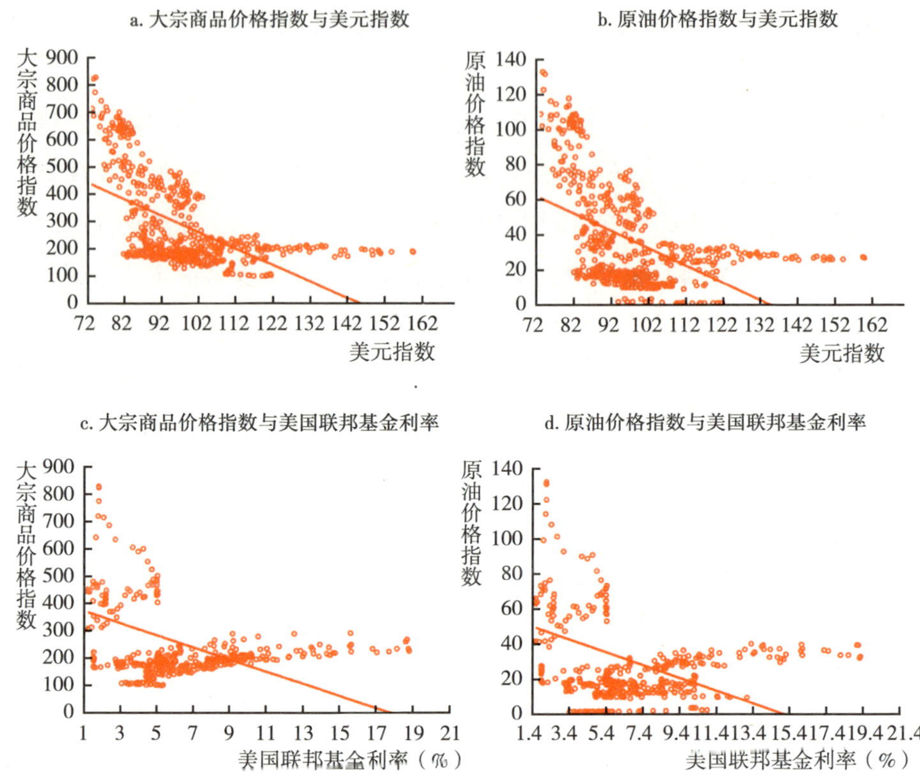

图 11　大宗商品 / 原油价格指数与美元指数 / 美国联邦基金利率走势

注：原油价格为英国布伦特轻质原油、迪拜中质原油和西德克萨斯轻质原油的价格的平均数，三种原油的权重相等。

四　国际大宗商品价格趋势展望

国际大宗商品价格的走势取决于供需力量对比，而供给需求又受到多重因素的影响，如地缘政治影响供给、美联储货币政策影响需求、美元汇率影响价格水平。全球大宗商品的需求取决于世界经济形势，受国际经贸摩擦升级、全球供应链遭到美国制裁的威胁、英国脱欧的不确定性持续存在、地缘政治紧张局势风险上升等不利因素的影响。全球经济增长大幅下滑风险显著提升，IMF、OECD 等国际机构纷纷下调了 2019~2020 年的经济增长率。根据

IMF 的预测，2019 年全球经济增长率为 3.0%，比 2018 年下降 0.6 个百分点，其中发达经济体的增长率为 1.7%，比上年下调 0.5 个百分点，新兴经济体的增长率为 3.9%，比上年下降 0.6 个百分点；2020 年全球经济将有所回温，经济增长率将达 3.4%，发达经济体的增长率保持在 1.7%，新兴经济体的增长率上升至 4.6%。[①]OECD 将 2019 年、2020 年的全球经济增长率预测值分别下调至 2.9%、3.0%，认为短期无条件脱欧将可能导致英国经济在 2020 年陷入衰退，大幅降低欧洲的经济增速，且中国经济增速在 2019 年、2020 年将分别放缓至 6.1%、5.7%。[②]

关于国际大宗商品在 2019~2020 年的价格走势，世界银行和 IMF 均做了预测。据世界银行的预测，能源的价格指数在 2018~2019 年将下跌 5.7%，2019~2020 年将继续下滑 1.2%，其中原油均价在 2019 年将跌至 66 美元 / 桶，2020 年将微降至 65 美元 / 桶；非能源价格指数在 2018~2019 年将下跌 2.4%，2019~2020 年将上涨 2.4%，其中金属和矿价格指数在 2018~2019 年将下跌 2.4%，2019~2020 年回升 1.2%，黄金价格在 2018~2019 年将上涨 3.2%，2019~2020 年继续上升 3.8%（见表 2）。[③]IMF 预测原油均价将由 2018 年 68.3 美元 / 桶跌至 2019 年的 61.8 美元 / 桶，2020 年将进一步下探至 57.9 美元 / 桶；非燃料价格将在 2019 年将略涨 0.9%，在 2020 年上涨 1.7%。[④]

表 2　国际大宗商品的价格或价格指数

项目	实际值			预测值		年变动率（%）	
	2016 年	2017 年	2018 年	2019 年	2020 年	2018~2019 年	2019~2020 年
能源价格指数	55	68	87	82	81	−5.7	−1.2
非能源价格指数	79	84	85	83	85	−2.4	2.4

① International Monetary Fund, *World Economic Outlook: Global Manufacturing Downturn, Rising Trade Barriers*, October 15, 2019.

② OECD, *OECD Economic Outlook: Interim Report*, September 19, 2019.

③ World Bank Group, *Commodity Markets Outlook*, April 2019.

④ International Monetary Fund, *World Economic Outlook: Global Manufacturing Downturn, Rising Trade Barriers*, October 15, 2019.

续表

项目	实际值			预测值		年变动率（%）	
	2016 年	2017 年	2018 年	2019 年	2020 年	2018~2019 年	2019~2020 年
农产品价格指数	87	87	87	84	86	-3.4	2.4
化肥价格指数	78	74	82	86	88	4.9	2.3
金属和矿价格指数	63	78	83	81	82	-2.4	1.2
贵金属价格指数	97	98	97	100	103	3.1	3.0
原油价格（美元/桶）	43	53	68	66	65	-2.9	-1.5
黄金价格（美元/盎司）	1249	1258	1269	1310	1360	3.2	3.8

注：2010 年的价格指数为 100。
资料来源：World Bank。

基于世界银行、IMF、国际能源署、OECD 等关于世界经济形势与国际大宗商品市场的预测，从需求、供给、地缘政治和货币等视角，对 2020 年国际大宗商品市场走势做简要展望。

从需求侧看，中美经贸摩擦升级和可能的美欧贸易摩擦引发了市场的不确定预期，严重挫伤了投资信心，全球经济大幅下滑势头明显，大宗商品需求将会继续下降。中美贸易摩擦升级对于中国经济的消极影响将会逐步显现，如出口增速甚至绝对额下降、制造业外迁和经济增速下滑。鉴于双方立场和诉求差异巨大，中美难以在短期内达成经贸协议。尽管中美在第 13 轮谈判中取得了积极进展，达成了阶段性共识，但中美经贸摩擦和冲突仍然长期存在，甚至可能再度升级。作为全球的制造业加工基地和大宗商品的最大需求方，中国需求减少势必会对大宗商品价格产生显著影响。同时，中国的经济转型和能源转型加快与环保措施趋严，如服务业比重上升、北方冬天的限产停产、淘汰高污染的重化工业产能，将会抑制其对工业金属和能源的需求。墨西哥、印度、东南亚国家可能受益于中美经贸摩擦带来的供应链调整和贸易转移效应，但其增加的大宗商品需求不可能弥补中国的需求

放缓。[①]

大宗商品的供给主要受产能和政策因素的影响。根据历史经验，价格低迷会导致大宗商品领域的投资下降，压缩来年的大宗商品产能，为未来价格上涨埋下伏笔。在矿藏资源领域，日趋严格的环保标准也限制了大宗商品产能的扩张，如煤炭关停等。鉴于 OPEC+ 减产协议将会延续至 2020 年，且执行效力高，预计 OPEC 和俄罗斯等产油国的石油产量会保持稳定，而美国页岩油气产量会继续上升，其增产幅度会取决于油气价格水平。地缘政治是影响中东石油供应的最主要因素。考虑沙特会配合美国制裁伊朗石油出口，如根据伊朗石油出口的变动量来调整石油产量，因而美国制裁伊朗不会对全球原油供给产生明显影响。但是，一些地缘冲突事件仍有可能爆发，如美伊军事冲突、伊朗封锁霍尔木兹海峡、沙特石油设施遇袭重演等，这将导致全球原油供给中断，油价大幅飙涨。

美元是大宗商品的计价和结算货币，预测大宗商品价格走势需要考虑美元汇率的变化。2020 年，美元汇率将有可能由强趋弱，将对大宗商品价格构成支撑力量，原因有：一是美国扩张性财政政策（减税和增加支出）的增长效应逐步衰减，特朗普政府发起的贸易摩擦也影响了美国企业的投资信心，美国制造业失去增长势头，美国经济大幅放缓的风险显著上升，美元的强势地位受到削弱；二是美联储进入降息周期，导致美元资产的相对收益率下降，加大了美元的贬值压力。

综上所述，2020 年，受中美经贸摩擦的长期性、反复性和不断升级的负面影响，企业投资信心可能大幅受挫，全球经济大幅放缓风险上升，大宗商品需求将会继续下降。中国的经济减速、结构升级和能源转型、淘汰落后重化产能将对工业金属和能源需求形成抑制。大宗商品的供应能力可能受到前期价格低

① 作为世界工厂，中国是全球大宗商品最重要的需求者，中国进口的大宗商品量约占全球进口量的一半。中美经贸摩擦会导致部分制造业产能向印度、墨西哥、越南、泰国等国家转移，导致中国的大宗商品需求增长放缓甚至绝对量下降，而后者的需求增加。鉴于后者的制造业体量无法与中国相提并论，后者增加的大宗商品需求显然不足以弥补中国的需求损失。并且，贸易摩擦没有赢家，中美经贸摩擦导致全球经济大幅放缓，大宗商品需求增速也势必会大幅下调。

迷时期投资不足的制约。在 OPEC 和俄罗斯持续减产的背景下，全球油气供给增长基本取决于美国页岩油气，而后者会根据油价的变动进行调整。中东原油供给面临着地缘政治和军事冲突的重大风险隐患。随着美国经济放缓和美联储进入降息周期，美元汇率可能由强趋弱，这将对大宗商品价格构成一定支撑。考虑到大宗商品价格指数 2019 年以来已有一定幅度下调，预计其在 2020 年会继续小幅下降，原油均价可能会处于 60 美元 / 桶左右的水平。

参考文献

[1] 王永中、周伊敏:《国际大宗商品市场形势回顾与展望：平衡和调整》，载张宇燕主编《2019 年世界经济形势分析与预测》，社会科学文献出版社，2019。

[2] 王永中:《全球大宗商品市场的回顾与展望》，载王洛林、张宇燕主编《2015 年世界经济形势分析与预测》，社会科学文献出版社，2015。

[3] 姚枝仲:《国际大宗商品市场形势回顾与展望》，载王洛林、张宇燕主编《2014 年世界经济形势分析与预测》，社会科学文献出版社，2014。

[4] International Energy Agency, *Oil Market Report*, August 2019.

[5] International Monetary Fund, *World Economic Outlook: Global Manufacturing Downturn, Rising Trade Barriers*, October 15, 2019.

[6] OECD, *OECD Economic Outlook: Interim Report*, September 19, 2019.

[7] World Bank Group, *Commodity Markets Outlook*, April 2019.

Y.15
"一带一路"建设：以合作模式创新塑造发展新动力

徐秀军*

摘　要：一年来，"一带一路"重点领域合作和六大经济走廊建设稳步推进。第二届"一带一路"国际合作高峰论坛的成功举行，进一步夯实了"一带一路"机制化合作的基础并推进了"一带一路"国际合作创新实践。尤其是第三方市场合作的深入发展，不断拓展"一带一路"伙伴关系网络和创造"一带一路"合作动力，推动"一带一路"成为全球性的公共产品。

关键词："一带一路"　互联互通　经济走廊　三方市场合作

一年来，"一带一路"重点领域合作和六大经济走廊建设稳步推进，合作成果惠及更多的国家和民众。2019年4月，第二届"一带一路"国际合作高峰论坛在北京成功举行，进一步夯实了"一带一路"机制化合作的基础，并不断推动"一带一路"国际合作创新实践。

* 徐秀军，中国社会科学院世界经济与政治研究所研究员，主要研究领域为国际政治经济学、新兴经济体与全球治理。

一 “一带一路”重点领域合作进展

在中国与沿线国家的积极推进下，“一带一路”重点领域合作取得新的进展，“五通”建设成果再迈新台阶。

（一）政策沟通与战略对接

在“一带一路”建设框架下，中国同各参与国的政策沟通与战略对接范围日渐扩大、力度不断加强，并且政策沟通与战略对接对“一带一路”建设的促进作用日益显现。截至2019年10月，中国同137个国家签署了“一带一路”合作文件，涉及全球各个地区，占全球国家总数的比例为69.9%。其中，近一年内新增32国，占全球国家总数的比例增加16.3个百分点。分地区来看，非洲有44国，占该地区国家总数的比例为81.5%；亚洲有37国，占该地区国家总数的比例为80.4%；欧洲有27国，占该地区国家总数的比例为60.0%；北美洲有11国，占该地区国家总数的比例为47.8%；大洋洲有10国，占该地区国家总数的比例为62.5%；南美洲有8个，占该地区国家总数的比例为66.7%（见图1）。同时，“一带一路”国际合作高峰论坛已成为中国同各参与国政策沟通的机制化平台。2019年4月，38国元首和政府首脑等领导人以及联合国秘书长和国际货币基金组织（IMF）总裁出席第二届“一带一路”国际合作高峰论坛领导人圆桌峰会。论坛期间，中国国家主席习近平同所有访华外国领导人和国际组织领导人举行了国事活动或双边会见，充分发挥了元首外交在政策沟通方面的引领作用。本届论坛期间，在贸易、交通、税收、审计、科技、文化、智库、媒体等领域，有关国家和国际组织同中方签署的双边和多边合作文件总计100余项。

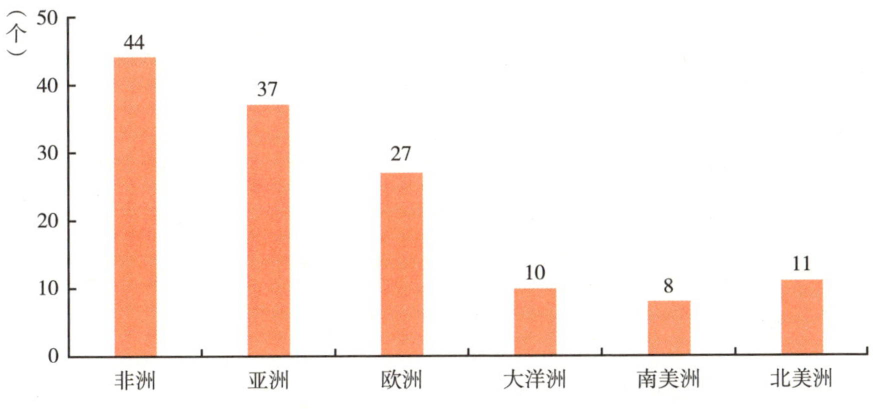

图 1　同中国签署“一带一路”合作文件的国家分布

注：截至 2019 年 10 月。

资料来源：中国一带一路网（www.yidaiyilu.gov.cn）。

（二）基础设施互联互通

基础设施互联互通的持续推进降低了相关国家之间商品、资金、信息、技术交易成本，促进了资源要素的优化配置。一年来，“一带一路”基础设施互联互通覆盖的铁路、公路、航运、航空、能源、通信等各个领域取得新的进展。在铁路方面，中老铁路、中泰铁路、匈塞铁路、雅万高铁等重点项目建设取得重大进展，中国和相关参与方还共同筹划和推进了泛亚铁路东线、巴基斯坦 1 号铁路干线升级改造及中吉乌铁路、中尼跨境铁路等建设项目。在公路方面，尽管沿线各区域发展与合作水平存在不平衡，但局部区域合作亮点突出，公路通行能力、过境通关便利程度大幅提升。中蒙俄、中吉乌、中俄（大连—新西伯利亚）、中越国际道路货物运输试运行后实现点对点直达，为中国与周边国家公路运输便利化提供了重要支撑。在航运方面，港口建设和航运合作持续推进。巴基斯坦瓜达尔港、斯里兰卡汉班托塔港、希腊比雷埃夫斯港、阿联酋哈利法港等建设和运营良好，对周边地区的辐射效益日益加大。截至 2019 年 4 月，中国同 47 个“一带一路”沿线国家签署了 38 份双边和区域海运协定。在航空方面，同中国签署双边政府间航空运输协定的国家和地区达126个，“一带一路”倡议提出后中国同沿线国家累计新开通国际航线1200多条，约占同期新开通国际航线总量的70%。在能源方面，合作领域覆盖电力、油气、煤炭、核电和新能源等各个领域，尤其是油气管网建设取得突破性进展。目前，中俄原油管道和中国—中亚天然气管道运营稳定，中缅油气管道全线贯通，中俄天然气管道东线计划于2019年底部分实现通气。在通信方面，中吉塔阿丝路光缆项目实质性启动并稳步推进，中国同缅甸、巴基斯坦、吉尔吉斯斯坦、俄罗斯正积极推动跨境光缆信息通道建设。

（三）贸易与投资合作

一年来，国际经贸环境面临的挑战有所加大，但中国同“一带一路”沿线国家的贸易联系更加紧密。中国商务部数据显示，2018年中国同“一带一路”沿线国家货物贸易总额为1.3万亿美元，较上年增长16.3%，比同期中国货物贸易增速高3.7个百分点；同沿线国家货物贸易总额占中国货物贸易总额的比例为27.4%。同时，中国加大进口的措施在“一带一路”沿线国家收到较好效果。2018年，中国从沿线国家进口货物总额为5630.7亿美元，较上年增长23.9%。进入2019年，中国同沿线国家贸易保持良好增长态势。中国海关总署数据显示，2019年上半年，中国同沿线国家的货物贸易额为人民币4.24万亿元，较上年增长9.7%，比同期中国货物贸易增速高5.8个百分点；同沿线国家货物贸易总额占中国货物贸易总额的比例为28.9%，较上年提高1.5个百分点。

从投资来看，中国同沿线国家的投资合作存在很大增长空间。中国商务部数据显示，2018年中国企业对56个“一带一路”沿线国家非金融类直接投资额达156.4亿美元，较上年增长8.9%。在对外承包工程方面，2018年中国企业在56个沿线国家新签7722份项目合同，新签合同额为1257.8亿美元。尽管新签合同额较上年下降12.8%，但占同期中国对外承包工程新签合同总额的比例达52%，并且完成营业额上升至893.3亿美元，较上年增长4.4%。2019年前三季度，中国企业对56个沿线国家新增投资额同比有所下降，但仍达100亿美元，并且新签对外承包工程合同额有较大幅度回升，较上年同期上升 18.4%（见表 1）。截至 2019 年 9 月，中国企业对"一带一路"沿线国家累计直接投资额超过 1000 亿美元，对外承包工程完成营业额超过 7200 亿美元；沿线国家企业对中国的直接投资额也上升至 480 亿美元。

表 1　2017~2019 年中国对"一带一路"沿线国家直接投资和承包工程情况

单位：亿美元，%

项目		2017 年	2018 年	2019 年 1~9 月
非金融类直接投资	金额	143.6	156.4	100.4
	同比增长	-1.2	8.9	-6.9
对外承包工程	新签合同额	1443.2	1257.8	868.0
	同比增长	14.5	-12.8	18.4
	完成营业额	855.3	893.3	558.9
	同比增长	12.6	4.4	-4.4

注：2017 年、2018 年和 2019 年 1~9 月对外直接投资分别涉及"一带一路"相关 59 个、56 个和 56 个国家。2017 年、2018 年和 2019 年 1~9 月对外承包工程均涉及"一带一路"相关 61 个国家。

资料来源：中国商务部。

（四）金融合作

在金融合作方面，"一带一路"沿线国家投融资渠道更趋多元。一年来，亚洲基础设施投资银行（以下简称"亚投行"）的影响力不断扩大，对沿线国家的资金支持力度逐步加大。2019 年 7 月，在贝宁、吉布提、卢旺达正式加入亚投行后，该机构成员增至 100 个。至此，亚投行成员国总人口占全球总人口的 78%，成员国经济总量占全球经济总量的 63%。根据亚投行数据，截至 2019 年 9 月，该机构累计贷款项目为 40 多个，贷款总额超过 90 亿美元，涉及亚洲和非洲等地区 18 个国家的交通、能源、电信、城市发展等多个领域；同时，该机构还筹备对东盟国家的 6 个基础设施建设项目进行投资，涉及贷款总额约为 10.9 亿美元。同时，丝路基金为"一带一路"沿线国家提供了有力的资金支持。截至 2019 年 4 月，丝路基金签约各类项目约 30 个，承诺投资金额超过 110 亿美元，其中约 70% 的资金额用于支持"一带一路"沿线国家和地区的基础设施建设项目。2018 年 7 月，由丝路基金与欧洲投资基金共同设立的总额为 5 亿欧元的中欧共同投资基金正式运营后，在促进“一带一路”倡议与欧洲投资计划对接方面的作用正逐步显现。国际金融公司、泛美开发银行、非洲开发银行和欧洲复兴开发银行等多边开发性金融机构以及阿联酋阿布扎比投资局、中国投资有限责任公司等主权财富基金扩大了对沿线国家的投资规模。此外，中国同沿线国家合作推出了各类创新金融产品并因此拓宽了融资渠道。截至 2018 年，境外和多边金融机构等在华发行的人民币债券——熊猫债发行规模为人民币 2000 亿元左右。中国进出口银行在全球发行的“债券通”绿色金融债券规模为人民币 20 亿元，为绿色丝绸之路提供了有力支持。

（五）民心相通

“一带一路”倡议提出以来，中国同沿线国家的人文交流日益频繁，为共建“一带一路”奠定了坚实的民意基础。在旅游方面，中国到“一带一路”沿线国家游客人次持续攀升。中国旅游研究院数据显示，2017 年中国到沿线国家的游客为 2741 万人次，较 2013 年增长了 77%。根据《2018“一带一路”旅游大数据报告》估算，2018 年中国到沿线国家的游客超过 3000 万人次；同期，通过携程旅游平台预订赴沿线国家的旅游产品人数较上年增加 63%。① 在教育培训方面，“一带一路”沿线国家是主要合作对象。中国教育部数据显示，2018 年 64 个沿线国家来华留学生人数达 26.06 万人，占来华留学生总数的比例近 53%。孔子学院总部 / 国家汉办数据显示，截至 2019 年 9 月，114 个同中国签署“一带一路”合作文件的国家（地区）设立了 268 所孔子学院，其中亚洲地区设立孔子学院 100 所、非洲地区设立孔子学院 53 所、欧洲地区设立孔子学院 88 所、美洲地区设立孔子学院 21 所、大洋洲地区设立孔子学院 6 所。② 此外，中国与沿线国家互办了艺术节、电影节、博览会、图书展、文物展等形式多样的文化交流活动。

---

① 中国经济信息社、携程旅行网:《2018“一带一路”旅游大数据报告》，2019 年 4 月 25 日。

② 孔子学院总部 / 国家汉办（http://www.hanban.org/confuciousinstitutes/index.html），2019 年 10 月 15 日。

二 “一带一路”六大经济走廊建设新成果

一年来，中蒙俄、新亚欧大陆桥、中国—中亚—西亚、中国—中南半岛、中巴和孟中印缅六大经济走廊建设取得明显进展，加强了亚洲和欧洲大陆的经济联系。

（一）中蒙俄经济走廊

2019 年是中俄和中蒙建交 70 周年。中俄蒙外交关系的稳定发展为中蒙俄经济走廊建设奠定了坚实基础。在政策沟通上，三国元首就进一步推进中蒙俄经济走廊建设达成新的共识。2019 年 6 月，中俄蒙三国元首第五次会晤在吉尔吉斯斯坦比什凯克举行，并提出中蒙俄经济走廊建设的重点领域：三方通关便利化、重点口岸升级改造、交通运输互联互通、能源和金融合作、区域电力网络建设等。[①] 在基础设施互联互通上，中俄、中蒙铁路、公路和边境口岸建设取得新进展。2018 年 12 月，俄联邦政府拨款 200 亿卢布（约合 3.1 亿美元）用于贝阿干线（贝加尔—阿穆尔）和西伯利亚大铁路改造项目；2019 年 1 月，俄联邦政府批准启动中国向俄罗斯投资建设的首条高铁——莫喀高铁（莫斯科至喀山）第一标段建设项目并预算拨款 2000 亿卢布（约合 31 亿美元）；3 月和 5 月，中俄两国首座跨境铁路桥——同江铁路大桥和首座跨境公路大桥——黑河—布拉戈维申斯克界河公路大桥先后合龙，标志大桥全线贯通。在口岸建设方面，截至 2019 年上半年，中俄陆路边境口岸为 6 个，其中 4 个主要口岸承担两国货运总量的 65%；中蒙陆路边境口岸为 13 个，其中 9 个主要口岸承担两国货运总量的 95%。此外，三国基础设施互联互通也迈出实质步伐。2018 年三国政府签署《关于建立中蒙俄经济走廊联合推进机制的谅解备忘录》推动了三方合作工作机制的进一步完善。2018 年 9 月，中蒙俄三国签署的《关于沿亚洲公路网国际道路运输政府间协定》正式生效。2019 年 7 月，三国代表团和联合国亚太经社会代表在内蒙古举行协定联委会

① 《习近平出席中俄蒙元首第五次会晤》，《人民日报》2019 年 6 月 15 日。

首次会议，宣布正式启动中蒙俄国际道路运输，并标志协定正式进入实施阶段。在经贸合作上，货物贸易发展保持较快增速。根据 IMF 贸易流向数据库，2018 年中国同蒙古国货物贸易总额为 84.74 亿美元，较上年增长 26.8%；同俄罗斯货物贸易总额为 1082.47 亿美元，较上年增长 24.5%。2019 年上半年，中国同蒙古国和俄罗斯货物贸易总额分别为 41.55 亿美元和 501.68 亿美元，尽管同比增速与上年相比出现大幅回落，但仍高于同期中国货物贸易增速。

（二）新亚欧大陆桥经济走廊

在新亚欧大陆桥经济走廊框架下，政策沟通、物流运输、经贸等领域合作不断深入，并推出了新的合作规划和机制。截至 2019 年 9 月，中国已同 24 个新亚欧大陆桥经济走廊沿线国家签署“一带一路”合作文件。在跨境铁路运输上，中欧班列运行步入去程回程基本平衡轨道。截至 2019 年 5 月底，中欧班列累计开行超过 1.6 万列，联通境外 16 个国家的 100 多个城市，并且实现了从初期去程多回程少向基本达到“一去一回”的平衡状态转变，运行效率和效益大大提升。中国海关倡议实施的“关铁通”[①]在中哈海关运行良好，覆盖范围不断扩大。随着经济发展水平的提升，中国与新亚欧大陆桥经济走廊沿线国家的贸易合作较快发展，尤其是中国同东欧和中亚地区的贸易发展存在巨大潜力。[②]中国商务部数据显示，2018 年中国与中东欧 16 国货物贸易额为 822 亿美元，较中国—中东欧国家合作启动前的 2011 年货物贸易额增长 55.4%，其中中国自中东欧国家进口额同期增长了 80.7%。2019 年 4 月，希腊正式加入中国—中东欧国家合作，“16+1”升级为“17+1”。6 月，首届中国—中东欧国家博览会在浙江宁波举行，50 多个国家和地区投资商参会。博览会期间，签约双向投资项目 68 个，涉及投资额 194 亿美元，其中吸收外资和对外投资项目分别为 57 个和 10 个。2018 年，

---

① “关铁通”全称为“海关—铁路运营商推动中欧班列安全和快速通关伙伴合作计划”，旨在通过海关信息互换和监管互认促进中欧班列沿线国家边境监管合作，从而提升中欧班列的通关效率和便利化水平。

② 郝晓莉、邓峰:《中国与新亚欧大陆桥国家贸易潜力研究——基于“一带一路”背景下的时空演化分析》,《技术经济与管理研究》2019 年第 2 期。

中国与包括中亚国家在内的上海合作组织成员国货物贸易额为 2550 亿美元，较上年增长 17.2%，比中国同期货物贸易增速高 7 个百分点；截至 2019 年 4 月，中国对上合组织成员国各类投资总额超过 870 亿美元，累计工程承包合同额达 2378 亿美元。2019 年 9 月，中国政府批复在青岛建设“中国—上合组织地方经贸合作示范区”总体方案，并决定逐步将示范区打造成新亚欧大陆桥经济走廊先行区。

（三）中国—中亚—西亚经济走廊

能源合作、基础设施互联互通、经贸与产能合作是中国—中亚—西亚经济走廊建设的重要内容。在能源合作方面，中亚天然气管道发挥了日益重要的作用。根据霍尔果斯海关数据，自 2009 年 12 月投产至 2018 年底，中亚天然气管道 A、B、C 三条线累计向中国输送天然气 2476.25 亿标方，其中 2018 年输送天然气 474.93 亿标方，较上年增长 23.1%。中国—中亚天然气管道 D 线建设顺利推进，首条隧道已竣工。在基础设施互联互通方面，中哈、中乌等双边国际道路运输协定以及中巴哈吉、中哈俄、中吉乌等多边国际道路运输协定相继签署后，中亚和西亚地区基础设施得到较大改善。在经贸和产能合作方面，中国同哈萨克斯坦、沙特、伊朗加强了战略与规划对接。2018 年，中哈两国团队立足近年两国产能与投资合作进展情况并结合各自基础和需求共同编制了《中哈产能与投资合作规划（2019~2023）》，提出了进一步推动深化双边产能与投资合作的总体方案。2019 年 2 月，在北京举行的中国—沙特投资合作论坛上，两国企业和机构签署 35 份新的合作协议；在中沙高级别联合委员会第三次会议上，两国签署第二轮产能与投资合作重点项目谅解备忘录，并确定能源、石化、制造业、信息技术等领域的 18 个重点项目，涉及投资额数百亿美元。中国与伊朗也在发挥各自优势的基础上加强了能源、基础设施建设等领域的合作。

（四）中国—中南半岛经济走廊

一年来，中国—中南半岛经济走廊建设取得积极进展，尤其是基础设施互联互通和跨境经济合作区建设表现突出。在中国—中南半岛经济走廊建设框架下，中老经济走廊、“一带一路”对接泰国“东部经济走廊”，中国与柬老缅越泰（CLMVT）的双边和多边经济合作持续推进。同时，东盟“10+1”合作、澜沧江—湄公河合作、大湄公河次区域经济合作（GMS）等区域和次区域合作机制在促进中国—中南半岛经济走廊建设方面的作用日益凸显，不断推动经济走廊建设取得新的进展。在基础设施建设方面，昆明—曼谷公路全线贯通，中老铁路进入铺轨阶段，中泰铁路完成一期工程设计，中缅天然气管道和中缅原油管道以及中缅、中越跨境光缆项目运营良好。在跨境经济合作区建设方面，老挝磨憨—磨丁经济合作区、越南龙江和海防工业区、泰国泰中罗勇工业园、柬埔寨西哈努克港经济特区等园区在拉动当地经济和促进双边、区域合作方面发挥积极作用。

（五）中巴经济走廊

2019年10月，根据2017年发布的《中巴经济走廊远景规划（2017~2030年）》，中国和巴基斯坦举行中巴经济走廊远景规划联合工作组第二次会议，首次评估了两年来远景规划的执行情况，并讨论了下一阶段的优先合作领域和具体建设项目。目前，中巴经济走廊第一阶段总投资190亿美元的22个项目均已竣工或接近竣工，这些项目运营后每年将给巴方带来近百亿美元的税收收入，并因此大大改善巴方财政状况。瓜达尔港建设与运营项目、喀喇昆仑公路二期改扩建工程（哈维连至塔科特段）、白沙瓦至卡拉奇高速公路（苏库尔至木尔坦段）、拉合尔橙线轨道交通、卡西姆港燃煤电站项目、萨希瓦尔燃煤电站项目等重大项目顺利推进，部分已给巴方带来实际收益。例如，截至2018年，卡西姆港燃煤电站一期二期、萨希瓦尔燃煤电站总发电量超过215亿千瓦时，有力缓解了巴方电力短缺问题；卡西姆港燃煤电站运营给巴方创造税收收入1.67亿美元；瓜达尔港自由区准入中巴企业10余家，涉及物流、渔业、粮油、商贸、金融等领域。中巴经济走廊第二阶段27个新项目涉及工业、农业、水资源、教育与职业技术培训等领域，根据计划于2019年底启动。在经贸方面，提升巴基斯坦出口能力是解决中巴贸易不平衡的关键。

根据 IMF 数据，2018 年巴基斯坦自中国进口货物 142.13 亿美元，较上年下降 7.4%，对中国出口货物 18.44 亿美元，较上年增长 26.4%；2019 年上半年，巴基斯坦自中国进口货物 63.28 亿美元，较上年同期下降 18.6%，对中国出口货物 10.33 亿美元，较上年同期增长 5.3%。

（六）孟中印缅经济走廊

目前，孟中印缅经济走廊框架下的双边合作顺利推进，但四国协同发展潜力还有待释放。一年来，中方与相关国家签署了新的合作协议，推动双边合作逐步深化。在孟中印缅经济走廊建设过程中，中缅经济走廊建设发挥了引领作用。2018 年 9 月，中缅两国政府签署《关于共建中缅经济走廊的谅解备忘录》，并成立中缅经济走廊联合委员会。同月，在中缅经济走廊联合委员会第一次会议上，双方同意成立 12 个重点合作领域专项工作组，包括发展规划、产能与投资、交通、能源、农业、边境经济合作区、数字丝绸之路、生态环境、旅游、金融、信息以及地方合作等领域。2019 年 4 月，两国签署中缅经济走廊早期收获项目清单和中缅经济走廊合作规划，确定了中缅务实合作的未来发展方向。同时，中国同三国经贸合作的不平衡问题较为突出。在经贸方面，根据 IMF 贸易流向数据，2018 年孟中货物贸易额为 136.84 亿美元，较上年增长 23.0%；缅中货物贸易额为 117.83 亿美元，较上年增长 2.3%；印中货物贸易额为 901.56 亿美元，较上年增长 6.7%。2019 年上半年，孟中货物贸易额为 71.18 亿美元，较上年同期增长 8.3%；印中货物贸易额为 420.87 亿美元，较上年同期下降 6.4%；缅中货物贸易额为 56.73 亿美元，较上年同期下降 10.0%。

三 第三方市场合作与“一带一路”国际合作前景

自 2015 年 6 月中法两国政府正式发表《中法关于第三方市场合作的联合声明》以来，第三方市场合作逐步成为“一带一路”国际合作的重要模式。2019 年 3 月，第三方市场合作首次出现在《政府工作报告》中。《政府工作报告》部署“推动共建‘一带一路’”时明确提出拓展第三方市场合作。2019 年

4 月，习近平主席在第二届“一带一路”国际合作高峰论坛开幕式上的主旨演讲中指出，“我们欢迎多边和各国金融机构参与共建‘一带一路’投融资，鼓励开展第三方市场合作，通过多方参与实现共同受益的目标”。①

（一）“一带一路”框架下的第三方市场合作

所谓第三方市场合作，是指两个或两个以上的经济体引导各自企业共同开发第三方国家市场的合作模式。作为“一带一路”国际合作模式的创新，第三方市场合作遵循“共商共建共享”原则，坚持政府引导、企业主体、市场导向，不断推进相关国家之间的互补、互利、开放、包容。第三方市场合作的目标在于加强中国的优势产能、发达国家的先进技术和管理经验、东道国家（特别是发展中国家）的发展需求三者之间的有效对接，从而实现“1+1+1>3”的积极影响。因此，第三方市场合作的优势主要体现在以下三个方面：一是能够实现多方合作优势互补，二是能够创造与共享更大利益，三是能够实现责任和风险共担。

第三方市场合作对共建“一带一路”有明显的积极效应。首先，第三方市场合作有助于扩大“一带一路”伙伴关系网络。尽管“一带一路”倡议是不针对任何国家并对所有国家开放的国际合作倡议，但部分国家尤其是发达国家仍对“一带一路”倡议充满疑虑、误解和质疑。在第三方市场合作项目上，中国可以同这些国家开展深入合作，共同推进“一带一路”建设。其次，第三方市场合作有助于创造“一带一路”合作的空间和动力。由于各国在不同领域各有优势和短板，第三方市场合作将各自的优势资源汇聚在一起，可以创造更多合作条件和机会。最后，第三方市场合作有助于提升“一带一路”合作的平台作用，并借此将“一带一路”倡议真正打造成全球性的公共产品。对各参与方而言，第三方市场合作既能够推动中国产业迈向中高端水平、促进发展中国家工业化和经济发展，也能够助力发达国家开辟互利共赢空间。

---

① 《习近平：齐心开创共建“一带一路”美好未来——在第二届“一带一路”国际合作高峰论坛开幕式上的主旨演讲》，《人民日报》2019 年 4 月 27 日。

（二）中法第三方市场合作及其拓展

2015 年 6 月，中法在巴黎发表关于第三方市场合作的联合声明，确定合作领域主要包括：基础设施和能源、民用航空器、交通、农业、卫生、应对气候变化、专业技能合作和工业园区建设、金融和保险行业。此外，两国政府还鼓励中法企业、智库和民间机构就第三方市场合作加强交流。2016 年 10 月，中国广东核电集团（CGN）同法国电力集团（EDF）签订英国新建核电项目的投资协议，由中广核牵头的中方联合体与 EDF 共同投资兴建英国欣克利角 C 核电项目（HPC 项目），并共同推进塞兹韦尔 C（SZC 项目）和布拉德韦尔 B（BRB 项目）两大后续核电项目，其中布拉德韦尔 B 项目拟采用中国自主三代核电技术“华龙一号”。在合作过程中，双方持股比例基本平衡，体现了平等合作、互利共赢的基本理念（见表 2）。这是中法第三方市场合作的首个成功案例。此后，中法第三方市场合作步入快车道。

表 2　中广核与法国电力投资英国核电项目股权分配比例

单位：%

序号	项目名称	中广核	法国电力
1	欣克利角 C	33.5	66.5
2	塞兹韦尔 C	20.0	80.0
3	布拉德韦尔 B	66.5	33.5

资料来源：中国广核集团有限公司。

2016 年 11 月，第四次中法高级别经济财金对话在巴黎举行。会议期间，中法双方签署了《关于设立中法第三方市场合作指导委员会的谅解备忘录》，并就开展中法第三方市场合作的基本原则和第一批合作项目交换了意见。中投公司子公司中投海外直接投资有限公司和法国信托储蓄集团子公司法国信托储蓄集团国际资本公司签署了关于中法第三方市场合作基金框架协议，旨在为中法投资者在第三方市场创造发展机遇。该基金数目最高可达 20 亿欧元，初始基金为 3 亿欧元，双方出资相等。2018 年 11 月，中法双方签署第三方市场合作第二轮示范项目清单。2019年3月，中法双方签署第三方市场合作第三轮示范项目清单，中法第三方市场合作基金正式启动。项目涉及核能、航空、航天等传统领域合作，加快科技创新、农业、金融、养老服务等新兴领域合作。中法第三方市场合作的快速推进也推动双方经贸合作水平快速提升。据中国海关统计，2018年中法双边货物贸易额达到629亿美元，较上年增长15.5%，并且连续2年增幅超过15%，在中国与欧盟主要贸易伙伴中增速最快。法国商务投资署发布的《法国经济国际化发展2017》显示，2017年中国对法国投资占法国吸引外资项目的5%，和日本并列成为在法国投资项目最多的亚洲国家。

自中法首次开展第三方市场合作以来，这一共建"一带一路"的新路径和国际合作的新模式在国际上获得了积极响应，中国与有关国家在推进第三方市场合作方面已经取得了积极成效。截至2019年6月，中国同澳大利亚、奥地利、比利时、加拿大、法国、意大利、日本、荷兰、葡萄牙、韩国、新加坡、西班牙、瑞士和英国等14个发达国家分别签署了第三方市场合作文件，建立了相关合作平台，在基础设施、能源、环保、金融等优势互补领域的一系列重大项目上取得了务实成果（见表3）。此外，中国金融机构还同发达国家金融机构及多边开放性金融机构达成第三方市场合作共识。例如，中国进出口银行同瑞穗银行、渣打银行等同业机构签署"一带一路"框架下第三方市场合作协议，中国人民银行同欧洲复兴开发银行（EBRD）签署关于促进第三方市场投融资合作的谅解备忘录。

表3　第三方市场合作文件签署国家一览

序号	对象国	签署文件	合作平台
1	澳大利亚	《关于开展第三方市场合作的谅解备忘录》	中澳战略经济对话
2	奥地利	《关于开展第三方市场合作的谅解备忘录》	中奥第三方市场合作工作组 中奥第三方市场合作论坛
3	比利时	《关于在第三方市场发展伙伴关系与合作的谅解备忘录》	—
4	加拿大	《关于开展第三方市场合作的联合声明》	—

续表

序号	对象国	签署文件	合作平台
5	法国	《中法关于第三方市场合作的联合声明》 《中法第三方市场合作示范项目清单》	中法第三方市场合作指导委员会 中法第三方市场合作论坛 中法第三方市场合作基金
6	意大利	《关于开展第三方市场合作的谅解备忘录》	中意第三方市场合作论坛 中意第三方市场合作工作组
7	日本	《关于中日企业开展第三方市场合作的备忘录》	中日第三方市场合作论坛 中日第三方市场合作工作机制
8	荷兰	《关于加强第三方市场合作的谅解备忘录》	—
9	葡萄牙	《关于加强第三方市场合作的谅解备忘录》	中葡第三方市场合作工作组
10	韩国	《关于开展第三方市场合作的谅解备忘录》	中韩共同开拓第三方市场联合工作组
11	新加坡	《关于开展第三方市场合作的谅解备忘录》 《关于加强中新开展第三方市场合作实施框架的谅解备忘录》	中新第三方市场合作工作组 中新“一带一路”投资合作论坛
12	西班牙	《关于加强第三方市场合作的谅解备忘录》	中西第三方市场合作工作组
13	瑞士	《关于开展第三方市场合作的谅解备忘录》	中瑞第三方市场合作工作组 “一带一路”能力建设中心
14	英国	《关于开展第三方市场合作的谅解备忘录》	中英第三方市场合作工作组

注：截至 2019 年 6 月

资料来源：国家发展和改革委员会。

（三）第三方市场合作创造“一带一路”合作新动力

由于多方参与，第三方市场合作使“一带一路”建设东道国能够规划更大规模的合作项目，吸纳更加多元的资金、技术、人员，合作机制也因此更加灵活。实践证明，第三方市场合作体现了共商共建共享的“一带一路”国际合作理念，是一种开放包容、务实有效的国际合作模式，有助于中国企业和其他各国企业，尤其是同发达国家企业和跨国企业之间实现优势互补，共同为“一带一路”建设注入新动能。

4 年多来，“一带一路”框架下的第三方市场合作的发展呈现如下特点和趋势。

一是合作对象日益增加。尽管部分国家未同中方签署“一带一路”合作文件，但不影响双方开展第三方市场合作。这为“一带一路”合作向更多的国家拓展开辟了新的途径。目前，一些尚未加入“一带一路”倡议的国家及其企业对第三方市场合作兴趣深厚，彰显了第三方市场合作的广阔空间。例如，2018 年 10 月德国联邦外贸与投资署、德国工商大会和德国经济非洲协会发布的《中国在非洲：德企的前景、战略和合作潜力》报告显示，很多受访德国企业表示愿同中国企业在非洲地区开展第三方市场合作；在政府层面，中德两国政府部门正在积极建立双方第三方市场合作工作机制。一些美国企业也在积极推进与中国企业开展第三方市场合作。例如，2018 年 7 月，美国通用电气公司同三峡集团签署《关于联合开发第三方市场战略合作的谅解备忘录》，共同推进双方在第三方市场清洁能源领域的务实合作。

二是合作范围日益拓展。目前，第三方市场合作项目已覆盖产品服务、工程合作、投资合作、产融结合、战略合作等五大类别，涉及能源、环保、电力、化工、农业、基建、金融等多个领域。未来，随着参与第三方市场合作的国家和企业不断增加，合作领域还将进一步向技术含量高的领域拓展。

三是合作效益日益凸显。例如，东方电气与意大利企业合作的埃塞俄比亚吉布三水电站项目自 2015 年 10 月首台机组并网发电至 2018 年累计发电约 150 亿千瓦时，有效缓解了当地的电力极度短缺问题，并从电力出口中获得大量外汇；中、日、法等国油气企业合作的俄罗斯亚马尔液化天然气项目投产后提高了俄罗斯在国际液化天然气市场的占有率，并为俄罗斯创造了超过 10 万个就业岗位。随着一大批项目相继完工，给东道国带来的效益还将不断显现。例如，中国中铁与意大利土木工程承包商 CMC 公司合作的黎巴嫩大贝鲁特引水隧道项目将使黎巴嫩首都贝鲁特 160 万名居民全部告别桶装水并用上清洁、价格实惠的自来水；中国能建与马来西亚、爱沙尼亚等国企业合作的约旦油页岩电厂项目预计每年将为约旦减少 3.5 亿第纳尔的能源支出并创造数千个就业岗位。

展望未来，第三方市场合作将在继续推动机制建设、项目管理和监测、项目评估等方面取得新进展，并将在“一带一路”建设中发挥更加重要的作用，推动“一带一路”作为国际合作平台的重要性不断提升。

参考文献

[1] 国家发展和改革委员会:《第三方市场合作指南和案例》，中华人民共和国国家发展和改革委员会网站，2019 年 9 月 4 日。

[2] 国家信息中心“一带一路”大数据中心:《“一带一路”大数据报告 2018》，商务印书馆，2018。

[3] 推进“一带一路”建设工作领导小组办公室:《共建“一带一路”倡议：进展、贡献与展望》，2019 年 4 月 22 日。

[4] 中华人民共和国商务部、国家统计局、国家外汇管理局:《2018 年度中国对外直接投资统计公报》，中国商务出版社，2019。

[5] 中国经济信息社、携程旅行网:《2018“一带一路”旅游大数据报告》，2019 年 4 月 25 日。

热　点　篇

Hot Topics

Y.16

中美贸易摩擦的历程与展望

姚　曦*

摘　要：本文回顾并分析了中美贸易摩擦的历程，并对其发展趋势进行展望。主要内容及结论如下：①中美贸易摩擦的主线是加征关税与贸易谈判，基于对美国关税清单与关税排除机制的分析，美国加征关税的真实目的并非纠正中美贸易失衡，而在于遏制中国高新技术产业的发展与升级。②中美贸易摩擦已经由贸易向投资、科技、金融与人员交流，由双边向多边，多维度扩展。③中美贸易摩擦对我国宏观经济的短期影响开始逐步显现，我国外贸企业的利润空间遭到压缩，长期存在向东南亚转移风险。单纯提高关税对国家真实收入的

* 姚曦，中国社会科学院世界经济与政治研究所助理研究员，主要研究领域为国际贸易学、发展经济学。

影响不超过1%，但是政策不确定性的上升将会对长期经济增长产生较大负面影响。④由于美国经济下行压力加大以及中美谈判采取了分阶段进行的新思路，中美贸易摩擦短期内有望得到缓和。但出于其深刻的历史原因，中美贸易摩擦具有长期性。

关键词：中美贸易摩擦　关税清单　关税排除机制　经济影响

中美贸易摩擦已经历时一年半，其间双方经历数度升级和多轮磋商。2019年10月11日，中美谈判采取分阶段进行的新思路，并宣布取得第一阶段的实质性成果，这到底是结束中美贸易摩擦的第一缕曙光，还是慢慢长夜一闪而过的星光？本文通过回顾并分析中美贸易摩擦的历程，尝试找到答案，并对中美经贸关系的前景进行展望。

一　中美贸易摩擦的主线：加征关税与贸易谈判

（一）加征关税与贸易谈判简要回顾

以中美两国最高领导人会晤为标志性时点，可以将2018年3月以来的中美贸易摩擦分为以下三个阶段。

第一阶段是2018年3月到2018年11月底。2018年3月22日，特朗普宣布依据301调查对中国进口商品征收关税，挑起了中美全面贸易摩擦。[①] 中美双方随后开启经贸谈判，并一度于5月19日在华盛顿进行第二轮谈判时，发布了《中美经贸磋商联合声明》，[②] 使贸易摩擦得到缓和。但6月15日，特朗普违背刚刚达成的共识，接连宣布对500亿美元和2000亿美元的中国进口商品分别加征25%和10%的关税，致使贸易摩擦首次升级。对340亿美元和

① The White House, "Presidential Memorandum on the Actions by the United States Related to the Section 301 Investigation", https://www.whitehouse.gov/presidential-actions/presidential-memorandum-actions-united-states-related-section-301-investigation/, March 22, 2018.

② 《中美就经贸磋商发表联合声明》，新华网，2018年5月19日。

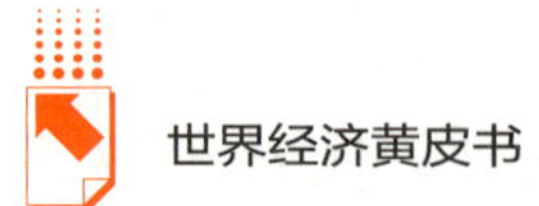

160亿美元中国进口商品加征25%关税的措施分别于7月6日和8月23日落地，对2000亿美元中国进口商品加征10%关税的措施于9月24日正式实施。

第二阶段是2018年12月到2019年6月底。2018年12月1日，中美两国元首在G20阿根廷峰会上，决定停止升级关税等贸易限制措施，并指示双方经贸团队加紧磋商。随后通过多轮中美经贸高级别磋商，谈判持续取得进展。2019年5月6日，特朗普突然表示，将从5月10日起对原加征10%关税的2000亿美元中国进口商品提高税率至25%，且短期内将对另外3000亿美元商品加征25%的关税。6月18日，美国商务部工业和安全局（BIS）把华为公司列入出口管制实体清单，贸易摩擦再次升级。

第三阶段是2019年6月29日G20日本大阪峰会至今。2019年6月29日，中美两国元首在G20日本大阪峰会上，同意重启经贸谈判。美方表示谈判期间不再对中国产品加征新的关税，特朗普宣布美国公司可继续向华为公司供应不涉及国家安全的零部件。然而8月2日，特朗普表示，美国将从9月1日起对3000亿美元的中国商品加征10%的关税；8月6日，美方认定中国为“汇率操纵国”；8月28日，美国贸易代表办公室宣布对3000亿美元中国商品加征关税税率由原定的10%提高至15%；同时将此前2500亿美元中国商品关税税率从25%提高到30%，并于2019年10月15日生效。贸易摩擦三度升级。2019年10月11日，中美谈判采取了分阶段进行的新思路，并取得第一阶段的实质性成果，美国暂停于10月15日生效的2500亿美元中国进口商品的关税上调，中美贸易摩擦得到缓解。

中美贸易摩擦极大增加了经贸政策的不确定性，给不景气的全球经济更添阴霾。全球经济政策不确定性指数（Economic Policy Uncertainty, EPU）自2018年3月以来，一路攀升，并且处于历史高位（见图1）。EPU指数与实际宏观经济变量（如经济增长率和就业率）有显著的反向关系。[①]2018年3月以来，中美贸易摩擦是EPU的主要影响因素，重大事件节点均决定了EPU的走向。比如2018年12月之后，由于中美同意不再加征关税，双方经贸团

---

① Baker S. R., Bloom N., and Davis S. J., "Measuring Economic Policy Uncertainty", *The Quarterly Journal of Economics* 2016 (131).

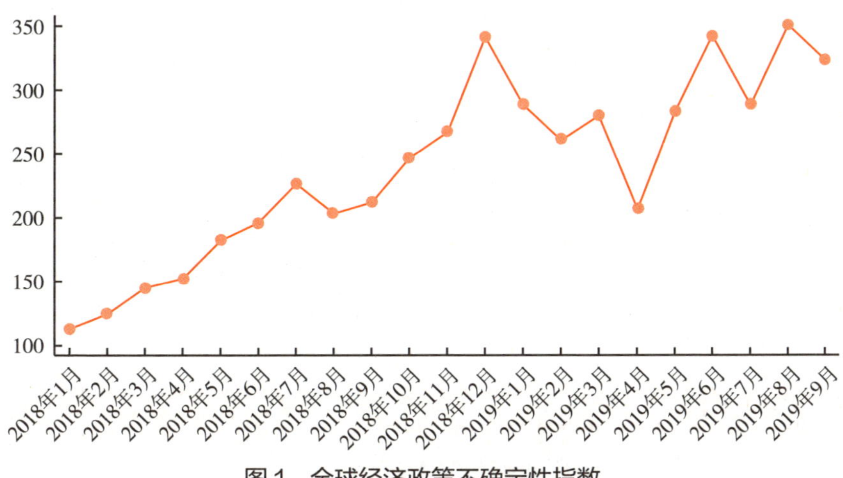

图1　全球经济政策不确定性指数

资料来源：Baker S., Bloom N., and Davis S., "Measuring Economic Policy Uncertainty", *Quarterly Journal of Economics*, 2016 (131)。

队加紧磋商，EPU 大幅下降，直到 2019 年 5 月特朗普促使贸易摩擦再度升级后，EPU 转而继续走高。

（二）中美加征关税清单分析

截至 2019 年 9 月，美方先后宣布了 5500 亿美元加税清单，中方相应宣布了 1850 亿美元的反制清单，几乎涵盖了各自从对方进口的全部商品价值。但要深入理解美国的真实意图并预判未来趋势，可以从对加税清单的几种可能目标进行分析：一是对对方伤害最大（精准打击），二是对己方影响最小（可替代性强），三是影响对方的产业结构。

美国的加税清单分为 4 个，执行时间与现行税率如表 1 所示，制定的逻辑基本有二：一是对己方影响最小，二是遏制中国产业结构升级。最初的 500 亿美元清单，分 340 亿美元和 160 亿美元两笔执行，最能体现美国对华 301 调查的真实意图。一方面，340 亿美元和 160 亿美元清单中的商品占美国同类商品进口总额的比例分别为 7.7% 和 14.7%，远远低于平均值 21.9%。[①] 这在

① 马弘、滕越：《数据透视中美贸易摩擦：最新清单的分析》，中国经济网，2018 年 7 月 19 日。

很大程度上表明，500亿美元清单的可替代性较强，中国并不是美国最主要的供货商，对美国自身的影响相对较小。另一方面，受500亿美元清单影响较大的行业包括机械机床、铝制品、铁道车辆、光学医疗设备以及航空航天器，显然都指向中国高新技术产业，战略性遏制中国产业发展的意图比较明显。总之，美国500亿美元清单所涉及的行业较为分散，并非中国出口的大项，对于扭转中美贸易失衡无实质作用，加税一年多以来，美国对华货物贸易逆差不降反升，进一步说明其真实意图是遏制中国高科技产业的发展。

表1　美国301关税清单概况

清单	涉及金额（亿美元）	起征时间与税率调整时间	额外税率（%）	代表性行业
1	340	2018年7月6日 2019年10月15日（暂缓）	25 30	机械器具、电气设备、光学医疗设备、铁道车辆
2	160	2018年8月23日 2019年10月15日（暂缓）	25 30	电气设备、塑料制品、机械器具、钢铁制品
3	2000	2018年9月24日 2019年5月10日 2019年10月15日（暂缓）	10 25 30	机械器具、电气设备、家具、车辆、钢铁制品、皮革制品
4	3000 4A 1200 4B 1800	2019年9月1日 2019年12月15日	15 15	电气设备、机械器具、玩具、服装、鞋靴、家具、塑料制品

表2　中国反制关税清单概况

清单	涉及金额（亿美元）	起征时间与税率调整时间	额外税率及所涉及HS8税号数目（%，个）	代表性行业
1	340	2018年7月6日	25（545）	农产品、汽车、水产品
2	160	2018年8月23日	25（333）	能源产品、化工品、汽车
3	600	2018年9月24日 2019年6月1日	10（2493）、10（1078）、5（974）、5（662） 25（2493）、20（1078）、10（974）、5（662）	农产品、矿产品、化工品、塑料橡胶制品、皮革制品、木制品、纸制品
4	750 4A 4B	2019年9月1日 2019年12月15日	10（270）、10（646）、5（64）、5（737） 10（749）、10（163）、5（634）、5（1815）	农产品、能源产品、化工品、塑料制品 金属制品、机电设备、汽车、光学仪器

注：括号内为所涉及HS8税号数目；汽车及零部件于2019年1月1日至2019年12月15日暂停加征关税，涉及211个HS8税目，其中清单1涉及28个，清单2涉及116个，清单3涉及67个。

而美国后续的 2000 亿美元和 3000 亿美元清单，更多的是特朗普政府增加贸易谈判筹码的手段，包含了相当非理性的成分。2000 亿美元清单覆盖了 5733 项 HS8 位税则商品，占美国同类商品进口总额的比例达到了 23.2%；而 3000 亿美元清单只包含了 3805 项 HS8 位税则商品，占美国同类商品进口总额的比例更是达到了 37.9%。这两个清单中，商品的可替代性急剧下降，对美国经济也将产生更大的影响。2019 年 6 月 17 日，美国贸易代表办公室（USTR）就 3000 亿美元清单举行公开听证会之前，逾 600 家美国企业联名上书特朗普，要求停止与中国的贸易摩擦，因为这已经损害到数百家美国企业和美国消费者的利益。①

中国相应的反制清单也分为 4 个，执行时间、现行税率及代表性行业如表 2 所示，实现了对美国产业的精准打击。从第一批 500 亿美元反制清单来看，集中在农产品（玉米、大豆）、汽车进口上，是美国出口中国的传统优势商品。但是，中国 500 亿美元清单占中国同类商品进口总额的比例达到了 35.4%，中国从美国进口的大豆占中国大豆进口总量的 40%，势必对国内市场价格产生一定影响。

而在 2019 年 8 月美国宣布扩大加征关税范围后，中方反制更为精妙，原油首次进入中方加税清单，大豆关税再度升高，汽车及零部件 12 月将恢复加征关税。而对于药品、医疗器材和飞机等商品，中方本次仍不加征关税。从进口替代性来看，清单 4A 中的美国输华商品占中国同类商品进口总额的比重约为 6%，清单 4B 约为 11%，② 整体看均属于较低水平。相比于美国的 3000 亿美元清单对美国自身的影响，中国 750 亿美元清单对中国自身影响较小。

（三）美国加征关税排除机制分析

美国在大幅提高对中国关税的同时，将面临进口成本上升、企业盈利下

① “First on CNN Business: 600 Companies Including Walmart, Costco and Target Warn Trump on Tariffs”, https://edition.cnn.com/2019/06/13/business/trade-war-trump-china-walmart-target-costco/index.html, June 14, 2019.

② 乔艳红:《关税战升级中国反制更精准，年内经济受冲击有限但明年料承压》，路透北京，2019 年 8 月 26 日。

降、消费者开支增加，甚至产业链布局受到冲击等一系列问题。为了减小美国经济受到的影响，在每一个加税清单生效之时，美国贸易代表办公室都启动了排除机制。

表 3　美国对华加征关税排除申请概况（截至 2019 年 9 月底）

清单	涉及金额（亿美元）	接收排除申请的窗口期	收到排除申请的数目（个）	涉及企业数目（家）	排除申请处理状态及其占比（个，%）	排除加征关税商品进口额（估算，亿美元）	排除加征关税商品进口额占比（%）
1	340	2018 年 7 月 11 日至 2018 年 10 月 9 日	10814	1221	批准：3530（32.6） 拒绝：6864（63.5） 未裁决：420（3.9）	84.9	25.12
2	160	2018 年 9 月 18 日至 2018 年 12 月 18 日	2869	459	批准：689（24.0） 拒绝：1585（55.3） 未裁决：595（20.7）	36.3	25.70
3	2000	2019 年 6 月 30 日至 2019 年 9 月 30 日	30338	2500	—	—	—
4	3000	尚未开始	—	—	—	—	—

注：①括号内为排除申请处理状态的占比。②排除加征关税商品进口额，使用 2017 年美国 HS10 进口数据估算，数据来源于美国国际贸易委员会（USITC）。③由于数据限制，无法得知每种排除商品的进口金额。本文使用每个 HS10 税号下排除申请批准数占排除申请已裁决总数的比重作为权重，与 HS10 进口金额相乘，估算排除加征关税商品进口额。④由于每个 HS10 税号之下，通常既有被批准排除的商品也有被拒绝排除的商品，如果直接使用“HS10 税号进口额”来替代“排除商品进口额”，将大大高估排除商品进口额，340 亿美元清单的排除商品进口额会达到 207.0 亿美元，占比 60.9%；160 亿美元清单的排除商品进口额会达到 73.3 亿美元，占比 45.8%，从而得出过于乐观的结论。

截至 2019 年 9 月，美国已经公布了 13 批排除清单，通过 2017 年美国进口数据估算，在 340 亿美元清单中，排除涉及的进口金额约为 84.9 亿美元，占比约为 25.1%；在 160 亿美元清单中，在裁决率只有 79.3% 的情况下，排除商品金额占比已达约 25.7%（见表 3）。虽然该估算有所偏差，但比例已然相当可观。并且，由于美国企业和消费者对后续 2000 亿美元和 3000 亿美元清单中中国商品的依赖程度更高，可以预见，排除结果也会大概率超过 340

亿美元和160亿美元清单的排除比例。

作为排除依据，美国贸易代表办公室要求排除申请人就以下三个问题做出说明：①寻求中国以外的商品替代来源面临困难，②加征关税对申请主体造成严重经济损害，③加征关税商品与“中国制造2025”不相关。从执行结果来看，获批的排除加征关税商品基本符合美国官方公布的三大标准，而未获批商品则具有以下特点：①属于美方重点打压的产业，②可替代性相对较强，③对美国消费者影响较小。

美国加征关税排除机制对中美贸易摩擦的影响主要体现在以下四个方面：首先，排除机制为中美相互加征关税提供了缓冲地带，随着排除商品清单的公布，中国出口受到加征关税的影响在短期内有所缓解。其次，排除机制虽然短期内缓解了中方企业因关税上调而承受的利润压力，但从中长期来看，将使中国面临产业链转移和产业升级受阻的双重风险。再次，排除机制是美国的理性选择，既可以避免美国企业短期承压过大，发生不可逆转的损失，又可以通过增加不确定性，实现压制中国战略性产业发展的中长期目标。最后，从调研情况看，中国出口企业对美国排除机制没有给予足够关注，存在中方企业不知道排除信息的情况下，美方商业伙伴依然借由关税增加压低我方价格的情况。对于此后美方公布的排除商品清单，中方企业应及时关注，积极与美方商业伙伴沟通，确保自身获得排除加征关税的合理权益。

总之，排除机制为特朗普政府对华使用极限施压手段提供了额外的国内回旋空间。这一做法很可能给特朗普政府带来贸易摩擦对美国伤害不大的错觉，使其在谈判中能够虚张声势、保持强硬立场，并拉长贸易摩擦的时限。

二　中美贸易摩擦的多维扩展

2018年3月以来，中美经贸摩擦早已不局限在贸易领域，而是向投资、科技、金融、人员交流领域等多维度扩展，由双边经贸摩擦向多边经贸协调机制扩展开来。

（一）经贸摩擦在投资、科技、金融与人员交流方面的影响

在投资方面，美国海外投资委员会（Committee on Foreign Investment in the United States，CFIUS）相关法规的变革，体现了美国政府对待外国直接投资的从严态度。2018 年 8 月 13 日，特朗普签署通过《外国投资风险审查现代化法》。此后 CFIUS 权限显著扩大，对中国投资产生了重要影响，特别是：①新增了对关键技术领域投资的审查，而且要求关键技术产品出口需要持有许可证，并满足出口管制要求。②强调对国有企业及“外国政府控制的交易”的审查。③扩大与盟国的信息共享，联手封锁中国的技术类投资。① 在特朗普上台后的 2017 和 2018 年，中国对美直接投资规模就出现快速下降趋势，从 2016 年的 460 亿美元下降到 2017 年的 290 亿美元，降幅达 37%。2018 年更是进一步降至 48 亿美元，同比剧减 83%。基于历史和数据的经验研究发现，CFIUS 的审查中存在针对中国的国别歧视，并且已有的审查结果将会带来显著的威慑效应，这正是近期中国对美直接投资出现大幅下滑的主要原因。②

在科技方面，美国的手段主要是出口管制，美国商务部工业和安全局（Bureau of Industry and Security，BIS）通过将高科技企业列入实体清单（Entity List），限制其获取美国生产的关键零部件的能力，企图将中国高科技企业从供应链体系中排除出去。2018 年 8 月 13 日《美国出口管制改革法案》（*Export Control Reform Act*，ECRA）正式签署生效，ECRA 中新增的部分条款意味着在出口管制的范围、严格程度和影响方面将更甚以往。据统计，截至 2019 年 5 月 17 日，中国大陆被纳入的实体 143 家，中国香港 91 家，中国台湾 1 家，其他国家的华为子公司 26 家，中国企业总计 261 家，占美国实体清单总数的 21.9%，仅次于俄罗斯，为实体清单涉及企业数第二大国家。③2019 年，被 BIS 列入实体清单的知名企业包括华为技术有限公司及其关联公司、中广核集团及其关联公司等。

① 潘圆圆、张明：《CFIUS 权限扩展第一步：试点计划》，《中国外资》2019 年第 7 期。

② 陈思翀：《中企对美投资是否受到歧视：基于 CFIUS 审查交易的分析》，第八届 CF40-PIIE 中美经济学家学术交流会，2019 年 5 月 11 日。

③ 夏旭田、缴翼飞：《起底美国出口管制“黑名单”：261 家中企被纳入，华为是否会断供？》，《21 世纪经济报道》2019 年 5 月 21 日。

在汇率和金融方面，美国对中国实施金融制裁的锋芒已经初露。美国财政部于2019年8月6日宣布中国为“汇率操纵国”，并表示将与国际货币基金组织（IMF）合作消除来自中国的不公平竞争。而此前，从原有的丹东银行、昆仑银行，到2019年6月传闻不配合美国调查的三家商业银行，美国金融制裁的现实及潜在威胁越来越大。不过由于中国经济和金融市场体量巨大、国际关联度高，美国难以对中国实施与伊朗、俄罗斯相同量级的金融制裁，可能止步于对大型银行的罚款，以及对中型银行切断交易等低烈度制裁。①

在人员交流方面，美国政府收紧了高科技领域中国留学生的政策，阻碍中美两国科技人员的学术交流，试图阻断中美两国高科技人才交流。在留学生签证方面，早在2017年12月白宫发表的“国家安全战略”中就公开表示，将限制STEM（Science科学、Technology技术、Engineering工程、Mathematics数学）专业留学生签证；2018年5月，美国国务院宣布缩减攻读航空学、机器人学②与先进制造领域等理工科中国留学生签证有效期，并于6月11日正式生效。在中国赴美留学生中，STEM专业的学生占比超过40%。美国学生交流信息系统SEVIS数据显示，2017年，中国在美留学生362368人，其中STEM专业就有152002人。在科技人员交流方面，2018年美国政府开始调查通过千人计划回国效力的华裔科学家，在阻挠明显加强的背景下，未来华裔科学家回国短期效力的积极性可能显著下降。2018年以来，对访美参加会议和交流活动的中国科学家延缓发放签证。

美国动用了全方位手段，对于从中国的进口，发起301调查并加征关税，目的是不从中国买；对于向中国的出口，通过实体清单实施出口管制，目的是不卖给中国；对于中国企业到美国的投资，实施更严格的风险审查；对于美国企业到中国的投资，特朗普曾在2019年8月威胁说他有权力下令美国企业撤出中国；再辅之以金融制裁和人员交流限制，将中国金融机构排除在美国金融体系之外，并阻断中美两国高科技人才交流，其目的都是不和中国做买卖。美国希望将中国挤出全球供应链体系，并维护自身在高科技领域的霸权。

---

① 徐奇渊、周学智:《直面美国金融制裁威胁》,《财经》2019年第19期。

② 英文为Robotics，是与机器人设计、制造和应用相关的科学。

（二）由双边经贸摩擦向多边经贸协调机制扩展

特朗普似乎并不喜欢多边经贸协调机制，自其上台以来，不停地“退群”才是他的常态。但是，中美贸易摩擦持续一年半以来，摩擦范围已经开始由双边向多边蔓延，这种趋势值得中国引起警惕。特别要注意到负责具体经济政策实施的部长们。比如，中美经贸谈判的美方牵头人、贸易代表莱特希泽，与注重实际利益的特朗普不同，法律专业出身的莱特希泽的终极目标是：使用国际经贸规则对中国的“非市场导向”政策形成合围，并进一步孤立中国。

在经贸规则领域，2018 年以来，美、欧、日发布 6 份联合声明，表明了共同推进国际补贴规则改革的意图，其美方牵头人正是莱特希泽。2019 年 1 月，美国还向 WTO 提出了针对中国补贴问题的 70 项质疑。国际产业补贴规则的调整，矛头直指中国。在金融领域，2019 年以来，美国试图通过 IMF 和 G20 日本大阪峰会，对中国的经常账户顺差进一步施压。

此外，作为最大的多边经贸协调机制，WTO 的改革迫在眉睫，也成为各方势力的角力场。虽然特朗普动辄扬言退出 WTO，但其真实意图有二：一是通过区域经贸协定围堵中国，如《美墨加协定》的“毒丸条款”；二是通过推进有利于自身的多边体制改革，从而在 WTO 框架下攫取实惠。若要推动 WTO 改革，补贴规则和国有企业两大问题正是美欧日和中印之间争议的焦点。欧盟和日本既想通过中国平衡和牵制美国，又想联合美国修订国际贸易规则来对中国提出新的约束条件。2018 年以来，美、欧、日的 6 轮联合声明中，三方对国际补贴规则的共同诉求，相当一部分内容直指国有企业问题，并且扩大了补贴的界定范围。这些新动向不仅在多边层面，而且反过来在双边谈判层面对中国形成了一定压力。

三　中美贸易摩擦对中国经济的影响

（一）中美贸易摩擦的短期经济影响

按照美国商务部的统计，2017 年美国货物贸易赤字达到了 8594.7 亿美元，其中对华货物贸易赤字4430.6亿美元，占比达46.1%。2018年，在加征关税半年之后，这一比例不降反升，达到了46.8%（见图2）。这一数据基本印证了上述分析，美国最初500亿美元关税清单的主要考虑是遏制中国产业升级以及最小化己方损失；而中国则对美国的出口大项实施了精准打击，叠加部分抢出口效应，致使中国对美贸易顺差进一步扩大。

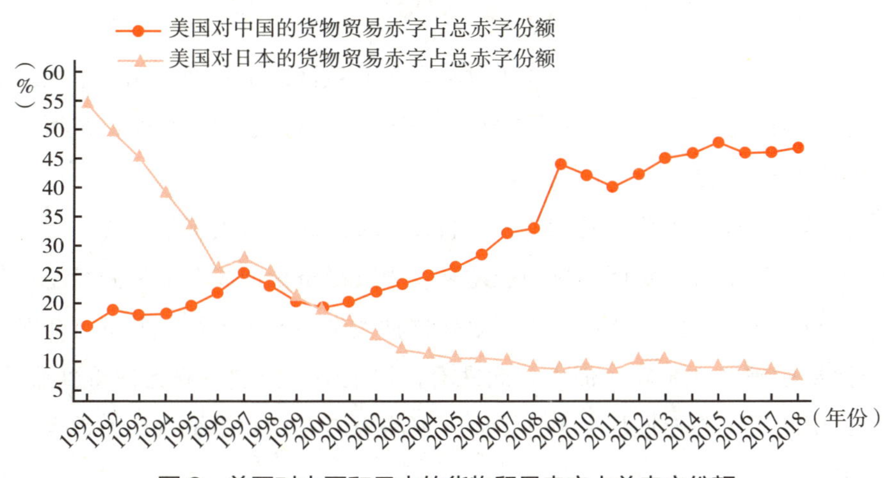

图2 美国对中国和日本的货物贸易赤字占总赤字份额

截至2019年8月底，美国对中国加征关税商品共2500亿美元。2019年1~8月，以美元计价，中国对美出口2755亿美元，同比下降9.3%；中国从美国进口802亿美元，同比下降27.6%，对美贸易顺差1953亿美元，同比上升1.1%。中国对美贸易额的下滑，固然包含了人民币对美元贬值的因素，但仍可看出贸易摩擦对中美贸易的负面影响开始凸显。

2019年8月，关税的加征和反制第三度升级，3000亿美元清单中的第一批1200亿美元清单已于2019年9月1日开征15%的额外关税。并且中美于10月11日宣布达成实质性第一阶段成果时，并未叫停对3000亿美元清单中的第二批1800亿美元清单预计于12月15日开征的15%关税。由于美国对3000亿美元商品的依赖度更高，在美方3000亿美元清单的关税第二批生效前可能再现抢出口现象，中国2019年下半年对美出口增速或将反弹。但是，

3000亿美元清单也包含了中国输美商品的真正大项，中期来看，中国对美贸易可能会在2020年面临较大下行风险。

中国于2019年8月以来实行了较为宽松的货币和财政政策，中美贸易摩擦8月升级对2019年经济影响相对可控，虽然第三季度GDP增速有所下滑，年内实现经济目标增速6%以上还是概率较大。

（二）中美贸易摩擦的长期经济影响

如果中美贸易摩擦仅限于关税领域，其对经济的中长期影响并不大。根据诸多经济学者的测算，即使中美相互对全部产品征收25%~45%的关税，其对国家真实收入的影响也不超过1%。①

但是，考虑到关税问题向投资、科技、金融的多维度扩展，对中国中长期经济会产生更大的负面影响。短期来看中美经济全面脱钩的风险较小，美国企业与中国企业紧密相连，强行解除这种关系将痛苦不堪，并有可能对全球经济造成破坏性影响；但中长期来看，如果中美经贸关系无法得到改善，随着经贸政策不确定性加大，许多企业或将重新考虑其投资设厂的地点，中美经济脱钩风险上升。

中国应该认清自身真正的吸引力所在，一是难以撼动的世界工厂地位，二是日益增长的巨大消费市场。中国只要做好自己的事情，则中美贸易摩擦的经济影响整体可控，中国在全球供应链中的地位并非轻易可以撼动的。

四　中美经贸关系前景展望

（一）中美贸易摩擦短期内有望得到缓和

美国经济下行压力加大。2019年第三季度，美国制造业PMI均值为49.4，是2017年以来首次跌破荣枯线，比上季度的均值52.2显著下降。虽然

① 李春顶、何传添、林创伟：《中美贸易摩擦应对政策的效果评估》，《中国工业经济》2018年第10期；樊海潮、张丽娜：《中间品贸易与中美贸易摩擦的福利效应：基于理论与量化分析的研究》，《中国工业经济》2018年第9期。

劳动力市场情况尚好，但是消费、投资和出口均显疲态，并且10年期和3月期国债收益率倒挂，预示美国经济面临衰退风险。特朗普能否连任与其任内美国经济状况密切相关，为了改善国内经济状况、争取连任政绩，特朗普与中国达成贸易协议的意愿增强。

此外，中美谈判采取分阶段进行的新思路，使阶段性谈判的难度大大降低，并于2019年10月11日取得实质性的第一阶段成果，美国暂停于10月15日生效的2500亿美元中国进口商品的关税上调。特朗普表示，双方将尽快签署阶段性贸易协定并敲定新会晤地点。此前，中美双方表示协定将于11月中旬智利APEC峰会期间签署，而智利由于自身原因取消了该峰会。如果此举达成，中美贸易摩擦将在短期内得到较大缓解。

（二）中美贸易摩擦具有复杂性和长期性

中美贸易摩擦能否结束？本文认为中美贸易摩擦短期内可能缓和，但会长期存在。从上述经济领域的分析中可以看出，中美贸易摩擦真正争夺的是高科技领域的控制权和发展权，而不只是纠正过去的贸易失衡。科技就是未来，在这点上，任何一方都不可能妥协。当前的分阶段谈判虽然在早期较容易达成共识，但随着谈判的推进，中美双方妥协的余地越来越小，无法达成共识的风险上升。并且，如果未来贸易摩擦进一步升级，特朗普可能会使用更为极端的手段。比如早在2019年8月，特朗普就曾威胁，通过宣布国家进入紧急状态，要求全部美国企业撤出中国。

2017年12月，特朗普政府公布了其任内首份《美国国家安全战略报告》，将中国定位为美国的竞争对手（competitor/rival）。2018年1月，美国国防部发布的《2018美国国防战略报告》将中国定位为“战略竞争对手”，并称“中国利用掠夺性的经济战术对周边国家构成威胁”。美国国防部同月公布的《中国技术转移战略报告》更是提出，“美国应采取措施挫败（thwart）中国的技术转移战略”。该报告提出的建议后来完全被特朗普政府所采纳。事实上，从奥巴马政府第二任期试图对国际经贸格局进行重塑开始，美国对华政策就已经发生了转变。美国对华政策转向有其深刻的历史原因和必然性。

清华大学国际关系研究院发布的中国与大国关系指数[①]显示，中美关系处在自 1979 年建交以来最艰难的时刻。中美政治关系指数自 2016 年开始出现快速下滑（见图 3）。尤其在特朗普 2017 年执政之后，进入历史新低点。

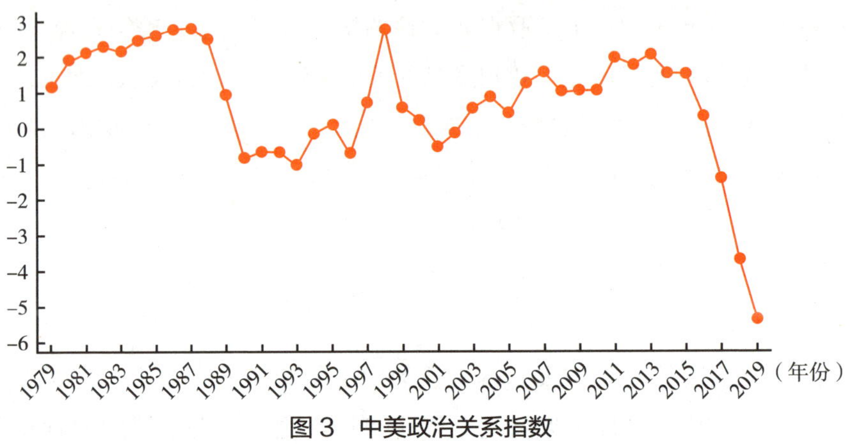

图 3　中美政治关系指数

资料来源：中国与大国关系数据库（http://www.imir.tsinghua.edu.cn/publish/iis/7522/index.html）。

在长期较为严峻的外部形势下，一方面，中国在不妥协自身核心利益的前提下，应该争取达成贸易协议，获取较好的外部环境；另一方面，对于中国更重要的是，直面中美贸易摩擦的复杂性和长期性，坚持深化改革开放，做好自己的事情。

参考文献

[1] 陈思翀:《中企对美投资是否受到歧视：基于 CFIUS 审查交易的分析》，第八届 CF40-PIIE 中美经济学家学术交流会，北京，2019 年 5 月 11 日。

① 阎学通、周方银、漆海霞:《中外关系鉴览 1950—2005：中国与大国关系定量衡量》，高等教育出版社，2010。

[2] 樊海潮、张丽娜:《中间品贸易与中美贸易摩擦的福利效应：基于理论与量化分析的研究》,《中国工业经济》2018 年第 9 期。

[3] 李春顶、何传添、林创伟:《中美贸易摩擦应对政策的效果评估》,《中国工业经济》2018 年第 10 期。

[4] 潘圆圆、张明:《CFIUS 权限扩展第一步：试点计划》,《中国外资》2019 年第 7 期。

[5] 阎学通、周方银、漆海霞:《中外关系鉴览 1950—2005：中国与大国关系定量衡量》，高等教育出版社，2010。

[6] Baker S., Bloom N., and Davis S., "Measuring Economic Policy Uncertainty", *Quarterly Journal of Economics* 131(2016).

Y.17

世界贸易组织（WTO）改革：前景不容乐观

宋　泓*

摘　要：世界贸易组织的改革，从时间和内容上可以分为两个阶段：第一阶段主要集中在多边贸易谈判功能上；最近两年开始的第二阶段则主要集中在争端解决和现有规则的维护以及新规则的建设上。本文将分阶段介绍，并做出一点评论。

关键词：世界贸易组织　多边贸易体制　改革方案　诸边主义

一　WTO 运行中的困难、挑战及应对：实用多边主义的兴起

自 1995 年建立以来，WTO 和多边贸易体制在运行中遇到了不少困难和挑战，尤其是在多边谈判功能上，美欧等发达国家试图另辟蹊径。

（一）多哈回合陷入困境，前景未卜

2001 年启动的多哈回合是世界贸易组织正式成立后推动的第一个多边贸易谈判。整个谈判最初希望在 2005 年底结束，后来推迟到 2006 年。但是，从 2008 年开始，这轮谈判就基本停滞了。如今已经 18 年过去了，仍然遥遥无期。

---

* 宋泓，中国社会科学院世界经济与政治研究所研究员，主要研究领域为外国直接投资和跨国公司、国际贸易、发展中国家经济发展的比较研究。

那么，为什么多哈回合以及其他多边贸易谈判会陷入这种困境呢？这一时期，不少研究都关注到这一问题并认真思考这个组织和体制的改革问题。[①]

基本的共识：首先，也是最直接的，和WTO以及现有多边贸易体制的决策机制相关。如前所述，协商一致是WTO和多边贸易谈判的决策机制。而要形成协商一致，就形成了核心成员或者利益集团之间的讨价还价决定整个谈判进程，甚或整个多边谈判成败的局面。在多哈回合谈判中，WTO现有核心成员或者利益集团是美国、欧盟、澳大利亚以及印度、巴西、中国等六方。三方发达国家，三方发展中国家，势均力敌，激烈对峙，很难形成共识，多哈回合陷入僵局，并且很难被打破。其次，也是最根本的，和WTO成立后二十多年间国际经贸格局的变化息息相关。乌拉圭回合，尤其是1995年WTO成立之后众多发展中国家和地区加入，使WTO中的发展中成员比例大大提高。比如，WTO成立后新加入的40个成员中，几乎全部为发展中国家和地区。同时，更重要的是，发达国家在全球经济，尤其是贸易中的地位大幅度下降，发展中国家和地区的地位快速上升，使这些国家在多边贸易谈判中讨价还价的态势发生了改变。以七国集团在世界货物贸易中的比例为例，在第二次世界大战后，尤其是在1960年代末期到1990年代初期，它们的比例都保持在50%左右，但是，从1991年开始，该比例大幅度下降，目前只有约30%。

（二）多边贸易谈判陷入困境，区域贸易协定和诸边协定蓬勃发展

多哈回合陷入停滞，不仅意味着多哈回合的谈判议程无法顺利按计划完成，而且意味着对于新兴议题的讨论遥遥无期。自多哈回合启动以来，全球贸易业态，尤其是数字经济以及全球化本身，特别是区域和全球价值链等都

---

① 这些报告包括：*The Future of the WTO: Addressing Institutional Challenges in the New Millennium*，2004; *The Multilateral Trade Regime: Which Way Forward?*2007; *Functioning of the WTO: Mapping the Challenges and Asking the Hard Questions*，2013; *The Functioning of the WTO: Options for Reform and Enhanced Performance*, 2016; *Revitalizing Multilateral Governance at the World Trade Organization: Report of the High-Level Board of Experts on the Future of Global Trade Governance*，2018。其中最近的三个报告中都建议采取更加灵活的诸边主义的谈判形式。

发生了重大变化。对于这些新兴议题，WTO 和多边贸易体制都不能做出有效的应对和反应，导致国际贸易规则制定的大权旁落。因此，美欧等发达国家将贸易自由化的重心转向区域自由化和诸边自由化，并在国际范围内掀起了新一轮巨型区域一体化的浪潮。

首先，2009 年 11 月美国高调介入由新加坡、新西兰、智利和文莱推动的 TPP 谈判，并从 2010 年 3 月起进行了扩容后的第一轮谈判，强力推动高标准、高质量的区域一体化建设。到 2015 年 10 月，经过 5 年半的努力，谈判协议达成。参加 TPP 谈判的国家也从最初的 4 个增加到 12 个，它们是：新加坡、新西兰、智利、文莱、美国、澳大利亚、秘鲁、马来西亚、越南、加拿大、墨西哥和日本。这 12 个国家的经济规模和贸易量在世界的占比都在 40% 左右。虽然 2017 年特朗普政府退出了 TPP，但是美国从 WTO 和多边贸易体制转向的趋势非常明显。

其次，美欧联手推动 TTIP 的谈判。全球金融危机后，在多哈回合陷入困境以及欧债危机影响下，欧美之间的合作意愿加强。在 2011 年的欧美峰会期间，双方同意设立工作组，研究双边深化合作的新途径。2013 年 2 月，工作组正式提出开展 TTIP 谈判，建立双边自由贸易区。同年 7 月欧美双边 FTA 谈判正式启动。随后几年，双方密集进行了十多轮谈判。这个巨型贸易协定的成员，经济总量占据全球的 40%，贸易总量占全球的 50%。特朗普上台以后，美国暂时中止了这个协定的谈判，并提出“三零”（零关税、零壁垒、零补贴）谈判的概念。

最后，作为对美欧推动巨型区域一体化的回应，亚洲地区的国家也行动起来。2012 年 11 月，以东盟为中心形成的 5 个“10+1”自由贸易安排的 16 个国家的领导人在第 21 届东盟峰会上，发表了《启动 RCEP 谈判联合声明》，正式宣布从 2013 年初开始进行 RCEP 谈判，以将现有的 5 个“10+1”自由贸易协定整合为 1 个统一的区域贸易协定。这个贸易协定中国家的经济总量和贸易总量均约占全球的 30%。目前，这个区域一体化的谈判仍在密集进行中，有望于 2019 年底完成谈判。除此之外，一些双边的、地区的 FTAs 也在快速增长。

不仅如此，在WTO内部，美欧还在大力推动各种诸边贸易谈判。比如，ITA扩容谈判以及服务贸易诸边谈判等。

（三）实用多边主义兴起，WTO和多边贸易体系走向碎片化

这一时期，美国将自己对待多边贸易体系的战略归结为“实用多边主义”，并得到了欧洲等发达国家的支持。

2015年12月17~19日在肯尼亚首都内罗毕召开的WTO第十届部长级会议上，美国贸易代表迈克尔·弗罗曼（Michael Froman）公开呼吁放弃多哈回合谈判，采用“实用多边主义”，推动WTO和多边主义的新发展。美国的这种主张也为欧盟等发达国家所支持。

实用多边主义，针对的是WTO中现行的、所有成员参加的多边贸易谈判模式。在传统的多边谈判模式下，成员方首先要确定多边谈判的议题，然后再进行一揽子多边谈判，并最终形成一个相对比较平衡、各方都比较满意的协定。这种多边贸易谈判是严格按照WTO的“协商一致”的决策机制进行的：所有的成员都参加，并且在都赞成（至少是不反对）的情况下形成共识，达成协议。而实用多边主义，则要放弃WTO的“协商一致”的决策机制，至少是在多边谈判中，将愿意参加的成员组织起来进行各种不同议题、不同形式的谈判，形成诸边、区域或双边协定，再在现有的多边贸易体制中进行推广。典型的形式是在内罗毕部长级会议上达成的ITA扩容谈判。在54个成员参加的这个诸边谈判中，就201种信息技术产品，达成了分3个阶段在7年内取消关税的协定。该协议涉及1.3万亿美元的世界贸易量，并在“无条件最惠国待遇”的基础上，为所有WTO成员所分享。

在实用多边主义的冲击下，WTO以及多边贸易体制走向碎片化。

首先，WTO以及多边贸易体制的多边谈判功能进而形成新的多边贸易规则的功能将会消失。其次，WTO以及多边贸易体制将会产生分化，一部分成员将要进行更高层次、更迅速的贸易自由化，并大力推进诸边贸易谈判。其中的一些谈判成果会通过无条件的最惠国机制为所有WTO成员所分享，但是，大部分的成果将只会在诸边协定的成员范围内执行。同时，区域性、三

边或者双边的协定，如最近形成的 CPTPP 协定等，具有很强的歧视性而只限在成员范围内运行。无条件的最惠国待遇只是一种特例，而不会成为一种通则。因此，WTO 和多边贸易体制将逐渐碎片化。

本质上，实用多边主义就是要放弃传统多边贸易体制长期坚持的“一揽子”以及所有成员参加的大规模多边贸易谈判的方式；就是要放弃陷入僵局的多哈回合，另辟蹊径，使 WTO 和多边贸易体制能够带来一些切实的、具体的成果。

二　新的动议和新的方向：美国新政府的横空出世

在多哈回合陷入困境，世界贸易组织苦苦寻求改革良策之际，特朗普政府上台，美国开始以各种方式和理由重新“推动”世界贸易组织和多边贸易体制的改革。

（一）美国单边主义政策，不仅为WTO的争端解决机制增加了额外负担，而且践踏了多边贸易体制的基本规则

1. 单边主义行为，掀起了保护主义的浪潮，由此引发了多起贸易摩擦

2017 年特朗普上台以后，推行“美国优先”的政策，通过双边甚至单边主义的手法迫使贸易伙伴减少对美贸易顺差，抵制产业外包，促使制造业回归。2017 年，美国重新谈判 NAFTA 协定，重新谈判美韩自贸协定，利用自身影响力迫使对方让步。2018 年，美国变本加厉，开始根据国内贸易法 201 条款、232 条款、301 条款对洗衣机和太阳能电池板、钢铁和铝征收关税，并挑起对华贸易摩擦。一时间世界贸易狼烟四起，上诉到 WTO 争端解决机制的案件急剧增加。据 WTO 的统计，仅 2018 年上诉到 WTO 争端解决机制的案件为 39 起，而类似的争端在 2015 年、2016 年和 2017 年分别是 17 起、17 起和 13 起。其中，由美国提起的案件 8 起，美国被诉的案件 19 起。两者合起来，涉及美国的案件数占案件总数的 69.23%。反之，如果将这些所有的涉美案件剔除掉，那么案件数量与往年接近。显然，特朗普政府挑起的贸易摩擦增加了世界贸易组织争端解决机制的负担。特朗普政府的贸易政策使多边贸易体

制，尤其是争端解决机制陷入崩溃的边缘，整个世界有滑入基于实力、权力而不是基于规则的泥潭之中的风险。

2. 以国内法为基础采取贸易保护主义，践踏多边贸易准则

特朗普政府采取的贸易保护主义措施，完全是以美国国内法为基础的，完全不顾多边贸易体制的基本准则。以232条款为例，以所谓的“国家安全”的名义对其他国家的钢铁和铝产品征收高额关税。

（二）恶意阻止世界贸易组织上诉委员会的正常人员筛选进程，试图瘫痪争端解决机制，起到一石二鸟之效：让保护主义做法无法得到多边争端解决机制的裁决，同时，要挟世界贸易组织的改革

在过去两年中，特朗普政府连续24个月阻止上诉委员会大法官的正常更新工作，使本来应该有7位大法官的上诉委员会只剩下3位大法官在任。这使WTO上诉机构几乎陷于瘫痪的境地：因为审理WTO上诉案件的法官人数最少需要3位，而出于地域敏感性考虑，上诉法官有时还需要回避某些案件。在所剩的3位大法官中，如果有1位在某些案件中提出规避，该上诉案件就无法审理。特朗普政府，一方面大肆发动违反WTO规则的贸易争端，另一方面又设法阻止WTO争端解决机制的正常运行，“间接”让自己的行为不受约束，不受惩罚，从而“合法化”。同时，胁迫其他成员接受自己的WTO改革方案，绑架WTO的正常改革进程。

（三）将中美贸易摩擦多边化，试图以WTO改革为借口，专门定制针对中国的改革

1. 从2009年介入TPP开始，美国就调整政策，特别关注中国甚至排挤中国，而构建高质量、高水平、21世纪的区域贸易安排却将中国排除在外，意图主导国际贸易规则的制定，让中国接受既成事实

随后的《中国入世议定书》第15条的履行成为中美经贸关系调整的又一转折点。2016年12月，在中国入世15年后，《中国入世议定书》第15条到期。这意味WTO成员在有关中国产品的反倾销调查中，不能再用第三国的价格或

者成本来间接评估中国产品的生产成本，而是要直接采用中国企业的价格和成本。对于这项条款，美国百般抵赖，并联合欧洲国家拒绝履行承诺。当月，中国将美国和欧盟上告到 WTO 的争端解决机制，分别立案为 D515 和 D516。围绕入世 15 年的贸易摩擦成为中美、中欧经贸关系大调整的起点。

2. 特朗普上台以后，新政府继承了奥巴马政府的立场，并且变本加厉，将中国标签为"国家资本主义"和非市场经济国家

2017 年 12 月，在《美国国家安全战略报告》中，特朗普政府将中国界定为美国的"战略竞争对手"，并从经济和贸易等多方面进行遏制。

2018 年的《美国贸易政策议程》[①] 声称中国拥有国家主义的经济模式，政府发挥着巨大且不断增强的作用。巨大的经济规模意味着中国的经济实践对美国和全球的经济和贸易体系的影响越来越大。该议程还指责中国加入 WTO 已经 16 年，仍然没有转变成其他 WTO 成员所期望的市场经济体系，最近甚至越来越偏离市场经济原则。该议程还声称，特朗普政府将采取一切可以利用的手段打击中国削弱真正市场竞争的政策和做法，保护美国的国家利益。在该议程提出的 WTO 和多边贸易体制改革四点事项中，至少有两项和中国直接相关，即有关 WTO 成员中发展中成员的身份认定，以及应对一些快速崛起成员所带来的挑战等。

在 2018 年 10 月达成的美墨加协定（USMCA）中，有专门的条款针对所谓的"非市场国家"[②]。这样的条款有排除甚至孤立中国的潜在重大影响。

3. 对华发起 301 调查，并挑起中美贸易摩擦

2017 年 8 月 18 日，美国正式对华进行 301 调查。2018 年 3 月 22 日，美国公布《301 调查报告》。该报告牵强附会地认定，中国政府在技术转让、知识产权和创新相关的行动、政策和实践是"不合理的或歧视性的"，对美国商务形成"负担或限制"，并要求中国做出改变和调整。在无理要求被拒绝后，蛮横地单边于 2018 年 4 月 3 日公布了对 1333 种总值 500 亿美元的中国商品

---

① USTR, *2018 Trade Policy Agenda and 2017Annual Report of the President of the United States on the Trade Agreements Program*, 2018.

② USMCA 文本第 14 章（投资）和第 32 章（例外和一般条款）。

加征 25% 关税的名录，并于 7 月 6 日正式开始对其中的 340 亿美元中国商品加征关税；8 月 23 日正式开始对另外 160 亿美元中国商品征收关税，挑起中美贸易摩擦。目前，虽然经过 13 轮谈判，达成第一阶段协议，但是这种摩擦仍在继续，并且有扩大到全面贸易商品的风险。

在对华发起 301 调查、采取关税报复行动的同时，美国还大肆发动对华双反调查，而且创造性地在没有美国企业提起诉讼的情况下，由美国商务部自我发动了两起对华双反调查，开创了一个保护主义的恶劣先例。1995~2018 年，在美国发起的 140 起反补贴案件中有 54 起是针对中国的，占中国遭受的反补贴案件（97 起）的 55.67%。同一时期，在美国总共发起的 468 起反倾销调查中有 129 起是针对中国的，占中国遭受的反倾销调查（986 起）的 13.1%。

4. 提出 WTO 和多边贸易体制改革方案，针对中国的意味浓厚

在 2018 年和 2019 年的美国贸易政策议程中，美国都专门提出了自己的 WTO 改革和多边贸易体制改革的方案，甚至在 2019 年 7 月专门出台有关发展中国家地位改革的备忘录[①]。归结起来，主要有以下核心内容：①改革争端解决机制，限制上诉机构的裁决权力——不能超越授权范围，扩大或者缩小成员的承诺和义务，强制要求成员做出改变。②增强 WTO 的新规则谈判和形成功能，应对新的挑战，将一些新兴议题纳入，并且尽快确立相应的国际规则。③严格规范 WTO 的透明性和通报制度，并建立不透明、不充分通报的惩罚机制，以应对个别成员的政府补贴和产业政策方面的变化。④正确处理贸易与发展问题，对于现有的 WTO 成员进行分类，杜绝成员们对于身份的自我定位，将现有的对于发展中成员的“特殊和优惠对待”规范化，一事一议，防止被滥用。⑤应对快速崛起的非市场经济国家——中国的挑战：中国采取的国家资本主义的做法，包括 301 调查下所指出的强制技术转让（合资要求、股权限制、行政许可和监督等），并没有适当的 WTO 规则来约束。这种做法和其他 WTO 成员的市场经济做法是不一致的。WTO 规则应该弥补这方面的缺陷，很好地约束成员的非市场经济行为。

---

① USTR, *Memorandum on Reforming Developing-Country Status in the World Trade Organization*, 2019.

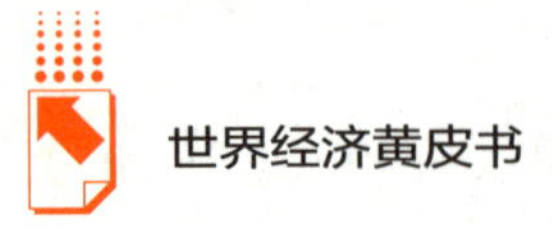

三　发达国家为主导的改革方案：美国要求的合法化和多边化

最近两年，有关 WTO 和多边贸易体制改革的建议，除了美国之外，美欧日的联合声明、欧盟和渥太华小组的建议等都比较有代表性。

（一）美、欧、日的联合声明

自 2017 年 12 月在布宜诺斯艾利斯第十一次 WTO 部长级会议期间，美国与欧盟、日本联合发布公开声明以来，到 2019 年 5 月，美、欧、日已经就 WTO 改革等联合发表了六次声明。这些声明最明显的特征就是替美国对中国的指责背书，为美国的 WTO 改革立场造势，核心是针对所谓的非市场导向的政策和操作，确立“市场导向条件”的标准，同时，也在为所谓的强制技术转让寻找应对策略。这些操作在很大程度上是专门为中国定制国际贸易规则，并且试图利用 WTO 改革的名义在多边平台上实施，从而将中美贸易摩擦多边化。

在 WTO 改革最迫切的上诉委员会改革方面则只字未提，却把发展中成员的身份认定、强化通报和透明性原则作为优先选项。

（二）欧盟的WTO改革议案

2018 年 9 月，欧盟发布了有关 WTO 和多边贸易体制改革的“概念文件”（Concept paper），和伙伴成员一起在关键方面增强 WTO 的功能，具体建议包括：规则制定和发展、正常工作和透明性、争端解决机制。其中，核心在于规则制定和发展。

第一，就加强 WTO 的规则制定活动而言，欧盟建议：①创造新的规则以营造公平竞争的环境。具体措施包括，一是改进 WTO 的透明性和补贴通告功能。现有一大半以上的成员（90 个成员）甚至没有一项有关补贴的申报，这使其他成员很难知晓一个国家的补贴情况。二是更好地界定国有企业——将所有的“公共机构”都包括进来。现有的反补贴协议中，对于国有企业的界定过于狭窄，很多接受或者被政府用作补贴工具的公共机构都没有被包括进来，使这些政府的补贴被遗漏掉了。三是修改《反补贴协定》中有关补贴的界定，以便将一些最具贸易扭曲效应的补贴涵盖进来。现有的补贴包含两大类，一类是禁止类补贴（出口补贴以及使用国内投入等），另一类是其他类型的补贴，都是可诉的（actionable）——只要其他成员没有起诉，或者对于其他成员没有造成损害，就可以实施。这导致一些非常具有贸易扭曲影响的补贴无法受到约束，如导致过剩产能的补贴行为等。②针对强制技术转让以及服务、投资领域进入壁垒，建立新的规则，具体措施包括，一是建立应对市场准入壁垒、对于外国投资者的歧视和边境后的扭曲（包括强制技术转让以及其他贸易扭曲政策）的新规则，二是建立有碍数字贸易的新规则。③建立环境保护目标的新规则。

就如何实现发展目标，即如何对发展中成员身份进行界定和改革方面，欧盟建议：①设立毕业机制，②在未来的协议中细化特殊和区别待遇，③修改现有的相关规定。

就如何加强 WTO 的规则制定活动的程序方面，欧盟建议：在多边谈判能够推进的情况下，以多边谈判为优先；在多边谈判不能够实现或者很难实现的情况下，采用诸边谈判的形式，以便随后逐渐多边化；同时，加强 WTO 秘书处的作用，寻求更多的政治支持等。

第二，在“正常工作和透明性”方面，主要是对于 WTO 的贸易政策审议、监督功能的强化。比较有特色的是，将 WTO 所要求的透明性、通报功能和政策审议功能相联系并机制化，甚至和 WTO 的争端解决机制相挂钩。

第三，在争端解决机制改革方面，欧盟也提出了非常具体的建议。

总体上讲，美国提出的 WTO 改革要求以及对于中国的指责（强制技术转让、政府补贴和国有企业），在欧盟提出的 WTO 改革方案中都得到了体现。

（三）渥太华小组的WTO改革建议

2018 年 10 月，加拿大召集澳大利亚、巴西、智利、欧盟、日本、肯尼亚、韩国、墨西哥、新西兰、挪威、新加坡和瑞士等WTO成员在渥太华集会，就WTO和多边贸易体制的改革进行讨论，并形成了所谓的“渥太华小组建议”。

渥太华小组有关WTO和多边贸易体制改革的建议，主要有：①提高WTO监督功能的效率和有效性。②保障和加强WTO争端解决机制。③构建现代化贸易规则。其中，重心在构建现代化贸易规则。对此渥太华小组的建议主要有以下两点。

第一，识别21世纪贸易规则的优先领域和方向。该小组指出了三个方面的贸易规则要特别关注：一是多哈回合突出议题的解决，包括农业支持和发展议题——对于最不发达国家而言，这些议题尤其重要；二是21世纪贸易新议题，如数字经济、包容贸易、可持续发展、中小微企业、投资和国内规制等；三是国有企业的市场扭曲效应、商业秘密和技术转移，以及透明性等。

第二，实现贸易规则现代化的途径。该小组提出，在多边谈判不能实现的情况下，要采取诸边形式，并且区分了三种不同形式的诸边协议，即开放的、WTO框架下封闭的和WTO框架之外封闭的诸边协议。其中，开放的诸边协议是可以在最惠国待遇基础上为所有WTO成员所分享，如信息技术产品的扩容协议，条件是参与谈判的成员达到了“关键多数”（critical mass），或者免费搭车的风险较低。而WTO框架下封闭的诸边协议，虽然只是在某些情况下出现，并且要服从于全体成员参与的协议，但是只是限于参与成员，非成员是不能分享协议的成果的，如政府采购协定。WTO框架之外封闭的诸边协议既不受WTO争端解决机制的约束，也不是那么透明，如正在谈判的诸边服务贸易协议（TiSA）。

渥太华小组的建议在总体上既考虑了美国的要求以及美国对华指责的内容，也体现了发展中成员的一些诉求，相对来讲，比较平衡一些。

四　针锋相对的回应：中国的改革方案

针对美国的贸易保护主义，尤其是挑起的对华单边主义的做法，以及美欧国家提出的WTO改革方案，中国也公布了官方立场以及具体的改革方案。

（一）中国的改革方案

2018年11月，《中国关于世贸组织改革的立场文件》发布。中国旗帜鲜明地提出了有关WTO改革的三项原则和五点主张。三项原则是：第一，维护非歧视、开放等多边贸易体制的核心价值，为国际贸易创造稳定和可预见的竞争环境。第二，保障发展中成员的发展利益，纠正世贸组织规则中的“发展赤字”，解决发展中成员在融入经济全球化方面的困难，帮助实现联合国2030年可持续发展目标。第三，遵循协商一致的决策机制，在相互尊重、平等对话、普遍参与的基础上，共同确定改革的具体议题、工作时间表和最终结果。[①] 五点主张是：①维护多边贸易体制的主渠道地位，不另起炉灶；②优先处理上诉机构成员遴选程序，防止滥用国家安全例外条款采取征税措施并以国内法为由采取单边主义措施等问题；③限制农业补贴、反倾销中滥用“替代国”标准并纳入新议题；④保证发展中成员的特殊与差别待遇；⑤应尊重成员各自的发展模式。

2019年5月，中国进一步细化WTO改革方案并向WTO秘书处正式提出。这个方案认为，目前WTO和多边贸易体制面临的主要挑战：上诉委员会人员遴选受阻，面临瘫痪风险；对国家安全例外的措施和不符合世贸组织规则的单边措施等的滥用，以及对现有贸易救济措施的误用和滥用；多哈回合谈判启动超过17年，但在农业、发展和规则等议题上进展缓慢，反映21世纪国际经济贸易现实的电子商务、投资便利化等新议题没有得到及时处理；贸易政策透明度有待加强，世贸组织机构运行效率亟待提高。为此，中方提出了以下改革建议。①解决危及世界贸易组织生存的急迫问题：打破上诉机构成员遴选僵局，严格滥用国家安全例外措施的纪律，严格违反世贸组织规则单边措施的纪律。②增加世贸组织在全球经济治理中的相关性，解决农业领域纪律的不公平问题，完善贸易救济领域的相关规则，完成渔业补贴议题的谈判，推进电子商务议题谈判的开放性和

① 《中国关于世界贸易组织的改革建议》第4页。

包容性，推动新议题的多边讨论。③提高世贸组织的运行效率：加强成员通报义务的履行，改进世贸组织机构的工作。④增强多边贸易体制的包容性：尊重发展中成员享受特殊与差别待遇的权利，坚持贸易和投资的公平竞争原则。

除此之外，中方还联合其他成员方对于美方的改革方案进行了有针对性的回应。比如，有关上诉委员会的改革、有关发展中成员地位的认定等议题，分别联合欧盟、印度等成员进行了回应。

（二）与发达国家主导方案的尖锐对立：典型改革方案的比较

仔细分析和对比中国方案与发达国家主导的方案，就会发现这样几个方面的尖锐对立（见图1）。

第一，对于所谓的非市场经济的做法，比如，政府补贴和国有企业等已经成为发达国家方案的主基调，并试图修改、强化现有的WTO规则。比如，

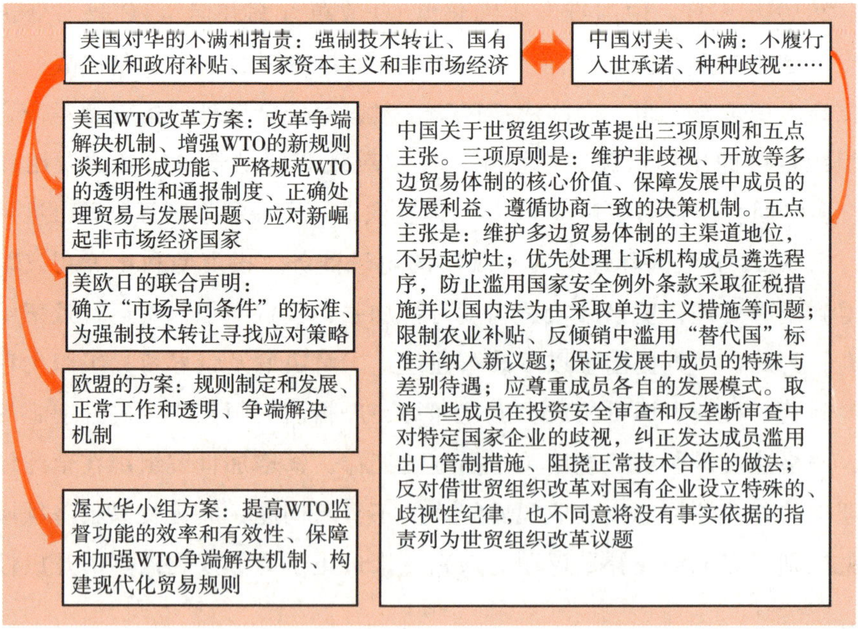

美国对华的不满和指责：强制技术转让、国有企业和政府补贴、国家资本主义和非市场经济

中国对美、不满：不履行入世承诺、种种歧视……

美国WTO改革方案：改革争端解决机制、增强WTO的新规则谈判和形成功能、严格规范WTO的透明性和通报制度、正确处理贸易与发展问题、应对新崛起非市场经济国家

美欧日的联合声明：确立“市场导向条件”的标准、为强制技术转让寻找应对策略

欧盟的方案：规则制定和发展、正常工作和透明、争端解决机制

渥太华小组方案：提高WTO监督功能的效率和有效性、保障和加强WTO争端解决机制、构建现代化贸易规则

中国关于世贸组织改革提出三项原则和五点主张。三项原则是：维护非歧视、开放等多边贸易体制的核心价值、保障发展中成员的发展利益、遵循协商一致的决策机制。五点主张是：维护多边贸易体制的主渠道地位，不另起炉灶；优先处理上诉机构成员遴选程序，防止滥用国家安全例外条款采取征税措施并以国内法为由采取单边主义措施等问题；限制农业补贴、反倾销中滥用“替代国”标准并纳入新议题；保证发展中成员的特殊与差别待遇；应尊重成员各自的发展模式。取消一些成员在投资安全审查和反垄断审查中对特定国家企业的歧视，纠正发达成员滥用出口管制措施、阻挠正常技术合作的做法；反对借世贸组织改革对国有企业设立特殊的、歧视性纪律，也不同意将没有事实依据的指责列为世贸组织改革议题

图1　中国与发达国家的WTO改革方案比较

对《反补贴协议》的修改，增加禁止类补贴的类型和范围、扩大“国有企业”的界定范围（将更多的“公共机构”包括进来）等。这些做法都是中国反对的，尤其专门针对国有企业、特定国家制定类似的规则。

第二，对强制技术转让的限制。修改现有 WTO 中的 TRIMs、TRIPs 条款，甚至要限制东道国对于外资企业的合资要求、股权限制等做法。这些要求已经超出了中国在 WTO 中的承诺。

第三，对于 WTO 中发展中成员身份的认定。中国反对进行这方面的改变，尤其是将中国认定为非发展中成员，而其他发达国家都支持这方面的改革。

第四，有关 WTO 的决策以及谈判机制，中国支持现有的全体成员协商一致的决策机制以及一揽子的多边谈判机制，但是，其他发达成员都支持部分成员参与的诸边谈判和协议。

最后，尤其重要的是，在中国方案中特别关注的国家安全例外、反倾销中滥用“替代国”标准、技术出口管制、对于特定国家的企业和行业定制歧视性的规则、滥用国内法践踏多边主义、紧急情况下授权报复等，都没有得到其他成员的呼应。

五 前景：不容乐观

WTO 改革的推进和成功，按照目前的决策机制，需要全体成员的协商一致。而从目前的改革方案来看，主要成员观点对立，分歧严重，短期内很难形成协商一致。因此，基于现有的决策机制，任何改革方案都很难贯彻。

但是，WTO 的改革有可能会沿着另外一条途径向前走，即在没有全体成员协商一致的情况下，主要发达成员联合部分发展中成员以“部分共识”、诸边协定的形式向前推进。这已经在第一阶段的 WTO 改革中成为美欧等发达成员的共识，而在第二阶段改革中则进一步为所有发达国家主导的方案所强调。

(一)美国对于WTO和多边贸易体制的态度

第一，美国对于多哈回合以及多边贸易体制的判断。

WTO 的多哈回合谈判在 2008 年已经崩溃了。尽管随后不少成员在努力重启该回合，但是多哈发展回合已经过时，并且不能有效应对现代贸易的新议题，如数字经济的发展。实际上，在2015年的内罗毕第十次部长级会议上，大家已经意识到在继续推动多哈回合的议程上已不再存在共识。这意味着成员们已经放弃了多哈回合的谈判。并且 WTO 的规则不能有效应对现代经济的挑战，以及目前的不公平贸易做法。比如，对于发展中成员地位的认定问题。

第二，对于 WTO 和多边贸易体制的评价。

在2019年的美国贸易政策议程中，美国对于现有的WTO和多边贸易体制进行了综合评价，[①] 认为特朗普政府继承了一个明显有缺陷的贸易体系：①该体系奖励从事不公平和扭曲市场的贸易做法的国家。②这一体系还鼓励将制造业工作外包给劳动和环境标准明显低于美国的国家。③这些缺陷和其他缺陷正在损害美国企业和工人，并导致发达国家对全球化的担忧。特朗普总统上任前，美国制造业出现了大量的失业，许多美国工人的工资停滞不前甚至下降。

这种评价清楚地表明美国政府，至少这一届政府，对于多边贸易体制下的发达国家制造业外包和国际价值链分工持有否定的态度，并且认为其他国家的劳动和环境标准过低以及不公平的竞争是导致这种状态的重要原因。

第三，对于 WTO 和多边贸易体制改革建议后的表态非常强硬，即美国会一直推行单边主义，并直接对抗中国以及其他成员的所谓的不公平贸易做法。

美国声称，坚持和维护其在 WTO 中的承诺和义务，但同时也强调美国不会接受上诉委员会的越权裁决；特朗普政府接手了一个漏洞百出的多边贸易体制，其对于美国工人有很多的伤害，美国政府必须拥有处理这些挑战和问题的政策空间。这种政策空间应该允许美国采取关税和其他措施劝诫其他成

---

① USTR, *2019 Trade Policy Agenda and 2018 Annual Report of the President of the United States on the Trade Agreements Program*, 2019, p.16。

员认真地接受和回应美国的关切。

像税收政策一样，美国的贸易政策应该反映美国人民的希望、关切和优先考虑，而不应该由不为美国人民利益负责的其他技术官员们来决定。美国是一个独立的国家，美国的贸易政策应该在美国由美国人民来决定，而不是在日内瓦由其他人来决定，因此不会允许 WTO 的上诉委员会和争端解决机制强迫美国接受其没有同意的义务。

这些情况清楚地表明，美国已决意从现有的 WTO 和多边体制抽身而去，乃至在从实用多边主义进一步向双边甚至单边主义转化。在这样的环境下，WTO 的改革将会困难重重。

（二）其他发达国家成员的意向：渥太华小组的意见

渥太华小组有关 WTO 的改革方案也专门提出了如何推进这些改革的具体建议。这是渥太华小组建议中最具特色的，非常有创造性，基本内容如下：①短期内，在多边形式上推动这些改革是不可行的、不现实的，因此建议首先采取诸边形式推进。在渥太华小组的改革建议中，很少有涉及修订现有 WTO 协议或者正式制度的，大部分的改革可以采取渐进和灵活的方式推进，如诸边形式。②紧迫的改革议题是维护 WTO 的争端解决功能和监督功能。③ WTO 的改革建议众多，意见分歧很大，应该保持不同集团和成员之间的沟通和协商、协调，以逐渐化解分歧，寻求共识。

即便是按照这样的思路向前推进，改革也是一个长期的过程，不会很快见效。这样，美国的单边主义行为就很难受到 WTO 和多边贸易体制的有效约束。

（三）WTO改革进展缓慢甚至失败的后果：重回强权时代?

WTO 改革进展缓慢最直接的影响：首先，争端解决机制的上诉委员会将会瘫痪，从而影响争端解决机制的正常运行，而争端解决机制的失效将使国际范围内的单边主义行为大行其道，以规则为基础的多边贸易体制将会让位于以实力为基础的贸易安排。

其次，多边贸易体制的谈判功能也会让位于诸边协定、区域贸易协定以及双边协定，国际贸易的新规则和现代贸易形态将会重新置于诸边贸易规则之下。轻则多边贸易体制和国际贸易会碎片化，重则以实力为基础的强权关系会重新主导国际贸易。

最后，WTO 的现有透明性以及监督、通报制度也将逐渐式微，越来越多成员的贸易活动将会置身于现有的 WTO 规则之外。

这样，以贸易大国为基础和轴心的国际贸易安排将会逐渐代替以规则为基础的国际贸易秩序。

（四）中美经贸关系将重回双边、动荡轨道

在 WTO 和多边贸易体制改革举步维艰、发达国家强力推动实用多边主义（诸边协议以及区域贸易协定）的情况下，坚守现有的 WTO 和多边贸易体制，坐看风起云涌的诸边主义和区域一体化安排的大潮，做一个旁观者，并不是一种明智选择。

就中美经贸关系而言，美国，尤其是特朗普政府将会放弃 WTO 和多边贸易体制的平台，而在双边甚至单边的轨道上处理中美经贸关系；但是中方似乎仍然将 WTO 和多边贸易体制作为核心，作为处理中美经贸关系的基础。2019 年 12 月之后，如果多边贸易体制的上诉委员会瘫痪，那么，即便是在多边轨道上，WTO 和多边体制对于中美贸易摩擦也无能为力了。这样，中美经贸关系将会处于动荡、不确定的状态。如何在双边的平台上，处理与美国的经贸关系是需要认真思考的战略议题。

参考文献

[1] Bertelsmann Stiftung (ed.), *Revitalizing Multilateral Governance at the World Trade Organization: Report of the High-Level Board of Experts on the Future of Global Trade Governance*, 2018.

[2] Manfred Elsig, *Functioning of the WTO: Mapping the Challenges and Asking the Hard Questions*, 2013.

[3] Manfred Elsig, *The Functioning of the WTO: Options for Reform and Enhanced Performance*, 2016.

[4] Peter Sutherland(ed.), *The Future of the WTO: Addressing Institutional Challenges in the New Millennium*, 2004.

[5] USTR, *2019 Trade Policy Agenda and 2018 Annual Report of the President of the United States on the Trade Agreements Program*, 2019.

[6] USTR, *Memorandum on Reforming Developing-Country Status in the World Trade Organization*, 2019.

[7] Warwick Commission, *The Multilateral Trade Regime: Which Way Forward?* 2007.

[8] 中华人民共和国商务部:《中国关于世贸组织改革的立场文件》，中华人民共和国商务部世界贸易组织司官网，2018 年 12 月 17 日。

[9] 中华人民共和国商务部:《中国关于世界贸易组织的改革建议》，中华人民共和国商务部官网，2019 年 5 月 14 日。

Y.18
全球债务可持续性分析

孙靓莹 *

摘　要： 全球债务存量在 2018 年达到新峰值。本文通过对国家债务构成在内外、公私、偿付成本三个维度上的分析，指出私人债务（非金融企业借贷）比重迅速上升是全球债务发展的新特点。对于发展中国家而言，私人债务占比提高，债权结构非官方、非银行系统化，债务非生产性投资化，以及由上述新变化带来的新情况——债务指标与发达经济体相比虽然相对较低，但债务危机风险迅速上升——成为其重要特征。发展中国家目前的债务发展趋势不利于联合国 2030 年可持续发展目标的实现。中国在"一带一路"倡议下向发展中国家提供的生产性投资，可以通过推动当地经济发展进而缓解发展进而中国家的长期债务压力。

关键词： 公共债务　私人债务　对外债务　可持续性

近年来，全球债务危机压力日益增加。根据国际货币基金组织（IMF）的数据，到 2019 年年中，处于高债务压力（debt stress）风险或已经面临债务压力风险的低收入发展中国家数量增加了近 1.5 倍，从 2013 年的 13 个增加到 2019 年的 32 个，其中 25 个处于高风险水平，7 个处于债务压力之中。本文从全球债务的发展趋势出发，从私人债务—公共债务、国内债务—对外

* 孙靓莹，中国社会科学院世界经济与政治研究所助理研究员，主要研究领域为国际发展、联合国可持续发展议程和债务可持续性。

债务，以及债务偿付成本这三个角度对发展中经济体进行了分析，说明并比较了 IMF 和世界银行框架下债务可持续性与实现可持续发展目标的相关关系。本文以中巴经济走廊（CPEC）为例，说明巴基斯坦由此产生的债务，绝大多数投向了生产性投资领域，为实现国家长期发展目标奠定了基础。

一　全球债务水平上升：私人债务占比提高，影子银行业务增加

全球债务存量在 2017 年达到历史新高，从 1980 年的 16 万亿美元上升到 2008 年的 152 万亿美元，最终达到 2017 年底的 213 万亿美元。[①] 以全球债务总量占 GDP 的比重为例，1980 年、2008 年和 2017 年，这一指标分别为 140%、240% 和 262%。在全球债务存量再创历史新高的同时，公共债务（public debt）与私人债务（private debt）的比例也发生了明显变化。全球债务存量上升主要由私人债务增长驱动，2017 年是 1980 年代初的 12 倍，占全球债务存量的比重超过 2/3。公共债务的增长速度稍缓，2017 年是 2008 年的 2 倍，占全球 GDP 的比重约为 84%。

无论从绝对量还是相对量看，1980 年代开始的全球私人债务扩张都反映了发达经济体放松金融管制、私人信用创造增长以及金融中介扩张的趋势。在发达经济体中，私人债务占比从 1980 年代的 115% 上升到 2017 年的 200% 以上，公共债务占比在 1980 年代、1990 年代都相对稳定在 50%~70%。2008 年全球金融危机发生后，这一指标上升超过了 100%。从发展历史上看，1980 年代美国《存款机构放松管制和货币控制法》推动银行合并，并形成了“大而不倒”的银行；欧共体《德洛尔报告》推动了资本交易完全自由化及银行和其他金融市场的融合；1999 年美国废除的《格拉斯 – 斯蒂格尔法案》（*Glass-Steagall Act*）使银行将商业贷款和存款职能与更具投机性的投资活动

---

① 资料来源于 *Trade and Development Report 2019: Financing a Global Green New Deal*。由于全球债务数据统计时滞，截至 2019 年 10 月，IMF、世界银行中债务数据库的最近更新年份为 2017 年，本文正文中主要债务数据截止日期为 2017 年。

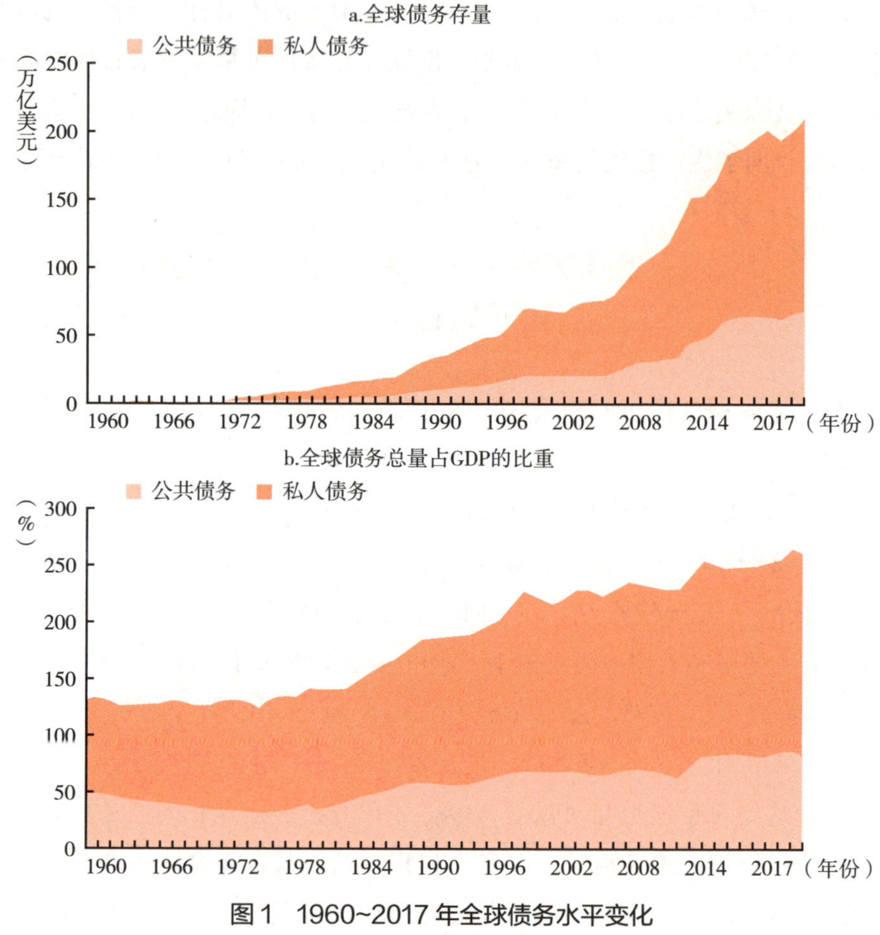

图1　1960~2017 年全球债务水平变化

资料来源：UNCTAD, *Trade and Development Report 2019: Financing a Global Green New Deal*, 2019, p.75。

（全能银行业务，universal banking）整合在一起，从而消除了对新全球金融体系的严格监管限制。大型银行的金融系统与非银行金融中介机构一起运作。由于金融交易的高度不透明性，后者被称为“影子银行”业务。[①]“影子银行”

① Dymski G., “Developing Economies, International Financial Integration and Sustainable Development”, Background Paper to the Second Session of Intergovernmental Group of Experts on Financing for Development, UNCTAD, https://unctad.org/meetings/en/Contribution/DYMSKI%20Developing%20Economies-paper.pdf, 2018.

业务在银行业务和非银行金融部门业务（如证券化、信贷衍生产品和特殊目的工具）基础上构建了一个完整的“创新性金融”。自全球金融危机以来，非银行金融中介的增长速度是商业银行和公共金融机构的2倍，在全球金融资产总额中的占比（48.2%）大于商业银行和公共金融机构（43.9%）。①

私人信贷和金融中介以短期高收益的投机性金融交易为主，这给发展中国家维护国内市场稳定带来挑战——特别是这一时期发展中国家普遍实施资本账户自由化战略。1980年代的拉丁美洲债务危机和1997年的亚洲金融危机都是由大型银行相互竞争以及新兴影子银行参与者为竞争新客户和新市场而提供过量海外贷款所驱动造成的。②

全球金融危机发生之后，发展中国家发行的债券开始成为追求短期高收益的金融投资者考虑的投资对象。面对汇率剧烈波动、全球经济复苏乏力、大宗商品价格萎靡以及跨境商业资本流动波动，为解决自身流动性约束，发展中国家政府即使面临高风险，仍然从国际市场中借入大量债务。发展中国家的私人部门为缓解国内信用创造约束，也从国际金融市场中借取更多的高利息债务。这进一步推动了发展中国家债务组成中私人债务比重的上升。

二 发展中国家债务：私人债务比重上升，公共债务债权结构变化

（一）私人债务比重上升

2017年，发展中国家债务总额创历史新高，占发展中国家GDP的比重为

① Financial Stability Board (FSB), *Global Monitoring Report on non-Bank Financial Intermediation 2018*, February 2019.

② Dymski G., “Developing Economies, International Financial Integration and Sustainable Development”, Background Paper to the Second Session of Intergovernmental Group of Experts on Financing for Development, UNCTAD, https://unctad.org/meetings/en/Contribution/DYMSKI%20Developing%20Economies-paper.pdf, 2018; Palma J.G. , “The Three Routes to Financial Crises: The Need for Capital Controls”, in J. Eatwell and L. Taylor, eds., *International Capital Markets Systems in Transition*, Oxford: Oxford University Press, 2002, pp. 297-338.

190%。私人债务比重上升不仅是全球债务发展趋势，而且在发展中国家更为明显：私人债务占 GDP 的比重从 2008 年的 79% 增加到 2017 年的 139%。相比之下，公共债务占 GDP 的比重从 1980 年代后期峰值 63% 下降到 2008 年的 34%。尽管发展中国家的公共债务占比在 2017 年进一步上升到 51%，但相比之下，私人债务占比上升更显著。一旦发生债务危机，它们将构成公共债务中的最大一笔或有负债。[①]

全球金融危机以来，私人债务增加的趋势在高、中、低收入发展中国家表现得非常明显（见图 2）。

2017 年高收入发展中国家债务总额占 GDP 的比重为 215%，达到历史最高水平。公共债务占 GDP 的比重从 2008 年的 34% 上升到 2017 年的 50%，上升幅度有限。私人债务占 GDP 的比重则比 2008 年的水平上升 165%。

2012 年以来，中等收入和低收入发展中国家的债务总额都呈现迅速上升趋势。这期间与大宗商品价格暴跌时段重合——以燃料价格为主导的大宗商品价格直到 2016 年后才稳定下来，但仍远低于 2011 年的峰值水平。[②]在债务总额上升、大宗商品价格暴跌的背景下，虽然其国内生产总值水平比高收入国家低得多，但中、低收入发展中国家总体债务增加也以私人债务相对公共债务的较快增长为特征。中等收入发展中国家 2016 年和 2017 年债务总额占 GDP 的比重达到 106%，首次超过 1990 年代中期和 2000 年代初期的峰值水平（约 100%）。在之前的债务及财政困境中，中等收入发展中国家的整体债务水平上升是由公共部门债务带动的，而私营部门债务仅非常缓慢地增加：仅从 1980 年代的 20% 增至 2000 年初的约 30%。相比之下，从债务水平上升情况看，私人债务占 GDP 的比重在 2017 年迅速上升至 45%，而公共债务占 GDP 的比重自 2015 年以来才开始更加明显增长，2017 年略高于 60%。

---

① 从私人债务到公共债务的传导机制一般为：私人债务中的对外债务部分构成一国对外债务总额的重要部分，而私人对外债务一旦发生违约，在 IMF 债务可持续性框架下，由该国政府承担偿还义务。如果私人对外债务不发生违约，则不计入，因此被称为或有负债（contingent liability）。

② UNCTAD, *Free Market Commodity Price Index April*, May 2019.

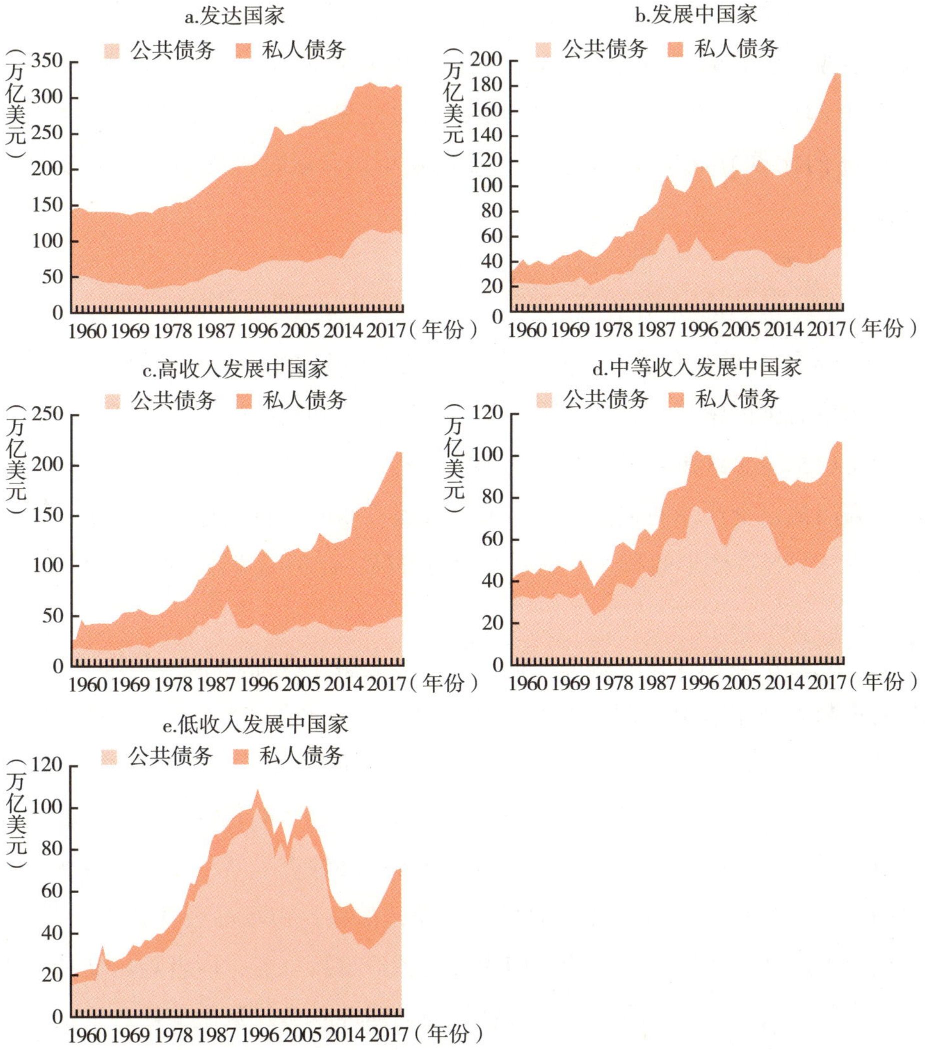

a.发达国家

公共债务 私人债务

（万亿美元）

350 300 250 200 150 100 50 0

1960 1969 1978 1987 1996 2005 2014 2017（年份）

b.发展中国家

公共债务 私人债务

（万亿美元）

200 180 160 140 120 100 80 60 40 20 0

1960 1969 1978 1987 1996 2005 2014 2017（年份）

c.高收入发展中国家

公共债务 私人债务

（万亿美元）

250 200 150 100 50 0

1960 1969 1978 1987 1996 2005 2014 2017（年份）

d.中等收入发展中国家

公共债务 私人债务

（万亿美元）

120 100 80 60 40 20 0

1960 1969 1978 1987 1996 2005 2014 2017（年份）

e.低收入发展中国家

公共债务 私人债务

（万亿美元）

120 100 80 60 40 20 0

1960 1969 1978 1987 1996 2005 2014 2017（年份）

图 2 1960~2017 年发达国家与发展中国家债务总量分析

资料来源：UNCTAD, *Trade and Development Report 2019: Financing a Global Green New Deal*, 2019, p.76。

在低收入发展中国家，债务总额占 GDP 的比重尚未达到 1990 年代中期的最高水平（1993 年债务总额占 GDP 的比重为 111%），2017 年占比约为 92%。这主要得益于 1990 年代和 2000 年初的债务减免方案，如《重债穷国倡议》和《多边债务减免倡议》。与中等收入发展中国家一样，即使公共债务仍然占主导地位，在低收入发展中国家私人债务占 GDP 的比重的增长也快于公共债务。在 1990 年代中期低收入发展中国家债务危机最严重时，公共债务占 GDP 的比重达到 101%，而私人债务占比仅为 9% 左右。2017 年公共债务占 GDP 的比重为 46%，私人债务占比则从全球金融危机之前的 12% 跃升至 26%。

（二）债务背后影子银行业务增加

2008 年，所有发展中国家债务中的私人债务占比都明显增加，但这些国家相应的国内银行系统及金融系统并未改善。相反，这种私人债务增加很可能是由全球金融市场发展演化推动的，特别是全球金融投资者对短期高风险、高回报投资产品的追捧。近年来，放松管制的信贷创造和金融中介逐渐开始以新兴经济体中的私人非金融部门为目标，这种趋势在 2008 年之后更为明显。①

新兴经济体私人非金融部门债务中以非金融企业部门贷款为主：金融危机前占私人非金融部门债务的 60%，2017 年上升到约 100%。2012~2017 年，新兴经济体非金融企业部门贷款迅速增加，这其中不乏外在因素的推动作用：发达经济体在此期间实施量化宽松政策，同期的国库券和较安全的金融资产收益率降低，推动了源自发达经济体的额外流动性进入新兴经济体寻找风险更高、期限更短、收益率更高的投资对象，如新兴市场的公司债券。此外，中央银行还从商业银行手中购买国库券及资产支持证券，后者随后又借钱给影子银行参与者，如采取高风险投资策略的对冲基金。量化宽松政策也可以通过外商直接投资进入新兴经济体，特别是以公司内部贷款的形式。到 2014 年，公司内部贷款占中国、巴西等的外国直接投资的 40% 左右。②

当前发展中国家公共债务增加与发展中国家债务危机相比，危急程度并

---

① UNCTAD, *Trade and Development Report: Financing a Global Green New Deal*, 2019, p.78.

② Chui M., Kuruc E., and Turner P., "A New Dimension to Currency Mismatches in the Emerging Markets: Non-financial Companies" , *Bank for International Settlements Working Paper*, No. 550, https://www.bis.org/publ/work550.pdf, 2016.

不突出，这在很大程度上应归功于之前的国际多边减债行动，如巴黎俱乐部以及重债穷国倡议[①]等。即便如此，发展中国家的公共（或中央政府）债务也因其所有权的变化而变得更加容易受到国际金融市场和“地下信用体系”变化的影响。

三　发展中国家的对外债务：汇率波动、出口收入以及债权结构变化

就区域趋势而言，最显著的特征是：拉丁美洲和加勒比地区的公共和私营部门外债水平上升，非洲地区的私营部门外债水平上升（尽管水平较低）以及东亚和太平洋地区的短期外债水平上升。[②]

以外国货币发行的外债对发展中债务国构成了特殊挑战，因为它们必须产生出口收入来偿还这些外部公共或私人债务和利息。在浮动汇率制度下，汇率波动将会反向影响所欠外债价值和出口收入。此外，如果出现以下两种情况，那么一国出现系统性债务危机的可能性会大大增加：该国对外公共债务的主要持有者是国外私人信贷者 / 机构，对外债务中越来越多的份额由私人国内实体而非政府持有。

（一）对外债务增长快于GDP增长

发展中国家的外债总额从 2008 年的 3.5 万亿美元增加到 2018 年的约 8.8 万亿美元。同期 GDP 增长并没有与之相匹配：外债总额占 GDP 的比重从 2008 年的不到 22% 恶化到 2018 年的 29%。如果排除中国经济，这一数字将上升到 36%。2008~2018 年，中国对外债务存量增长速度略高于发展中国家的平均水平，

---

① 重债穷国（Heavily Indebted Poor Countries，HIPC）倡议，希望能够协助世界上最穷困的国家将外债降低至能够承担的水准，让这些国家的政府得以正常施政。这个计划由国际货币基金组织与世界银行于 1996 年发起，1999 年重新被检讨与改革，希望透过减免债务而减少这些国家的贫穷。重债穷国计划中有 38 个国家，其中 32 个位于撒哈拉沙漠以南的中部非洲地区

② UNCTAD, *Trade and Development Report 2019: Financing a Global Green New Deal*, 2019, p.80.

但2018年中国对外债务占GDP的比重为15.1%。到2018年，中国对外债务占发展中国家外债总额的25.5%。

（二）对外债务增长快于出口收入增长

2016~2018年，发展中国家对外债务存量超过出口收入，外债与出口额比值平均达到108%，而在过去十年中该比值为92%。出口收入与对外债务之间的缺口变大。21世纪初，长期债务占发展中国家外债总额的87%，其中公共及公共担保外债（PPG）占3/4。2018年，长期债权人持有的对外债务占比下降到发展中国家外债总额的68%，其中PPG占51.8%，私人非担保外债占48.2%。短期外债占发展中国家外债总额的30%以上，高于2008年的24.5%。

（三）对外债务的债权人身份变化

虽然不同地区的发展中国家对外债务发展呈现不同特点，但是越来越多的发展中国家在外债占GDP的比重相对较低的水平上面临着严重的债务与财政困境，主要原因是外债中的私人债务和公共债务持有人发生了重要变化。

从发生债务危机的频繁程度来看，根据国际货币基金组织（IMF）的数据，到2019年年中，处于高债务压力（debt stress）风险或已经面临债务压力的低收入发展中国家数量增加了近1.5倍①，从2013年的13个增加到2019年的32个（25个处于高风险水平，7个处于债务压力之中），其中包括早先根据重债穷国或多边债务减免倡议获得债务减免的34个低收入发展中国家中的14个。同时，越来越多的高收入发展中国家和中等收入发展中国家经历了货币和债务危机（最著名的是阿根廷和土耳其），或者正处于财务和债务困境的边缘，其中既包括加勒比小岛屿发展中国家，也包括南亚和非洲的发展中经济体。2013年后，较大的和收入水平较高的发展中经济体面临的货币及债务压力加重，主要是因为国际金融市场动荡通过不同渠道

① IMF List of Debt Sustainability Assessments (DSA) in LICs for Countries Eligible for the Fund's Poverty Reduction and Growth Trust (PRGT-eligible countries), https://www.imf.org/external/Pubs/ft/dsa/DSAlist.pdf, July 16, 2019.

（如资本逆流、商品价格及汇率波动、对外私人债务敞口扩大等）传导至其国内金融市场。[①]

在大约15年的时间里，主要发展中国家的中央政府债务已从发展中国家的银行系统和外国官方债权人拥有，部分转为由国外或国内的影子银行持有。[②]发展中国家中央政府债务所有权的这种变化表明，发展中国家政府严重丧失了对本国经济中信贷创造速度和方向的控制，而发展中国家私营部门对短期金融投资者和债权人的利益风险敞口也日益扩大。特别的，发展中国家总债务的上述变化主要是由发展中国家外债所有权模式变化造成的。1970年代，官方多边和双边债权人几乎占发展中国家PPG债务的80%；2018年这一比例下降到40%。在1980年代，该占比下降所让出的份额主要被商业银行贷款替代，而在2017年，这一份额主要被国际金融市场中的债券融资替代，占发展中国家PPG债务的近一半。同时，私人债务占整个发展中国家对外债务的接近一半，债券融资占整个PNG（私人非担保）债务的20%左右。

发展中国家外债构成变化与风险增加密切相关，这大大提高了以外债占GDP的比重来衡量的债务风险发生的可能性。即使占比与以往类似，由于债权人结构不同，债务风险也会大大增加。其中，发展中国家政府现在面临的风险敞口通常来自国际金融市场以市场为基准的PPG债务成本突然波动和急剧上升。此外，21世纪前10年，从国际金融市场的借款将在2020年代的前5年进入集中还款期。发展中国家国内公司背负的大量对外债务会带来系统性问题。除中国外（在中国企业债绝大多数是国内持有），发展中国家的大型公司很少设法通过在海外持有资产的方式适当对冲其外币债务敞口。因此，它们的负债最终将由国内经济中的外汇储备偿付。如果这笔债务变得不可持续并且规模足够大，政府将别无选择，只能将大部分债务转移到公共资产负债表下，这将使本国公共债务的偿付更加不稳定。

为了应对这种风险，许多发展中国家政府转向使用当地货币发行国内债

---

① UNCTAD, External Shocks and Financial Stress Post the Global Financial Crisis: UNCTAD Financial Condition Indicators and Financial Vulnerabilities in Emerging Markets, 2019.

② UNCTAD, *Trade and Development Report: Financing a Global Green New Deal*, 2019, p.78.

务。但这不是万能药，原因有很多：许多发展中国家缺乏健全的金融机构体系来发行利率合理的长期政府债券，但仍需负责偿还债务或进行短期债务到期后的展期交易。因此，发展中国家在急需借债时，不得不首先考虑从国际市场借债，即使这意味着汇率波动会带来更多风险。此外，发展中国家以当地货币计价的国内债务也无法禁止外国短期私人投资者在国内市场上购买。根据 IMF 的研究，在 2010 年前后，外国持有的以本币计价的政府债务占本币计价的政府债务总额的比例可达 40%（印度尼西亚、秘鲁和南非）或介于 20%~30%（其他中等收入国家）。[①]

四　发展中国家债务负担普遍增加

发展中国家债务负担与债务风险的增加不仅体现在债务本身，还包括利息压力。总体上，发展中国家长期公共外债的利息从 2012 年占 GDP 的 2.6% 上升到 2017 年的 3.7%，虽然仍低于 2000 年代初期的约 5%，但上升趋势明显。同样，偿还外部长期公共债务利息使发展中国家政府在 2012 年占用了政府财政收入的 9.5%，2017 年这一比例达到 12.7%。这些偿债利息在 2012 年占发展中国家出口收入的 7.5%，2017 年这一比例也达到 12.7%。

虽然目前情况尚未到 21 世纪初期（PPG 债务利息占政府收入的 24%，占出口收入的 15%）的峰值水平，但是值得引起注意的是，2000 年后债务利息减轻的情况在 2012 年出现逆转，特别是最大逆转都出现在较为贫困的发展中经济体。例如，最不发达国家的 PPG 偿债成本占政府收入的比例从 2011 年的 4.1% 增长到 2018 年的 15%，增长了 2 倍多。

与此同时，面对动荡的国际金融市场以及频繁的外来冲击，发展中国家的自我保护能力在 2008 年后迅速恶化。如果用国际储备与短期债务之比作为自我保障能力指标，那么自 2009 年以来，因大宗商品价格暴跌的影响充分显

① Arslanalp S., and Tsuda T., “Tracking Global Demand for Emerging Market Sovereign Debt”, *International Monetary Fund Working Paper*, No.WP/14/39, https://www.imf.org/external/pubs/ft/wp/2014/wp1439.pdf, 2014.

现、市场风险敞口随着金融一体化程度提升而迅速扩大，发展中国家，特别是高收入发展中国家和中等收入发展中国家的这一指标急剧下降，低收入发展中国家也紧随其后。低收入发展中国家一直试图通过重新积累国际储备来恢复一定程度的自我保险，但是这会带来沉重的财政和经济成本。

五　发展中国家的债务可持续性与可持续发展目标：生产性投资是分水岭

近年来，联合国 2030 年可持续发展目标日益受到各国重视，17 个发展目标也成为发展中国家指导本国发展实践的重要参照标准。但发展中国家债务水平的上升并没有持续地转变为生产性投资。比较发展中国家私人非金融公司债务增长率与生产性投资的关系，可以看出，发展中国家在私人非金融部门所积累的债务并没有用于可推动经济发展的实体经济，金融空转仍然是阻碍发展中国家经济增长的重要因素。在数据可获得的绝大多数发展中国家中，2008~2015 年，私人非金融公司债务的增长速度大大超过私人资本存量的增长速度（由图 3 中 45 度线以下的所有观察结果表示）。

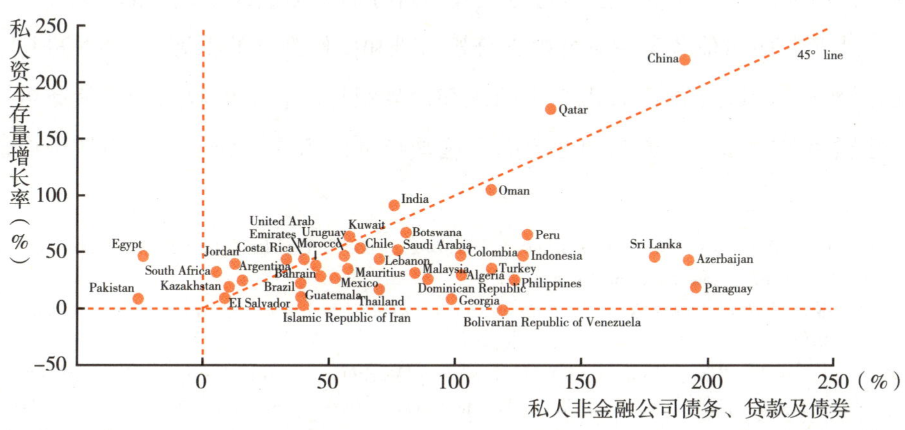

图 3　2008~2015 年发展中国家私人非金融公司债务增长率与私人资本存量增长率关系

资料来源：根据 IMF 全球债务数据库、IMF 投资与资本存量数据计算。

可持续发展目标的实现需要弥合巨大的投资缺口。但现实的情况是，发展中国家债务水平的上升未能引发强劲的投资。根据贸发会的估算，发展中国家每年为实现可持续发展目标所需的投资缺口为2.5万亿美元。[①] 在发展中国家GDP增长有限的前提下，一方面债务在增加，另一方面债务的增加并未投入到生产领域，金融空转无法解决债务可持续性问题，特别是公共债务的可持续性问题。中国“一带一路”倡议近年来引起争论最多的所谓“债务陷阱”问题，实际上恰恰为发展中国家提供了弥合实现可持续发展目标的资金缺口，专注于生产性投资领域。为了具体说明这一问题，本文选取了中国“一带一路”倡议下中巴经济走廊进行说明，详见第六部分。

债务可持续性分析的主流观点——IMF及世界银行的“债务可持续性框架”认为，发展过程应重视借款人的偿付能力。IMF债务可持续性框架包括一系列可能预示债务违约发生的标志性宏观经济和政策变量。可能的债务违约包括主权债务违约、尚未构成债务违约的主权债务重组、更高的展期风险以及为避免此类事件发生而进行的财政和经常账户调整。[②] 在IMF债务可持续性框架下，一项债务是否可持续只是按照基准线进行比较的短期行为，与长期发展目标（如提高生活水平或者SDG的某些具体目标）是否实现无关，结果就会导致国内的政策空间，特别是财政政策空间受到短期债务可持续性的约束，债务可持续性本身超越可持续发展目标而成为最终要达到的目标。

为了回应对债务可持续性框架分析基础和操作细节的批评，[③]IMF进行了几轮修订。2017年国际货币基金组织和世界银行联合对低收入国家债务可持续性框架进行修订，更明确地考虑了这些经济体的债务脆弱性，包括国内债

① UNCTAD, *World Investment Report: Investing in the SDGs–An Action Plan*, United Nations Publication, New York and Geneva, 2014.

② IMF, *Staff Guidance Note for Public Debt Sustainability Analysis in Market-access Countries*, 2013.

③ Akyüz Y., “Debt Sustainability in Emerging Markets: A Critical Appraisal”, *Department of Economic and Social Affairs (DESA) Working Paper*, No.61, 2017; Wyplosz C., “Debt Sustainability Assessment: Mission Impossible”, *Review of Economics and Institutions*, 2011 (2); Guzman M., and Heymann D., “The IMF Debt Sustainability Analysis: Issues and Problems”, *Journal of Globalization and Development*, 2015 (6).

务市场作用、可持续性框架核心要素的灵活度及微调，如基准情景预测、标准化压力测试以及国家债务承受能力分类。[①]但是基本思想始终是：每个时期的国内资源都要满足外债偿还时间表，而不是长期的国家发展战略。

在《联合国千年发展目标》背景下，新替代方法提出应将债务可持续性作为长期国家发展战略的组成部分。2030 年可持续发展议程下的 17 个目标引起了新的关注。[②]按照这种观点，应该在整个发展周期中而不是在发展路径的每个时点上评估发展中国家的债务可持续性。在发展的早期阶段（如为了满足可持续发展目标而对投资的要求特别高时），相对于总体经济绩效，国内外债务都应增加，以充分利用信贷创造实现发展目标。因此，恶化的债务比例将是这些国家早期正常的和必要的特征。只有在发展目标即将实现的情况下，债务比例才可能再次下降，并偿付所有借款，这样才不会削弱政府偿还债务能力的真正来源——经济生产效率、收入增长，以及与此伴随的税收收入和出口收入。

但是，要想在发展的早期阶段就能够维持大规模的投资，又不会受到重大债务危机的干扰，就需要债权人有意愿进行债务展期并提供新外部融资，这一目标超出了解决短期流动性限制的有限目标。联合国前任秘书长科菲 · 安南在 2005 年指出，债务可持续性应参照总发展目标定义，或者应该说是“一国家可以实现千年发展目标并在 2015 年之前保持债务比例不增加”。[③]当前，2030 年议程仍然面临着同样的挑战：向发展中国家提供临时资金以实现发展目标，同时还要维护长期债务的可持续性。

---

① 资料来源于世界银行与 IMF 低收入国家债务可持续性框架事实报告（https://www.imf.org/en/About/Factsheets/Sheets/2016/08/01/16/39/Debt-Sustainability-Framework-for-Low-Income-Countries）。

② Kregel J., “Rethinking Debt Sustainability in the Context of the Millennium Development Goals”, BNL *Quarterly Review*, 2006 (59); Pinto B., “The 2017 Version of the IMF and World Bank's LIC Debt Sustainability Framework: ‘Significant Overhaul’ or Obsolete?”, https://brianpintoeconomist.com/2018/06/17/the-2017-review-of-the-imf-and-world-banks-lic-debt-sustainability-framework-significant-overhaul-or-obsolete/, 2018.

③ United Nations, *In Larger Freedom: Towards Development Security and Human Rights for all: Report of the Secretary-General*, 2005; United Nations, *in Larger Freedom: Towards Development Security and Human Rights for all: Executive Summary*, 2005.

考虑到许多可持续发展目标，如涉及消除贫困、营养、卫生、教育、气候行动、清洁水和能源等，这种解决发展中国家债务可持续性的长期（或跨时期）方法就显得尤为重要。私人投资在可持续发展目标上，一方面会产生惠及所有人的重大社会效益，但另一方面这种投资的回报是非即期和不确定的。此外，投资于可持续发展目标并不能提高一国的出口能力，也就无法为所在国偿付债务提供可能的外部融资，这就无法改善 IMF 框架内的“债务可持续性”。因此，为发展中国家的长期债务可持续性提供可承受的外部融资，以期在可持续发展目标相关投资的整个周期中改变其债务动态，这不能是出于慈善，而只能是国际社会达成共识后的集体行动。相比之下，当前对发展中国家债务可持续性的短期观点使发展中国家陷入为追求稳定公共债务而只能低增长的陷阱，这种系统性投资不足会阻碍能产生较高社会效益的可持续发展目标实现。

六　中巴经济走廊的债务可持续性分析

（一）巴基斯坦近年来债务情况

近年来，巴基斯坦总体债务水平持续提高。2001 年后出于反恐需要，国际社会对巴基斯坦经济支援力度加大，同年 12 月，巴黎俱乐部对巴基斯坦的债务进行了重组。这种经济发展的局面在 2007 年出现了逆转，2008 年国际金融危机发生后到 2018 年，巴基斯坦的债务水平走高，债务指标上升，面临的贷款利息波动风险加大。从 2007 年开始，巴基斯坦面临包括经济、安全和政治危机在内的多重风险。国内能源短缺成为常态，通货膨胀率在年均 10% 的高水平徘徊，国际油价高企（平均在 140 美元 / 桶）推动石油进口成本增加，国内缺乏税基，因此偿还债务能力较弱。

2008~2013 年，国际债券市场流动性降低，巴基斯坦也不是影子银行主要青睐的投资市场，政府从国际金融市场得到的支持程度有限，政府债务总额从 6.435 万亿卢比上升到 15.096 万亿卢比，增长了 135%，从政府债务总额占 GDP 的比重看，从 62.8% 上升到 67.2%，上升了 4.4 个百分点。在此期间，巴基斯坦以国内借债为主，政府国内债务总额从2008年的3.412万亿卢比上升到9.833万亿卢比，增幅达188%；占GDP的比重从33.3%上升到43.8%，增长了10.5个百分点。政府对外债务绝对量增长不多，占比指标下降：从428亿美元上升到524亿美元，增幅约为22%；占比从29.5%下降到23.4%，下降了6.1个百分点。

2012~2013年的巴基斯坦中央银行年度报告指出，“巴基斯坦公共债务是该国宏观经济稳定的主要障碍”，“债务可持续性受到偿债负担日益加重的拖累”。到2013年为止，巴基斯坦全部政府债务中的2/3是国内债务，这进一步限制了用于发展支出的财政政策空间。巴基斯坦债务危机的隐患在于政府债务中短期债务比例过高。与21世纪初相比，巴基斯坦面临的是债务、赤字双重恶化，一旦发生债务重组，将不再是仅仅涉及巴黎债务俱乐部的主权债务重组，而更多的是国内财政危机。

2013~2018年，伊斯兰联盟开始执政，除了前面提到的问题之外，油价回落以及量化宽松政策带来的利息率下降为巴基斯坦缓解债务危机、拓宽借款渠道提供了机会。然而，这一期间政府债务总额仍呈上升趋势，达到26.968万亿卢比，增幅79%。政府债务总额占GDP的比重从67.2%上升到78.4%，增加了11.2个百分点。政府国内债务的增长速度超过对外债务增长速度。2018年，政府国内债务总额增加到17.483万亿卢比，增幅为78%；占GDP的比重达到50.8%，增幅为7.1%。政府对外债务总额在此期间增加了46%，达到763亿美元，占GDP的比重增加到27.6%，增幅为4.2%。2017~2018年巴基斯坦中央银行年报显示，宏观经济不稳定、财政和经常账户双赤字等情况进一步加剧了债务积累。当前的主要问题在于浮动利率，以及在债务展期及债务置换中日趋缩短的还款期限。

（二）中巴经济走廊债务可持续性分析

中巴经济走廊（CPEC）自开始建设以来，引起了多方关注。CPEC网站（http://cpec.gov.pk）的数据显示，截至2018年底，CPEC包括44个项目。其中，能源项目21个，预计总成本为252.23亿美元；交通基础设施项目8个，预计总成本为135.78亿美元；瓜达尔港项目12个，预计总成本约为8亿美元；其他项目3个，投资金额为4400万美元。CPEC项目总投资约为396.45亿美元。①

CPEC的设计思路以生产性投资为主，致力于在巴基斯坦境内打造联通南北的交通运输网络，构建稳定的电力供应系统，并通过建设专属经济开发区提高国家工业生产能力，为对外出口和积累外汇储备打下基础。总体来说，CPEC项目对巴基斯坦政府债务影响相对有限。CPEC项目的资金主要有以下三个来源：政府间优惠贷款、政府援助以及私人投资。对于交通基础设施项目而言，在全部项目135.78亿美元中，125.8亿美元来自政府间为期20年的优惠贷款，属于政府对外债务部分。待道路交通基础设施项目完成后，预计每年的债务偿还金额约为9.1亿美元。中方为交通基础设施建设提供长期低息贷款，贷款利息率在2%左右，这一水平比巴基斯坦国内类似项目融资的利率水平低很多。在能源项目中，发电类项目采取独立能源生产商（Independent Power Producer，IPP）模式，外商投资以FDI方式进入。在此类项目融资中，贷款方如果是中国公司，贷款提供方多为中国国家开发银行和中国进出口银行，能源项目依据自身项目运营收入还款，不增加巴基斯坦政府债务。能源项目中的Equity部分（几乎所有能源项目的debt/equity比率均为75∶25，借款期限一般为10年）由巴基斯坦政府按17%的内部收益率提供担保，如有项目违约情况发生，可能会带来或有负债增加。此外，在瓜达尔港项目建设中，中方提供的政府无偿援助及优惠贷款为港口建设提供了重要资金保障。到2018年初，CPEC的44个项目中只有9个处于运营或部分运营状态，其余大部分仍在紧张建设阶段。项目资金正在根据投资期和建设进度进行拨付。

CPEC建设是具有明显经济拉动效应的生产性投资，对巴基斯坦各个经济部门有显著的溢出效应。从多领域入手形成合力，保障巴方经济发展必需的能源和基础设施，进一步推动当地产业发展，带动就业，实现巴基斯坦经济增长，这将从根本上改善目前巴政府所面临的一系列经济问题。

① 本部分资料来源于中巴经济走廊网（http://cpec.gov.pk），以及巴基斯坦中央银行年度报告。

七　结语

IMF 将 2019 年全球经济增速预测下调至 3%，创全球金融危机后的历史新低。贸易不确定性和投资疲软是拖累经济增速下滑的两个关键因素，这对发展中国家保持经济增速、维持合理债务水平提出了新的挑战。

全球金融危机后发展中国家债务结构变化发出了不利于长期实体经济增长的危险信号。重新回归实体经济、实现可持续发展目标是发展中国家面临的共同任务。本文第六部分的分析指出，中巴经济走廊在交通、能源基础设施方面创造了两国合作的良好范例。交通基础设施建设主要产生的是两国政府间的双边债务，偿还周期相对较长，利率为优惠贷款利率。能源项目由于采用了独立能源生产商模式，所产生的债务为私人债务。能源项目通过联网售电，可以产生售电收入，保证债务偿还，只有在发生违约的极端情况下才可能对政府产生或有债务负担。“一带一路”倡议通过提供生产性投资，致力于推动发展中国家重振经济所需的能源及交通等关键基础设施建设，通过发展经济，提高发展中国家偿还债务能力，为解决发展中国家债务可持续性问题提供了一种有益思路。

参考文献

[1] Akyüz Y., “Debt Sustainability in Emerging Markets: A Critical Appraisal”, *Department of Economic and Social Affairs (DESA) Working Paper*, No. 61, 2017.

[2] Guzman M., and Heymann D., “The IMF Debt Sustainability Analysis: Issues and Problems”, *Journal of Globalization and Development*, 2015 (6).

[3] UNCTAD, *World Investment Report: Investing in the SDGs–An Action Plan*, United Nations Publication, New York and Geneva, 2014.

[4] UNCTAD, *External Shocks and Financial Stress Post the Global Financial Crisis: UNCTAD Financial Condition Indicators and Financial Vulnerabilities in*

Emerging Markets, 2019.

[5] UNCTAD, *Trade and Development Report 2019: Financing a Global Green New Deal*, 2019.

[6] Wyplosz C., "Debt Sustainability Assessment: Mission Impossible", *Review of Economics and Institutions*, 2011 (2).

Y.19

美国经济制裁：历程、手段与效果

刘 玮[*]

摘 要：经济制裁是一项备受争议的对外政策工具。美国是使用经济制裁最频繁的国家。在对经济制裁进行概念辨析的基础上，本文对美国经济制裁的历史演变、手段和效果进行分析。研究发现，冷战以来的经济全球化重新塑造了美国经济制裁的手段和实施方式，美国经济制裁的效果依赖于外交手段的配合、国内政治的支持以及目标国的反应。随着国际秩序进入重组新阶段，大国权力竞争日益成为美国发起经济制裁的重要动力。作为霸权国，美国滥用经济制裁不仅达不到迫使对手让步的预期效果，还会破坏国际秩序的稳定和开放，侵蚀其长期形成的战略优势及在世界经济体系中的中心地位。潜在的制裁对象国应积极制定制裁和反制裁战略，在采取“隔绝”“对冲”等防卫性措施的同时，积极完善国内制裁法律和制度体系，促进相关国际规则制定和调整。

关键词：美国经济制裁 贸易制裁 金融制裁 制裁有效性

经济制裁是一项重要又充满争议的对外政策工具。自古希腊时期，经济制裁就开始在外交领域使用，[①]但直到第一次世界大战后才替代武力威胁作为

---

* 刘玮，法学博士，中国社会科学院世界经济与政治研究所助理研究员，主要研究领域为国际政治经济学、国家安全。

① 阿里斯托芬的喜剧中记录了在公元前 432 年，墨伽拉人抢劫了阿斯帕西娅两名妓女，惹怒了伯里克理斯，其颁布了麦加拉法令禁止与墨伽拉人交往，最终诱发战争。

一项独立的政策手段。[①] 当时美国总统威尔逊乐观地提出“制裁能作为战争的替代方法”，赋予经济制裁自由主义色彩。第二次世界大战后，经济制裁作为对外政策的工具开始被广泛使用，引发了经济制裁道义性和有效性的诸多争论。美国是实施经济制裁最多的国家，研究美国经济制裁的概念、发展演变、手段和效果，有利于我们理解国际体系相互依存的性质，了解霸权国如何利用经济强制手段实现对外政策目标，对其他大国如何发展自身的制裁和反制裁工具也具有启示意义。

一　经济制裁的概念

现有文献对经济制裁的概念仍充满争议，大致可分为广义和狭义两类。霍夫鲍尔等认为经济制裁主要表现为制裁发起国有意识地通过（威胁）削弱、断绝惯常的贸易或金融关系，改变目标国的政治行为。[②] 这种定义认为经济制裁以实现政治和外交政策目标为导向，将贸易、金融、税收等领域的经济目标排除在外。[③] 罗伯特·佩普则将经济制裁限定在更窄的范围，并对经济制裁、贸易战和经济战进行了明确区分。[④]

与将经济制裁限定为追求“高级政治”或改变目标国政治行为不同，广义的经济制裁包括更广泛的目标和手段。大卫·鲍德温认为，经济制裁不仅包括为实现政治目的而实施的经济胁迫，也包括为实现经济目标的强制以及改变目标国家行为以外的目标，例如参与经济战争、集结国内政治支持以及向第三方观众展示决心等。[⑤] 相应地，其对经济制裁效果评估的指标也更加广泛，可将这些目标的实现归功于经济制裁的成功。丹尼尔·德雷兹内也坚持

---

① ［美］加力·克莱德·霍夫鲍尔等:《反思经济制裁》，杜涛译，上海人民出版社，2019，第 12 页。

② ［美］加力·克莱德·霍夫鲍尔等:《反思经济制裁》，杜涛译，上海人民出版社，2019，第 4 页。

③ Barry E. Carter, *International Economic Sanctions: Improving the Haphazard U.S. Legal Regime*, Cambridge: Cambridge University Press, 1988.

④ Robert Pape, “Why Economic Sanctions Do Not Work”, *International Security*, 1997 (22).

⑤ David Allen Baldwin, *Economic Statecraft*, Princeton: Princeton University Press, 1985, pp.32-36.

广义的界定，认为通过经济胁迫实现贸易和监管目标，例如，减少其他国家的贸易壁垒、保护知识产权以及强化劳工和环保标准等都应被视为经济制裁行为。①

鉴于宏观经济政策、监管及规制协调同样涉及国家间分配问题，并且要求国家改变国内规制、实施结构调整或制度改革等强制措施都已越过国家主权，对经济制裁进行政治和经济目标的区分已无必要。对一国经济社会政策的胁迫，同要求其改变人权体制一样，也是一种政治行为。② 因此，本文采用广义的经济制裁概念，将经济制裁定义为国家有意识地通过（威胁）削减、中断惯常经济交往，迫使对象国进行政策或行为改变的对外政策手段。

二　第二次世界大战以来美国经济制裁的演变

美国是实施经济制裁频率最高的国家。1808~1809 年，美国就对英国和法国实施经济制裁，胁迫它们在中立国权利问题上做出让步。二战结束以后，作为世界霸权国，美国频繁地运用经济制裁工具胁迫其他国家按其意志行事。本文将分二战后期、冷战时期和冷战结束以后三个时期对美国经济制裁的历史演变进行简要梳理。

（一）太平洋战争爆发前：放弃中立国海上贸易权与经济制裁的兴起

美国大规模实施经济制裁的起点可以追溯至二战后期美国放弃贸易中立权，转向利用经济强制工具实现对外政策目标。在第二次世界大战前期，美国一直都保持中立政策和对战时中立国海上贸易权的尊重。随着在全面战争中保持中立政策空间日渐收缩，富兰克林·罗斯福（Franklin D. Roosevelt）政府开始提出转变传统的中立政策。这一政策转变意味着美国放弃了战时嵌入在社会中的贸易中立和孤立主义外交传统，对二战后期以及随后冷战时期的贸易制裁、

① Daniel W. Drezner, "Outside the Box: Explaining Sanctions in Pursuit of Foreign Economic Goals", *International Interactions*, 2001 (26).

② Stephen Krasner, *Sovereignty: Organized Hypocrisy*, Princeton: Princeton University Press, 1999.

战略禁运都产生了深远影响。[1]1941年7月，为了迫使日本从东南亚撤军，美国发起了对日本石油出口限制和资产冻结等经济制裁。但由于同英国、荷兰等国的国际协调困境及国内公众支持问题，这次制裁并未取得预想的效果。尽管经历了失败，但这次尝试使美国改变了贸易中立政策。从此，经济制裁成为美国对外政策的重要工具。

（二）冷战时期的经济制裁：美苏对峙与战略性禁运

随着冷战的爆发和美国遏制战略的实施，以战略性禁运为核心的经济制裁成为美国重要的对外政策工具。1948年3月，美国商务部宣布限制对苏联及其欧洲盟国的出口，正式发起了对苏联的经济制裁。1949年，美国国会通过《出口管制法》，决定对苏联及其他社会主义国家经济发展所需的商品、技术、原料和设备实行全面禁运。并且，美国还领导成立了“共产党国家输出管制统筹委员会”（COCOM，又称巴黎统筹委员会），协调确定和实施对社会主义国家的战略性禁运。随着朝鲜战争的爆发，贸易限制从起初以阻断武器和战略材料供应为目的的临时措施演变为永久措施。20世纪60年代后期，美国对苏联经济制裁有所缓和，主要集中于对高新技术转让的限制。1969年《出口管理法》取代1949年《出口管制法》，出口管制的范围有所收窄。

除了苏联外，中国、朝鲜和越南也是美国重要的战略性禁运对象。在朝鲜战争期间，美国根据《与敌人交易法》对中国和朝鲜实施了封锁。朝鲜战争结束，在美国盟友的抵制下，西方阵营撤销了“巴黎中国委员会”（Chincom），将对中国的出口管制并入“巴黎统筹委员会”（COCOM）。但是，美国一直维持着对中国和朝鲜的单边禁运，直至1969年尼克松（Richard M. Nixon）政府宣布取消大多数非战略意义商品出口限制。朝鲜战争结束后，美国仍以侵犯人权、新生核建设计划以及对韩国的持续军事威胁为由，对朝鲜实施严厉的经济制裁。自美国卷入越战以后，美国开始对越南实施贸易制裁，

① Alan P. Dobson, *US Economic Statecraft for Survival 1933-1991*：*Of Sanctions, Embargoes and Economic Warfare*, London and New York: Routledge, 2002, pp.31-32.

之后不断升级，禁止和整个越南进行所有商业和金融交易。美国对越制裁一直到 1994 年 2 月才解除。

在美苏两大阵营斗争的过程中，美国常常对亲苏联或威胁美国利益的西半球国家实施经济制裁，破坏或颠覆其政权。例如，美国对多尼米加、古巴、巴西、智利、秘鲁、尼加拉瓜、巴拿马等国家实施制裁，迫使许多国家政府政权颠覆。此外，为了对抗苏联的影响，美国在 20 世纪 70 年代也对安哥拉和埃塞俄比亚等非洲国家实行了制裁。但是，在冷战期间，美国经济制裁最有效的案例却是在 1956 年苏伊士危机期间对英国、法国和以色列等盟友的制裁。为了阻止三国重新霸占苏伊士运河，美国通过大规模抛售英镑、封锁这三个国家石油运输等方式迫使它们从苏伊士运河撤军。

（三）后冷战时期：经济全球化与美国经济制裁的新发展

冷战的结束重新塑造了国际格局，美苏两大阵营的斗争消退，局部地区动荡和非传统安全问题兴起。随着权力的扩散和全球化的深入发展，美国的经济制裁面临首要安全威胁消失，国会、州政府及非政府组织干预增加，以及单边制裁的控制能力下降等挑战。美国经济制裁具有以下特征。

第一，随着首要安全威胁的消失和国内政治的外溢效应增大，美国经济制裁目标和对象日益分散化，制裁频率明显上升。冷战时期，美国经济制裁的主要目标是削弱苏联的影响力和战略地位，采取的手段比较严厉，使用也更加谨慎。而冷战结束以来，国会、州政府和社会组织的广泛参与，使人权、民主化、恐怖主义、毒品、武器扩散、环境、劳工权利等都成为美国经济制裁的目标与涉及领域。美国经济制裁从军事、外交等“高级政治”领域向经济、社会等“低级政治”领域扩散。制裁对象也从苏联及其同盟国蔓延到更广泛的地理区域，特别是为了推广人权运动和推进民主化，非洲成为美国制裁的重要区域。此外，恐怖组织、跨国公司等非国家主体也成为新的制裁对象。根据克里夫顿 · 摩根（Clifton Morgan）等人编制的数据库，1990~2005 年，美国共实施了 399 起经济制裁，而 1945~1989 年一共才实施了 288 起（见图 1）。

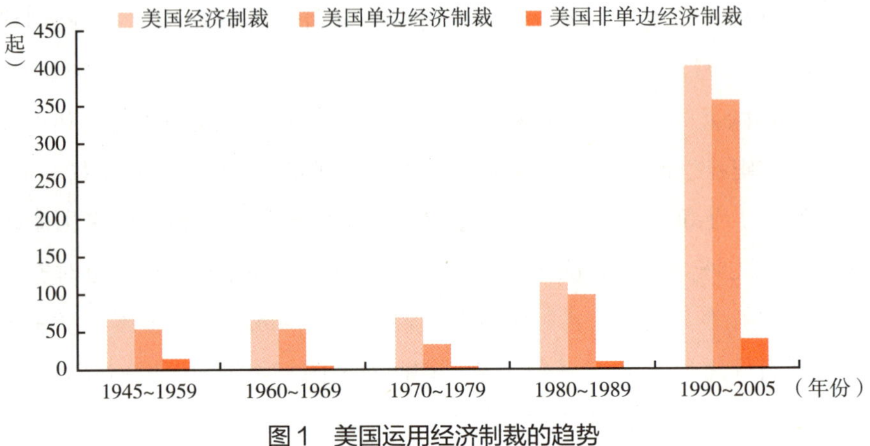

图1 美国运用经济制裁的趋势

资料来源：T. Clifton Morgan, Navin A. Bapat, and Yoshiharu Kobayashi, *Threat and Imposition of Economic Sanctions 1945–2005: Updating the TIES Dataset*, 2014。

第二，美国经济主导地位的相对衰落和经济相互依存的加深，使美国经济制裁更加依赖于国际合作。美国发起多边经济制裁的数量明显增多。经济全球化极大地改变了美国实施经济制裁的外部约束条件。一方面，美国在全球经济中的主导地位遭到削弱。二战结束之后，美国是战后重建的主要资金来源国，并且垄断着关键货物和服务的供应。因此，美国可以依靠其霸主地位，单方面地利用经济制裁迫使其他国家按其意志来改变政策或行为。20 世纪 70 年代之后，美国在全球经济中的优势地位开始下降，20 世纪 90 年代以后经济全球化的发展更是重塑了全球经济版图，欧洲、日本、中国等国家和地区的经济影响力提升。另一方面，全球价值链分工的不断发展，使制裁的成本上升和单边制裁的效果大打折扣。以出口管制为例，如果没有紧密的国际合作，制裁对象很容易在其他国家找到替代来源。并且，经济一体化的发展，使与制裁对象有联系的第三方可以采取间接抵制来抵消美国经济制裁的影响。在这种情况下，美国不得不扩展补充制裁，即二级制裁。冷战后，美国加大了对目标政权、人员和组织开展业务的第三方行为者的制裁力度。

第三，随着全面经济制裁暴露出的有效性与道义性问题日益突出，灵巧制裁（Smart Sanction）逐渐成为美国政府流行的制裁方式。[①]冷战后经济制裁激增，使美国社会对经济制裁承受的损失日益关注，公众也开始批评全面制裁带来的道义问题。特别是联合国在20世纪90年代初对伊拉克、海地和南斯拉夫实施的全面制裁引发了国际社会对美国和联合国制裁带来人道主义灾难的诟病。[②]随后，灵巧制裁成为联合国和美国经济制裁的“最佳实践”。[③]灵巧制裁或有针对性的制裁强调制裁的精准性，希望在对普通大众带来最小损害的情况下，伤害目标国领导人或政权的精英支持者，从而迫使目标国做出让步。灵巧制裁一般采取列表或名单方式，针对给美国国家安全、外交政策和经济带来威胁的个人和团体实施制裁。灵巧制裁在旅行禁令、财产冻结和选择性银行制裁方面得到越来越多的应用，但也面临身份确认、资金监控和执行能力等方面的考验。

三　美国经济制裁的手段

为了实现制裁目标，制裁发起国会采取不同的手段对制裁对象施压，胁迫其改变行为或政策。尽管各种手段经常被混合使用，但还是可以宽泛地分为限制出口、限制进口或者阻碍资金流动[④]等。[⑤]此外，随着“灵巧制裁”的兴起，针对个人实施的旅行禁令或资产冻结日益流行。摩根等人对经济制裁做了较为细致的分类，包括总体经济禁运、部分经济禁运、进口限制、出口限制、封锁、资产冻结、终止对外援助、旅行禁令以及暂停经济协议/议定书等。[⑥]

① 有研究将灵巧制裁分为针对性制裁和选择性制裁两类。

② David Cortright, and George A. Lopez, *The Sanctions Decade: Assessing UN Strategies in the 1990s*, Boulder, CO: Lynne Reiner, 2000.

③ Daniel W. Drezner, “Sanctions Sometimes Smart: Targeted Sanctions in Theory and Practice”, *International Studies Review*, 2011 (13).

④ 如限制商业融资、阻挠世界银行和国际货币基金组织的信贷、削减双边援助以及冻结制裁对象国所拥有的处于制裁发起国控制之下的资产。

⑤ ［美］加力·克莱德·霍夫鲍尔等:《反思经济制裁》，杜涛译，上海人民出版社，2019。

⑥ T. Clifton Morgan, Navin A. Bapat, and Yoshiharu Kobayashi, *Threat and Imposition of Economic Sanctions 1945–2005: Updating the TIES Dataset*, 2014.

此外，运用域外制裁来执行已有制裁是否属于经济制裁仍存在争议。美国法律授权对违反美国制裁行动的国家或公司进行制裁。一方面，对域外管辖权的定义和界限存在国际合法性的争论；另一方面，域外制裁实施的对象是个人、企业还是目标国政府仍存在争议。德雷兹内指出，尽管对公司的制裁可能会被认为与国家之间的制裁不同，但是许多此类冲突最后会升级为国家之间的冲突，因为公司的母国会抵制对域外制裁的应用。[①] 本文将集中对经济禁运、贸易制裁以及金融制裁进行讨论。

（一）经济禁运

经济禁运包括总体经济禁运和部分经济禁运。总体经济禁运指制裁发起国暂停与制裁对象国的所有经济交往，包括流入和流出。美国总统一般会援引《国际紧急状态经济权力法》实施全面禁运。例如，1990 年，布什政府对伊朗实施全面禁运。部分经济禁运主要表现为制裁发起国暂停同制裁对象国之间特定商品或服务的经济交往。最典型的案例是美国在冷战期间对苏联等采取的以削弱军事潜力为目标的战略物资禁运。

（二）贸易制裁

贸易制裁包括出口管制和进口管制。出口管制措施包括限制向对象国出口特定商品、技术或服务，实施出口许可制度以及对原产于美国的技术和零件的再出口实施管制。一般而言，美国政府对出口控制措施的使用更加频繁。[②] 在出口控制方面，总统具有更广泛的授权和灵活性。[③] 美国许多法律中都涉及禁止或限制美国原产商品的某些出口或再出口的规定。美国的出口管

---

① Daniel W. Drezner, *The Sanctions Paradox: Economic Statecraft and International Relations*, Cambridge: Cambridge University Press, 1999; George Shambaugh, *States, Firms and Power: Successful Sanctions in United States Foreign Policy*, Albany: SUNY Press, 1999.

② 霍夫鲍尔等人发现美国在 1914~2000 年单独实施出口控制措施 50 次，而单独实施进口控制措施仅 16 次。

③ 1979 年《出口管理法》于 1994 年 8 月 20 日到期，但在《国际紧急状态经济权力法》的授权之下，该法律的效力通过总统采用具体条文而得以有效延伸。

制包括以下几方面。

第一，美国商务部工业和安全局（BIS）依据《出口管理条例》（EAR），通过制定清单和审批的方式，对来源于美国的产品、技术或服务的出口或再出口实施管制。其中许多商品是“军民两用”商品。商务部通过制定《商业国家列表》（CCC），列明应受到出口限制或禁止的国家，即特定国家。管制理由包括生化武器、核不扩散、国家安全、导弹技术、地区稳定、武器条约、犯罪控制、反恐等。同时，商务部还通过制定《商业管制清单》（CCL），明确列举原产于美国的产品或技术，并按物品所在类别和功能组设定出口管制分类代码（ECCN）。通过出口管制分类代码，可以判别某一物品是否为管制物品以及该管制物品的出口是否需要获得许可证。此外，商务部工业和安全局还基于用户和用途实施“终端管制”，设立三个独立的出口管制名单，分别为黑名单、实体名单和未经验证的最终用户名单（UVL）。

第二，美国国务院国防贸易管制局（ODTC）根据《国际武器贸易条例》（ITAR），对从美国向任何外国人出口和再出口国防物品、国防服务和相关技术数据进行管理。无论预期用途如何（即使是民用或非军用目的），美国军需物品清单（USML）所涵盖的任何物品都不得在没有出口许可证的情况下出口或再出口。

第三，美国国务院、美国财政部外国资产控制办公室（OFAC）等机构根据外交政策和国家安全目标（包括恐怖分子、国际毒品贩运以及与大规模杀伤性武器扩散有关活动），针对外国政府、个人、实体的行为进行贸易制裁。例如，美国在历史上曾出于外交政策目的对古巴、伊朗、伊拉克、利比亚、朝鲜和苏丹进行贸易限制。

进口管制指美国禁止或限制从制裁对象国进口特定商品或服务。美国通过阻止目标商品在本国市场交易或对目标商品征收关税等方式限制从对象国的商品进口。美国对进口制裁的使用相对较少。国会对总统实施进口管制的授权非常有限。一般而言，美国总统可根据1962年《扩大贸易法》第232条或1977年《国际紧急状态经济权力法》（IEEPA），以总统声明的方式来实施宽松的进口限制令。[①] 由于担心出于贸易保护目的而滥用进口管制，美国法律规定只在政府发现存在国家安全威胁或其他国家处于紧急状态时才会实施，且一般需要援引关贸总协定（GATT）第 21 条规定的国家安全例外条款。[②]

（三）金融制裁

美国是使用金融制裁最多的国家。金融制裁主要是限制资金等形式的价值从目标国、公司、个人或其他实体流入或流出。[③] 金融制裁不仅能够冻结金融资产并禁止或限制金融交易[④]，而且会造成制裁对象国难以支付商品或服务的进出口费用而阻碍贸易，因此会产生广泛的影响。金融制裁通常与贸易制裁和其他制裁一起使用，以最大程度地发挥其作用。

美国的金融制裁由美国财政部外国资产控制办公室（OFAC）与美国国务院及其他联邦政府机构磋商来执行。OFAC 负责制定“特别指定的国民和被禁止人员”名单（SDN 名单）。[⑤]SDN 名单包含资产被封锁的个人、公司和其他实体。OFAC 封锁的理由通常是由于这些资产被制裁对象国持有、控制，或者这些个人、公司代表服务于制裁对象国。除非有例外情况，美国政府通常禁止美国人与 SDN 名单中的对象进行交易。

美国金融制裁依靠国际金融机构的监督和自我报告与美国监管机构监督之间的配合来执行。OFAC 并未通过对交易的实时监控来确保合规，而是依靠私人部门对交易的监督以及参与支付系统的美国和外国金融机构对潜在或实

① ［美］加力·克莱德·霍夫鲍尔等:《反思经济制裁》，杜涛译，上海人民出版社，2019。

② 在WTO协定下，除了延续关贸总协定第21条，还增加了《服务贸易总协定》第14条、《与贸易有关的投资措施协定》第 3 条、《技术性贸易壁垒协议》（TBT）第 2.5 条、《与贸易有关的知识产权协定》第 73 条等安全例外条款。

③ Barry E. Carter, and Ryan Farha, “Overview and Operation of U.S. Financial Sanctions, Including the Example of Iran”, *Georgetown Journal of International Law*, 2013 (44).

④ 具体包括禁止银行和金融交易，禁止风险保险、信贷和贸易融资，禁止新的投资以及资金或资产的出资或承担，要求国际金融机构（如国际货币基金组织和世界银行）的美国代表反对借贷或其他援助，禁止进出口银行、海外私人投资公司（OPIC）和商品信贷公司等机构提供贷款担保，禁止美国银行发放贷款和从事其他金融交易等。

⑤ United States Department of Treasury, Office of Foreign Assets Control, Specially Designated Nationals and Blocked Persons List, February 14, 2013, http://www.treasury.gov/sdn [hereinafter SDN List].

质违反制裁交易的自我报告。[①] 除了自我报告外，还可通过合规程序测试、内部审核、定期现场银行检查、OFAC 调查和保密来源举报等发现非法交易。[②] 如果 OFAC 确定美国金融机构违反规定，则可以发送警告信、实施巨额的民事处罚或将此事移交给执法机构进行刑事起诉。

美国金融制裁能够执行的根源是美元的国际货币地位以及美国对美元支付系统的控制。根据纽约联邦储备银行（FRBNY）的统计，95% 的美元交易都是通过纽约的票据交换所银行间支付系统（CHIPS）结算。[③] 这也意味着 OFAC 可以利用支付系统的垄断地位，要求使用该支付系统的金融机构对交易进行监督，并在必要时保留、拒绝、冻结或向 OFAC 报告。尽管在美国之外也有一些支付系统可以进行美元结算（如汇丰清算所自动转账系统），但是这些支付系统同样也会执行 OFAC 的 SDN 名单，因为其担心美国会根据《美国爱国者法案》（*USA PATRIOT Act*）第 311 章对其进行制裁。[④] 根据第 311 章，若由于某种程度上“为洗钱提供便利或促进洗钱活动”被财政部认为“高度关注洗钱”（primary money laundering concern）银行，则该机构可能被禁止在美国金融机构建立往来账户，从而切断了在美国使用美元支付系统和业务的一般渠道。[⑤]

除了经济禁运、贸易制裁和金融制裁外，美国经济制裁的手段还包括终止或削减对外援助、实行旅行禁令等。终止或削减对外援助手段主要表现为美国威胁削减或终止对外援助或贷款来胁迫制裁对象国满足美国的要求。旅行禁运通常包括限制目标出入境的所有旅行控制或者限制特定个人或团体的旅行。

---

① Barry E. Carter, and Ryan Farha, “Overview and Operation of U.S. Financial Sanctions, Including the Example of Iran”, *Georgetown Journal of International Law*, 2013 (44).

② Barry E. Carter, and Ryan Farha, “Overview and Operation of U.S. Financial Sanctions, Including the Example of Iran”, *Georgetown Journal of International Law*, 2013 (44).

③ Federal Reserve Bank of New York,CHIPS, http://www.newyorkfed.org/aboutthefed/fedpoint/fed36.html.

④ Barry E. Carter, and Ryan Farha, “Overview and Operation of U.S. Financial Sanctions, Including the Example of Iran”, *Georgetown Journal of International Law*, 2013 (44).

⑤ 澳门汇业银行就被美国财政部指责违反美国对朝鲜制裁规定，威胁将其指认为“高度关注洗钱”银行。之后就出现了严重挤兑，几天之内便耗尽了 34% 的存款，最终被迫进入破产管理程序。

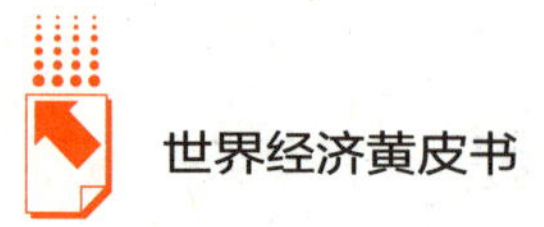

四　美国经济制裁的效果

经济制裁的有效性一直是决策者和研究者最关心的问题。早期的研究对经济制裁是否有效展开了激烈的讨论。霍夫鲍尔等人在《反思经济制裁》一书中对103个制裁案例的详细分析为经济制裁实现外交政策目标的效用提供了证据，基本结束了对经济制裁是否有用的辩论，为制裁有效性的大样本实证研究提供了基础。[①] 后来，摩根等人基于广义经济制裁概念重新编制数据，于2006年发布了涵盖1971~2000年的888个经济制裁案例的数据库（TIES Dataset）。[②] 经过前期的定性研究和数据整理工作，后续的研究开始更多地关注在何种条件下经济制裁会起作用的问题。

对经济制裁效果的评估首先需要明确制裁发起国的目标。制裁发起国的目标可分为宣示性和工具性目标。宣示性目标主要发挥传递信号的作用，例如，满足国内观众的呼声或者展示对某一问题的国际立场。工具性目标涉及改变制裁对象国行为或政策的具体要求。经济制裁的目标可以通过多种方式呈现，如政府官员的口头陈述、起草针对目标国家的法案、通过有条件的法律规定某些明确或暗含的目标。从广义的角度看，经济制裁的目的包括遏制政治影响、遏制军事行为、破坏政权稳定、释放公民、解决领土争端、拒绝战略材料、对制裁对象国与第三方结盟行为的报复、改善人权、结束武器/材料扩散、终止对非国家行为者的支持、制止或惩罚毒品交易行为、改善环境政策、改变贸易实践、实施经济改革等。[③]

由于经济制裁的目标常常是混合的且会随着制裁进行而更新，评估经济制裁效果的最大困扰是应评估经济制裁中的哪些目标。为了便于研究，多

① 随着案例和数据库的更新，该书第三版的数据库已包括1914~2000年有关经济制裁的174个案例和204个观察事件。

② T. Clifton Morgan, Navin A. Bapat, and Yoshiharu Kobayashi, *Threat and Imposition of Sanctions (TIES) Data 4.0 Users' Manual Case Level Data*, June 2013.

③ T. Clifton Morgan, Navin A. Bapat, and Yoshiharu Kobayashi, *Threat and Imposition of Sanctions (TIES) Data 4.0 Users' Manual Case Level Data*, June 2013.

数研究集中关注制裁发起国的明确要求和主要诉求，通常表现为在领导人声明中要求制裁对象国改变行为或政策的目标。工具性目标实现的直接表现就是制裁对象国政策或行为可观察的变化。在霍夫鲍尔等人结合政策结果和制裁贡献两项指标建立的关于美国制裁效果的数据库中，美国在 1914~2002 年作为主要发起方的 122 个案例中，有 40 个至少是部分成功的，成功率约为 32.8%（见图 2）。

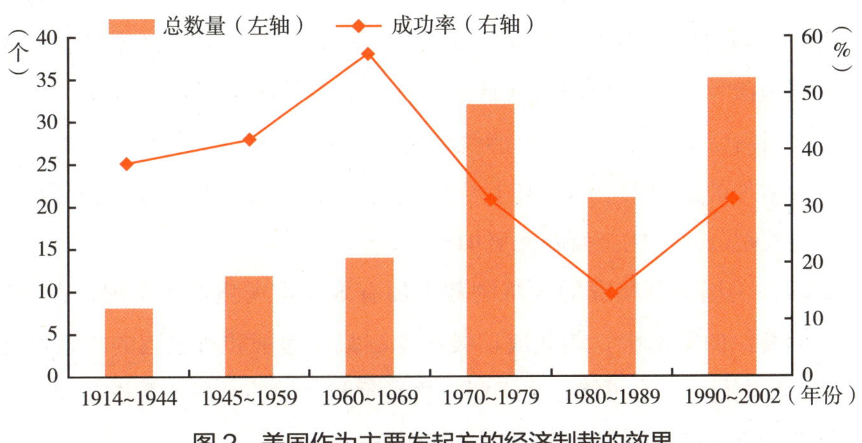

图 2　美国作为主要发起方的经济制裁的效果

资料来源：笔者根据 Gary Clyde Hufbauer, Jeffrey J. Schott,Kimberly Ann Elliott, and Barbara Oegg，“Summary of Economic Sanctions Episodes, 1914-2006”数据整理。

已有研究发现以下因素会影响制裁的效果。

第一，经济制裁是否坚持适度目标。霍夫鲍尔等发现，追求适度政策改变的经济制裁有 51% 的成功率，而企图改变政权、削弱军事潜力和改变其他主要政策的案例大约有 30% 的成功率，而打击军事冒险活动的制裁只有 21% 的成功率。[①] 随着全球相互依存的加深和国际贸易与金融交易量的增大，将目标国与进口供应、出口市场和金融流入完全隔离的难度越来越大。这使制裁的目标必须控制在适度的范围内。

① ［美］加力 · 克莱德 · 霍夫鲍尔等:《反思经济制裁》，杜涛译，上海人民出版社，2019，第 186 页。

第二，经济制裁威胁的可信性依赖于紧密的国际合作。多边制裁往往比单边制裁更加有效。莉萨·马丁研究发现，国际合作能够提升制裁威胁的可信性，特别是国际组织卷入和主要制裁发起者愿意承受重大成本，会提升制裁威胁的可信性。①

第三，制裁带来经济损害的严重程度并不决定经济制裁的有效性。尽管经济损害会增加经济制裁对象国承受的总体经济成本，但其对经济制裁效果的影响并不显著，②更重要的因素是制裁对象国政府面临的国内政治压力，经济损害在制裁对象国内的分布集中度以及支持政权的精英或群体的受损情况会影响国内政治抵制的形成。并且，对制裁对象的经济损害越严重，往往意味着美国国内付出的经济成本可能就越大。③因此，美国和制裁对象国较量的是领导人面临的国内政治压力和安抚管理国内抵制行为的能力。正因为如此，灵巧或精准制裁往往比全面制裁更加有效。

第四，美国对其盟友的经济制裁更加有效。霍夫鲍尔等发现，在 4/5 的制裁目标类似的案例中，制裁成功案例中制裁发起国和对象国的关系都比失败案例中要友好。④这可能是由于盟友更在乎与美国的全局关系以及盟友对让步可能带来声誉问题的担忧比敌对国要小。

第五，制裁对象国的政府越强大稳定，制裁的有效性就越低。民主政体更倾向于接受制裁发起国的要求，而大国、稳定的威权政府以及经济健康、政治稳定的国家面对强制压力时更不容易屈从。大国尤其担心让步的先例会削弱其在未来经济冲突中的谈判地位。⑤

---

① Lisa L. Martin, *Coercive Cooperation: Explaining Multilateral Economic Sanctions, Princeton,* N.J.: Princeton University Press, 1992.

② United States General Accounting Office (GAO), *Economic Sanctions: Effectiveness as Tools of Foreign Policy*, Report to Chairman, Committee on Foreign Relations, U.S. Senate, GAO/NSIAD-92-106, February 1992.

③ U.S. International Trade Commission, *Overview and Analysis of Current U.S. Unilateral Economic Sanctions Investigation*, Washington, DC: Publication 3124, 1998.

④ [美] 加力·克莱德·霍夫鲍尔等:《反思经济制裁》，杜涛译，上海人民出版社，2019，第 193 页。

⑤ Daniel W. Drezner, *The Sanctions Paradox: Economic Statecraft and International Relations*, Cambridge: Cambridge University Press, 1999.

第六，经济制裁的手段和领域会影响制裁的效果。经济制裁涉及的范围越广泛，制裁成功的概率就越大。综合性的、组合拳式的经济制裁会显著提升制裁的效果。在单独制裁方式中，金融制裁的有效性最高。在霍夫鲍尔等整理的案例集中，金融制裁联合贸易制裁（进出口管制）的成功率能达到40%。① 单独金融制裁成功的占比是36%，贸易制裁（进出口同时管制或单方面的进口或出口管制）的成功率仅为25%。此外，制裁发起国若能在短期迅速且猛烈地实施制裁效果会更好，而长期迂回的制裁往往会让效果大打折扣。

五 结论

经济全球化重塑了美国实施经济制裁的手段和方式。美国的经济制裁建立在国内完善的司法管辖、监管授权、制裁制度和工具设计以及在国际经济体系中优势地位的基础上。正如亨利·法雷尔和亚伯拉罕·纽曼的研究所揭示的那样，随着相互依存的不断加深，全球经济体系日益成为一种非对称的网络结构。② 作为控制网络中心节点的霸权国，美国可以利用这种网络结构将相互依存武器化。在此背景下，后冷战时代美国经济制裁出现了爆发式增长，经济制裁作为更加广泛的对外政策工具已经成为美国结构性权力的重要来源。

但是，冷战结束并没有改变大国权力竞争在经济制裁中的潜在作用。从二战后期到冷战初期美国放弃贸易中立权并兴起经济制裁的历史中可以发现，美国会根据国际格局的变化调整政策，以更好地维护国家利益和国际地位。在国家相对实力接近的时候，美国会更在乎相对收益，更积极地实施经济制裁。当前正处于国际秩序和规则重组的关键时期，美国将会进一步强化经济制裁作为美国胁迫对手在秩序重建中让步的外交政策工具。

美国滥用其经济优势实施经济制裁，不仅不承担霸权国维护国际体系

---

① ［美］加力·克莱德·霍夫鲍尔等:《反思经济制裁》，杜涛译，上海人民出版社，2019，第186页。

② Henry Farrell, and Abraham L. Newman, “Weaponized Interdependence: How Global Economic Networks Shape State Coercion”, *International Security*, 2019 (44).

稳定和开放的国际责任，而且对其他国家施行霸凌政策，践踏国际规则，破坏相关个人、公司等实体的权利，必将遭到其他国家的孤立和反对。特朗普上台以来，美国政府采取了高压的经济制裁政策，热衷于在一系列安全和经济问题上利用美国的经济优势，迫使对手做出让步。特朗普政府对中国、俄罗斯、欧盟、日本、加拿大、印度、韩国、朝鲜、土耳其、墨西哥、沙特阿拉伯、萨尔瓦多、洪都拉斯、危地马拉、尼加拉瓜、古巴、委内瑞拉、巴基斯坦等都实施了制裁。但从目前看，这些制裁收效甚微，甚至让美国“骑虎难下”。

经济制裁本身是一个冲突预期的战略互动过程。经济制裁发挥效果仍依赖于外交手段的配合、国内政治的支持以及目标国的反应。特朗普政府在实施经济制裁时，忽视外交手段和国际协作、过度使用高压政策而忽视“胡萝卜”政策配合、试图迫使其他国家做出不切实际的让步、缺乏贸易和金融制裁手段配合以及漫长且迂回的制裁节奏等不合常规的做法，不仅导致美国国内利益受损和预期制裁目标无法实现，还可能侵蚀美国长期形成的战略优势及其在世界经济体系中的中心地位。随着国际体系进入大国竞争时期，潜在的制裁对象国应积极制定制裁和反制裁战略，在采取“隔绝”“对冲”等防卫性措施的同时，积极完善国内制裁法律和制度体系，并在国际层面推动相关国际规则的制定和调整。

参考文献

[1] ［古希腊］阿里斯托芬:《阿卡奈人·骑士》，罗念生译，上海人民出版社，2006。

[2] ［美］加力·克莱德·霍夫鲍尔等:《反思经济制裁》，杜涛译，上海人民出版社，2019。

[3] Alan P. Dobson, *US Economic Statecraft for Survival 1933-1991*: *Of Sanctions, Embargoes and Economic Warfare*, London and New York: Routledge, 2002.

[4] Barry E. Carter, and Ryan Farha, "Overview and Operation of U.S. Financial Sanctions, Including the Example of Iran" , *Georgetown Journal of International Law*, 2013 (44).

[5] Barry E. Carter, *International Economic Sanctions: Improving the Haphazard U.S. Legal Regime*, Cambridge: Cambridge University Press, 1988.

[6] Daniel W. Drezner, "Economic Statecraft in the Age of Trump" , *The Washington Quarterly*, 2019 (42).

[7] Daniel W. Drezner, "Outside the Box: Explaining Sanctions in Pursuit of Foreign Economic Goals" , *International Interactions*, 2001 (26).

[8] Daniel W. Drezner, "Sanctions Sometimes Smart: Targeted Sanctions in Theory and Practice" , *International Studies Review*, 2011 (13).

[9] Daniel W. Drezner, *The Sanctions Paradox: Economic Statecraft and International Relations*, Cambridge: Cambridge University Press, 1999.

[10] David Allen Baldwin, *Economic Statecraft*, Princeton: Princeton University Press, 1985.

[11] David Cortright, and George A. Lopez, *The Sanctions Decade: Assessing UN Strategies in the 1990s*, Boulder, CO: Lynne Reiner, 2000.

[12] George Shambaugh, *States, Firms and Power: Successful Sanctions in United States Foreign Policy*, Albany: SUNY Press, 1999.

[13] Henry Farrell, and Abraham L.Newman, "Weaponized Interdependence: How Global Economic Networks Shape State Coercion", *International Security*, 2019 (44).

[14] Lisa L. Martin, *Coercive Cooperation: Explaining Multilateral Economic Sanctions*, Princeton, N.J.: Princeton University Press, 1992.

[15] Robert Pape, "Why Economic Sanctions Do Not Work" , *International Security*, 1997 (22).

[16] Stephen Krasner, *Sovereignty: Organized Hypocrisy*, Princeton: Princeton University Press, 1999.

[17] T. Clifton Morgan, Navin A. Bapat, and Yoshiharu Kobayashi, *Threat and*

Imposition of Sanctions (TIES) Data 4.0 Users' Manual Case Level Data, June 2013.

[18] T. Clifton Morgan, Navin A. Bapat, and Yoshiharu Kobayashi, *Threat and Imposition of Economic Sanctions 1945–2005: Updating the TIES Dataset*, 2014.

[19] U.S. International Trade Commission, *Overview and Analysis of Current U.S. Unilateral Economic Sanctions Investigation*, Washington, DC: Publication 3124, 1998.

[20] United States General Accounting Office (GAO), *Economic Sanctions: Effectiveness as Tools of Foreign Policy*, Report to Chairman, Committee on Foreign Relations, U.S. Senate, GAO/NSIAD-92-106, February 1992.

世界经济统计与预测

Statistics of the World Economy

Y.20
世界经济统计资料

熊婉婷*

目　录

（一）世界经济形势回顾与展望

* 熊婉婷，经济学博士，中国社会科学院世界经济与政治研究所助理研究员，主要研究领域为金融政策。

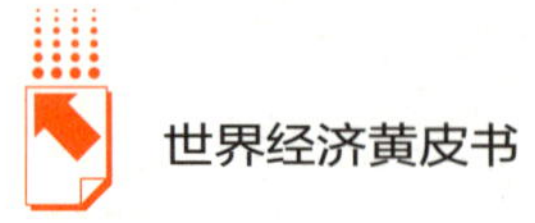

（二）世界通货膨胀、就业形势回顾与展望

表 2-1　通货膨胀率回顾与展望：部分国家和地区（2014~2024 年）

表 2-2　失业率：部分发达经济体（2014~2024 年）

（三）世界财政形势回顾与展望

表 3-1　广义政府财政差额占 GDP 比例：发达经济体（2012~2024 年）

表 3-2　广义政府财政差额占 GDP 比例：部分新兴市场和发展中国家（2012~2024 年）

表 3-3　广义政府债务占 GDP 比例：部分国家和地区（2012~2024 年）

（四）世界金融形势回顾

表 4-1　广义货币供应量年增长率：部分国家和地区（2014~2018 年）

表 4-2　汇率：部分国家和地区（2012~2019 年）

表 4-3　股票价格指数：全球主要证券交易所（2014~2018 年）

（五）国际收支形势回顾与展望

表 5-1　国际收支平衡表：部分国家和地区（2014~2018 年）

表 5-2　经常项目差额占 GDP 比例：部分国家和地区（2014~2024 年）

（六）国际贸易形势回顾

表 6-1　货物贸易进出口：部分国家和地区（2015~2018 年）

表 6-2　服务贸易进出口：部分国家和地区（2015~2018 年）

表 6-3　原油进出口量：部分国家和地区（2011 年和 2018 年）

（七）国际投资与资本流动回顾

表 7-1　国际投资头寸表：部分国家和地区（2014~2018 年）

表 7-2-1　FDI 流量：部分国家和地区（2016~2018 年）

表 7-2-2　FDI 存量：部分国家和地区（2016~2018 年）

（八）全球竞争力和大公司排名

说 明

一 统计体例

1. 本部分所称“国家”为纯地理实体概念，而不是国际法所称的政治实体概念。

2. 除非特别说明，2019 年以后的数据（含 2019 年）为估计值或预测值。未来国际组织可能会对预测值做出调整，本部分仅报告编制时能获得的最新数据。

3. “1995~2004”意为 1995~2004 年的平均值，年度统计量的平均值表示法以此类推。“—”表示数据在统计时点无法取得或无实际意义，“0”表示数据远小于其所在表的计量单位。

4. 部分表格受篇幅所限无法列出所有国家和地区，编制时根据重点有所选择。

二 国际货币基金组织的经济预测

本部分预测数据均来自国际货币基金组织（IMF）的《世界经济展望》（*World Economic Outlook*），预测的假设与方法参见报告原文。数据访问时间是 2019 年 10 月。

三 国家和地区分类

《世界经济展望》将国家和地区分为发达经济体、新兴市场和发展中国家两大类。为了便于分析和提供更合理的集团数据，这种分类随时间变化亦有所改变，分类标准并非一成不变。表 A 列出了发达经济体的分类方法。新兴市场和发展中国家是发达经济体之外的国家和地区，按地区分为中东欧、独联体、亚洲发展中国家、拉丁美洲和加勒比地区、中东和北非、撒哈拉以南。

表 A　发达经济体细分类别

主要货币区	欧元区（19 国）	主要发达经济体	其他发达经济体
美国、欧元区、日本	奥地利、比利时、塞浦路斯、爱沙尼亚、芬兰、法国、德国、希腊、爱尔兰、意大利、拉脱维亚、立陶宛、卢森堡、马耳他、荷兰、葡萄牙、斯洛伐克、斯洛文尼亚、西班牙	加拿大、法国、德国、意大利、日本、英国、美国	澳大利亚、捷克、丹麦、中国香港、冰岛、以色列、韩国、新西兰、挪威、圣马力诺、新加坡、瑞典、瑞士、中国台湾

（一）世界经济形势回顾与展望

表 1-1　世界产出简况（2015~2024 年）

单位：%，十亿美元

类　别	2015 年	2016 年	2017 年	2018 年	2019 年	2020 年	2024 年
实际 GDP 增长率							
世界	3.5	3.4	3.8	3.6	3.0	3.4	3.6
发达经济体	2.3	1.7	2.5	2.3	1.7	1.7	1.6
美国	2.9	1.6	2.4	2.9	2.4	2.1	1.6
欧元区	2.1	1.9	2.5	1.9	1.2	1.4	1.3
日本	1.2	0.6	1.9	0.8	0.9	0.5	0.5
其他发达经济体*	2.3	2.4	2.9	2.6	1.6	2.0	2.4
新兴市场和发展中国家	4.3	4.6	4.8	4.5	3.9	4.6	4.8
亚洲新兴市场和发展中国家	6.8	6.7	6.6	6.4	5.9	6.0	6.0
欧洲新兴市场和发展中国家	0.8	1.8	3.9	3.1	1.8	2.5	2.5
拉丁美洲和加勒比地区	0.3	−0.6	1.2	1.0	0.2	1.8	2.7
撒哈拉以南	3.1	1.4	3.0	3.2	3.2	3.6	4.2
人均实际 GDP 增长率**							
发达经济体	1.8	1.2	2.0	1.8	1.3	1.3	1.2
新兴市场和发展中国家	2.8	3.1	3.3	3.2	2.5	3.3	3.5

续表

类　别	2015年	2016年	2017年	2018年	2019年	2020年	2024年
世界名义 GDP							
基于市场汇率	74779	75824	80262	84930	86599	90520	111569
基于购买力平价	115799	120832	127703	135436	141860	149534	186156

注：“*”表示除美国、欧元区国家和日本以外的发达经济体；“**”表示按购买力平价计算。
资料来源：IMF，*World Economic Outlook*，October 2019。

表 1-2　GDP 不变价增长率回顾与展望：部分国家和地区（2011~2020 年）

单位：%

国家和地区	2011年	2012年	2013年	2014年	2015年	2016年	2017年	2018年	2019年	2020年
阿根廷	6.0	−1.0	2.4	−2.5	2.7	−2.1	2.7	−2.5	−3.1	−1.3
澳大利亚	2.8	3.9	2.1	2.6	2.5	2.8	2.4	2.7	1.7	2.3
巴　西	4.0	1.9	3.0	0.5	−3.6	−3.3	1.1	1.1	0.9	2.0
加拿大	3.1	1.8	2.3	2.9	0.7	1.1	3.0	1.9	1.5	1.8
中　国	9.5	7.9	7.8	7.3	6.9	6.7	6.8	6.6	6.1	5.8
埃　及	1.8	2.2	3.3	2.9	4.4	4.3	4.1	5.3	5.5	5.9
芬　兰	2.6	−1.4	−0.8	−0.6	0.5	2.8	3.0	1.7	1.2	1.5
法　国	2.2	0.3	0.6	1.0	1.1	1.1	2.3	1.7	1.2	1.3
德　国	3.9	0.4	0.4	2.2	1.7	2.2	2.5	1.5	0.5	1.2
希　腊	−9.1	−7.3	−3.2	0.7	−0.4	−0.2	1.5	1.9	2.0	2.2
中国香港	4.8	1.7	3.1	2.8	2.4	2.2	3.8	3.0	0.3	1.5
冰　岛	1.9	1.3	4.1	2.1	4.7	6.6	4.4	4.8	0.8	1.6
印　度	6.6	5.5	6.4	7.4	8.0	8.2	7.2	6.8	6.1	7.0
印度尼西亚	6.2	6.0	5.6	5.0	4.9	5.0	5.1	5.2	5.0	5.1
爱尔兰	0.3	0.2	1.4	8.5	25.1	3.7	8.1	8.3	4.3	3.5
意大利	0.6	−2.8	−1.7	0.1	0.9	1.1	1.7	0.9	0.0	0.5
日　本	−0.1	1.5	2.0	0.4	1.2	0.6	1.9	0.8	0.9	0.5
韩　国	3.7	2.4	3.2	3.2	2.8	2.9	3.2	2.7	2.0	2.2
马来西亚	5.3	5.5	4.7	6.0	5.0	4.5	5.7	4.7	4.5	4.4
墨西哥	3.7	3.6	1.4	2.8	3.3	2.9	2.1	2.0	0.4	1.3

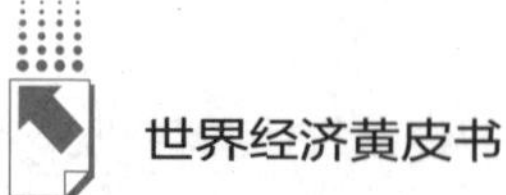

续表

国家和地区	2011 年	2012 年	2013 年	2014 年	2015 年	2016 年	2017 年	2018 年	2019 年	2020 年
新 西 兰	1.9	2.6	2.2	3.1	4.0	4.2	2.6	2.8	2.5	2.7
尼日利亚	4.9	4.3	5.4	6.3	2.7	−1.6	0.8	1.9	2.3	2.5
挪 威	1.0	2.7	1.0	2.0	2.0	1.1	2.3	1.3	1.9	2.4
菲 律 宾	3.7	6.7	7.1	6.1	6.1	6.9	6.7	6.2	5.7	6.2
葡 萄 牙	−1.7	−4.1	−0.9	0.8	1.8	2.0	3.5	2.4	1.9	1.6
俄 罗 斯	5.1	3.7	1.8	0.7	−2.3	0.3	1.6	2.3	1.1	1.9
沙特阿拉伯	10.0	5.4	2.7	3.7	4.1	1.7	−0.7	2.4	0.2	2.2
新 加 坡	6.3	4.4	4.8	3.9	2.9	3.0	3.7	3.1	0.5	1.0
南 非	3.3	2.2	2.5	1.8	1.2	0.4	1.4	0.8	0.7	1.1
西 班 牙	−1.0	−2.9	−1.7	1.4	3.7	3.2	3.0	2.6	2.2	1.8
瑞 典	3.1	−0.6	1.1	2.7	4.4	2.4	2.4	2.3	0.9	1.5
瑞 士	1.8	1.0	1.9	2.5	1.3	1.7	1.9	2.8	0.8	1.3
中国台湾	3.8	2.1	2.2	4.0	0.8	1.5	3.1	2.6	2.0	1.9
泰 国	0.8	7.2	2.7	1.0	3.1	3.4	4.0	4.1	2.9	3.0
土 耳 其	11.1	4.8	8.5	5.2	6.1	3.2	7.5	2.8	0.2	3.0
英 国	1.6	1.4	2.0	2.9	2.3	1.8	1.8	1.4	1.2	1.4
美 国	1.6	2.2	1.8	2.5	2.9	1.6	2.4	2.9	2.4	2.1
越 南	6.2	5.2	5.4	6.0	6.7	6.2	6.8	7.1	6.5	6.5

资料来源：IMF，*World Economic Outlook*，October 2019。

表 1-3　市场汇率计 GDP：部分国家和地区（2012~2020 年）

单位：亿美元

2018 年位次	国家和地区	2012 年	2013 年	2014 年	2015 年	2016 年	2017 年	2018 年	2019 年	2020 年
1	美 国	161971	167848	175273	182248	187151	195194	205803	214395	223218
2	中 国	85703	96350	105345	112262	112218	120623	133681	141402	152699
3	日 本	62032	51557	48504	43895	49267	48598	49718	51545	54131
4	德 国	35294	37339	38901	33622	34682	36645	39513	38633	39822
5	英 国	26771	27554	30363	28971	26691	26401	28288	27436	27165
6	法 国	26854	28119	28567	24394	24723	25918	27802	27071	27716

续表

2018年位次	国家和地区	2012年	2013年	2014年	2015年	2016年	2017年	2018年	2019年	2020年
7	印　　度	18276	18567	20391	21036	22898	26522	27187	29356	32022
8	意大利	20740	21311	21552	18332	18700	19507	20759	19886	20137
9	巴　　西	24644	24715	24561	17999	17954	20528	18678	18470	18930
10	韩　　国	12784	13708	14843	14658	15005	16239	17205	16295	16266
11	加拿大	18284	18466	18057	15565	15300	16499	17125	17309	18125
12	俄罗斯	21891	22925	20583	13568	12805	15793	16573	16379	16575
13	西班牙	13368	13623	13791	11997	12380	13171	14275	13979	14404
14	澳大利亚	15691	15183	14575	12351	12678	13868	14200	13763	13754
15	墨西哥	12011	12744	13146	11706	10779	11570	12221	12742	13225
16	印度尼西亚	9190	9166	8911	8607	9321	10153	10225	11117	12048
17	荷　　兰	8395	8772	8924	7657	7838	8336	9145	9024	9310
18	沙特阿拉伯	7360	7466	7564	6543	6449	6886	7865	7793	7833
19	土耳其	8737	9503	9341	8594	8634	8526	7713	7437	8138
20	瑞　　士	6679	6887	7095	6797	6714	6800	7055	7154	7494
21	中国台湾	4959	5116	5305	5256	5314	5749	5899	5861	6030
22	波　　兰	5008	5244	5453	4776	4718	5267	5858	5659	6067
23	瑞　　典	5509	5846	5802	5037	5157	5405	5561	5289	5408
24	比利时	4982	5211	5317	4562	4699	4960	5323	5176	5296
25	阿根廷	5797	6115	5636	6425	5568	6429	5195	4455	4432
26	泰　　国	3976	4203	4073	4013	4124	4553	5049	5292	5573
27	奥地利	4097	4302	4427	3820	3942	4177	4562	4477	4626
28	伊　　朗	3892	3964	4234	3754	4044	4307	4461	4585	4631
29	挪　　威	5095	5228	4984	3858	3688	3984	4342	4176	4221
30	阿联酋	3746	3901	4031	3581	3570	3777	4142	4058	4140
31	尼日利亚	4610	5150	5685	4938	4054	3764	3982	4465	4948
32	爱尔兰	2249	2383	2585	2913	3003	3352	3828	3849	4021
33	以色列	2572	2926	3096	2998	3190	3533	3706	3877	4105
34	南　　非	3963	3668	3509	3176	2963	3494	3681	3588	3699
35	新加坡	2951	3076	3149	3080	3181	3384	3641	3628	3696

资料来源：IMF，*World Economic Outlook*，October 2019。

表 1-4 人均 GDP：部分国家和地区（2018~2020 年）									
市场汇率计人均 GDP（美元）					购买力平价计人均 GDP（国际元）				
2018 年位次	国家和地区	2018 年	2019 年	2020 年	2018 年位次	国家和地区	2018 年	2019 年	2020 年
1	卢森堡	115536	113196	116727	1	卡塔尔	129638	132886	138910
2	瑞士	83162	83717	86674	2	中国澳门	115913	114363	113352
3	中国澳门	81728	81152	80065	3	卢森堡	106372	108951	112045
4	挪威	81550	77975	78333	4	新加坡	101387	103181	105689
5	爱尔兰	78335	77771	80265	5	爱尔兰	79617	83399	86988
6	冰岛	74515	67037	66602	6	文莱	78350	80384	85011
7	卡塔尔	70379	69688	70737	7	挪威	74357	76684	79638
8	新加坡	64579	63987	64829	8	阿联酋	69222	69435	70442
9	美国	62869	65112	67427	9	科威特	66652	66387	67891
10	丹麦	60897	59795	61733	10	瑞士	65010	66196	67558
11	澳大利亚	56420	53825	52952	11	中国香港	64199	64928	66528
12	瑞典	54356	51242	51892	12	美国	62869	65112	67427
13	荷兰	53228	52368	53873	13	圣马力诺	60334	61575	62913
14	奥地利	51344	50023	51330	14	荷兰	56480	58341	60299
15	芬兰	49738	48869	50774	15	冰岛	55941	56066	56974
16	圣马力诺	48948	47280	47932	16	沙特阿拉伯	55730	55704	56912
17	中国香港	48451	49334	50460	17	瑞典	53652	54628	55989
18	德国	47662	46564	47992	18	中国台湾	53074	55078	57214
19	比利时	46696	45176	45980	19	德国	52386	53567	55306
20	加拿大	46290	46213	47931	20	澳大利亚	52379	53379	54799
40	沙特阿拉伯	23539	22865	22533	40	捷克	37340	38834	40585
41	葡萄牙	23437	23031	23731	41	斯洛文尼亚	36741	38462	40344
42	爱沙尼亚	23330	23524	24803	42	斯洛伐克	35136	36640	38322
43	捷克	23113	23214	24569	43	立陶宛	34597	36701	38751
44	希腊	20317	19974	20845	44	爱沙尼亚	34157	35853	37606
45	斯洛伐克	19579	19548	20495	45	巴哈马群岛	32817	33333	33432
46	立陶宛	18994	19267	20355	46	葡萄牙	32412	33665	34936
47	阿曼	18970	17791	17723	47	特立尼达和多巴哥	32284	32715	33713

续表

市场汇率计人均 GDP（美元）					购买力平价计人均 GDP（国际元）				
2018 年位次	国家和地区	2018 年	2019 年	2020 年	2018 年位次	国家和地区	2018 年	2019 年	2020 年
48	拉脱维亚	18033	18172	19105	48	波兰	32005	33891	35651
49	巴巴多斯	17758	18069	18487	49	匈牙利	31914	34046	35941
50	圣基茨和尼维斯	17513	18246	19024	50	马来西亚	31311	32881	34567
70	赤道几内亚	10453	8927	8274	70	白俄罗斯	19941	20644	21224
100	波黑	5755	5742	6010	100	阿尔巴尼亚	13327	13991	14866
120	印度尼西亚	3871	4164	4465	120	瑙鲁	8700	8999	9073
180	冈比亚	713	755	796	180	海地	1865	1878	1916
185	莫桑比克	475	484	522	185	利比里亚	1418	1414	1428

注：表中只列出部分国家和地区，排名以所展示年份有数据的国家和地区为准。各国各地区购买力平价（PPP）数据参见 *World Economic Outlook*，IMF 并不直接计算 PPP 数据，而是根据世界银行、OECD、Penn World Tables 等国际组织的原始资料进行计算。

资料来源：IMF，*World Economic Outlook*，October 2019。

（二）世界通货膨胀、就业形势回顾与展望

表 2-1　通货膨胀率* 回顾与展望：部分国家和地区（2014~2024 年）

单位：%

2018 年位次**	国家和地区	2014 年	2015 年	2016 年	2017 年	2018 年	2019 年	2020 年	2024 年
1	委内瑞拉	62.2	121.7	254.9	438.1	65374.1	200000.0	500000.0	—
2	南苏丹	1.7	52.8	379.8	187.9	83.5	24.5	16.9	8.0
3	苏丹	36.9	16.9	17.8	32.4	63.3	50.4	62.1	74.7
4	阿根廷	—	—	—	25.7	34.3	54.4	51.0	17.0
5	伊朗	15.6	11.9	9.1	9.6	30.5	35.7	31.0	25.0
6	刚果	1.2	0.7	3.2	35.8	29.3	5.5	5.0	5.0
7	也门	8.2	22.0	21.3	30.4	27.6	14.7	35.5	5.0
8	利比里亚	9.9	7.7	8.8	12.4	23.5	22.2	20.5	13.5
9	埃及	10.1	11.0	10.2	23.5	20.9	13.9	10.0	7.1
10	安哥拉	7.3	9.2	30.7	29.8	19.6	17.2	15.0	6.0

续表

2018年位次**	国家和地区	2014年	2015年	2016年	2017年	2018年	2019年	2020年	2024年
13	土耳其	8.9	7.7	7.8	11.1	16.3	15.7	12.6	11.0
39	墨西哥	4.0	2.7	2.8	6.0	4.9	3.8	3.1	3.0
64	巴西	6.3	9.0	8.7	3.4	3.7	3.8	3.5	3.5
70	印度	5.8	4.9	4.5	3.6	3.4	3.4	4.1	4.0
71	爱沙尼亚	0.5	0.1	0.8	3.7	3.4	2.5	2.4	2.1
81	俄罗斯	7.8	15.5	7.0	3.7	2.9	4.7	3.5	4.0
83	匈牙利	−0.2	−0.1	0.4	2.4	2.8	3.4	3.4	3.0
84	挪威	2.0	2.2	3.6	1.9	2.8	2.3	1.9	2.0
86	冰岛	2.0	1.6	1.7	1.8	2.7	2.8	2.5	2.5
92	拉脱维亚	0.7	0.2	0.1	2.9	2.6	3.0	2.6	2.2
94	立陶宛	0.2	−0.7	0.7	3.7	2.5	2.3	2.2	2.2
95	斯洛伐克	−0.1	−0.3	−0.5	1.4	2.5	2.6	2.1	2.0
96	沙特阿拉伯	2.2	1.3	2.0	−0.9	2.5	−1.1	2.2	2.1
97	英国	1.5	0.0	0.7	2.7	2.5	1.8	1.9	2.0
98	美国	1.6	0.1	1.3	2.1	2.4	1.8	2.3	2.3
103	智利	4.7	4.3	3.8	2.2	2.3	2.2	2.8	3.0
104	比利时	0.5	0.6	1.8	2.2	2.3	1.5	1.3	1.8
107	加拿大	1.9	1.1	1.4	1.6	2.2	2.0	2.0	2.0
110	捷克	0.4	0.3	0.7	2.5	2.2	2.6	2.3	2.0
112	奥地利	1.5	0.8	1.0	2.2	2.1	1.5	1.9	2.0
113	法国	0.6	0.1	0.3	1.2	2.1	1.2	1.3	1.7
115	中国	2.0	1.4	2.0	1.6	2.1	2.3	2.4	3.0
117	瑞典	0.2	0.7	1.1	1.9	2.0	1.7	1.5	1.9
119	卢森堡	0.7	0.1	0.0	2.1	2.0	1.7	1.7	1.9
122	澳大利亚	2.5	1.5	1.3	2.0	2.0	1.6	1.8	2.5
124	德国	0.8	0.7	0.4	1.7	1.9	1.5	1.7	2.1
129	斯洛文尼亚	0.2	−0.5	−0.1	1.4	1.7	1.8	1.9	2.0
131	西班牙	−0.2	−0.5	−0.2	2.0	1.7	0.7	1.0	1.8
133	波兰	0.0	−0.9	−0.6	2.0	1.6	2.4	3.5	2.9
134	荷兰	0.3	0.2	0.1	1.3	1.6	2.5	1.6	2.0

续表

2018年位次**	国家和地区	2014年	2015年	2016年	2017年	2018年	2019年	2020年	2024年
135	新西兰	1.2	0.3	0.6	1.9	1.6	1.4	1.9	2.0
141	韩国	1.3	0.7	1.0	1.9	1.5	0.5	0.9	2.0
154	意大利	0.2	0.1	-0.1	1.3	1.2	0.7	1.0	1.5
157	芬兰	1.2	-0.2	0.4	0.8	1.2	1.2	1.3	1.8
158	葡萄牙	-0.2	0.5	0.6	1.6	1.2	0.9	1.2	1.7
165	日本	2.8	0.8	-0.1	0.5	1.0	1.0	1.3	1.3
167	瑞士	0.0	-1.1	-0.4	0.5	0.9	0.6	0.6	1.0
171	以色列	0.5	-0.6	-0.5	0.2	0.8	1.0	1.3	2.0
175	希腊	-1.4	-1.1	0.0	1.1	0.8	0.6	0.9	1.8
177	爱尔兰	0.3	0.0	-0.2	0.3	0.7	1.2	1.5	2.0
178	丹麦	0.4	0.2	0.0	1.1	0.7	1.3	1.5	2.0
183	新加坡	1.0	-0.5	-0.5	0.6	0.4	0.7	1.0	1.5

注:“*”表示以消费者物价指数衡量的通货膨胀率，年度平均值;“**”表示按照当年的数值从高到低进行排序，排序仅考虑在当年有相应数据的国家和地区。

资料来源：IMF，*World Economic Outlook*，October 2019。

表 2-2 失业率：部分发达经济体（2014~2024 年）

单位：%

国家和地区	2014年	2015年	2016年	2017年	2018年	2019年	2020年	2024年
澳大利亚	6.1	6.1	5.7	5.6	5.3	5.1	5.1	4.8
奥地利	5.6	5.7	6.0	5.5	4.9	5.1	5.0	5.1
比利时	8.6	8.5	7.9	7.1	6.0	5.5	5.5	5.5
加拿大	6.9	6.9	7.0	6.3	5.8	5.8	6.0	6.5
塞浦路斯	16.1	14.9	13.0	11.1	8.4	7.0	6.0	5.0
捷克	6.1	5.0	3.9	2.9	2.2	2.2	2.3	3.2
丹麦	6.5	6.2	6.2	5.7	5.0	5.0	5.0	5.2
爱沙尼亚	7.4	6.2	6.8	5.8	5.4	4.7	4.7	5.0
芬兰	8.7	9.4	8.8	8.6	7.4	6.5	6.4	6.5
法国	10.3	10.4	10.1	9.4	9.1	8.6	8.4	8.0
德国	5.0	4.6	4.2	3.8	3.4	3.2	3.3	3.5
希腊	26.5	24.9	23.6	21.5	19.3	17.8	16.8	13.2

续表

国家和地区	2014 年	2015 年	2016 年	2017 年	2018 年	2019 年	2020 年	2024 年
中国香港	3.3	3.3	3.4	3.1	2.8	2.9	3.0	2.8
冰　　岛	5.0	4.0	3.0	2.8	2.7	3.3	3.6	3.8
爱 尔 兰	11.9	9.9	8.4	6.7	5.8	5.5	5.2	4.9
以 色 列	5.9	5.3	4.8	4.2	4.0	4.0	4.0	4.2
意 大 利	12.6	11.9	11.7	11.3	10.6	10.3	10.3	10.0
日　　本	3.6	3.4	3.1	2.8	2.4	2.4	2.4	2.4
韩　　国	3.5	3.6	3.7	3.7	3.8	4.0	4.2	3.8
拉脱维亚	10.8	9.9	9.6	8.7	7.4	6.5	6.7	7.3
卢 森 堡	10.7	9.1	7.9	7.1	6.1	6.1	6.0	5.8
马 耳 他	5.7	5.4	4.7	4.0	3.7	3.8	4.0	4.6
荷　　兰	7.4	6.9	6.0	4.9	3.8	3.3	3.3	3.3
新 西 兰	5.4	5.4	5.1	4.7	4.3	4.3	4.5	4.5
挪　　威	3.6	4.5	4.7	4.2	3.9	3.6	3.5	3.6
葡 萄 牙	13.9	12.4	11.1	8.9	7.0	6.1	5.6	5.2
新 加 坡	8.7	9.2	8.6	8.1	8.0	8.1	8.1	8.1
斯洛伐克	2.0	1.9	2.1	2.2	2.1	2.2	2.2	2.0
斯洛文尼亚	13.2	11.5	9.7	8.1	6.6	6.0	5.9	5.7
西 班 牙	9.7	9.0	8.0	6.6	5.1	4.5	4.5	4.7
瑞　　典	24.4	22.1	19.0	17.2	15.3	13.9	13.2	12.5
瑞　　士	7.9	7.4	7.0	6.7	6.3	6.5	6.7	6.6
中国台湾	3.0	3.2	3.3	3.1	2.5	2.8	2.8	2.7
英　　国	6.2	5.4	4.9	4.4	4.1	3.8	3.8	4.2
美　　国	6.2	5.3	4.9	4.4	3.9	3.7	3.5	3.9

资料来源：IMF，*World Economic Outlook*，October 2019。

（三）世界财政形势回顾与展望

表 3-1　广义政府财政差额占 GDP 比例：发达经济体（2012~2024 年）

单位：%

国家和地区	2012 年	2013 年	2014 年	2015 年	2016 年	2017 年	2018 年	2019 年	2020 年	2024 年
澳大利亚	−3.5	−2.8	−2.9	−2.8	−2.5	−1.7	−0.8	−0.7	−0.7	0.2
奥 地 利	−2.2	−2.0	−2.7	−1.0	−1.6	−0.7	0.1	0.1	−0.2	0.5
比 利 时	−4.2	−3.1	−3.1	−2.4	−2.4	−0.8	−0.7	−1.3	−1.3	−1.5
加 拿 大	−2.5	−1.5	0.2	−0.1	−0.4	−0.3	−0.4	−0.7	−0.7	−0.4

续表

国家和地区	2012年	2013年	2014年	2015年	2016年	2017年	2018年	2019年	2020年	2024年
塞浦路斯	-5.6	-5.1	-0.2	-0.3	0.3	1.8	-4.8	3.6	2.6	3.5
捷克	-3.9	-1.2	-2.1	-0.6	0.7	1.6	0.9	0.2	-0.1	-0.4
丹麦	-3.5	-1.2	1.1	-1.3	-0.1	1.5	0.5	0.2	0.0	0.1
爱沙尼亚	-0.3	-0.2	0.7	0.1	-0.3	-0.4	-0.5	-0.2	-0.1	-0.2
芬兰	-2.2	-2.6	-3.2	-2.8	-1.7	-0.8	-0.7	-0.7	-1.0	-0.7
法国	-5.0	-4.1	-3.9	-3.6	-3.5	-2.8	-2.5	-3.3	-2.4	-2.6
德国	0.0	0.0	0.6	0.9	1.2	1.2	1.9	1.1	1.0	1.0
希腊	-6.6	-3.6	-4.1	-2.8	0.6	1.1	1.0	-0.3	-1.0	-1.6
中国香港	3.1	1.0	3.6	0.6	4.4	5.5	2.3	0.6	1.5	1.2
冰岛	-3.6	-1.8	-0.1	-0.8	12.4	0.5	1.1	-0.7	0.1	0.3
爱尔兰	-8.1	-6.1	-3.6	-1.9	-0.7	-0.3	0.0	0.0	0.2	0.7
以色列	-4.4	-4.1	-2.4	-1.0	-1.4	-1.0	-3.3	-3.7	-3.8	-3.9
意大利	-2.9	-2.9	-3.0	-2.6	-2.5	-2.4	-2.1	-2.0	-2.5	-2.6
日本	-8.6	-7.9	-5.6	-3.8	-3.7	-3.2	-3.2	-3.0	-2.2	-2.0
韩国	1.5	0.6	0.4	0.5	1.6	2.2	2.6	0.7	-0.8	-1.4
拉脱维亚	0.2	-0.6	-1.7	-1.5	-0.4	-0.8	-0.7	-0.8	-0.5	-0.3
立陶宛	-3.1	-2.6	-0.7	-0.2	0.3	0.5	0.7	0.5	0.4	0.1
马耳他	-3.5	-2.4	-1.7	-1.1	0.9	3.4	2.0	0.5	0.8	0.6
荷兰	-3.9	-2.9	-2.2	-2.0	0.0	1.3	1.5	1.2	0.3	0.5
新西兰	-2.3	-1.4	-0.5	0.2	0.9	1.1	0.8	0.1	0.0	1.4
挪威	13.9	10.8	8.8	6.1	4.0	4.9	7.3	7.6	7.8	8.6
葡萄牙	-5.7	-4.8	-7.1	-4.3	-2.0	-2.9	-0.4	-0.2	0.1	1.0
圣马力诺	-7.1	-7.7	1.1	-3.3	-0.2	-3.6	-2.7	-2.4	-3.6	-3.9
新加坡	7.3	6.0	4.6	2.9	3.7	5.4	3.6	4.3	3.8	3.2
斯洛伐克	-4.3	-2.7	-2.7	-2.6	-2.2	-0.8	-0.7	-0.8	-0.9	-1.7
斯洛文尼亚	-3.1	-13.7	-5.8	-3.3	-1.6	-0.7	1.1	0.3	0.1	0.3
西班牙	-10.5	-7.0	-6.0	-5.3	-4.5	-3.1	-2.5	-2.2	-1.9	-1.9
瑞典	-1.0	-1.4	-1.5	0.2	1.1	1.5	0.9	0.4	0.3	0.3
瑞士	0.4	-0.4	-0.2	0.6	0.4	1.2	1.3	1.0	0.4	0.4
英国	-7.5	-5.3	-5.3	-4.2	-2.9	-1.8	-1.4	-1.4	-1.5	-1.0
美国	-8.0	-4.6	-4.0	-3.6	-4.3	-4.5	-5.7	-5.6	-5.5	-5.1

注：广义政府财政差额对应的英文统计口径为 General Government Net Lending/Borrowing，反映了广义政府对经济其他部门所产生的金融影响，即增加 / 减少后者的金融资产。

资料来源：IMF，*World Economic Outlook*，October 2019。

表 3-2 广义政府财政差额占 GDP 比例：部分新兴市场和发展中国家（2012~2024 年）

单位：%

国家和地区	2012 年	2013 年	2014 年	2015 年	2016 年	2017 年	2018 年	2019 年	2020 年	2024 年
阿根廷	-3.0	-3.3	-4.3	-6.0	-6.7	-6.7	-5.2	-4.0	-2.7	-2.9
孟加拉国	-3.0	-3.4	-3.1	-4.0	-3.4	-3.3	-4.6	-4.8	-4.8	-4.5
玻利维亚	1.8	0.7	-3.4	-6.9	-7.2	-7.8	-8.1	-7.8	-7.5	-5.3
巴西	-2.5	-3.0	-6.0	-10.3	-9.0	-7.9	-7.2	-7.5	-6.9	-5.7
智利	0.7	-0.5	-1.5	-2.1	-2.7	-2.6	-1.5	-2.2	-2.1	-0.5
中国	-0.3	-0.8	-0.9	-2.8	-3.7	-3.9	-4.8	-6.1	-6.3	-6.1
埃及	-10.0	-12.9	-11.3	-10.9	-12.5	-10.4	-9.4	-7.6	-7.0	-3.3
印度	-7.6	-7.0	-7.1	-7.2	-7.1	-7.0	-6.4	-7.5	-7.2	-6.8
印度尼西亚	-1.6	-2.2	-2.1	-2.6	-2.5	-2.5	-1.8	-1.9	-1.8	-1.8
伊朗	-0.3	-0.9	-1.1	-1.8	-2.3	-1.8	-2.5	-4.4	-5.0	-7.2
伊拉克	4.1	-6.1	-5.6	-12.8	-13.9	-1.6	7.9	-2.4	-3.5	-7.2
马来西亚	-3.1	-3.5	-2.6	-2.5	-2.6	-2.4	-3.6	-3.0	-2.6	-2.6
墨西哥	-3.7	-3.7	-4.5	-4.0	-2.8	-1.1	-2.2	-2.8	-2.6	-2.4
蒙古国	-6.2	-0.9	-3.7	-5.0	-15.3	-3.8	2.6	0.6	-0.9	-2.1
缅甸	-2.7	-1.7	-1.3	-2.8	-3.5	-2.6	-2.6	-3.5	-4.0	-3.9
菲律宾	-0.3	0.2	0.9	0.6	-0.4	-0.4	-1.6	-1.1	-1.7	-2.1
罗马尼亚	-2.5	-2.5	-1.7	-1.4	-2.4	-2.8	-2.8	-3.7	-3.5	-3.3
俄罗斯	0.4	-1.2	-1.1	-3.4	-3.7	-1.5	2.9	1.0	0.1	-0.8
沙特	-4.4	-4.3	-4.3	-4.8	-4.1	-4.4	-4.4	-6.2	-6.7	-6.6
南非	-0.9	0.5	-0.8	0.1	0.6	-0.9	-0.3	-0.2	-0.2	-1.1
泰国	-1.8	-1.5	-1.4	-1.3	-2.4	-2.2	-3.1	-4.6	-4.7	-5.1
土耳其	-4.3	-4.8	-4.5	-1.2	-2.2	-2.2	-2.2	-2.3	-2.3	-2.0
乌克兰	9.0	8.4	1.9	-3.4	-2.0	-1.4	1.2	-1.6	-2.8	-2.0
阿联酋	6.6	3.0	2.7	1.1	1.6	1.8	2.2	0.6	0.4	0.1
乌兹别克斯坦	-10.4	-11.3	-15.6	-10.7	-10.8	-16.6	-30.6	—	—	—
委内瑞拉	-6.9	-7.4	-6.3	-6.4	-3.9	-4.7	-4.4	-4.4	-4.3	-3.5
越南	-3.0	-3.3	-4.3	-6.0	-6.7	-6.7	-5.2	-4.0	-2.7	-2.9

注：广义政府财政差额对应的英文统计口径为 General Government Net Lending/Borrowing，反映了广义政府对经济其他部门所产生的金融影响，即增加 / 减少后者的金融资产。

资料来源：IMF，*World Economic Outlook*，October 2019。

表 3-3 广义政府债务占 GDP 比例：部分国家和地区（2012~2024 年）

单位：%

2018 年位次*	国家和地区	2012 年	2013 年	2014 年	2015 年	2016 年	2017 年	2018 年	2019 年	2020 年	2024 年
1	日本	229	232	236	232	236	235	237	238	238	238
2	苏丹	118	106	84	92	128	159	212	207	213	212
3	希腊	160	178	180	178	181	179	185	177	171	154
4	委内瑞拉	30	33	25	11	5	23	182	—	—	—
5	厄立特里亚	160	195	143	190	170	196	174	165	161	132
6	黎巴嫩	130	135	138	141	146	149	151	155	162	185
7	意大利	123	129	132	132	131	131	132	133	134	134
8	巴巴多斯	124	135	139	147	149	158	126	115	109	87
9	佛得角	91	102	116	127	128	127	125	123	119	94
10	葡萄牙	126	129	131	129	129	124	120	118	115	99
11	新加坡	107	98	98	102	107	109	114	114	115	117
12	美国	103	105	104	105	107	106	104	106	108	116
15	比利时	104	105	108	106	106	103	102	101	100	95
17	法国	91	93	95	96	98	98	98	99	99	98
18	西班牙	86	95	100	99	99	98	97	96	95	91
24	加拿大	86	86	86	91	92	90	90	87	85	75
27	巴西	62	60	62	73	78	84	88	92	94	95
29	英国	84	85	87	88	88	87	87	86	85	83
31	阿根廷	40	43	45	53	53	57	86	93	81	68
43	奥地利	82	81	84	84	83	78	74	71	68	56
47	匈牙利	78	77	77	77	76	73	71	68	65	58
48	斯洛文尼亚	54	70	80	83	79	74	70	67	65	56
50	印度	68	67	67	69	68	68	68	69	69	66
58	爱尔兰	120	120	105	77	74	68	64	61	58	47

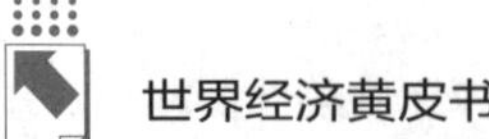

续表

2018年位次*	国家和地区	2012年	2013年	2014年	2015年	2016年	2017年	2018年	2019年	2020年	2024年
64	德　　国	81	79	76	72	69	65	62	59	56	46
67	以 色 列	68	67	66	64	62	60	61	62	63	65
73	芬　　兰	54	56	60	63	63	61	59	59	59	60
86	墨 西 哥	43	46	49	53	57	54	54	54	55	55
91	荷　　兰	66	68	68	65	62	57	52	49	47	40
95	中　　国	34	37	40	41	44	47	51	56	61	77
100	斯洛伐克	52	55	54	52	52	51	49	48	48	46
101	波　　兰	54	56	50	51	54	51	49	48	47	47
119	澳大利亚	28	30	34	38	40	41	41	42	42	37
123	瑞　　士	44	43	43	43	42	43	41	39	37	32
126	挪　　威	30	30	28	33	36	37	40	40	40	40
131	瑞　　典	38	40	45	44	42	40	38	37	35	29
135	韩　　国	31	34	35	37	38	38	38	40	43	53
136	冰　　岛	89	82	79	65	51	43	38	34	31	24
142	拉脱维亚	42	39	41	37	40	40	36	36	35	32
146	丹　　麦	45	44	44	40	37	35	34	33	32	38
148	立 陶 宛	40	39	41	43	40	39	34	32	30	24
151	捷　　克	44	45	42	40	37	35	33	32	31	27
154	土 耳 其	33	31	29	28	28	28	30	30	31	35
155	印度尼西亚	23	25	25	27	28	29	30	30	30	30
156	新 西 兰	36	35	34	34	34	32	30	30	30	29
163	智　　利	12	13	15	17	21	24	26	28	29	29
167	卢 森 堡	22	24	23	22	21	23	21	21	21	20
175	沙特阿拉伯	3	2	2	6	13	17	19	23	28	41
180	俄 罗 斯	12	13	16	16	16	15	15	16	18	21
183	爱沙尼亚	10	10	10	10	9	9	8	8	8	7

注：“*”表示按照当年的数值从高到低进行排序，排序仅考虑在当年有相应数据的国家和地区。

资料来源：IMF，*World Economic Outlook*，October 2019。

（四）世界金融形势回顾

表 4-1　广义货币供应量年增长率：部分国家和地区（2014~2018 年）

单位：%

国家和地区	2014 年	2015 年	2016 年	2017 年	2018 年
澳大利亚	7.0	6.0	6.7	4.5	2.4
巴　西	13.5	9.7	12.4	4.6	8.1
智　利	8.7	9.2	4.9	0.6	4.2
中　国*	11.1	13.7	11.3	8.4	8.8
捷　克	5.9	8.0	6.5	10.4	6.3
丹　麦	14.1	9.9	-7.2	5.2	1.5
欧元区	4.9	4.9	5.1	4.2	4.2
冰　岛	5.8	5.6	-4.6	5.0	7.0
印　度	10.6	10.6	6.8	10.4	10.5
印度尼西亚	11.9	9.0	10.0	8.3	6.3
日　本	2.9	3.0	3.9	3.5	2.4
韩　国	8.1	8.2	7.1	5.1	6.7
墨西哥	12.2	12.3	12.5	11.1	5.5
新西兰	6.7	9.9	7.7	7.3	6.4
挪　威	6.1	-5.3	11.2	6.1	5.0
俄罗斯	15.1	19.7	-0.9	7.4	12.3
沙特阿拉伯	11.8	2.9	0.5	0.2	—
南　非	7.3	10.3	6.1	6.4	5.6
英　国	-2.5	2.0	8.7	8.1	5.3
美　国	5.2	3.1	3.9	4.8	4.2

注："*"表示中国数据来自中国人民银行，其他国家数据来自 IMF，*International Financial Statistics*，October 2019。

表 4-2 汇率：部分国家和地区（2012~2019 年）								
单位：本币 / 美元								
币种	2012 年	2013 年	2014 年	2015 年	2016 年	2017 年	2018 年	2019 年
欧　元	0.78	0.75	0.75	0.90	0.90	0.89	0.85	0.89
日　元	79.79	97.60	105.94	121.04	108.79	112.17	110.42	110.01
英　镑	0.63	0.64	0.61	0.65	0.74	0.78	0.75	0.77
阿根廷比索	4.54	5.46	8.08	9.23	14.76	16.56	28.09	41.43
澳大利亚元	0.97	1.04	1.11	1.33	1.35	1.30	1.34	1.42
巴西里尔	1.95	2.16	2.35	3.33	3.49	3.19	3.65	3.84
加拿大元	1.00	1.03	1.10	1.28	1.33	1.30	1.30	1.33
人民币	6.31	6.20	6.14	6.23	6.64	6.76	6.62	6.79
印度卢比	53.44	58.60	61.03	64.15	67.20	65.12	68.39	70.01
韩　元	1126.47	1094.85	1052.96	1131.16	1160.43	1130.42	1100.56	1146.43
墨西哥比索	13.17	12.77	13.29	15.85	18.66	18.93	19.24	19.17
俄罗斯卢布	30.84	31.84	38.38	60.94	67.06	58.34	62.67	65.33
南非兰特	8.21	9.66	10.85	12.76	14.71	13.32	13.23	14.20
土耳其里拉	1.80	1.90	2.19	2.72	3.02	3.65	4.83	5.62

注：2012~2018 年为年内均值，2019 年为第一、第二季度均值。汇率为美元兑本币。

资料来源：IMF 国际金融统计，2019 年 10 月。

表 4-3 股票价格指数：全球主要证券交易所（2014~2018 年）						
国家和地区	指标名称	2014 年	2015 年	2016 年	2017 年	2018 年
美　国	标准普尔 500 指数	1931	2061	2095	2449	2746
英　国	金融时报 100 指数	6681	6590	6474	7380	7363
法　国	CAC40 指数	4334	4829	4419	5178	5294
德　国	DAX 指数	9534	10962	10196	12435	12270
瑞　士	苏黎士市场指数	8576	8943	8037	8915	8904
比利时	BFX 指数	3113	3611	3457	3873	3772
荷　兰	AEX 指数	406	467	442	521	543
挪　威	OSEAX 指数	645	663	664	811	976
意大利	ITLMS 指数	21667	23788	19090	23263	23724
西班牙	SMSI 指数	1067	1080	879	1034	971

续表

国家和地区	指标名称	2014年	2015年	2016年	2017年	2018年
瑞　典	OMXSPI指数	444	517	493	570	576
俄罗斯	RTS指数	1188	873	919	1102	1163
以色列	TA-100指数	1265	1385	1256	1288	1396
日　本	日经225指数	15461	19204	16920	20209	22311
印　度	孟买Sensex30指数	24639	27352	26373	30929	35400
菲律宾	马尼拉综合指数	6788	7435	7296	7842	7740
马来西亚	吉隆坡指数	1838	1726	1661	1745	1780
印度尼西亚	雅加达综合指数	4909	4908	5030	5739	6087
韩　国	KOSPI指数	1982	2012	1987	2311	2325
新加坡	海峡时报指数	3238	3204	2813	3235	3318
澳大利亚	普通股指数	5409	5491	5351	5854	6104
新西兰	股市NZ50指数	5173	5825	6848	7607	8728
多伦多	股票交易所300指数	14636	14333	14046	15544	15748
墨西哥	MXX指数	42625	43906	45605	49035	47200
巴　西	IBOVESPA指数	52730	49780	53258	68030	81639
阿根廷	MERV指数	8096	11061	14469	22676	30355
中　国	上证综合指数	2238	3722	3004	3250	2943
中国香港	恒生指数	23231	24299	21438	26223	28850
中国台湾	台湾加权指数	8992	8959	8763	10208	10620

资料来源：Wind数据库，2019年10月。

（五）国际收支形势回顾与展望

表5-1　国际收支平衡表：部分国家和地区（2014~2018年）

单位：亿美元

项目	2014年	2015年	2016年	2017年	2018年
美国					
经常项目差额	-3652	-4078	-4284	-4396	-4910
货物贸易差额	-7499	-7619	-7498	-8052	-8873

续表

项目	2014 年	2015 年	2016 年	2017 年	2018 年
服务贸易差额	2603	2633	2468	2551	2596
主要收入差额	2184	2036	1987	2258	2540
次要收入差额	-940	-1128	-1240	-1153	-1173
资本项目差额	0	0	-2	190	32
金融项目差额	-2973	-3260	-3820	-3576	-4455
直接投资——资产	3875	3071	3183	3846	-785
直接投资——负债	2519	5091	4944	3546	2584
证券投资——资产	5827	1604	363	5694	3340
证券投资——负债	6976	2139	2313	7925	3157
金融衍生品差额	-543	-270	78	240	-207
其他投资——资产	-1001	-2590	-37	2152	503
其他投资——负债	1600	-2219	171	4019	1615
储备资产变动	-36	-63	21	-17	50
误差与遗漏	680	819	465	631	423
中国					
经常项目差额	2360	3042	2022	1951	491
货物贸易差额	4350	5762	4889	4759	3952
服务贸易差额	-2137	-2183	-2331	-2589	-2922
主要收入差额	133	-411	-440	-100	-514
次要收入差额	14	-126	-95	-119	-24
资本项目差额	0	3	-3	-1	-6
金融项目差额	1691	915	-276	-180	-1117
直接投资——资产	1231	1744	2164	1383	965
直接投资——负债	2681	2425	1747	1661	2035
证券投资——资产	108	732	1028	948	535
证券投资——负债	932	67	505	1243	1602
金融衍生品差额	0	21	54	-4	62
其他投资——资产	3289	825	3499	1008	1984
其他投资——负债	502	-3515	332	1527	1214
储备资产变动	1178	-3429	-4436	915	189
误差与遗漏	-669	-2130	-2294	-2130	-1602

续表

项目	2014 年	2015 年	2016 年	2017 年	2018 年
日本					
经常项目差额	364	1365	1970	2016	1747
货物贸易差额	-998	-73	512	438	112
服务贸易差额	-288	-159	-107	-62	-72
主要收入差额	1839	1760	1763	1830	1891
次要收入差额	-190	-163	-197	-189	-184
资本项目差额	-20	-23	-66	-25	-19
金融项目差额	587	1809	2648	1662	1819
直接投资——资产	1379	1384	1786	1738	1591
直接投资——负债	198	53	410	204	259
证券投资——资产	1167	3058	3008	1036	1871
证券投资——负债	1570	1733	327	1528	948
金融衍生品差额	343	179	-152	306	10
其他投资——资产	1074	-423	1357	65	1480
其他投资——负债	1693	654	2561	-13	2165
储备资产变动	85	51	-53	236	239
误差与遗漏	244	467	743	-329	91
德国					
经常项目差额	2783	2881	2937	2962	2912
货物贸易差额	2914	2755	2799	2856	2624
服务贸易差额	-334	-203	-233	-251	-229
主要收入差额	746	758	821	914	1078
次要收入差额	-543	-428	-450	-558	-561
资本项目差额	40	0	23	-22	23
金融项目差额	3178	2594	2868	3199	2708
直接投资——资产	1076	1309	1092	1374	1591
直接投资——负债	198	625	626	834	1053
证券投资——资产	2015	1387	1080	1201	824
证券投资——负债	238	-713	-1123	-1043	-514
金融衍生品差额	508	338	321	132	275
其他投资——资产	606	108	1954	1442	1547

续表

项目	2014 年	2015 年	2016 年	2017 年	2018 年
其他投资——负债	558	611	2093	1145	994
储备资产变动	-33	-24	19	-15	5
误差与遗漏	355	-287	-91	259	-227

资料来源：IMF 国际收支统计，2019 年 10 月。

表 5-2　经常项目差额占 GDP 比例：部分国家和地区（2014~2024 年）

单位：%

国家和地区	2014 年	2015 年	2016 年	2017 年	2018 年	2019 年	2020 年	2024 年
阿根廷	-1.6	-2.7	-2.7	-4.9	-5.3	-1.2	0.3	-1.6
澳大利亚	-3.1	-4.6	-3.3	-2.6	-2.1	-0.3	-1.7	-1.9
巴西	-4.1	-3.0	-1.3	-0.4	-0.8	-1.2	-1.0	-1.6
加拿大	-2.4	-3.5	-3.2	-2.8	-2.6	-1.9	-1.7	-1.6
中国	2.2	2.7	1.8	1.6	0.4	1.0	0.9	0.4
埃及	-0.9	-3.7	-6.0	-6.1	-2.4	-3.1	-2.8	-2.5
芬兰	-1.5	-0.7	-0.7	-0.7	-1.6	-0.7	-0.5	0.4
法国	-1.0	-0.4	-0.5	-0.7	-0.6	-0.5	-0.5	-0.4
德国	7.2	8.6	8.5	8.1	7.3	7.0	6.6	5.8
中国香港	1.4	3.3	4.0	4.6	4.3	5.5	5.1	4.0
冰岛	3.9	5.2	7.6	3.8	2.8	3.1	1.6	0.3
印度	-1.3	-1.1	-0.6	-1.8	-2.1	-2.0	-2.3	-2.5
印度尼西亚	-3.1	-2.0	-1.8	-1.6	-3.0	-2.9	-2.7	-2.5
意大利	1.9	1.3	2.5	2.6	2.5	2.9	2.9	2.1
日本	0.8	3.1	4.0	4.2	3.5	3.3	3.3	3.7
韩国	5.6	7.2	6.5	4.6	4.4	3.2	2.9	2.9
马来西亚	4.3	3.0	2.4	2.8	2.1	3.1	1.9	0.9
墨西哥	-1.9	-2.6	-2.2	-1.7	-1.8	-1.2	-1.6	-2.0
新西兰	-3.1	-3.0	-2.2	-2.9	-3.8	-4.1	-4.3	-4.3
菲律宾	3.8	2.5	-0.4	-0.7	-2.6	-2.0	-2.3	-1.9
葡萄牙	0.1	0.1	0.6	0.4	-0.6	-0.6	-0.7	-1.5
俄罗斯	2.8	5.0	1.9	2.1	6.8	5.7	3.9	3.2

续表

国家和地区	2014 年	2015 年	2016 年	2017 年	2018 年	2019 年	2020 年	2024 年
沙特阿拉伯	9.8	-8.7	-3.7	1.5	9.2	4.4	1.5	-1.8
新 加 坡	18.0	17.2	17.5	16.4	17.9	16.5	16.6	15.0
南　　非	-5.1	-4.6	-2.9	-2.5	-3.5	-3.1	-3.6	-4.7
西 班 牙	1.1	1.2	2.3	1.8	0.9	0.9	1.0	1.0
瑞　　典	4.5	4.1	3.8	2.8	1.7	2.9	2.7	2.4
瑞　　士	8.5	11.2	9.4	6.7	10.2	9.6	9.9	9.8
中国台湾	11.4	13.9	13.5	14.5	12.2	11.4	10.8	8.0
泰　　国	2.9	6.9	10.5	9.7	6.4	6.0	5.4	3.7
土 耳 其	-4.7	-3.7	-3.8	-5.6	-3.5	-0.6	-0.9	-1.9
英　　国	-4.9	-4.9	-5.2	-3.3	-3.9	-3.5	-3.7	-3.7
美　　国	-2.1	-2.2	-2.3	-2.3	-2.4	-2.5	-2.6	-2.3
越　　南	4.9	-0.1	2.9	2.1	2.4	2.2	1.9	1.0

资料来源：IMF，*World Economic Outlook*，October 2019。

（六）国际贸易形势回顾

表 6-1　货物贸易进出口：部分国家和地区（2015~2018 年）

单位：亿美元

2018 年位次	国家和地区	货物出口				2018 年位次	国家和地区	货物进口			
		2015 年	2016 年	2017 年	2018 年			2015 年	2016 年	2017 年	2018 年
	世　　界	165296	160296	177311	194746		世　　界	167025	162050	179614	197777
1	中　　国	22735	20976	22633	24870	1	美　　国	23153	22502	24085	26143
2	美　　国	15026	14510	15463	16641	2	中　　国	16796	15879	18438	21359
3	德　　国	13262	13344	14482	15608	3	德　　国	10511	10553	11629	12856
4	日　　本	6248	6449	6981	7384	4	日　　本	6480	6076	6719	7487
5	荷　　兰	5704	5706	6521	7227	5	英　　国	6262	6366	6435	6735
6	韩　　国	5268	4954	5737	6049	6	法　　国	5708	5677	6186	6726
7	法　　国	5063	5012	5352	5818	7	荷　　兰	5121	5008	5746	6460
8	中国香港	5106	5167	5503	5692	8	中国香港	5594	5473	5899	6275

续表

2018年位次	国家和地区	货物出口				2018年位次	国家和地区	货物进口			
		2015年	2016年	2017年	2018年			2015年	2016年	2017年	2018年
9	意大利	4570	4617	5074	5466	9	韩国	4365	4062	4785	5352
10	英国	4596	4090	4411	4857	10	印度	3929	3612	4484	5107
11	比利时	3968	3982	4306	4667	11	意大利	4109	4068	4531	5008
12	墨西哥	3805	3739	4094	4506	12	墨西哥	4053	3975	4322	4766
13	加拿大	4100	3900	4208	4498	13	加拿大	4294	4132	4422	4690
14	俄罗斯	3414	2817	3535	4440	14	比利时	3755	3794	4089	4501
15	新加坡	3466	3381	3732	4126	15	西班牙	3119	3109	3520	3880
16	阿联酋	3005	2950	3140	3455	16	新加坡	2967	2919	3277	3706
17	西班牙	2823	2900	3195	3452	17	中国台湾	2372	2306	2593	2863
18	中国台湾	2853	2803	3172	3359	18	瑞士	2531	2701	2698	2793
19	印度	2674	2641	2993	3256	19	波兰	1965	1995	2338	2665
20	瑞士	2898	3028	2996	3108	20	阿联酋	2630	2710	2680	2530
21	沙特阿拉伯	2036	1836	2218	2991	21	泰国	2027	1942	2215	2497
22	波兰	1991	2038	2344	2606	22	俄罗斯	1930	1915	2381	2491
23	澳大利亚	1877	1925	2311	2569	23	越南	1656	1748	2115	2442
24	泰国	2143	2154	2366	2521	24	澳大利亚	2088	1962	2288	2357
25	马来西亚	1992	1897	2177	2474	25	土耳其	2072	1986	2338	2230
26	越南	1621	1766	2143	2456	26	马来西亚	1760	1684	1947	2175
27	巴西	1911	1852	2178	2397	27	奥地利	1560	1577	1758	1933
28	捷克	1579	1627	1821	2022	28	巴西	1788	1434	1575	1887

资料来源：*WTO Statistics Database Online*，October 2019。

表 6-2 服务贸易进出口：部分国家和地区（2015~2018 年）

单位：亿美元

2018年位次	国家和地区	服务出口				2018年位次	国家和地区	服务进口			
		2015年	2016年	2017年	2018年			2015年	2016年	2017年	2018年
	世界	49626	50312	54293	58451		世界	48761	49062	52172	56036
1	美国	7553	7589	7977	8284	1	美国	4920	5098	5425	5592
2	英国	3558	3482	3565	3762	2	中国	4355	4521	4676	5250

续表

2018年位次	国家和地区	服务出口				2018年位次	国家和地区	服务进口			
		2015年	2016年	2017年	2018年			2015年	2016年	2017年	2018年
3	德国	2767	2858	3075	3312	3	德国	2955	3079	3310	3515
4	法国	2556	2600	2751	2915	4	法国	2333	2403	2453	2568
5	中国	2186	2095	2281	2668	5	英国	2170	2108	2130	2353
6	荷兰	1978	1908	2177	2425	6	荷兰	2134	1834	2063	2289
7	爱尔兰	1334	1494	1800	2057	7	爱尔兰	1752	2199	2006	2181
8	印度	1563	1618	1853	2051	8	日本	1786	1862	1928	2000
9	日本	1626	1758	1864	1920	9	新加坡	1632	1599	1815	1870
10	新加坡	1558	1570	1726	1840	10	印度	1236	1335	1546	1766
11	西班牙	1181	1266	1385	1492	11	比利时	1070	1088	1153	1289
12	瑞士	1138	1189	1218	1243	12	意大利	1014	1041	1154	1250
13	比利时	1134	1138	1197	1234	13	韩国	1126	1126	1220	1243
14	意大利	979	1003	1114	1216	14	加拿大	1011	1009	1079	1129
15	中国香港	1044	985	1043	1140	15	瑞士	943	985	1035	1034
16	卢森堡	984	979	1027	1131	16	俄罗斯	888	746	888	947
17	韩国	977	949	875	966	17	沙特阿拉伯	880	703	786	865
18	加拿大	812	828	880	929	18	卢森堡	758	746	785	863
19	泰国	618	678	755	841	19	西班牙	654	699	759	854
20	奥地利	590	615	667	741	20	中国香港	741	745	777	815
21	瑞典	727	728	737	731	21	阿联酋	819	705	718	723
22	阿联酋	608	656	705	718	22	澳大利亚	635	621	677	719
23	丹麦	644	628	668	696	23	瑞典	617	618	678	689
24	波兰	451	497	584	692	24	丹麦	582	602	620	686
25	澳大利亚	547	579	649	692	25	巴西	707	637	683	680
26	俄罗斯	516	507	577	649	26	奥地利	477	496	553	616
27	中国台湾	410	414	451	503	27	中国台湾	517	517	535	568
28	以色列	368	400	447	499	28	泰国	425	435	467	553
29	土耳其	470	378	440	488	29	挪威	473	483	501	518
30	中国澳门	334	330	388	436	30	马来西亚	402	401	424	445

资料来源：*WTO Statistics Database Online*，October 2019。

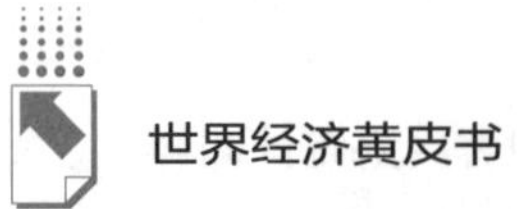

表 6-3　原油进出口量：部分国家和地区（2011 年和 2018 年）

单位：千桶 / 天，%

国家和地区	2011 年		2018 年		国家和地区	2011 年		2018 年	
	进口量	占世界比重	进口量	占世界比重		出口量	占世界比重	出口量	占世界比重
北美	9607	22.8	8504	18.2	北美	1731	4.2	5153	11.2
加拿大	672	1.6	747	1.6	加拿大	1684	4.1	3150	6.9
美国	8935	21.2	7757	16.6	美国	47	0.1	2002	4.4
拉丁美洲	1192	2.8	902	1.9	拉丁美洲	4600	11.1	4747	10.4
巴西	318	0.8	186	0.4	巴西	599	1.5	1147	2.5
智利	173	0.4	164	0.4	墨西哥	1420	3.4	1286	2.8
古巴	111	0.3	112	0.2	委内瑞拉	1553	3.8	1273	2.8
东欧	1866	4.4	1839	3.9	东欧	6882	16.7	7221	15.8
白俄罗斯	409	1.0	368	0.8	俄罗斯	4786	11.6	5069	11.1
波兰	480	1.1	543	1.2	西欧	2176	5.3	2043	4.5
西欧	10171	24.1	10321	22.0	挪威	1423	3.4	1255	2.7
法国	1294	3.1	1061	2.3	英国	563	1.4	708	1.5
德国	1827	4.3	1720	3.7	中东	17772	43.1	18915	41.3
希腊	331	0.8	491	1.0	伊朗	2537	6.1	1850	4.0
意大利	1453	3.4	1252	2.7	伊拉克	2166	5.2	3862	8.4
荷兰	987	2.3	1100	2.4	科威特	1816	4.4	2050	4.5
土耳其	365	0.9	423	0.9	阿曼	742	1.8	806	1.8
英国	1009	2.4	828	1.8	卡塔尔	588	1.4	477	1.0
中东	326	0.8	487	1.0	沙特阿拉伯	7218	17.5	7372	16.1
巴林	219	0.5	220	0.5	阿联酋	2457	6.0	2296	5.0
非洲	766	1.8	662	1.4	非洲	6827	16.5	6515	14.2
南非	443	1.1	492	1.1	阿尔及利亚	843	2.0	571	1.2
亚太地区	18256	43.3	24101	51.5	安哥拉	1546	3.7	1421	3.1
澳大利亚	488	1.2	361	0.8	利比亚	300	0.7	999	2.2
中国	5067	12.0	9261	19.8	尼日利亚	2377	5.8	1979	4.3
印度	3366	8.0	4544	9.7	苏丹	363	0.9	165	0.4
印度尼西亚	317	0.8	351	0.7	亚太地区	1292	3.1	1216	2.7
日本	3497	8.3	3056	6.5	澳大利亚	272	0.7	214	0.5

续表

国家和地区	2011年		2018年		国家和地区	2011年		2018年	
	进口量	占世界比重	进口量	占世界比重		出口量	占世界比重	出口量	占世界比重
马来西亚	220	0.5	210	0.4	文莱	154	0.4	115	0.3
菲律宾	183	0.4	230	0.5	中国	50	0.1	49	0.1
新加坡	716	1.7	919	2.0	印度尼西亚	257	0.6	284	0.6
韩国	2521	6.0	3037	6.5	马来西亚	280	0.7	348	0.8
泰国	794	1.9	951	2.0	越南	165	0.4	88	0.2
世界	42184	100.0	46816	100.0	世界	41280	100.0	45810	100.0
OECD	27586	65.4	26985	57.6	OPEC	23837	57.7	24670	53.9

注：数据包括转口数据，每个地区只列出主要的而非全部国家和地区。

资料来源：*OPEC Annual Statistical Bulletin 2019*，Interactive Version, http:// www.opec.org，October 2019。

（七）国际投资与资本流动回顾

表 7-1　国际投资头寸表：部分国家和地区（2014~2018 年）

单位：亿美元

项目	2014年	2015年	2016年	2017年	2018年
美国					
资产	248829	234306	240597	277729	252415
对外直接投资	72421	70571	74219	89100	75039
证券投资	97042	95702	100114	125715	114914
股本证券	67706	67562	71463	91181	79965
债务证券	29336	28140	28650	34533	34949
金融衍生品	32523	24434	22205	15608	14923
其他投资	42500	39764	39987	42809	43048
储备资产	4343	3836	4072	4497	4491
负债	318283	308922	322518	355161	347962
外来直接投资	63789	67292	75961	89255	84833
证券投资	169218	166458	173600	193983	187158
股本证券	66425	62091	65702	79416	74202
债务证券	102793	104368	107897	114567	112956
金融衍生品	31668	23889	21623	15232	14546
其他投资	53608	51283	51335	56692	61424

续表

项目	2014 年	2015 年	2016 年	2017 年	2018 年
中国					
资产	64383	61558	65070	71488	73242
对外直接投资	8826	10959	13574	18090	18990
证券投资	2625	2613	3670	4925	4980
股本证券	1613	1620	2152	2977	2700
债务证券	1012	993	1518	1948	2279
金融衍生品	0	36	52	59	62
其他投资	13938	13889	16797	16055	17530
储备资产	38993	34061	30978	32359	31680
负债	48356	44830	45567	50481	51941
外来直接投资	25991	26963	27551	27257	27623
证券投资	7962	8170	8111	10994	10964
股本证券	6513	5971	5795	7623	6842
债务证券	1449	2200	2316	3370	4122
金融衍生品	0	53	60	34	60
其他投资	14402	9643	9844	12197	13294
日本					
资产	77132	77875	84441	89757	91852
对外直接投资	11772	12602	13603	15513	16395
证券投资	32995	34174	37793	41063	40679
股本证券	11901	12748	14059	16760	16318
债务证券	21094	21426	23734	24302	24361
金融衍生品	4666	3741	3720	3001	2902
其他投资	15174	15031	17121	17568	19223
储备资产	12525	12328	12204	12613	12653
负债	48027	50723	55649	60590	61038
外来直接投资	1969	2056	2417	2562	2771
证券投资	23665	26643	27844	33368	31694
股本证券	14021	15512	15542	19472	15907
债务证券	9644	11131	12302	13895	15787
金融衍生品	4937	3792	3893	3009	2772
其他投资	17457	18232	21495	21652	23801

续表

项目	2014 年	2015 年	2016 年	2017 年	2018 年
德国					
资产	93031	85934	87090	100353	98093
对外直接投资	19959	19584	19738	23285	23858
证券投资	30757	29056	29768	35190	32986
股本证券	9398	9520	10090	12873	11457
债务证券	21360	19536	19677	22316	21529
金融衍生品	9608	7243	6445	5698	4887
其他投资	30779	28315	29287	34179	34380
储备资产	1928	1737	1853	2001	1982
负债	78537	70546	70167	78968	74444
外来直接投资	14693	13914	14046	16650	16911
证券投资	32103	28670	27511	30586	26707
股本证券	7613	7320	7209	8893	6942
债务证券	24490	21349	20302	21693	19765
金融衍生品	9885	7415	6756	5872	5099
其他投资	21856	20546	21854	25860	25727

资料来源：IMF 国际收支统计，2019 年 10 月。

表 7-2-1　FDI 流量：部分国家和地区（2016~2018 年）

单位：亿美元

国家和地区	流入量			流出量		
	2016 年	2017 年	2018 年	2016 年	2017 年	2018 年
世　　界	19187	14974	12972	15501	14254	10142
发达经济体	11977	7593	5569	11051	9253	5584
发展中经济体	6563	6906	7060	4199	4617	4176
澳大利亚	455	423	604	3	33	36

续表

国家和地区	流入量			流出量		
	2016 年	2017 年	2018 年	2016 年	2017 年	2018 年
比利时	510	-58	49	210	242	69
巴西	528	676	612	-59	167	-130
加拿大	360	248	396	699	798	505
中国	1337	1341	1390	1961	1583	1298
塞浦路斯	77	69	33	57	18	-22
埃及	81	74	68	2	2	3
法国	231	298	373	648	413	1024
德国	235	369	257	712	918	771
匈牙利	-58	33	64	-83	11	20
印度	445	399	423	51	111	110
印度尼西亚	39	206	220	-122	21	81
爱尔兰	394	-12	-663	301	-391	133
意大利	284	220	243	178	257	206
日本	178	104	99	1513	1604	1432
韩国	121	179	145	299	341	389
马来西亚	113	94	81	80	56	53
墨西哥	309	321	316	7	41	69
荷兰	643	582	697	1880	280	590
秘鲁	69	68	62	12	5	0
菲律宾	69	87	65	10	18	6
俄罗斯	372	260	133	270	342	364
沙特	75	14	32	89	73	212
新加坡	739	757	776	398	437	371
瑞士	607	390	-872	885	-349	269
英国	1961	1012	645	-225	1175	499
美国	4718	2773	2518	2893	3004	-636
越南	126	141	155	10	5	6

资料来源：联合国贸发会数据库，2019 年 10 月。

表 7-2-2　FDI 存量：部分国家和地区（2016~2018 年）

单位：亿美元

国家和地区	流入存量			流出存量		
	2016 年	2017 年	2018 年	2016 年	2017 年	2018 年
世　界	282430	326236	322720	276206	323830	309749
发达经济体	184052	214965	207896	212254	247163	230492
发展中经济体	90874	103037	106789	60027	72273	75237
澳大利亚	6061	6894	6829	4320	4960	4910
比利时	5151	5826	5223	6101	6897	5780
巴　西	5635	6230	6842	2032	2421	2291
加拿大	9659	10730	8940	12520	14854	13250
中　国	13546	14887	16277	13574	18090	19389
塞浦路斯	2062	2323	2243	2031	2220	2111
埃　及	1023	1097	1164	72	74	78
法　国	6949	8185	8249	12849	14665	15078
德　国	7945	9574	9390	13677	16451	16454
匈牙利	807	906	887	250	300	290
印　度	3183	3773	3864	1441	1552	1662
印度尼西亚	2499	2315	2263	591	659	723
爱尔兰	8407	8927	9095	8566	8601	9122
意大利	3526	4280	4310	4685	5571	5488
日　本	1966	2002	2138	13152	14946	16652
韩　国	1889	2294	2314	3102	3606	3876
马来西亚	1220	1466	1525	1260	1296	1189
墨西哥	4734	4906	4858	1464	1729	1525
荷　兰	13942	16883	16738	21835	25232	24273
秘　鲁	915	982	1044	43	54	55
菲律宾	645	790	830	439	492	519
俄罗斯	3939	4411	4074	3343	3800	3441
沙　特	2315	2276	2308	740	844	1057
新加坡	11126	13934	14810	7942	9623	10211
瑞　士	10818	11548	10628	12332	12633	12634
英　国	14756	18058	18904	14920	17736	16965
美　国	65864	78442	74647	64121	78287	64747
越　南	1154	1295	1450	96	101	107

资料来源：联合国贸发会数据库，2019 年 10 月。

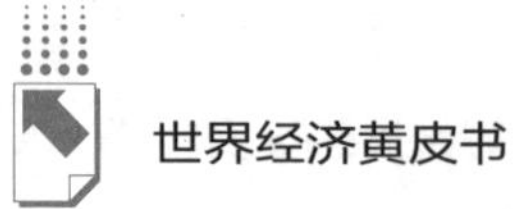

（八）全球竞争力和大公司排名

表 8-1　2019 年全球竞争力指数：部分国家和地区

国家和地区	2019 年竞争力指数		国家和地区	2019 年竞争力指数	
	位次	分数		位次	分数
新加坡	1	84.8	爱沙尼亚	31	70.9
美国	2	83.7	捷克	32	70.9
中国香港	3	83.1	智利	33	70.5
荷兰	4	82.4	葡萄牙	34	70.4
瑞士	5	82.3	斯洛文尼亚	35	70.2
日本	6	82.3	沙特阿拉伯	36	70.0
德国	7	81.8	波兰	37	68.9
瑞典	8	81.2	马耳他	38	68.5
英国	9	81.2	立陶宛	39	68.4
丹麦	10	81.2	泰国	40	68.1
芬兰	11	80.2	拉脱维亚	41	67.0
中国台湾	12	80.2	斯洛伐克	42	66.8
韩国	13	79.6	俄罗斯	43	66.7
加拿大	14	79.6	塞浦路斯	44	66.4
法国	15	78.8	巴林	45	65.4
澳大利亚	16	78.7	科威特	46	65.1
挪威	17	78.1	匈牙利	47	65.1
卢森堡	18	77.0	墨西哥	48	64.9
新西兰	19	76.7	保加利亚	49	64.9
以色列	20	76.7	印度尼西亚	50	64.6
奥地利	21	76.6	罗马尼亚	51	64.4
比利时	22	76.4	毛里求斯	52	64.3
西班牙	23	75.3	阿曼	53	63.6
爱尔兰	24	75.1	乌拉圭	54	63.5
阿联酋	25	75.0	哈萨克斯坦	55	62.9
冰岛	26	74.7	文莱	56	62.8
马来西亚	27	74.6	哥伦比亚	57	62.7
中国	28	73.9	阿塞拜疆	58	62.7
卡塔尔	29	72.9	希腊	59	62.6
意大利	30	71.5	南非	60	62.4

注：因篇幅所限本表未列出全部国家和地区。

资料来源：世界经济论坛（http:// www.weforum.org/gcr）。

表 8-2　2019 年《财富》全球 50 强公司排名

单位：亿美元

2019 年排名	2018 年排名	公司名称	营业收入	利润	总部所在地
1	1	沃尔玛（WALMART）	5144	67	美国
2	3	中国石油化工集团公司（SINOPEC GROUP）	4147	58	中国
3	5	荷兰皇家壳牌石油公司（ROYAL DUTCH SHELL）	3966	234	荷兰
4	4	中国石油天然气集团公司（CHINA NATIONAL PETROLEUM）	3930	227	中国
5	2	国家电网公司（STATE GRID）	3871	82	中国
6	—	沙特阿美公司（SAUDI ARAMCO）	3559	1110	沙特阿拉伯
7	8	英国石油公司（BP）	3037	94	英国
8	9	埃克森美孚（EXXON MOBIL）	2902	208	美国
9	7	大众公司（VOLKSWAGEN）	2783	143	德国
10	6	丰田汽车公司（TOYOTA MOTOR）	2726	170	日本
11	11	苹果公司（APPLE）	2656	595	美国
12	10	伯克希尔－哈撒韦公司（BERKSHIRE HATHAWAY）	2478	40	美国
13	18	亚马逊（AMAZON.COM）	2329	101	美国
14	15	联合健康集团（UNITEDHEALTH GROUP）	2262	120	美国
15	12	三星电子（SAMSUNG ELECTRONICS）	2216	399	韩国
16	14	嘉能可（GLENCORE）	2198	34	瑞士
17	13	麦克森公司（MCKESSON）	2143	0	美国
18	16	戴姆勒股份公司（DAIMLER）	1975	86	德国
19	17	CVS Health 公司（CVS HEALTH）	1946	−6	美国
20	28	道达尔公司（TOTAL）	1841	114	法国

续表

2019年排名	2018年排名	公司名称	营业收入	利润	总部所在地
21	23	中国建筑集团有限公司（CHINA STATE CONSTRUCTION ENGINEERING）	1815	32	中国
22	32	托克集团（TRAFIGURA GROUP）	1807	8	新加坡
23	24	鸿海精密工业股份有限公司（HON HAI PRECISION INDUSTRY）	1756	43	中国
24	19	EXOR集团（EXOR GROUP）	1750	16	荷兰
25	20	美国电话电报公司（AT&T）	1708	194	美国
26	26	中国工商银行（INDUSTRIAL & COMMERCIAL BANK OF CHINA）	1690	450	中国
27	25	美源伯根公司（AMERISOURCEBERGEN）	1679	17	美国
28	33	雪佛龙（CHEVRON）	1663	148	美国
29	29	中国平安保险（集团）股份有限公司（PING AN INSURANCE）	1636	162	中国
30	22	福特汽车公司（FORD MOTOR）	1603	37	美国
31	31	中国建设银行（CHINA CONSTRUCTION BANK）	1511	385	中国
32	21	通用汽车公司（GENERAL MOTORS）	1470	80	美国
33	129	三菱商事株式会社（MITSUBISHI）	1452	53	日本
34	30	本田汽车（HONDA MOTOR）	1433	55	日本
35	35	好市多（COSTCO WHOLESALE）	1416	31	美国
36	40	中国农业银行（AGRICULTURAL BANK OF CHINA）	1395	307	中国

续表

2019 年排名	2018 年排名	公司名称	营业收入	利润	总部所在地
37	52	Alphabet 公司（ALPHABET）	1368	307	美国
38	34	嘉德诺（CARDINAL HEALTH）	1368	3	美国
39	36	上海汽车集团股份有限公司（SAIC MOTOR）	1364	54	中国
40	43	沃博联（WALGREENS BOOTS ALLIANCE）	1315	50	美国
41	47	摩根大通公司（JPMORGAN CHASE & CO.）	1314	325	美国
42	49	俄罗斯天然气工业股份公司（GAZPROM）	1313	232	俄罗斯
43	37	威瑞森电信（VERIZON COMMUNICATIONS）	1309	155	美国
44	46	中国银行（BANK OF CHINA）	1277	272	中国
45	38	安联保险集团（ALLIANZ）	1268	88	德国
46	27	安盛（AXA）	1256	25	法国
47	39	克罗格（KROGER）	1212	31	美国
48	41	通用电气公司（GENERAL ELECTRIC）	1203	-224	美国
49	48	房利美（FANNIE MAE）	1201	160	美国
50	63	卢克石油公司（LUKOIL）	1191	99	俄罗斯

资料来源：财富中文网（http://www.fortunechina.com）。

Abstract

The world economic growth rate significantly decreased in 2019. Both GDP growth rate and inflation rate in most countries were slowdown. Global unemployment rates were in low level. International trade contracted and international investment grew slowly. Global outstanding debt was raised again.

World economy will be affected by following factors in 2020, which include that the possibility of US economic recession, the effect of easing monetary policies in lower bound of interest rate, the trend of trade confliction and international rules. In addition, turbulence of financial markets, geopolitical risks, and domestic political confliction in some countries may bring negative effects on the stability of world economy.

It is expected that the PPP-based GDP growth rate of the world economy is 2.9% and the market exchange rate-based GDP growth rate of the world economy will be 2.6% in 2020. These numbers are lower than the forecasts of IMF in October 2019, because of worry about the slowdown of US, EU, Japan and China's economic growth.

Keywords: World Economy; International Trade; International Investment; International Finance

Contents

I Overview

Abstract: The world economic growth rate significan tly decreased in 2019. Both GDP growth rate and inflation rate in most countries were slowdown. Global unemployment rates were in low level. International trade contracted and international investment grew slowly. Global outstanding debt was raised again.

World economy will be affected by following factors in 2020, which include that the possibility of US economic recession, the effect of easing monetary policies in lower bound of interest rate, the trend of trade confliction and international rules. In addition, turbulence of financial markets, geopolitical risks, and domestic political confliction in some countries may bring negative effects on the stability of world economy. It is expected that the PPP-based GDP growth rate of the world economy is 2.9% in 2020.

Keywords: World Economy; International Trade; International Investment; International Finance

Ⅱ Country / Region Study

Y.2 The U.S. Economy: A Fatigue Growth

Sun Jie / 018

Abstract: The FED is not satisfied with the keeping improvement of fundamental economic indicators, investigates into unfavorable signs and potential negative impact and finally lowered the target for the federal funds rate by ¼ percentage points to a range of 2 percent to 2¼ percent to insure against downside risks. At the meantime, fiscal balance is approaching to the nadir since the tax reform. Fiscal deficit and public debt is the focus of the Congress while the dispute on budget between the White House and the Congress become serious. Corporate performance comes to flat and trade protection did not bring desired outcome but a serious of uncertainties. Economic growth in 2019 can not be optimistic and will slowdown and the trend will continue to 2020.

Keywords: The U.S. Economy; Average Inflation Targeting; Interest Rate Cut

Y.3 European Economy: Growth Clouded by Downside Risks

Dong Yan, Lu Ting / 046

Abstract: European economic conditions have deteriorated rapidly since the third quarter of 2018. This slowdown mainly reflects the risks of sluggish global economic growth, increasing trade frictions, uncertainty of Brexit process and rising geopolitical tensions. In response to the slowing growth momentum, ECB turns to pursuing monetary easing measures, and some major economies have announced plans for more active fiscal polices, EU is also negotiating FTAs with some partners. Sluggish growth in Europe will continue in 2020 as the global trade tensions and geopolitical risks persist.

Keywords: European Economy; Policy Uncertainty; Trade Tensions

Abstract: From 2018 to the first half of 2019, Japanese economy continues growing slowly. By the end of January 2019,the resuscitation cycle had continued 74 months, which is the longest resuscitation cycle after the World War II. At the same time, Japanese economic growth also showed signs of fatigue. The real economic growth in the second half of 2018 and the first half of 2019 showed significant decline. For example, weak consumption and investment, the risks of world economy are the factors for this weak growth. In 2019 and 2020, the Japanese economy will face to some negative factors such as consumption tax increase and the world economic and political risks. The long-run risks, such as aging of population and government debt will still exist. Tokyo Olympic Games will be a positive factor. We consider that Japanese economy will still growth slowly in 2019 and 2020, but it is difficult to return to the good condition like in 2017.

Keywords: Resuscitation; Demand; Investment; Consumption Tax

Abstract: The Growth rate of Asia-Pacific region in 2019 is projected to be 5.0%, 0.4 percentage lower than the growth rate of 2017 and is the record low since 2010. The growth in Asia-Pacific region has continued its downward trend since mid-2018.

So far, it has not reached its trough. Affected by trade frictions and sluggish external demand, most countries in the region have experienced slower economic growth in 2019. Inflations were lower, currencies depreciated slightly, and the current accounts remained broadly stable. Among the major economies in the region, South Korea, Canada and Australia has experienced significant downturns and the Indonesia has faced downward pressure. The Asia-Pacific region will continue to look for its trough in 2020. Pressures mainly come from external uncertainty and China's economic slowdown. Economic policy and its coordination should follow the principle of avoiding hard landing and deviation from potential growth.

Keywords: Asia-Pacific Region; Declining Economy; Trade Friction; Economic Policy

Y.6 Indian Economy: The GDP Growth Rate has Fallen

Abstract: India's real GDP growth rate of 6.8% in the FY 2018-2019 (April 1, 2018 to March 31, 2019) was lower than 7.2% in the previous fiscal year. In this year, India's GDP growth rate was below 7% for the first time since President Modi's administration. According to the quarterly data, India's economic growth has also declined in recent years. From the high of 8.9% in the first quarter of 2018, it continued to drop to 5.0% in the second quarter of 2019, which was the lowest since the second quarter of 2013. The sharp decline in private consumption was the most important factor in the slowdown of India's economic growth. The slowdown in fixed asset investment growth is another important reason for the decline in real GDP growth in India. In the FY 2018-2019, India's inflation was basically controlled, but the unemployment rate was high in the context of weak economic conditions. Fiscal policies have focused on infrastructure construction and monetary policies have continued to relax. In addition, the Indian government has adopted industrial policies and policies to attract FDI to boost the economy, but the promotion effect on economic growth is not obvious. In the second half of 2019, a number of institutions lowered the forecast of India's economic growth rate in 2019. High urban unemployment rates, rural economic depression and family financial distress, uncertainty about cooperate and environmental regulation, and public concerns about the robustness of non-bank financial institutions have had a negative impact on consumption and investment demand. Taking into account various factors, this report believes that India's real GDP growth rate in FY 2019-2020 is around 6.0%, and it will return to around 7.0% in FY 2020-2021.

Keywords: Indian Economy; Liquidity Contraction; High Unemployment Rate

Abstract: The significant pulling effects of final consumption expenditure and net export were the main reason for the moderate economic growth of Russia in 2018. In the first half of 2019, the economic growth of Russia was weak because of the decline of export growth caused by the shrinking global market demand, the low enthusiasm of public investments caused by fiscal budget constraints, and the adjustment of value-added tax rate to curb private consumption and other factors. In the future, the large fluctuations in international oil prices, the progresses and paces of structural adjustment, the quite low possibilities of lifting sanctions implemented by the United States and European Union in the short term, and the uncertainties in trade frictions between China and the United States, will have an important influences on Russia's economic growth. In conclusion, it is more likely that Russia's economic growth will slow down significantly in 2019.

Keywords: Russia Economy; International Oil Price; Structural Adjustment; Sanction

Y.8 Latin American Economy: Greater Pressures on Recovery

Xiong Aizong / 139

Abstract: The economy growth in Latin America and the Caribbean (LAC) is expected to slow down further in 2019, with an economic growth rate of 0.2%. In the context of economic slowdown and Inflationary pressure reduced, expansionary monetary policy was pursued by most LAC countries, and fiscal policy is generally tightened in countires having high levels of public debt. Global economic growth remains sluggish, international trade and investment loses momentum, the complexity and risks of the international economic environment of LAC have increased. This has led to a bleak economic growth prospects in the region and rising risks for individual economies. Under the cooperation framework of the "Belt and Road Initiative" (BRI), China-Latin America economic and trade cooperation, especially in the field of infrastructure, has been steadily advanced, and has become an important manifestation of China-Latin America cooperation, which will help improve the medium and long-term economic growth conditions in Latin America.

Keywords: Latin America; Economic Situation; China-Latin America Cooperation; Belt and Road Initiative

Y.9 West Asia and Africa Economy: Increasing Downside Risks

Tian Feng / 152

Abstract: Economic growth of West Asia and North Africa has slowed down sharply. The economic growth rate in 2019 is even less than one third of the world average, and the growth trend is extremely weak. The main reasons for the poor economic growth trend of West Asia and North Africa are geopolitical factors and oil limit agreements. Growth of Sub-saharan Africa has been relatively stable, but it has been accompanied by a widening current account deficit, rising government debt as of percentage of GDP, and weak economic activity in major sub-regional economies such as Nigeria, South Africa, and Angola. Looking ahead, with the relative improvement of the world economic situation, the economic growth rate of West Asia and Africa will be improved. It is expected that the economic growth rate of West Asia and North Africa will reach 2.9% and that of Sub-saharan Africa will reach 3.6% in 2020. Even so, downside risks to growth of West Asia and Africa have increased.

Keywords: West Asia and North Africa; Sub-saharan Africa; Economic Growth; Geopolitics

Abstract: China's growth rate is approaching the floor of growth target in 2019. Tradable sectors were affected by global economy decline and trade friction. Both broad credit growth and generalized government expenditure growth remained weak. Generally, Chinese economy is below its growth potential. We propose a combination of policy framework as following: first, a flexible exchange rate regime to leave enough room for monetary policy. Second, more active fiscal policies taking account of aggregate target and structural considerations.

Keywords: China's Economy; Broad Credit; Generalized Government Expenditure; Economic Policy

Ⅲ Special Reports

Y.11 Review and Outlook of World Trade:Decline of Growth Rate, Return to Recession

Su Qingyi / 181

Abstract: The real growth rate of world merchandise trade in 2018 fell to 3.0%, mainly due to the continued deterioration of world trade relations, especially the escalation of the China-US trade friction. The nominal growth rate of world merchandise trade reached 10%, which was significantly higher than the real growth rate, due to the increase in commodity prices, especially energy prices. World commercial services exports were $5.77 trillion in 2018, an increase of 7.7%. The continuing deterioration in trade relations affected the world trade situation in the first half of 2019, with merchandise trade volume falling by 0.16 Percentage point. The situation of world trade in services in the first half of 2019 is also not optimistic. The world merchandise trade is hard to improve in the second half of 2019, with real growth rate in 2019 expected between 0.5% and 1.5%, the lowest growth rate since 2010. World trade is expected to be better in 2020 than in 2019, with real growth rate in the range of 1.5% and 2.5%. Overall, the world trade situation in 2019 and 2020 will return to recession.

Keywords: Trade Situation; World Merchandise Trade; World Services Trade

Y.12 International Financial Market in 2019: Retrospectives and Prospects

Gao, Haihong , Yang Zirong / 196

Abstract: Global economic growth lost its momentum in 2018-2019. The escalation of trade disputes, uncertain outcome of Brexit, and increasing geopolitical conflicts brought uncertainty and weighted on the world economy. The US Fed shifted its monetary policy and led to a new round of monetary easing worldwide. The long-term government bond yields in major developed economies fell into ultra-low and even negative areas. The rise of risk-aversion increased activities of search for safety and reinforced the US dollar to perform as a safe haven. The US dollar index fluctuated at high level, while many other currencies depreciated, showing signs of competitive depreciation. The risk of capital flow in emerging economies increased and most of them face adjustment of macro-economic policy framework. Going forward, easing monetary policy, continuous trade disputes and domestic political dynamic in some economies will affect international market and challenge global financial stability.

Keywords: International Financial Risk; Government Bond Yields; Debt Market; Stock Market; Foreign Exchange Market

Abstract: Global Foreign Direct Investment (FDI) in 2018 decreased by 13%. The main reason is that FDI inflows to developed countries have reached a new low record in the past 15 years, while FDI inflows to developing countries have increased slightly. Both the number of countries and policies related to changes in foreign direct investment in 2018 have declined. Although investment liberalization and promotion measures still dominate, the proportion of policies involving restrictive or regulatory measures has increased significantly by 16 percentage points. UNCTAD expects a modest recovery in global foreign direct investment in 2019, driven by a recovery in FDI inflows to developed countries as the impact of US tax reform diminishes. But in the medium and long term, foreign direct investment may slow down for a long time. This is mainly due to factors such as increased policy uncertainty in developed countries, a trend toward a decline in the rate of return on foreign direct investment, and structural changes in international production.

Keywords: Foreign Direct Investment; Cross-border Mergers and Acquisitions; National Security

Abstract: During July 2018 and August 2019, the international commodity prices fluctuated sharply, following a "v-shaped" trend before falling down, with an overall decline of 13.6%.Due to geopolitical events, trade frictions and rising risks of global economy, crude oil prices fluctuated significantly, as shown by a decline of 37 percent and a one-day increase of 14 percent. Influenced by the crude oil price, the international commodity price index dropped from 133.7 in October 2018 to 116.2 in December 2018, then rebounded rapidly to 129.8 in January 2019, and then fell continuously to 112.8 in August. Different types of commodities diverged significantly in price trends. The prices of energy commodities showed a trend of downward accompanied by sharp fluctuations. Prices of Precious metals rose strongly, reaching a record high since 2014. Prices of agricultural products and industrial metals basically converged, showing slow but steady trends of decline. Due to the increased uncertainty about global economic caused by trade disputes, it is expected that the commodity price index will decline slightly, and the average price of crude oil may be around $60 per barrelin 2020.

Keywords: Commodity Market; Demand; Supply; Prices

Abstract: In the past year, the Belt and Road Initiative (BRI) cooperation in the field of five priorities and six economic corridors has been steadily advanced. The 2nd Belt and Road Forum for International Cooperation further consolidated the institutional cooperation and promoted the innovative practice of the BRI international cooperation. In particular, the in-depth development of third-party market cooperation has continuously expanded the BRI partnership network and created the BRI cooperation momentum, and promoted the BRI to become a global public good.

Keywords: The Belt and Road Initiative; Connectivity; Economic Corridor; Third-party Market Cooperation

Ⅳ Hot Topics

Abstract: In this paper, we give review and prospect of U.S.-China trade friction. The main conclusions are as follows: 1) Based on analyzing of the U.S. tariff list and tariff exclusion mechanism, the true intention of the U.S. to impose tariffs is not to correct U.S.-China trade imbalances, but to curb the development and upgrading of China's high-tech industries. 2) U.S.-China trade friction has been expanded from trade to investment, technology, finance and personnel exchange, from bilateral to multilateral. 3) In the short run, the profit margin of Chinese export firms has been squeezed, and some of the firms has the plan to move factories to Southeast Asia. In the long run, the rising policy uncertainty will have a greater negative impact on economic growth. 4) The downward pressure on the U.S. economy, joint with the new phased negotiation method, phase one U.S.-China trade deal is expected in the short run. However, U.S.-China trade friction has its profound historical reasons. China should be prepared for facing long odds in ending the trade friction.

Keywords: U.S.-China Trade Friction; Tariff List; Tariff Exclusion; Economic Effect

Abstract: The reform of the World Trade Organization can be divided into two stages in terms of time and content: the first stage mainly focuses on the functions of multilateral trade negotiations; the second stage started in the last two years mainly focuses on dispute settlement and the maintenance of existing rules and the construction of new rules. This article will introduce in stages and make some comments.

Keywords: World Trade Organization (WTO); Multilateral Trading Systems; Reform Proposals; Plurilateral

Abstract: The global debt outstanding reached a new peak in 2018. By analyzing the composition of debt in three dimensions: internal and external, public and private, and servicing cost, this paper points out that the rapid increase of private debt (non-financial enterprise loan) is an important new feature of global debt development. For developing countries, the increasing share of short-term debt, non-government/bank debt ownership, debt investment in unproductive areas, and the new situation brought about by the above-mentioned new changes-although debt indicators are relatively low compared with developed economies, the risk of debt crisis is rising rapidly - have become important features. The current debt situation in developing countries is not supportive to the realization of the UN 2030 Sustainable Development Goals. China's productive investment in developing countries under the "Belt and Road Initiative" will alleviate the long-term debt pressure of developing countries by promoting local economic development.

Keywords: Public Debt; Private Debt; External Debt; Sustainability

Y.19 U.S Economic Sanctions: Development, Means and Effectiveness

Liu Wei / 323

Abstract: Economic sanction has been a controversial foreign policy tool. The United States has imposed the most frequency economic sanctions in past decades. Based on conceptual analysis, this article studies the historical evolution, means and effectiveness of US economic sanctions. It reveals that the economic globalization since the end of Cold War has reshaped the means and patterns of US economic sanctions. The effectiveness of US economic sanctions depends on the coordination of diplomatic means, the support of domestic politics, and the reaction of target states. As the international order enters a phase of restructuring, great power competition becomes one of the main dynamics of US economic sanctions. The abuse of economic sanctions by the hegemon not only fails to force target states to concede, but also undermines the stability and openness of the international order and erodes its long-term strategic advantages and economic authority in the current regime. Potential target state should actively develop strategies of sanctions and anti-sanction by adopting defensive measures such as 'isolation' and 'hedging', improving its domestic sanction laws and institutions, and promoting the formation and reformation of relevant international rules.

Keywords: Economic Sanctions; Trade Sanctions; Financial Sanctions; the Effectiveness of Sanctions

V Statistics of the World Economy

皮书

智库报告的主要形式
同一主题智库报告的聚合

✤ 皮书定义 ✤

皮书是对中国与世界发展状况和热点问题进行年度监测，以专业的角度、专家的视野和实证研究方法，针对某一领域或区域现状与发展态势展开分析和预测，具备前沿性、原创性、实证性、连续性、时效性等特点的公开出版物，由一系列权威研究报告组成。

✤ 皮书作者 ✤

皮书系列报告作者以国内外一流研究机构、知名高校等重点智库的研究人员为主，多为相关领域一流专家学者，他们的观点代表了当下学界对中国与世界的现实和未来最高水平的解读与分析。截至 2020 年，皮书研创机构有近千家，报告作者累计超过 7 万人。

✤ 皮书荣誉 ✤

皮书系列已成为社会科学文献出版社的著名图书品牌和中国社会科学院的知名学术品牌。2016 年皮书系列正式列入“十三五”国家重点出版规划项目；2013~2020 年，重点皮书列入中国社会科学院承担的国家哲学社会科学创新工程项目。

中国皮书网

（网址：www.pishu.cn）

发布皮书研创资讯，传播皮书精彩内容
引领皮书出版潮流，打造皮书服务平台

栏目设置

◆ **关于皮书**

何谓皮书、皮书分类、皮书大事记、
皮书荣誉、皮书出版第一人、皮书编辑部

◆ **最新资讯**

通知公告、新闻动态、媒体聚焦、
网站专题、视频直播、下载专区

◆ **皮书研创**

皮书规范、皮书选题、皮书出版、
皮书研究、研创团队

◆ **皮书评奖评价**

指标体系、皮书评价、皮书评奖

◆ **互动专区**

皮书说、社科数托邦、皮书微博、留言板

所获荣誉

◆ 2008 年、2011 年、2014 年，中国皮书网均在全国新闻出版业网站荣誉评选中获得“最具商业价值网站”称号；

◆ 2012 年，获得“出版业网站百强”称号。

网库合一

2014年，中国皮书网与皮书数据库端口合一，实现资源共享。

S 基本子库
UB DATABASE

中国社会发展数据库（下设 12 个子库）

整合国内外中国社会发展研究成果，汇聚独家统计数据、深度分析报告，涉及社会、人口、政治、教育、法律等 12 个领域，为了解中国社会发展动态、跟踪社会核心热点、分析社会发展趋势提供一站式资源搜索和数据服务。

中国经济发展数据库（下设 12 个子库）

围绕国内外中国经济发展主题研究报告、学术资讯、基础数据等资料构建，内容涵盖宏观经济、农业经济、工业经济、产业经济等 12 个重点经济领域，为实时掌控经济运行态势、把握经济发展规律、洞察经济形势、进行经济决策提供参考和依据。

中国行业发展数据库（下设 17 个子库）

以中国国民经济行业分类为依据，覆盖金融业、旅游、医疗卫生、交通运输、能源矿产等 100 多个行业，跟踪分析国民经济相关行业市场运行状况和政策导向，汇集行业发展前沿资讯，为投资、从业及各种经济决策提供理论基础和实践指导。

中国区域发展数据库（下设 6 个子库）

对中国特定区域内的经济、社会、文化等领域现状与发展情况进行深度分析和预测，研究层级至县及县以下行政区，涉及地区、区域经济体、城市、农村等不同维度，为地方经济社会宏观态势研究、发展经验研究、案例分析提供数据服务。

中国文化传媒数据库（下设 18 个子库）

汇聚文化传媒领域专家观点、热点资讯，梳理国内外中国文化发展相关学术研究成果、一手统计数据，涵盖文化产业、新闻传播、电影娱乐、文学艺术、群众文化等 18 个重点研究领域。为文化传媒研究提供相关数据、研究报告和综合分析服务。

世界经济与国际关系数据库（下设 6 个子库）

立足“皮书系列”世界经济、国际关系相关学术资源，整合世界经济、国际政治、世界文化与科技、全球性问题、国际组织与国际法、区域研究 6 大领域研究成果，为世界经济与国际关系研究提供全方位数据分析，为决策和形势研判提供参考。

法律声明